Christentum

Ein Reiseführer

Michael Langer
Regina Radlbeck-Ossmann

Christentum

◆

Ein Reiseführer

PATTLOCH

Bibliografische Information: Deutsche Nationalbibliothek
Die Deutsche Nationalbibliothek verzeichnet diese Publikation
in der Deutschen Nationalbibliografie; detaillierte bibliografische Daten
sind im Internet über http://dnb.d-nb.de abrufbar.

© 2010 Pattloch Verlag GmbH & Co. KG, München
Umschlaggestaltung: ZERO Werbeagentur, München
Umschlagillustration: Jürgen Gawron
Lektorat: Bernhard Meuser
Satz, Gestaltung und Herstellung: Hartmut Czauderna
Druck und Bindung: Firmengruppe Appl, aprinta druck,
Wemding
Printed in Germany

ISBN 978-3-629-02208-0

www.pattloch.de

2 4 5 3 1

INHALT

VORWORT

Wer eine fremde Welt entdecken möchte, braucht einen *Reiseführer.* Er gibt Orientierung, lenkt den Blick auf das Wesentliche, bahnt den Weg zu den lohnendsten Zielen. Ein guter Reiseführer schildert Hintergründe und hilft dadurch, nicht nur zu sehen, sondern auch zu verstehen. Schließlich macht er auf Besonderheiten und Kleinodien aufmerksam, die man ohne ihn übersehen hätte. Von ihnen wird man erzählen, wenn man wieder zu Hause ist. Die Autorin und der Autor dieses Buches verstehen ihr Werk ebenfalls als Reiseführer. Es soll Lust machen, aufzubrechen und das Christentum zu entdecken, das für viele eine bekannte unbekannte Religion darstellt.

Neun Kapitel geben Orientierung und erleichtern den Überblick über eine Religion, zu der sich weltweit mehr als zwei Milliarden Menschen bekennen. Das Christentum ist rund 2000 Jahre alt und überaus vielfältig. Von daher lohnt es, sich über Hintergründe zu informieren; wer sie kennt, nimmt nicht nur wahr, sondern versteht. Der Blick aufs Wesentliche! Die Auswahl fällt dann besonders schwer, wenn sich viele Geschichten mit dem Reiseland verbinden und das Herz an ihm hängt. So ist unser Reiseführer Christentum trotz aller Disziplin etwas umfangreicher geworden, als zunächst geplant. Besonderheiten und Kleinodien finden sich darin zuhauf. Sie sind zwischen den großen Linien versteckt, die das Christentum als Reiseland erschließen, und warten nur darauf, entdeckt zu werden.

Wie man es von einem Reiseführer erwarten kann, sind sämtliche Informationen aktuell. Was das vorliegende Werk von einem guten Dutzend anderer unterscheidet, ist, dass Autorin und Autor seit Jahren an verschiedenen Universitäten in Deutschland lehren und deshalb ihre Informationen auf eine Weise anbieten können, die dem Stand der aktuellen Diskussion entspricht. Jede(r) von beiden steht dabei für ihren beziehungsweise seinen Text gerade. Beide schreiben bewusst und ausdrücklich nicht nur für den Kreis der akademisch Eingeweihten, sondern für all die Reise- und Unternehmungslustigen, die im Christentum schon immer unterwegs sind oder sich ganz neu in dieses faszinierende Gebiet aufmachen wollen.

Autorin und Autor danken dem Verlag Pattloch und seinem Leiter Bernhard Meuser für die geduldige Kooperation. Michael Langer dankt Frau Dipl.-Theol. Julia Mundl für Zuarbeiten sowie Frau Privatdozentin Carin Tschöpl und Frau Maria Simon für geduldiges Lesen und Bearbeiten der Korrekturen. Ein besonders herzlicher Dank sei der Lehrerin Frau Monika Duda ausgesprochen, die sich mit Sachkompetenz und Engagement in das Projekt eingebracht und Wesentliches zum Gelingen beigetragen hat. Regina Radlbeck-Ossmann dankt Herrn Dr. Christian Schramm. Er hat den sechsten Teil des Werkes als Exeget gegengelesen und wunderbare Fotos beigesteuert. Dank gilt ebenso Frau Arlett Tschöp und Frau Christiane Schottek, zwei studentischen Hilfskräften am Lehrstuhl: Sie haben nicht nur Korrektur gelesen, sondern auch den Blick der Jugend und damit manche Dynamik einfließen lassen. Frau Inge Weihmann, der Sekretärin und »Perle«, gilt Dank für ihre Umsicht und manche Entschlossenheit. Nicht zu vergessen die Kollegen in Halle – auch hier ein herzlicher Dank für freundschaftlich aufbauende und kritische Kommentare. Schließlich dankt die Autorin ihrer Familie für den Respekt vor einer geschlossenen Tür zum Arbeitszimmer und für ganz viel mehr.

Wir wünschen dem Leser auf seiner Entdeckungsreise genau den Ertrag, den wir selbst bei der Abfassung gewinnen konnten.

Im November 2009
Michael Langer / Regina Radlbeck-Ossmann

I.

_____

EINLEITUNG

Das Christentum – eine bekannte unbekannte Religion entdecken

Wer sich in Europa sowie in den von Europa aus besiedelten Gebieten der Erde bewegt, spürt auf Schritt und Tritt den Einfluss des Christentums. Kathedralen, Kirchen und Kapellen bestimmen unser Stadtbild und setzen in Landschaften markante Akzente. Das Christentum hat aber nicht nur den Raum geprägt, sondern auch die Dimension der Zeit. So ist bereits unsere grundlegendste Zeitbestimmung, nämlich die Zeitrechnung, christlichen Ursprungs. Sie erkennt in der Geburt Christi den markantesten Einschnitt der Weltgeschichte und ordnet alle anderen Ereignisse danach ein, ob sie vor oder nach dieser Zäsur stattgefunden haben. Christliche Vorstellungen stehen hinter der Einteilung der Woche in ein Sieben-Tage-Schema; sie greift das jüdische Wochenschema auf, versteht jedoch nicht den Sabbat, sondern den Sonntag als Höhepunkt und erinnert damit an den Ostersonntag als den Tag der Auferstehung Christi. Zusammen mit dem Osterfest geben weitere Feste christlichen Ursprungs wie Weihnachten, Karneval oder Pfingsten dem Lauf des Jahres eine christliche Struktur. Über diese konkreten Aspekte hinaus prägt das Christentum das in Europa und darüber hinaus übliche Verständnis von Zeit insgesamt. Sie wird anders als in den fernöstlichen Religionen nicht im Modell des Rades gedeutet, das in allem Wandel doch immer nur die Wiederkehr des ewig Gleichen bringt. Christen verstehen die Zeit vielmehr als ein nach vorne offenes, in die Zukunft weisendes Geschehen, das nicht vorrangig durch die zyklisch wiederkehrenden Veränderungen der Natur, sondern wesentlich durch das freie Handeln Gottes und der Menschen bestimmt ist.

Christliche Wurzeln besitzt darüber hinaus das in Europa vorherrschende Selbstverständnis des Menschen. Wenngleich die Menschenrechte ein universales Gut darstellen, so ist es doch kein Zu-

Beduinenjunge am Moseberg

fall, dass ihre Formulierung im Kontext des Christentums erfolgte. Die in der Heiligen Schrift zugänglichen Basistexte dieser Religion ehren den Menschen bereits auf der ersten Seite als das Ebenbild Gottes (Gen 1,26 f.) und billigen ihm damit eine unter den Religionen einzigartige Würdestellung zu. Die Botschaft Jesu bekräftigt diese Aussage, indem sie betont, dass jeder Mensch unabhängig von seiner Leistung und seinem Status als Kind Gottes angenommen und geliebt ist.

Schließlich bestimmt christliches Denken auch das Bild Gottes und des Göttlichen sowie das Bild dessen, was groß und großartig anmutet. Der christliche Gott ist mächtig, aber er ist kein Despot. Er will Partner der Menschen sein. Aus Liebe zu ihnen nimmt er sich zurück, gibt seiner Schöpfung in sich Raum und ermöglicht seinen Geschöpfen damit ein Leben in Freiheit.

Das Christentum hat auch die Sprache und das Denken stark beeinflusst. Ungezählte Sprichwörter in vielen Sprachen der Erde gehen auf biblische Vorlagen zurück. Darüber hinaus sind zahlreiche Motive, Bilder und Geschichten in das Bewusstsein der Menschen eingeflossen und haben es geformt. Das Wort von der Hiobsbotschaft gehört ebenso dazu wie das in der Erzählung von der Sintflut gegebene Bild der Taube mit dem Ölzweig in Schnabel, das Motiv der reuigen Sünderin ebenso wie die Geschichten vom verlorenen Sohn und vom barmherzigen Samariter.

So offensichtlich die christliche Prägung zahlreicher Länder und Erdteile ist, so ist doch klar, dass die Zahl der Christen im europäischen Kernland seit Jahrzehnten schwindet. Dennoch ist das Christentum auch in Europa nach wie vor bedeutsam. Immerhin gibt es in diesem Kontinent kaum ein Land, in dem nicht mindestens zwei Drittel der Bevölkerung getauft sind. Es ist nur nicht mehr selbstverständlich, Christ zu sein. Die Existenz von Nichtchristen im eigenen Umfeld fordert die Christen dazu heraus, nicht nur vor sich selbst, sondern auch vor anderen Rechenschaft über ihren Glauben zu geben. Das »christliche Abendland« war übrigens nie rein christlich. In ihm gab es stets auch die Juden und damit eine zweite monotheistische Religion. Vom achten Jahrhundert an kam mit der maurischen Herrschaft in Spanien eine dritte hinzu: der Islam. Bis ins Spätmittelalter hinein waren zudem große Teile der europäischen Bevölkerung weitgehend heidnisch.

Die moderne Mobilität hat dafür gesorgt, dass heute zunehmend mehr Angehörige anderer Religionen und Weltanschauungen in Europa leben. Seit Jahren wächst deshalb das Interesse an Religionen. Wo dieses Interesse sich dem Christentum zuwendet, wird es Christen wie Nichtchristen nicht nur in bekanntes, sondern auch in unbekanntes Gebiet führen. Ein kundiger Reiseführer bietet sich angesichts dieser Perspektive unbedingt an.

II.

WAS IST RELIGIÖSE ERFAHRUNG?

Unter »religiöser Erfahrung« verstehen viele Menschen heute vor allem spektakuläre Ereignisse wie visionäre Begegnungen mit Gott, Maria oder anderen Heiligen sowie das Hören von Stimmen, die geheimnisvolle Botschaften mitteilen oder zu ungewöhnlichem Handeln aufrufen. Das Feld religiöser Erfahrung schließt solche außerordentlichen Begebenheiten ein, ist jedoch nicht auf sie beschränkt. Religiöse Erfahrungen sind vielmehr so vielfältig wie das Leben selbst.

1. Religiöse Erfahrungen – so vielfältig wie das Leben selbst

Besonders häufig erkennen Menschen in der Erfahrung von vollendeter Schönheit oder Harmonie eine religiöse Dimension. Solche Empfindungen können sich einstellen, wo wir überwältigend schönen Landschaften begegnen, wie auch dort, wo wir tiefe Harmonie im Zusammensein mit anderen Menschen erfahren. Vielen kommt dabei unwillkürlich ein »Mein Gott, ist das schön!« über die Lippen. Weil diese Erfahrung als zutiefst beglückend empfunden wird, führt sie von sich aus zur Frage nach dem Ursprung dieser Schönheit. Die Antwort, die Menschen auf diese Frage finden, spricht von Gott. So steckt sehr viel Wahrheit in dem Satz: »Ein Atheist ist nie so hilflos wie in Situationen, in denen er glücklich ist.«

Doch können sich religiöse Erfahrungen auch ganz anders darstellen. So werden etwa auch Situationen, in denen Menschen sich ganz tief in ihrem Gewissen angesprochen fühlen, ausdrücklich als ein Erlebnis beschrieben, bei dem etwas Heiliges sie anrührt. Menschen, die religiöse Erfahrungen solcher Art gemacht haben, sprechen nicht selten von der Erfahrung einer Wirklichkeit, die größer ist als sie selbst.

2. Angerührt vom Außergewöhnlichen

Die große Bandbreite, in der religiöse Erfahrungen vorliegen, lässt nach Merkmalen fragen, die typisch sind. Ein erster, wichtiger Aspekt ist dabei schnell gefunden: Er verweist darauf, dass religiöse Erfahrungen in den Bereich des Außerordentlichen gehören. Religiöse Erfahrungen heben sich von der Menge alltäglicher Erfahrungen gerade dadurch ab, dass sie nicht das Übliche, sondern das Überraschende anbieten, nicht mit dem täglichen Kleinkram konfrontieren, sondern einladen zu einer Begegnung mit dem Großen und Großartigen. In dieser Besonderheit machen religiöse Erfahrungen Menschen darauf aufmerksam, dass es auf Dauer nicht genügt, das eigene Leben nur in kleiner Münze zu leben. Sie verweisen darauf, dass es den größeren Horizont gibt, in den die kleinen Dinge des Alltags eingeordnet sein wollen. In den meisten Fällen verbinden Menschen religiöse Erfahrungen mit der Dimension des Hohen und damit mit dem, was über ihnen ist. So kommt es nicht von ungefähr, dass meist der Himmel als Ort des Heiligen verstanden wird. Paul Tillich, ein bedeutender evangelischer Theologe des 20. Jahrhunderts, weicht von dieser geläufigen

Sonnenuntergang über dem Nil

Einordnung ab. Er beschreibt religiöse Erfahrungen als Erfahrungen der Tiefe und hält fest: Religiöse Erfahrung ist die Erfahrung dessen, was *uns unbedingt angeht*. Es ist dies eine Erfahrung, die den Menschen anrührt und die ihm dabei so tief unter die Haut geht, dass er weiß, wenn er an dieser Erfahrung vorbeigeht, geht er gleichzeitig auch an sich selbst und seinem eigenen Leben vorbei.

3. Wenn man eine tiefe Erfahrung macht …

Die Art und Weise, in der Menschen auf dieses tiefe Berührtsein reagieren, kann sehr unterschiedlich sein und sich in einem zeitweisen Verstummen ebenso zeigen wie in dem verstärkten Bedürfnis, mit anderen darüber zu sprechen. Ein anfängliches Verstummen wandelt sich dabei oft nach kurzer Zeit in den intensiven Wunsch, sich mitzuteilen. Dieser Wunsch kann im Gebet ebenso Ausdruck finden wie im Gespräch mit vertrauten Menschen oder in öffentlichen Auftritten.

Wirken religiöse Erfahrungen sich nun so aus, dass Menschen sich in der Tiefe ihrer eigenen Persönlichkeit gepackt fühlen, so erklärt dies, warum solche Erfahrungen das bisherige Leben der betroffenen Menschen nicht nur abrunden, entspannen und bestätigen, sondern es auch erschüttern, ja auf den Kopf stellen können. Diese Wirkungen scheinen bereits in der Bedeutungsgeschichte des deutschen Wortes »Erfahrung« auf, das sich sprachgeschichtlich von »unterwegs sein, reisen« ableitet. Jede Reise ist zunächst einmal ein Aufbrechen aus dem Gewohnten.

Ein zweites Merkmal ist das der Gefahr, die im unbekannten Terrain auf den Reisenden wartet. Ein drittes Merkmal ist schließlich der Zugewinn an Lebenskompetenz, der sich gerade dort ergibt, wo diese Gefahr angenommen und bewältigt wird. Fasst man diese drei Merkmale zusammen, so stellt man fest, dass insbesondere der Mensch reiche Erfahrungen erwarten darf, der seinen gewohnten Lebensbereich verlässt, sich dem Ungewohnten aussetzt und das bewältigt, was ihm unerwartet und ungewollt widerfährt. Was für menschliche Erfahrungen im Allgemeinen gilt, gilt ebenso für die religiöse Erfahrung: Religiöse Erfahrungen durchziehen von daher zwar den gesamten Alltag, begegnen aber besonders häufig und besonders intensiv an dessen Rändern und Brüchen, beispielsweise, wenn ein Mensch der näheren Umgebung stirbt.

4. Religiöse Erfahrungen in der Bibel

Biblisches Urbild für das vom Menschen immer wieder geforderte
Aufbrechen ins Ungewisse ist Abraham, der zunächst gut situiert
als Halbnomade im Gebiet des heutigen Irak lebt und von Gott aufgefordert wird, in ein Land aufzubrechen, das ihm verheißen ist
(Gen 12). Abraham erfährt in diesem Auftrag die Gegenwart Gottes
in seinem Leben. Ähnlich herausfordernde Erfahrungen machen
Mose, der das Volk Israel aus Ägypten heraus führt (Ex 12 ff.), oder
auch die Propheten, die Gott für seinen Heilsplan in Dienst nimmt
(so etwa die Propheten Jeremia, Hosea oder Jona).

Viele dieser biblischen Geschichten geben typische Geschehnisse
wieder. Sie erzählen, was damals und heute und in Zukunft wahr
ist, menschliches Leben also auf Dauer bestimmt. Zum Ausdruck
kommt dabei nicht weniger als das Wagnis des Lebens selbst, das
immer wieder Veränderungen mit sich bringt und stets zu neuen
Aufbrüchen ins Ungewisse drängt.

Wie alle übrige menschliche Erfahrung, so ist auch religiöse Erfahrung wesentlich auf Deutung angewiesen. Abraham selbst erkannte
in der Aufforderung, das fruchtbare Zweistromland zu verlassen, den
Anruf Gottes. Seinen Zeitgenossen mag die Entscheidung für das kar-

*Abraham erfährt Gott
als einen, der das Opfer
seines Sohnes nicht
will, ihn stattdessen
zum Vater vieler Völker
macht*

ge Judäa vor allem in wirtschaftlicher Hinsicht als Torheit erschienen sein. Geteilt waren die Meinungen auch bei den aus Ägypten ausziehenden Israeliten. Während die einen darin das rettende Handeln Gottes erkannten, sahen die anderen darin das Werk eines Dämons, der das Volk in die Wüste führte, um es dort zu verderben.

5. Erschütterungen und Wachstum

Religiöse Erfahrungen erschüttern nicht nur die von ihnen betroffenen Menschen, sondern auch deren Umfeld. Die Kirche bewertet religiöse Erfahrungen grundsätzlich positiv und sieht in ihnen das Zeichen eines lebendigen Glaubens. Ohne eigene religiöse Erfahrungen bleibt der Glaube ein Buchstabenglaube, der gegebenenfalls über gewisse Zeiträume konserviert werden kann, aber nicht wirklich trägt. Nur ein Glaube, der sich in der persönlichen religiösen Erfahrung bewährt, kann dem Menschen Halt und Orientierung geben, nur er wirkt schließlich auch auf andere glaubwürdig.

Im Laufe der langen Geschichte des Christentums gab es immer wieder bewegende Einzelgestalten, die den Aufbruch ins Ungewisse wagten und mit ihren religiösen Erfahrungen schließlich die ganze Kirche neu belebten. Benedikt von Nursia, Franz von Assisi und Elisabeth von Thüringen sind an dieser Stelle ebenso zu nennen wie Adolf Kolping und Madeleine Delbrel. Neben diesen großen Gestalten, denen es vergönnt war, richtungweisend zu wirken, haben unzählige Christinnen und Christen, deren Namen wir nicht kennen, ihre religiösen Erfahrungen in die Kirche eingebracht und ihr damit neue Lebendigkeit verliehen.

6. Sind alle religiösen Erfahrungen gleich gut?

Neben der grundlegenden Wertschätzung kennt das Christentum auch eine gesunde Skepsis gegenüber religiösen Erfahrungen. Sie ist darin begründet, dass die Kirche wie jede andere Gemeinschaft ihre identitätsstiftenden Traditionen vor solchen Neuerungen bewahren möchte, die nur Unruhe verursachen, ohne zu einem entsprechenden Wachstum zu führen. Die Frage, wie authentische religiöse Erfahrungen von vermeintlichen unterschieden werden können, hat die Christenheit seit ihren Anfängen bewegt.

Paulus, der sich als Gründer der Gemeinde von Korinth mit dieser Frage beschäftigen musste, gibt zwei Kriterien für eine Unterscheidung der Geister an, die bis heute anerkannt sind. Ein erstes verweist auf die bleibende Wahrheit des Evangeliums und betont, dass jede echte religiöse Erfahrung sich an dieser Wahrheit messen lassen muss. Danach gelten religiöse Erfahrungen, die dem Evangelium widersprechen, nicht als wertvoll.

Das zweite Kriterium, das Paulus einführt, fragt nach den positiven Wirkungen der behaupteten religiösen Erfahrung. Zu diesem Kriterium braucht man große Gelassenheit und beachtliches Augenmaß, denn für jede bedeutende neue Erfahrung gilt, dass sie das bisher gültige religiöse Gefüge zunächst einmal infrage stellt und zumindest kurzzeitig zu Turbulenzen führt, auf die ein ertragreiches Wachstum erst noch folgen muss. In der Geschichte der Kirche gelang die Unterscheidung zwischen authentischer und nicht authentischer religiöser Erfahrung nicht immer auf Anhieb. Dies erklärt, warum selbst wertvolle geistliche Impulse – wie die Übersetzung der Bibel in die Volkssprache oder die Anerkennung der Religionsfreiheit – unverständlich lange auf eine offizielle Anerkennung warten mussten.

7. Neue spirituelle Erfahrungen

Religiöse Erfahrungen werden heute zunehmend positiver beurteilt, als dies noch vor einigen Jahren der Fall war. So existiert gegenwärtig eine Vielfalt von neuen spirituellen Bewegungen. Dabei mischen sich Elemente christlichen Ursprungs mit solchen aus nichtchristlichen Religionen und säkularen Kulten. Diese neuen Bewegungen sind nicht zuletzt deshalb so attraktiv, weil Gottesdienst, Gemeindewirklichkeit und Theologie oft zu wenig spirituelle Impulse bieten und dem menschlichen Bedürfnis nach erfahrbarer Nähe Gottes nicht wirklich gerecht werden.

III.

WARUM IST DIE BIBEL SO WICHTIG?

Sie ist das Buch der Superlative. 1452 durch Gutenberg in Mainz erstmals in Lettern gedruckt, ist die Bibel mittlerweile ca. zweieinhalb Milliarden Mal als Buch reproduziert und in über sechshundert Sprachen und Dialekte in rund zweieinhalbtausend verschiedenen Übertragungen übersetzt worden. Jährlich werden rund zwanzig Millionen neue Exemplare gedruckt.

1. Tipps zum Einsteigen

Für Anfänger empfiehlt es sich nicht, die Bibel von vorne bis hinten in einem zu lesen. Vielmehr kann beispielsweise versucht werden, jeden Tag ein bis zwei Kapitel aus einem Buch zu lesen und, besonders bei alttestamentlichen Texten, eine Zeittafel parallel zu lesen. Bibellesepläne der Kirchen geben hilfreiche Anstöße. Unter Umständen ist es auch sinnvoll, als Begleitlektüre einen Bibelkommentar zur Hand zu nehmen, der historische und sprachliche Zusammenhänge erschließt sowie Hinweise zur Interpretation liefert. Auch die gemeinsame Lektüre in einem Bibelkreis erleichtert das Verständnis der Texte und ermöglicht einen Zugang, der alleine so nicht gefunden werden kann.

Die Bibel ist kein monolithischer Block, sondern eine Sammlung von Büchern, die in einem Zeitraum von mehr als 1000 Jahren entstanden sind und von Erfahrungen mit Gott und den Menschen handeln. In der Bibel finden sich Mythen, Bilder, Symbole, Sagen und Legenden. Literarische Textarten der Bibel sind ferner Hymnen, Dank-, Lob- und Klagelieder, Berufungsgeschichten, Prophetensprüche, weisheitliche Sprichwörter, Parabeln, Fabeln, Genealogien, Novellen, Heiligtums- und Kultlegenden. Darüber hinaus kennt die Bibel Gleichnisse, Wundererzählungen, Streitgespräche, Briefe, Reden und rhetorische Argumentationsfiguren.

Bekanntes aus der Bibel

Altes Testament
»Dorn im Auge« (Num 33, 55)
»Der Mensch lebt nicht vom Brot allein« (Dtn 8, 3; Mt 4, 4)
»Vom Scheitel bis zur Sohle« (Dtn 28, 35)
»Auf Herz und Nieren prüfen« (Psalm 7)
»Ende mit Schrecken (Ps 73)
»Hochmut kommt vor dem Fall« (Spr 16)
»Alles hat seine Zeit« (Koh 3, 1)
»Wer anderen eine Grube gräbt, fällt selbst hinein« (Spr 26, 27)

Neues Testament
»Perlen vor die Säue werfen« (Mt 7, 6)
»Wolf im Schafspelz« (Mt 7, 15)
»Ein Herz und eine Seele« (Apg 4)
»Die Hände in Unschuld waschen« (Mt 27, 24; Ps 73, 13)
»Ein Buch mit sieben Siegeln« (Offb 5, 1)
»Der Stein des Anstoßes« (Röm 9, 32)

Wer versucht, von der Bibel für das Leben zu lernen, sollte mit den großen Büchern der Weisheitsliteratur und dem Markusevangelium beginnen. Das Hohelied, das Buch Hiob, Kohelet, die Psalmen usw. geben auf exemplarische Weise Antwort auf unsere Fragen, Sehnsüchte, Hoffnungen und Erwartungen nach Liebe, Leid, Sinn, Gottsuche usw. Der Evangelist Markus hingegen führt am unmittelbarsten an Leben und Wirken Jesu heran. Mit der Zeit wird sich ein Repertoire an »Lieblingstexten« entwickeln, die dann Ausgangspunkt für neue Entdeckungsreisen im Land der Bibel werden. Es sind Reisen, die uns in die immer neu spannende Liebesgeschichte Gottes mit den Menschen und der Menschen mit Gott führen. Es sind Geschichten, die das Leben schrieb und die uns mit der Wahrheit dieses Lebens in all seinen Höhen und Tiefen konfrontieren. Die Inspiration der Bibel betrifft nicht nur die Verfasser und die Texte, sondern auch die Leser. Wenn die Geschichten von damals in die Geschichten von heute und morgen einmünden und weitergeschrieben werden, ist der Geist Gottes lebendig. Die Grundbotschaft aller Texte ist denkbar einfach und wird von Jesus in der Antwort auf die Frage nach dem größten Gebot gegeben:

Gläubiger orthodoxer Jude an der Klagemauer in Jesusalem

> »Das Erste ist: Höre, Israel, der Herr unser Gott ist der einzige Herr.
> Darum sollst du den Herrn, deinen Gott, lieben mit ganzem Herzen
> und ganzer Seele, mit all deinen Gedanken und all deiner Kraft.
> Als Zweites kommt hinzu: Du sollst deinen Nächsten lieben wie
> dich selbst.« (Mk, 12,28–30)

2. Orte der Begegnung mit der Bibel

Das Lesen biblischer Texte ist zentraler Bestandteil aller gottesdienstlichen Feiern. Für jeden katholischen Sonntagsgottesdienst
ist ein alttestamentlicher Text, ein Ausschnitt aus der Briefliteratur
oder der Apostelgeschichte und ein Evangelium vorgesehen.

Die meisten Zeitgenossen haben ihre häufig nur fragmentari-
schen Kenntnisse von biblischen Texten jedoch aus dem Religionsunterricht. Zahlreiche Lernwege und Methoden im Bereich der Bibel-
arbeit ermöglichen heute Schülern wie auch Erwachsenen ein ab-
wechslungsreiches Angebot der Entdeckung, Erarbeitung und An-
eignung biblischer Texte. Dazu gehören Rollenspiele, Verfremdun-
gen, Bibliodramen, musikalische und gestalterische Umsetzungen.

Die meisten Begegnungen mit der Bibel finden aber jenseits der klassischen Lernorte von Religionsunterricht und Liturgie statt.

Biblische Traditionen und Werte begegnen uns in unserer Alltagswelt oft, ohne dass wir uns dessen bewusst sind. Wir zählen die Jahre nach der Geburt Christi und strukturieren unsere Woche nach der Schöpfungserzählung in sieben Tage und nicht in zehn, wie es die Französische Revolution oder der Stalinismus einst vorgeschlagen haben. Die Hochfeste des Kirchenjahres sind die Säulen, um die herum sich auch der Kalender des profanen Jahres anordnet. Auch der religiös desinteressierte oder neutrale Bürger begegnet den Zeugnissen biblischer Geschichte in sakralen Bauten, Werken der Kunst sowie den vielen literarischen Bearbeitungen biblischer Stoffe oder deren Umsetzung in Oratorien, Opern, Schauspiel, Film und anderem.

Dass man für Arme, Behinderte, Kranke zu sorgen begann und Menschenrechte nicht als Vorrecht der Stärkeren, sondern als Vorrecht der Schwachen verstand, ist Grundaussage der Bergpredigt. Auf der Ethik des Neuen Testaments beruht das moderne Kranken- und Erziehungswesen. Auf ihr beruht auch der Schutz des Lebens, der Ungeborenen sowie der Kranken und Alten, der heute im Fortgang der Säkularisierungsprozesse immer brüchiger zu werden droht, weil der Mensch der Moderne sich anmaßt, selber Herr der Geschichte zu sein, und über Wert und Unwert, Anfang und Ende des Lebens meint entscheiden zu dürfen.

3. Figuren der Bibel entdecken

Die Heilige Schrift berichtet uns von unterschiedlichen Persönlichkeiten, Biographien, Berufungen und Begegnungen mit Gott. Jeder, der sich mit der Bibel beschäftigt, wird mit der Zeit seine eigene Lieblingsfigur entdecken. Er wird merken, dass die Menschen der Bibel nichts Verstaubtes an sich haben, sondern dass sie lebendige Gestalten aus Fleisch und Blut sind. Keine perfekten Übermenschen, keine Vollkommenheitsakrobaten und keine asketischen Hochleistungssportler, sondern Menschen, die sich auf unterschiedliche Weise dem Wirken Gottes aufgeschlossen haben. Auch die Menschen in der Bibel kennen Höhen und Tiefen, Krisen und Scheitern, Schuld und Versagen und immer wieder Neuanfang. Und genau darin sind sie auch unserem Leben und Lebensverlauf ähnlich. Im Nachfolgenden sind ohne jeden Anspruch auf annähernde

Vollständigkeit einige wichtige Personen des Alten und Neuen Testaments in alphabetischer Reihenfolge mit kurzen Informationen aufgelistet, mit denen die Beschäftigung besonders lohnt.

Figuren des Alten Testaments

Abraham gilt allen drei monotheistischen Religionen (Judentum, Christentum, Islam) als Vater der Glaubenden. Auf Gottes Geheiß wandert er mit seiner Frau Sara und seinem Neffen Lot mit unbekanntem Ziel in »das Land, das ich dir zeigen werde« (Gen 12, 1). Im hohen Alter gebiert ihm Sara seinen Sohn Isaak. Die Erzählung, er solle seinen einzigen Sohn opfern (Gen 22, 1–19), ist eine Erprobung seines Glaubens und Vertrauens an Gott. Die Patriarchenerzählungen werden auf einen nicht näher datierbaren Zeitraum zwischen 2000–1400 v. Chr. datiert.

Adam und Eva werden als »Stammeltern der Menschheit« bezeichnet. Der Name Adam lässt sich als »Mann aus Erde/Mensch« übersetzen, Eva heißt »die Leben schenkende«. Der Schöpfungsbericht der Bibel (Gen 4, 1b–25) beschreibt, wie Gott aus Erde und Lehm den Adam formt und ihm seinen Atem einhaucht. Eva wird ihm als Gehilfin aus seiner Rippe zugeteilt. Der Sündenfall und die Vertreibung aus dem Paradies sind eine Folge der freien Entscheidung des Menschen gegen Gott.

Daniel ist die Figur eines im 2. Jh. v. Chr. entstandenen Buches apokalyptischen Charakters. Daniel wurde 605 v. Chr. in das babylonische Exil deportiert und erlangte wegen seiner Fähigkeit zur Traumdeutung eine einflussreiche Stellung am Hof. Weil Daniel seinem Gott die Treue hält, ließ ihn König Darius in die Löwengrube werfen, wobei er unverletzt blieb und gerettet wurde (Dan 6).

David: Der menschlichste und facettenreichste der drei großen Könige Israels ist von der Herkunft ein Hirtenjunge, dem es mit seinem Zitherspiel gelingt, den schwermütigen König Saul aufzumuntern. Nach seinem Sieg über den Riesen Goliat gewinnt David die Gunst der Israeliten. Nach dem Tode Sauls wird er König und verhilft Israel zu seinen meisten Siegen und seiner größten Ausdehnung. Der als Initiator der Psalmendichtung geltende Herrscher lässt die Bundeslade in Jerusalem aufstellen und Pläne für den Tempelbau erarbeiten. Mord, Vergewaltigung und Nachfolgestreitigkeiten werfen einen Schatten auf den tief religiösen Staatsmann. Sein Leben (1035–961 v. Chr.) ist in den Büchern Samuel, den Büchern der Könige und dem ersten Buch der Chronik nachzulesen.

Elija: Der Name des Propheten bedeutet »Mein Gott ist Jahwe«. Der Prophet kämpft im 9. Jh. gegen den Baalskult und fordert die heidnischen Priester zu einem Gottesurteil auf dem Berg Karmel heraus. Viele populäre Erzählungen und Wunder ranken sich um den Propheten, der am Ende seines Lebens mit einem Feuerwagen zum Himmel entrückt wird. Die Evangelisten zeigen uns die beiden größten Propheten Israels, Elija und Mose, bei der Verklärung Jesu. Elijas Leben und Wirken ist im ersten und zweiten Buch der Könige aufgezeichnet.

Ezechiel: Der Prophet Ezechiel war Sohn eines Priesters und wurde ca. 600 v. Chr. mit 30 000 anderen Juden in die babylonische Gefangenschaft verschleppt. Ezechiel erleidet Zeiten, in denen er vollständig verstummt und sich nicht mehr bewegen kann. In den 22 Jahren seiner Gefangenschaft stärkt er den Glauben seines Volkes und erschließt ihm das Exil als Zeit der Buße. In einer seiner grandiosen Visionen führt Ezechiel die Vorstellung einer leiblichen Auferstehung vor: In einem Tal mit ausgetrockneten Gebeinen werden diese wieder zusammengefügt und mit Fleisch umgeben (Ez 23).

Ijob aus dem Lande Uz im heutigen Irak ist keine historische, sondern eine Symbolfigur des jüdischen Volkes. Die Entstehung der Ijobserzählung zieht sich über einen Zeitraum von rund 1000 Jahren. Im Mittelpunkt steht der fromme und gottesfürchtige Knecht, der durch eine Wette Gottes mit dem Teufel von verschiedenen Schicksalsschlägen heimgesucht wird. Das Buch Ijob, das bis in die Gegenwart Vorlage für zahlreiche künstlerische Bearbeitungen ist, zählt zu den bewegendsten Auseinandersetzungen mit der Frage nach dem Leid in der Bibel. Es eröffnet eine Spiritualität der Klage und Anklage Gottes und mündet in das Bekenntnis: »Ich lege meine Hand auf den Mund und rede nicht mehr.« (Ijob 40, 5)

Isaak: Der Name Issak bedeutet »Gott möge lächeln«. Sein Vater Abraham wird von Gott auf die Probe gestellt, den lange ersehnten Sohn zu opfern. Doch im letzten Moment greift Gott durch einen Engel ein und rettet Isaak (Gen 22). Isaaks Frau Rebekka schenkt ihm die Zwillingssöhne Esau, den Liebling des Vaters, und Jakob, den Liebling der Mutter. Durch eine List gelingt es Rebekka, nicht für den Erstgeborenen Esau, sondern für Jakob den väterlichen Segen zu erlangen und ihn damit zu Erben einzusetzen. Er ist mit den anderen Stammvätern und -müttern in der Höhle von Machpela bei Hebron begraben.

Jakob: Auf der Flucht vor seinem Zwillingsbruder Esau lässt sich Jakob bei seinem Onkel Laban nieder. Bei seiner Rückkehr in das Land Kanaan kämpft Jakob mit einem Fremden, den er nicht bezwingen kann. Der Fremde sagt ihm, er werde von nun an »Israel, Gottesstreiter« heißen, »denn mit Gott und Menschen hast du gestritten und hast gewonnen« (Gen 32, 29). Durch seine insgesamt zwölf Söhne, von denen die zwölf Stämme Israels hervorgingen, wurde Jakob Stammvater aller Israeliten.

Jeremia gehört neben Jesaja und Ezechiel zu den drei großen Propheten des AT. Er lebte im 7. Jh. v. Chr. in Jerusalem und rief sein Volk zu Bekehrung und Umkehr auf. Seine Klagen und Gerichtsworte zeugen von großer Einsamkeit des Propheten. Seine Vision vom Untergang des Königreiches Jerusalem traf kurz nach seinem Tod ein. Der Überlieferung nach ist Jeremia in Ägypten gestorben, wohin er vor der Verfolgung durch Nebukadnezzar geflohen war.

Jesaja: Der große Prophet war im 8. Jh. Ratgeber und Politiker im Königreich Juda. Er war ein unbequemer Mahner, der in drastischer Sprache die Sündhaftigkeit, den Götzendienst und die Korrumpiertheit seiner Zeitgenossen anprangerte. Heute berühren uns vor allem Texte, in denen von einer endzeitlichen Wende, universalem Frieden, Gerechtigkeit und Heil für alle Menschen die Rede ist: »Das Volk, das im Dunkeln lebt, sieht ein helles Licht ... Denn uns ist ein Kind geboren, ein Sohn ist uns geschenkt.« (Jes 9, 1, 5)

Jona: Der Prophet Jona erhält im 8. Jh. v. Chr. von Gott den Auftrag, der Stadt Ninive den Untergang anzukündigen und die Bewohner zur Umkehr aufzurufen. Er will sich dem Auftrag entziehen und besteigt ein Schiff, das kurz darauf in Seenot gerät. Um die Götter zu beruhigen, wirft ihn die Besatzung ins Meer, worauf ein großer Fisch kommt, der Jona verschlingt. Drei Tage und Nächte (Auferstehungsmotiv) betet Jona im Bauch des Ungeheuers, bis dieses ihn an Land speit. Daraufhin nimmt Jona seinen Auftrag wahr, die Einwohner von Ninive bekehren sich, und Gott führt seine Drohung nicht aus.

Josef war der elfte Sohn seines Vaters Jakob (1400–1250 v. Chr.). Wegen seiner Gabe, Träume zu deuten, und der Bevorzugung durch den Vater waren seine Brüder eifersüchtig auf ihn und verkauften ihn nach Ägypten. Der Pharao, von unerklärbaren Träumen geplagt, hört von dem ins Gefängnis gelangten Josef und bestellt ihn zu sich. Josef entschlüsselt ihm die Träume und wird zum obersten Beamten des Landes. Als die Brüder Josefs nach Ägypten kommen, um Getreide zu kaufen, gibt sich Josef zu erkennen und gemeinsam mit dem Vater Jakob leben sie fortan in Ägypten.

Judit: Das Buch Judit erzählt vom Mut einer Retterin des Volkes Israel. Holofernes, ein General des feindlichen Königs Nebukadnezzar, steht mit seinen Truppen unmittelbar vor Judäa. Als Judit erfährt, dass ihre Stadt nur noch fünf Tage Widerstand leisten kann, macht sie sich mit ihrer Dienerin auf den Weg ins feindliche Lager. Die gut aussehende Frau gibt sich als Überläuferin aus und nimmt an einem Gastmahl des Holofernes teil. Es gelingt ihr am Ende, den betrunkenen Despoten zu enthaupten und den Juden zum Sieg zu verhelfen.

Kain und Abel: Kain war der erste Sohn von Adam und Eva. Kain war Ackerbauer, sein jüngerer Bruder Abel Schafhirt. Bei einer Opferfeier schaut Gott wohlwollend auf das Opfer Abels, was Kain mit Neid und Eifersucht erfüllt, sodass er seinen Bruder Abel tötet. Von Gott nach dem Verbleib seines Bruders gefragt, antwortet er mit dem berühmten Satz: »Bin ich der Hüter meines Bruders?« (Gen 4, 8) Kain wird von Gott verflucht und muss seitdem ruhelos mit einem Mal gezeichnet auf der Erde umherirren.

Noah: Das Buch Genesis erzählt im sechsten Kapitel, dass die Schlechtigkeit des Menschen auf der Erde zunimmt, so »dass es den Herrn reut, den Menschen auf der Erde gemacht zu haben, und er beschließt, diesen »vom Erdboden mit allen Lebewesen zu vertilgen«. Lediglich Noah fand als gerechter und untadeliger Mann mit seiner Frau und seinen drei Söhnen und Schwiegertöchtern Gnade vor den Augen Gottes. Gott erteilt ihm den Befehl, eine Arche zu bauen und mitsamt seiner Familie und Paaren aller Lebewesen darauf Schutz zu suchen. Nach der großen Flut schließt Gott mit Noah den Bund, nie wieder alle Lebewesen zu vernichten, und stiftet als Zeichen dafür den Regenbogen (Gen 9, 11–17).

Salomo war nach Saul und David der dritte große König des vereinten Königreiches Israel. Beim Amtsantritt als junger König bittet er Gott um ein »hörendes Herz«, und Gott verspricht ihm »ein so weises und verständiges Herz, dass keiner vor dir war und keiner nach dir war, der dir gleicht.« (Kön 3, 12) Das berühmte Salomonische Urteil entstand durch zwei Frauen, die vor dem König erschienen und beide behaupteten, Mutter des gleichen Kindes zu sein. Als Salomo den Befehl gibt, das Kind auseinanderzuschneiden, verzichtet eine der beiden Frauen, und Salomo erkennt in ihr die wahre Mutter. Salomo ist der Erbauer des Tempels in Jerusalem.

Samuel: Der Prophet Samuel war der letzte der Richter Israels (11. Jh. v. Chr.). Er setzte die ersten zwei Könige, Saul und David, ein. In einer nächtlichen Vision ruft Gott Samuel, die frei gewordene Stelle des Priesters Eli zu übernehmen. Die Antwort Elis auf Gottes Anruf, »Rede Herr, dein Diener hört« (1 Sam 3, 10), ist bis heute zu einem Schlüsselwort für geistliche Berufe geworden.

Figuren des Neuen Testaments

Jakobus der Ältere war der Sohn des Fischers Zebedäus sowie der ältere Bruder des Jüngers Johannes. Aufgrund ihres Temperaments gab Jesus den Brüdern den Beinamen Donnersöhne. Jakobus, der auch bei der Verklärung Jesu und im Garten Gethsemane zugegen war, gilt als der erste Märtyrern unter den Aposteln.

In Santiago de Compostela soll sich der Überlieferung nach der enthauptete Leichnam des Apostels befinden – Ziel aller Pilger auf dem Jakobsweg.

Johannes ist der Verfasser des vierten Evangeliums, auch der Johannesbriefe, sicher nicht der Offenbarung des Johannes. Viele setzen ihn mit dem Lieblingsjünger Jesu, gleich. Johannes lebte wahrscheinlich in Ephesus. Er unterscheidet sich von den drei anderen Evangelisten durch eine konzentrierte geistige Tiefe und eine ganz eigene Sprache. Das Symbol des Johannes ist der Adler, der hoch über allem kreist.

Johannes der Täufer, der auch als Vorläufer Jesu bezeichnet wird, ist der Sohn von Elisabeth und Zacharias. Zwischen 27 und 29 n. Chr. hat er in der Wüste am Jordan Menschen zur Umkehr und zur Vergebung der Sünden aufgerufen und sie getauft. Auch Jesus beginnt sein Wirken mit der Taufe durch Johannes. Das NT zeichnet einen wortgewaltigen Bußprediger, der in äußerster Askese lebte. Als Johannes den König Herodes für seine Ehe mit Herodias kritisiert, soll deren Tochter Salome den Kopf des Täufers auf einer Schale als Belohnung für einen Tanz gefordert haben.

Josef der Zimmermann von Nazareth ist im NT der Verlobte und später der Ehemann der Maria. Im Traum erscheint Josef ein Engel und erteilt ihm die Weisung, sich nicht von Maria zu trennen, da das erwartete Kind vom Heiligen Geist und der Sohn des Höchsten sei. Josef ging mit Maria nach Betlehem, um sich in die römischen Steuerlisten einzutragen. Dort gebar Maria ihren Sohn. In einem Traum warnen Engel Josef vor der Verfolgung durch Herodes den Großen. Josef flieht mit seiner Familie nach Ägypten, wo er wohnte, bis ihn die Nachricht vom Tode des Herodes erreichte. Nach seiner Rückkehr lässt sich Josef wieder in Nazareth nieder, wo er vor dem öffentlichen Auftreten Jesu starb. Der heilige Josef ist der Schutzpatron der Arbeiter, der Sterbenden, der Ehe, der Keuschheit sowie der ganzen Kirche.

Judas Iskariot ist einer der zwölf Apostel, der nach dem Zeugnis der Evangelien die Festnahme Jesu im Garten Gethsemane ermöglicht hat. Für seinen Verrat mit einem Kuss erhielt dieser vom obersten jüdischen Rat dreißig Silberlinge. Nach dem Zeugnis des Matthäus soll er sich später aus Verzweiflung über seine Tat erhängt haben (Mt 27, 3 ff.).

Lazarus aus dem Ort Bethanien nahe bei Jerusalem zählt zu den guten Freunden Jesu. Als Jesus erfährt, dass er gestorben ist, reist er zu ihm und hört von seiner Schwester Marta die berühmte Klage:»Herr, wenn du hier gewesen wärest, dann wäre mein Bruder nicht gestorben.« (Joh 11, 21) Nach dem Ruf»Lazarus, komm heraus!« (Joh 11, 43) erscheint dieser mitsamt seiner Leinenbinden und ist wieder am Leben.

Lukas gilt als Verfasser des Lukasevangeliums (um 80 n. Chr.) und der Apostelgeschichte. Der vermutlich in Antiochia geborene griechische Heidenchrist ist von Beruf Arzt. Er begleitet Paulus zeitweise auf seinen Reisen. Das stilistisch ansprechendste Evangelium erzählt die großartigen Gleichnisse vom barmherzigen Samariter und vom verlorenen Sohn. Der Evangelist wird mit einem geflügelten Stier dargestellt, was an eine Vision des Propheten Ezechiel erinnert (Ez 1, 4-20).

Maria aus Nazareth in Galiläa ist die Mutter Jesu und die Verlobte von Josef. Nachdem ihr der Engel die Geburt Jesu verkündet hatte, besucht sie – im sechsten Monat schwanger – ihre Kusine Elisabeth, die noch im hohen Alter ihr erstes Kind, Johannes, bekam. Bei diesem Besuch stimmte Maria nach dem Zeugnis des Lukas das Magnifikat, den Lobpreis Gottes, an. Maria begleitete Jesus sein ganzes Leben lang, war bei vielen Wundern anwesend und stand ihm auch in der Todesstunde bei. Vom Kreuz herab vertraute Jesus Maria seinen Lieblingsjünger Johannes als Mutter an. Die christliche Tradition kennt sowohl Jerusalem als auch Ephesus als Orte des Todes Mariens.

Maria von Magdala, die auch Maria Magdalena genannt wird, ist eine der Begleiterinnen Jesu, die von allen vier Evangelisten als Zeugin der Auferstehung erwähnt wird. Die christliche Tradition hat Maria Magdalena mit der Sünderin gleichgesetzt, die Jesus im Haus eines Pharisäers mit ihren Tränen die Füße wusch; allerdings gibt es keinerlei biblischen Beweis dafür, dass es sich dabei um Maria Magdalena handelt.

Markus: Das Evangelium des Markus gilt als der älteste Bericht des Lebens und Wirkens Jesu. Nach frühchristlicher Überlieferung ist Markus auch der erste Bischof von Alexandria, wo er den Märtyrertod erlitt. Sein Symbol ist der Löwe, der an den Beginn des Markusevangeliums und die laut rufende Stimme in der Wüste erinnert. Nachdem im Jahre 828 die sterblichen Überreste nach Venedig gebracht wurden, wurde der Löwe Wahrzeichen und Wappentier der Stadt.

Matthäus: Der Evangelist Matthäus wird vielfach mit dem Apostel Matthäus identisch gesetzt, was unwahrscheinlich ist. Der Evangelist war wohl ein griechisch sprechender Jude aus Syrien, der zwischen 85 und 75 n. Chr. schrieb. Das Matthäusevangelium ist eine erweiterte und redigierte Fassung des Markustextes. Am Anfang fügt Matthäus den Stammbaum und die Kindheit Jesu hinzu, dem folgen Berichte von Erscheinungen Jesu nach der Auferstehung. Weil Matthäus besonders das Menschsein Jesu betont, ist sein Symbol der Mensch.

Paulus, ein gelernter Zeltmacher und gebildeter Pharisäer, ist der erste Theologe und nach Petrus der bedeutendste Missionar der Urkirche. Als Saulus verfolgt er zunächst die christliche Kirche, die er für eine Sekte hielt. Eine Begegnung mit dem auferstandenen Jesus stellt sein Leben auf den Kopf: Er wird der von Gott berufene Apostel des Evangeliums für die Völker (Gal 1, 15) und verkündet vor allem den Nichtjuden die Auferstehung Jesu. Bei seinen Reisen durch den Mittelmeerraum gründet er neue Gemeinden, mit denen er einen regen Briefkontakt pflegt.

Petrus: Der Fischer Simon Petrus wurde als einer der ersten Jünger Jesu berufen. Petrus erscheint als Bekenner Christi, aber auch als jemand, der ihn nach dessen Gefangennahme »noch ehe der Hahn krähte« (Mk 14, 66 f.) verleugnet. Petrus ist der erste männliche Augenzeuge des Auferstandenen, Leiter der Urgemeinde in Jerusalem und Sprecher der Apostel. Die Übergabe des Primats an Petrus gilt bis heute als Grundlage des Papstamtes: »Du bist Petrus, und auf diesen Felsen werde ich meine Kirche bauen, und die Mächte der Unterwelt werden sie nicht überwältigen.« (Mt 16, 18 f.)

Pilatus: Pontius Pilatus stammte aus römischem Adel und wurde 26 n. Chr. Statthalter des römischen Kaisers Tiberius in den Provinzen Judäa und Samarien. Auf Drängen des jüdischen Hohen Rates bestätigt er das Todesurteil Jesu von Nazareth und lässt seine Hinrichtung vollziehen. Symbolisch wäscht er nach dem Urteil seine Hände in Unschuld (Mt 27, 24). Er gilt zwar formal als für die Kreuzigung verantwortlich, jedoch wird dem Volk und den jüdischen Autoritäten eine größere Schuld am Tod Jesu zugesprochen.

Stephanus, gestorben ca. 36/40 n. Chr., ist einer der sieben Diakone der Jerusalemer Urgemeinde, der als christlicher Märtyrer gilt. Stephanus wird als Mann voll »Gnade und Kraft« beschrieben, der »Wunder und große Zeichen unter dem Volk tut« (Apg 6, 8). Vor dem Hohen Rat erklärt Stephanus in einer großen Rede die ganze Heilsgeschichte. Als er am Ende die Ältesten als halsstarrig bezeichnete, trieben sie ihn vor die Tore der Stadt und steinigten ihn. Mit dem Schrei »Herr, rechne ihnen diese Sünden nicht an« (Apg 7, 60) stirbt er.

Thomas: Der Apostel Thomas war einer der ersten zwölf Apostel Jesu. Johannes berichtet, dass Thomas nicht bei der Auferstehung Jesu zugegen war und sich weigert zu glauben, bevor er die Wunden Jesu mit eigenen Augen gesehen habe. Als sich Jesus ihm zeigt, legt er seine Hand in die Seitenwunde und bekennt mit den Worten: »Mein Herr und mein Gott« (Joh 20, 28). Der Überlieferung zufolge soll Thomas das Evangelium bis nach Südindien gebracht haben, wo er um 72 n. Chr. in Maddras verstarb.

Zachäus war ein vermögender jüdischer Zöllner in Jericho. Als Jesus in die Stadt kommt, steigt der kleinwüchsige Mann auf einen Maulbeerbaum, um einen besseren Blick zu erlangen. Überraschend ruft ihn Jesus vom Baum hinunter und kehrt bei ihm zu Hause ein. Die Menge murrt, da die Zöllner als Kollaborateure mit der römischen Besatzung und als Sünder galten. Jesus widerspricht und erklärt sich als gekommen, »um zu suchen und zu retten, was verloren ist« (Lk 19, 10). Zachäus schenkt die Hälfte seines Vermögens den Armen und erstattet alles, was er zu viel eingefordert hat, vierfach zurück.

4. Übersicht und Gliederung der biblischen Bücher

Der Name »Bibel« stammt aus dem Griechischen und bedeutet »die Bücher« (biblia), denn die Bibel ist nicht ein Buch, sondern eine Sammlung von 73 Einzelschriften oder eben »Büchern«, die der Kirche als inspiriert, das heißt vom Geist verfasst gelten. Im sogenannten »Kanon der Bibel« (= »Richtschnur« oder »Richtmaß«) ist die Anzahl der Bücher festgelegt, die als Gottes Wort in Menschen Wort gelten. Die Bibel besteht aus zwei, in Umfang, Inhalt und Entstehung sehr unterschiedlichen Teilen, die man gemeinhin als »Altes Testament = AT« (auch: »Erstes«) und »Neues Testament = NT« (auch: »Zweites«) bezeichnet.

Das Alte Testament enthält die Schriften, die ursprünglich die Juden und später auch die Christen als Wort Gottes bezeichneten. Dabei muss zwischen der hebräischen und der christlichen Bibel unterschieden werden. Die hebräische Bibel umfasst drei Sektionen, nämlich Tora (= Gesetz, Weisung), Nebi'im (= Propheten) und Ketubim (= Schriften), die nach der heute gebräuchlichen und auf die ersten Druckausgaben zurückgehende Zählung in 39 Bücher unterteilt sind. Sie alle wurden in hebräischer Sprache verfasst, die Bücher Esra und Dan (= Daniel) teilweise in Aramäisch.

Im Griechischen wird die Tora auch Pentateuch (= fünfrolliges Buch) genannt, was auf die Verteilung auf fünf Schriftrollen zurückzuführen ist. Die Namen, welche in der christlich-lateinischen Tradition verwendet werden, gehen auf die ins Lateinische übertragenen griechischen Anfangsworte und Bezeichnungen zurück: Gen = Genesis

Torarolle

(Entstehung), Ex = Exodus (Auszug), Lev = Levitikus (levitisch(es Gesetz)), Num = Numeri (Zählungen) und Deut = Deuteronomium Zweites Gesetz). In diesem wichtigsten Teil des Alten Testaments, das von der Tradition Mose zugeschrieben wird, wird ein Entwurf der Geschichte Israels von der Schöpfung bis zur Inbesitznahme des Gelobten Landes geboten. Dieser Teil galt bereits im 6. vorchristlichen Jahrhundert als Heilige Schrift.

Im zweiten Teil der hebräischen Bibel folgen die Propheten, wobei die hebräische Tradition hierzu sowohl die eher geschichtlichen Bücher Jos = Josua, Ri = Richter, 1/2 Sam = Samuel und 1/2 Kön = Könige als auch die »kleinen Propheten« (Hos = Hosea, Joel, Am = Amos, Obd = Obadja, Jona, Mi = Micha, Nah = Nahum, Hab = Habakuk, Zef = Zefanja, Hag = Haggai, Sach = Sacharja und Mal = Maleachi) zählt.

Die dritte Sektion fasst die übrigen Schriften zusammen: Pss = Psalmen, Ijob, Spr = Buch der Sprichwörter, Rut, Hld = Hohelied, Koh = Kohelet, Klgl = Klagelieder, Est = Ester, Dan = Daniel, Esr = Esra, Neh = Nehemia, 1/2 Chr = Chronik.

Das Christentum folgte mit Ergänzungen (nämlich die sieben in griechischer Sprache verfassten bzw. überlieferten Bücher Tob = Tobit, Jud = Judit, Bar = Baruch, Weish = Weisheit, Sir = Sirach, 1/2 Makk = Makkabäer) in einigen Fällen dieser Gliederung, in anderen nicht, bis dann im Zuge des Konzils von Trient (1545–1563) als Reaktion auf die mit einer starken Bibelkritik einhergehende Reformation eine Entscheidung über die endgültige Aufnahme notwendig geworden war. Von den Reformatoren, allen voran von Martin Luther, wurden diese sieben Bücher als »Schriften minderen Ranges« (Apokryphen) bezeichnet.

Das NT umfasst 27 Schriften. Diese sind fast durchgängig in einer damals weit verbreiteten umgangssprachlichen Form des Griechischen, der sogenannten Koiné, verfasst. Zudem enthält es einige aramäische Begriffe und Zitate. Die vier Evangelien, je benannt nach ihrem heute umstrittenen Verfasser (Mt = Matthäus, Mk = Markus, Lk = Lukas, Joh = Johannes), bilden den Anfang. Ihnen folgt die Apg = Apostelgeschichte, deren Autorschaft traditionell dem Verfasser des Lukasevangeliums zugeschrieben wird.

Die darauf folgenden 21 Briefe können nochmals in zwei Blöcke unterteilt werden, nämlich das Corpus Paulinum, also die Briefe, die traditionell dem Apostel Paulus zugeschrieben werden, und die »Kirchenbriefe« bzw. »katholischen Briefe«, wobei die Luther-Bibel leichte Umstellungen vornimmt. Alle christlichen Bibelausgaben schließen dann wieder einheitlich mit der Offenbarung des Johannes, die nach dem eigentlichen Gattungsbegriff auch Apokalypse genannt wird.

5. Die Entstehung der Bibel

Nach dem Verständnis der großen Kirchen ist die Bibel »Gotteswort in Menschenwort«. Sie unterscheidet sich von den Offenbarungsschriften anderer Religionen dadurch, dass auf die Vorstellung einer rein göttlichen Verfasserschaft (»Verbalinspiration«) verzichtet wird. Traditionelle Deutungen gingen davon aus, dass Mose die ersten fünf Bücher von Gott diktiert worden seien oder den Evangelisten die Feder direkt vom Heiligen Geist geführt wurde.

Heute sehen sich die meisten christlichen Kirchen und kirchlichen Gemeinschaften in der Lage, eine Interpretation und kritische Hinterfragung bezüglich der Entstehungsgeschichte der Bibel zu wagen. Nichtsdestotrotz gibt es, vor allem im fundamentalistischen Bereich, verstärkte Tendenzen, die Bibel wörtlich zu nehmen, was sich beispielsweise an der Ablehnung naturwissenschaftlicher Entstehungstheorien der Welt mit Verweis auf die Schöpfungsberichte äußert.

Dessen ungeachtet ist die Bibel die wichtigste Schrift der Christen, weil sie die Geschichte des Volkes Gottes und der Beziehung von Gott und seinem Volk im AT wiedergibt bzw. im NT das Leben Jesu und das der ersten Christen dokumentiert. Beide Teile der Bibel sind Grundlage sowohl für den Glauben des Einzelnen als auch für die gemeinsame Feier des Gottesdienstes der Gemeinde. Dies wurde nie von der katholischen Kirche geleugnet, wenn sie auch im Vergleich zum Protestantismus (»sola scriptura« = nur die Schrift) immer am Zusammengehören von **Schrift** und **Tradition** festhielt.

Der Zeitraum der Entstehung der biblischen Texte beträgt ca. 1500 Jahre. Als älteste Texte gelten Teile des Buches Genesis, die

In den Höhlen von Qumran, unweit des Toten Meeres, fand man die Jesajarolle

auf ca. 1450 v. Chr. datiert werden, als jüngste das Evangelium des Johannes, welches um ca. 100 n. Chr. verfasst wurde.

Das älteste heute noch erhaltene Dokument eines biblischen Buches ist die in Qumran am Toten Meer 1947 aufgefundene, 7,34 Meter lange Jesajarolle aus Schafsleder, die um 180 v. Chr. entstand. Von weiteren Büchern des Tanach aus dieser Zeit existieren vielfach nur noch Fragmente. Trotzdem ist davon auszugehen, dass die Verschriftlichung des AT schon sehr viel früher begonnen hat. Bei der Suche nach älteren Textzeugnissen wird die Forschung durch eine doppelte Problematik erschwert. Einerseits ziehen die Materialien, auf denen in damaliger Zeit geschrieben wurde (v. a. Papyrus und Leder), leicht Feuchtigkeit an und sind deshalb nur begrenzt haltbar. Andererseits wurde die Tora bei den Juden des Altertums als etwas Heiliges verehrt. Dies hatte zur Folge, dass nicht mehr gebrauchte oder beschädigte Schriftrollen nicht einfach in einem Schrank »vergessen« wurden, sondern eine feierliche Bestattung erhielten. So sind heute Funde von Textfragmenten nur mit sehr viel Glück und in sehr heißen, trockenen Gebieten möglich.

Die Entstehung des Neuen Testaments bzw. der Evangelien, auf die wir uns beschränken wollen, ist heute verhältnismäßig gut erforscht. Allgemein wird davon ausgegangen, dass Markus (Mk) als erstes der Evangelien verfasst wurde. Man nimmt an, dass der Autor Heidenchrist gewesen sein muss, vor seiner Bekehrung also nicht zur jüdischen Glaubensgemeinschaft gehört hat. Erklärungen jüdischer Bräuche und Übersetzungen aramäischer Ausdrücke machen deutlich, dass dieses Evangelium für Heidenchristen wohl um 70 n. Chr. (während des Aufstands gegen die Römer) geschrieben worden ist.

Sie sogenannte »Zweiquellentheorie« geht davon aus, dass Matthäus (Mt) und Lukas (Lk) das Evangelium des Mk als Vorlage haben, beide aus einer nicht näher bekannten Sammlung von Sprüchen (»Logien«) Jesu schöpfen und darüber hinaus Eigengut in ihren Evangelientext einbinden. Weil man die drei Evangelien vergleichend zusammenlesen kann, werden sie auch »Synoptiker« (griech.= »zusammenschauen«) genannt.

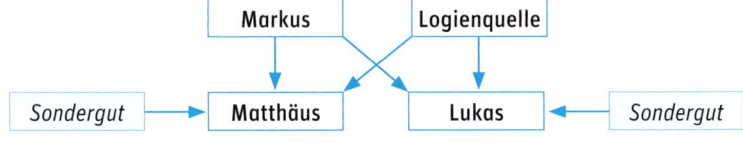

Das Evangelium des Mt – nach altkirchlicher Tradition hielt man den Verfasser für einen ehemaligen Zöllner, der dann Apostel Jesu wurde – richtet sich dagegen an Juden bzw. Judenchristen. Heute wird bezweifelt, dass der historische Mt ein Apostel war, weil es als unwahrscheinlich anzusehen ist, dass ein Primärzeuge von einem Sekundärzeugen (Mk) abschreiben würde. Auch wäre dies bei der heutigen zeitlichen Einordnung, die die Entstehung des Evangeliums auf die Zeit zwischen 80 und 100 n. Chr. schätzt, quasi nicht möglich. Das dritte synoptische Evangelium, Lk, wird dem Arzt Lukas zugeschrieben, der Paulus – so dieser in seinen Briefen (Phlm 1,23–24 und Kol 4,14) – auf dessen Missionsreisen begleitet hat. Die Entstehung des Evangeliums wird, ähnlich dem Mt, in die Zeit zwischen 90 und 100 datiert, weil dem Verfasser zwar die Zerstörung des Tempels (70 n. Chr.) bekannt gewesen sein dürfte; seine Loyalität gegenüber dem Staat lässt aber darauf schließen, dass er noch keine Christenverfolgung miterlebt hat.

Von den drei synoptischen Evangelien hebt sich das Johannesevangelium durch eine ganz andere Sprache und einen ganz anderen Denkstil deutlich ab. Die Entstehungszeit ist umstritten: Viele Datierungen halten die Abfassung in der Zeit zwischen 100 und 120 n. Chr. für wahrscheinlich. Offensichtlich kannte der Verfasser sich zwar sowohl geographisch in Jerusalem und Palästina aus als auch religiös-kulturell in der jüdischen Fest-Kultur; trotzdem lassen viele Andeutungen von Spannungen auf ein eher konfliktreiches Verhältnis zu der jüdischen Gemeinde und eventuell auch mit den anderen sich entwickelnden christlichen Gemeinden schließen. Johannes ist der Evangelist, der die meisten judenpolemischen Einlassungen enthält, die im 8. Kapitel in der Rede von den Juden als »Kindern des Teufels« mündet (Joh 8, 44), was in der Wirkungsgeschichte Anlass für zahlreiche Polemiken und Propaganda war.

Neutestamentliche Schriften waren schon sehr früh in den Gemeinden verbreitet. Die ersten Sammlungen dürften die Paulusbriefe gewesen sein (um 70), Mitte des 2. Jahrhunderts wird eine Zusammenschau der vier Evangelien von Tatian zitiert. Irenäus von Lyon verfasst etwas später eine Aufstellung wichtiger Apostelbriefe, wobei diese nicht mit der heute kanonisierten übereinstimmt. Um das Jahr 230 beschreibt Origenes in seinem Kommentar alle Bücher des Neuen Testaments, dessen Bestandteile sich aber noch verändert haben. Während des 4. Jahrhunderts findet diese Sammlung dann ihren Abschluss unter Cyrill von Jerusalem, in dessen Unterweisungen lediglich die Offenbarung des Johannes fehlt. Bei Athanasius von Alexandrien findet der Textumfang seine heutige Form, wenn auch erst das Konzil von Trient 1546 den Kanon des Neuen Testaments offiziell und autoritativ für die katholische Kirche festlegte.

So unterschiedlich sind Bibelübersetzungen

Lutherübersetzung in der Ausgabe von 1545:
Darum ist es mit dem Himmelreich gleich einem König, der mit seinen Knechten rechnen wollte. Und als er anfing zu rechnen, kam ihm einer vor, der war ihm 10 000 Pfund schuldig.

Elberfelder Bibel in der Ausgabe von 1905 (evangelische Übersetzung, die stark am hebräischen bzw. griechischen Originaltext orientiert und nicht immer einfach zu lesen ist):
Deswegen ist das Reich der Himmel einem Könige gleich geworden, der mit seinen Knechten abrechnen wollte. Als er aber anfing abzurechnen, wurde einer zu ihm gebracht, der zehntausend Talente schuldete.

Einheitsübersetzung aus dem Jahr 1980 (katholische, ins gehobene Deutsch übertragene Übersetzung, wobei NT und Psalmen auch von der evangelischen Kirche anerkannt sind und somit als ökumenisch bezeichnet werden):
Mit dem Himmelreich ist es deshalb wie mit einem König, der beschloss, von seinen Dienern Rechenschaft zu verlangen. Als er nun mit der Abrechnung begann, brachte man einen zu ihm, der ihm zehntausend Talente schuldig war.

Bibel in gerechter Sprache; eine 2006 erschienene Übersetzung, die besonders der Geschlechtergerechtigkeit verpflichtet ist:
Deshalb ist die Welt Gottes mit folgender Geschichte von einem Menschenkönig zu vergleichen, der mit seinen Sklaven abrechnen wollte. Als er mit der Abrechnung begann, wurde ihm einer vorgeführt, der schuldete 10 000 Talente.

Gute-Nachricht-Bibel aus dem Jahr 1997 ist eine evangelisch-katholische Gemeinschaftsproduktion, die sich intensiv um zeitgemäße und verständliche Sprache bemüht:

Jesus fuhr fort: Macht euch klar, was es bedeutet, dass Gott ange-
fangen hat, seine Herrschaft aufzurichten! Er handelt dabei wie
jener König, der mit den Verwaltern seiner Güter abrechnen woll-
te. Gleich zu Beginn brachte man ihm einen Mann, der ihm einen
Millionenbetrag schuldete.

Volxbibel aus dem Jahr 2006 ist eine offene Internet-Bearbeitung
mit inhaltlichen Veränderungen, die sich an einer jugendlichen
Sprache orientiert:
Das Reich, wo Gott das Sagen hat, kann man auch gut verglei-
chen mit einem Bundeskanzler, der mit seinem Finanzminister
den Etat ausrechnen will. Da kam so ein Unternehmer vorbei, der
hatte beim Staat sehr hohe Schulden, die er nicht mehr bezahlen
konnte, er war total pleite.

6. Wege der Schriftauslegung

Lange Zeit waren die biblischen Texte dem einfachen Gläubigen
nicht zugänglich. Die Bibellektüre wurde vor allem in Klöstern gepflegt. Neben dem Umstand, dass die Klöster Orte der Bildung und
der Forschung waren, hatten sie den Vorteil, dass viele ihrer Mitglieder lesen bzw. (ab)schreiben konnten. Ihnen sind die zahllosen
kostbaren Bibelhandschriften zu verdanken, die bis heute zu den
großen Kulturschätzen des Abendlandes gehören.

Die reformatorischen Bewegungen erkannten ausschließlich die
Bibel als Autorität an und sprachen dem kirchlichen Lehramt seine
Hoheit über die Schriftauslegung ab. Dagegen verwies die katho-
lische Kirche seit dem Konzil von Trient darauf, dass die göttliche
Wahrheit nicht allein in der Schrift, sondern ausschließlich in der
Verbindung von Schrift und Tradition zu finden sei.

Während im evangelisch-protestantischen Milieu die tägliche Bibellektüre von Anfang an als Pfeiler der persönlichen Frömmigkeit
gewertet wurde, hatte das katholische Lehramt lange Zeit einer Publikation von Bibeln in der Landessprache kritisch bis ablehnend ge-
genübergestanden. Es ist das Verdienst der Bibelbewegung, die von
Klosterneuburg und Maria Laach gemeinsam mit der liturgischen
Erneuerung zu Beginn des 20. Jahrhunderts ausging, den Stellenwert der Heiligen Schrift im katholischen Bereich bewusst gemacht
zu haben.

Der größte Bibelgelehrte der Antike, der heilige Hieronymus (347–419), ist der Schöpfer der Vulgata, einer bedeutenden Bibelübersetzung ins Lateinische

Vorab war bereits im 19. Jahrhundert ein neues historisch-kritisches Interesse an den biblischen Texten entstanden. Zuerst von protestantischer Seite, mehr und mehr aber auch von katholischer, wurden die Entstehungsgeschichte des Neuen und Alten Testaments einer kritischen Prüfung und Hinterfragung unterzogen. Die historisch-kritische Schriftauslegung sucht, den ursprünglichen Kern der Überlieferung herauszuschälen. Sie will sprachliche und sachliche Unstimmigkeiten im Text aufzeigen und fragt nach den verschiedenen Entwicklungsstufen und Bearbeitern (Literarkritik). In der Überlieferungskritik sucht sie, vorschriftliche Stadien zu rekonstruieren sowie Entwicklungen nach ihrer Verschriftlichung (Quellen- bzw. Redaktionskritik) aufzuzeigen. In der Form-, Gattungs- und Redaktionskritik werden geprägte sprachliche Formen und inhaltliche Elemente, Motive, Bilder untersucht sowie auf ihren historischen Ort hin analysiert. In der katholischen Kirche hat die historisch-kritische Methode erst 1943 mit der Enzyklika »Divino afflante Spiritu« von Pius XII. offiziell Einzug gehalten. Ihr ist es zu verdanken, dass ein den wissenschaftlichen Anforderungen genügendes Verständnis der Schrift zugelassen werden kann, anders als dies mit einer rein wörtlichen und romantisch-verklärten

Vorstellung möglich wäre. Das Bekenntnis zur Erschaffung der Welt in sieben Tagen ist beispielsweise nicht wörtlich zu verstehen. Vielmehr wird die Tatsache betont, dass es sich hierbei auch um mythologische Vorstellungen und Urbilder handelt, die zeitlos gültige Erfahrungen von Menschen transportieren und in jeder Epoche neu gelesen und verstanden werden wollen.

Dies wird freilich nicht von allen christlichen und jüdischen Glaubensrichtungen geteilt. Erinnert sei etwa an den religiösen Fundamentalismus der Siedler in Israel, die mit Verweis auf das erste Kapitel des Buches Josua und auf den »Befehl zur Besetzung des Westjordanlandes« eine wörtliche Auslegung der Schrift für politische Zwecke missbrauchen. Erinnert sei an Sekten wie die »Zeugen Jehovas« oder den protestantischen Fundamentalismus, dessen Untergruppierungen sich häufig durch ein wörtliches Verständnis der Schrift profilieren und jegliches historisch-kritisches Herangehen konsequent ablehnen – etwa in Fragen der Evolutionstheorie.

Dabei kannte die Kirche schon sehr früh Differenzierungen in der Auslegung, etwa in der Lehre vom vierfachen Schriftsinn.

Der vierfache Schriftsinn

✦ *Literalsinn* (wörtliche, geschichtliche, biblisch-historische Auslegung)

✦ *allegorischer Sinn* (eine Übertragung und Interpretation im Glauben) im Sinne einer dogmatischen, zeitlosen Auslegung

✦ *tropologischer Sinn* (Interpretation »in Liebe«), der den biblischen Text auf eine moralische Sinnebene des Einzelnen deutete, und

✦ *anagogischer Sinn* (Interpretation »in Hoffnung«), der auf die endzeitliche, eschatologische Ebene abzielte.

Cassian illustriert dies am Beispiel der Stadt Jerusalem. So steht Jerusalem für die

✦ die historische Stadt,
✦ die Kirche Christi,
✦ die menschliche Seele,
✦ das zukünftige, himmlische Jerusalem.

Neben diesen traditionellen Auslegungsformen der Schrift hat sich mittlerweile eine Anzahl verschiedener Zugangsweisen der Bibelauslegung etabliert. Der evangelische Theologe Horst Klaus Berg gibt in seinem Standardwerk »Ein Wort wie Feuer« (München 1991) einen gelungenen Überblick über Formen lebendiger Schriftauslegung: Die existenziale Auslegung sucht, Grundfragen und Grunderfahrungen des menschlichen Lebens (Angst, Freude, Glück usw.) in den biblischen Texten aufzuspüren und auf ihre Lebensrelevanz zu befragen. Die linguistische Interpretation sucht, mittels literaturwissenschaftlicher Verfahren die unterschiedlichen sprachlichen Elemente biblischer Texte zu erfassen und zu beschreiben. Besondere Beachtung – nicht zuletzt durch die Auseinandersetzung um den mittlerweile aus der Kirche ausgetretenen Theologen Eugen Drewermann – hat in den letzten Jahren die tiefenpsychologische Auslegung erfahren. Sie befragt Bilder, Mythen und Texte der Bibel auf im Unterbewussten vorhandene Urerfahrungen, die für Gelingen oder Scheitern des Lebens verantwortlich sind. Feministische Exegese will darauf aufmerksam machen, wie biblische Texte zur Unterdrückung von Frauen missbraucht wurden, und sucht, die biblische Überlieferung von patriarchalen Überlagerungen zu befreien sowie die biblischen Frauengestalten als Identifikationsfiguren heutiger Befreiung (z. B. Mirjam, Esther, Maria Magdalena u. v. a.) neu zu entdecken. Als »relectura« bezeichnet man lateinamerikanische Interpretationsformen der Bibel, die auf die Unterdrückungserfahrungen leidender Campesinos abzielt. Der Lobpreis Mariens (Magnificat) »Er stürzt die Mächtigen vom Thron und erhöht die Niedrigen« (Lk, 1, 52) gilt etwa als ein Schlüsselsatz in der Solidargemeinschaft der Leidenden und Entrechteten. Die wirkungsgeschichtliche Auslegung geht unter der Frage »Wer hat den Text in welcher Situation mit welcher Absicht verwendet?« ideologiekritisch dem Missbrauch biblischer Aussagen in der Praxisgeschichte nach. Die Interpretation durch Verfremdung will – nicht selten mittels Provokation – in Literatur, Kunst, Film, Karikaturen u. a. verhärtete Sichtweisen aufbrechen, um die Dynamik der Texte wieder freizusetzen.

IV.

WORAN GLAUBT, WER GLAUBT?

1. Brauchen wir den Glauben?

Auf die Frage, ob Menschen den Glauben brauchen oder nicht, würden unsere Zeitgenossen wohl sehr unterschiedliche Antworten geben. Die einen würden darauf verweisen, dass der Glaube ihnen und zahllosen anderen Menschen Halt gibt. Sie würden darauf hinweisen, dass Religionen das Zusammenleben der Menschen fördern, indem sie ethische Grundsätze aufstellen, begründen und vermitteln. Andere hingegen würden die gegenteilige Position einnehmen und behaupten, dass der Glaube etwas ganz Privates sei und eine Anschauung darstelle, welche die einen sich leisteten, während andere problemlos auf sie verzichteten. Die letzte Gruppe kann als Beleg für ihre Behauptung insbesondere die Situ-

Kinder in einer Oase auf der Halbinsel Sinai

ation anführen, die nach 40 Jahren Sozialismus in den neuen Bundesländern und Tschechien entstanden ist. Ein Großteil der Menschen dieser Gebiete, oft bis zu 80 Prozent der Bevölkerung, lebt dort offensichtlich ohne Glauben.

So sehr diese Entwicklung zu denken gibt, so handelt es sich bei ihr weltweit und weltgeschichtlich gesehen um den absoluten Ausnahmefall. Weder in der Geschichte, noch in der Gegenwart ist nämlich eine Kultur bekannt, die völlig ohne Religion auskäme. Übrigens haben sich keineswegs alle Länder, die längere Zeit unter sozialistischer Herrschaft standen, in einem derart großen Umfang vom Glauben verabschiedet. Das katholische Polen ist hierfür ebenso ein Gegenbeispiel wie verschiedene Länder mit orthodoxer Prägung. Der *Atheismus* ist deshalb ein Phänomen, das gesondert erklärt werden muss.

2. Vertrauen: Grundstruktur des Lebens

Als Mängelwesen ist der Mensch darauf angewiesen, erfolgreich mit seiner Umwelt zu kooperieren. Um dieses Ziel zu erreichen, versucht er, Kenntnisse über die Zusammenhänge zu erlangen, die seine Lebenswelt bestimmen. Dabei ist es ihm jedoch nie möglich, diese Zusammenhänge auf einmal und ganz zu erkennen. Er muss immer schon handeln, bevor er wirklich alles über die Situation weiß, in die er gestellt ist. Das aber bedeutet, dass der Mensch zu seinem eigenen Überleben zwar beobachtet und überlegt, sich letztlich aber immer ein Stück weit *auf Vertrauen hin* entscheiden muss. Der Mensch kann also nur leben und überleben, wenn er seiner Welt mit einem Vertrauensvorschuss begegnet. Dieser Vertrauensvorschuss ist für unser physisches und psychisches Überleben unverzichtbar. Hier begegnet uns bereits eine Vorstufe von Religion. Religion basiert auf dem Vertrauen, in einer sinnvollen und verlässlichen Welt zu leben. Der Glaube weiß sich inmitten der verwirrenden Vielfalt von Erfahrungen im Letzten doch von Gott gehalten. In diesem Sinn kann man auch sagen, dass jeder Mensch von Natur aus religiös ist.

> Der Mensch kann nur dann leben und überleben, wenn er seiner Welt mit einem Vertrauensvorschuss begegnet. Dieser Vertrauensvorschuss ist bereits eine Vorstufe dessen, was Glauben meint.

Diese im Menschen angelegte, natürliche Vorstufe des Glaubens wird dort entfaltet, wo der Mensch diese Vertrauenshaltung auf sein ganzes Leben bezieht. Dabei muss er die Kraft aufbringen, auch Erfahrungen des Leids, der Absurdität und der Hoffnungslosigkeit in einem größeren Horizont des Vertrauens zu integrieren, der selbst diese scheinbar widersprüchlichen Erfahrungen noch umfassen kann. Sie mögen seinen Glauben an eine sinnvolle, geordnete und von Gott gehaltene Welt zwar zeitweise erschüttern und ihn zweifeln lassen. Sein Glaube sagt ihm jedoch, dass letztlich nicht das Sinnwidrige, sondern das Sinnvolle die Oberhand behalten wird.

Doch woher nimmt der gläubige Mensch diese Gewissheit? Hofft er grundlos? Wie kommt er zu der Annahme, dass letztlich nicht das Chaos, das Absurde und das Böse den Sieg davontragen, sondern die Harmonie, das Sinnvolle und das Gute? Um diese Frage beantworten zu können, muss der Glaubende sich auf Gott oder das Göttliche beziehen und von ihm als von einer Person bzw. Macht sprechen, die das Leben insgesamt trägt. Der gläubige Mensch tut dies, weil er in dem durch Gott verbürgten Sinn das Gesetz des Lebens wiedererkennt, jenes Gesetz, das ihn von seinem ersten Atemzug an begleitete und das er mit jeder seiner Handlungen aktiv bestätigt. Dieses Vertrauen ist Ausdruck einer Hoffnung, die keineswegs ins Blaue hinein hofft, sondern sich auf all die Erfahrungen gelingenden Lebens gründet, die er in seinem bisherigen Leben machen durfte.

3. Offenbarung: Begegnung mit Gottes Wort

Für mich eine Offenbarung … So sagen wir, wenn wir etwas besonders einleuchtend fanden. Ein bedeutender Sachverhalt, der bis dahin verborgen war, ist plötzlich sonnenklar. Man kennt und respektiert also »Offenbarung« im öffentlichen und zwischenmenschlichen Bereich, reagiert jedoch mit Skepsis, wenn von göttlichen Offenbarungen die Rede ist. Diese Zurückhaltung besitzt ihre Wurzeln in der Aufklärung, einer geistesgeschichtlichen Epoche, die von den Möglichkeiten der menschlichen Vernunft fasziniert war. Die damals gewonnenen Einsichten in das Wirken von Naturgesetzen führten zu der Vorstellung, die Welt sei eine hochkomplexe, streng durchkonstruierte Maschine. Gott als ihr Schöpfer empfahl sich im Rahmen dieser Deutung als genialer Konstrukteur, der bereits am Anfang alles bedacht und aufs

Weiseste eingerichtet hatte, sodass ein späteres Eingreifen in den
Lauf der Welt sich nicht nur erübrigte, sondern geradezu verbot.

Die nachfolgenden Jahrhunderte rückten von dem in der Aufklärung vertretenen Verständnis der Naturgesetze ebenso ab wie von
dem für diese Epoche typischen Verständnis Gottes und der Welt. Die
Vorstellung, Gott könne gar nicht in den Lauf der Welt eingreifen, weil
er sich sonst als Konstrukteur unmöglich mache, ist jedoch nach wie
vor weit verbreitet. Sie zeigt sich in manchen Widerständen, welche
die Rede von einer Offenbarung Gottes zu überwinden hat.

Der häufigen Annahme, Gott stehe seiner Welt distanziert gegenüber und versage es sich, in sie einzugreifen, steht die Tatsache gegenüber, dass alle Religionen von einer Offenbarung Gottes in seiner Welt sprechen und sprechen müssen. Der Grund dafür ist leicht
einzusehen: Religionen können nur dann von Gott erzählen, wenn
Gott sich seiner Welt in irgendeiner Weise zu erkennen gegeben hat.
Von einem Gott, der dies unterlassen hätte, könnte niemand etwas
wissen. Er wäre für Menschen damit so gut wie nicht existent.

3.1 Wie offenbart sich das Göttliche in den Religionen?

Die einzelnen Religionen unterscheiden sich darin, wie sie diese Offenbarung im Einzelnen beschreiben. Archaische Religionen kennen
vielfach nur eine Art vorbewusster Offenbarung, die dem Menschen
etwa dadurch zugänglich ist, dass er an dem von der Gottheit gestif-
teten Geheimnis des Lebens teilhat. Andere Religionen, die bereits
eine rationale Auseinandersetzung mit der Welt kennen, sehen das
Wesen der Gottheit etwa in den Gesetzmäßigkeiten des Kosmos abge-
bildet. Wieder andere Religionen stehen gerade einer solchen Rationalität kritisch gegenüber. Sie gehen davon aus, dass die Gottheit sich
vorrangig in außergewöhnlichen Bewusstseinszuständen wie dem
Rausch oder der Trance zu erkennen gibt.

Ist Offenbarung damit ein religionsübergreifendes Phänomen,
so kommt ihr in den sogenannten *Offenbarungsreligionen* ein besonderer Stellenwert zu. Zu diesen Religionen gehören, neben dem
Judentum und dem Christentum, der Islam und die frühe iranische
Religion. Das verbindende Kennzeichen dieser Religionen besteht
darin, dass sie neben dem in allen Religionen belegten Verständnis
von Offenbarung in einem weiten Sinn (wonach die Gottheit sich
in der Schöpfung zu erkennen gibt) zusätzlich ein Verständnis von

Offenbarung im engen Sinn kennen: In einer konkreten geschichtlichen Situation treten autorisierte Sprecher auf, die Propheten, um
Botschaften der Gottheit zu übermitteln. Bei Offenbarungsvorgän-
gen, die zum Entstehen einer neuen Religion führen, erhalten diese
Propheten zusätzlich den Rang von Religionsstiftern. In diesem Sinn
werden nicht nur Mohammed für den Islam und Zarathustra für die
frühe iranische Religion als Religionsstifter angesehen, sondern
auch Mose im Blick auf das Judentum und Jesus im Blick auf das
Christentum.

Offenbarungsreligionen

Religion	Prophet/Religionsstifter	geschichtliche Situation
Judentum	Mose	um 1200 v. Chr.
Iranische Religion	Zarathustra	um 630–553 v. Chr.
Christentum	Jesus Christus	um 7 v. Chr. – 30 n. Chr.
Islam	Mohammed	um 570–632 n. Chr.

3.2 Biblische Offenbarung

Das Christentum kennt wie das Judentum nicht nur einen Propheten, sondern mehrere. Mit dem Judentum geht es zudem davon
aus, dass die Offenbarung in der Geschichte der Menschen greif-
bare Gestalt gewonnen hat. Unterschiedliche Meinungen vertreten
beide Religionen hinsichtlich der Person Jesu. Während Jesus aus
jüdischer Sicht allenfalls als Prophet anerkannt wird, sind Christen
davon überzeugt, dass mit ihm *Gott selbst* seiner Welt nahegekommen ist. Diese Aussage ist spektakulär, denn mit ihr ist ausgesagt,
dass die Distanz zwischen Gott und Mensch grundsätzlich überwunden ist. Damit aber erübrigt sich jede weitere Offenbarung.
Dies erklärt, warum Christen das in Jesus Christus erfolgte Offen-
barungsgeschehen als den unüberbietbaren Höhepunkt und damit
auch als den Abschluss jeder göttlichen Offenbarung verstehen.
Da damit alle anderen Offenbarungen notwendig relativiert sind,
spielt diese Facette des christlichen Offenbarungsverständnisses
im interreligiösen Gespräch eine große Rolle.

In der Heiligen Schrift erkennen Christen den literarischen Niederschlag der in Jesus Christus erfolgten göttlichen Offenbarung.
Den Auskünften des Alten und Neuen Testaments zufolge, ist Got-

Leben am Rand der Wüste ermöglichte Urerfahrungen von Religion
(Oase auf der Halbinsel Sinai)

tes Offenbarung in einer Vielzahl von Formen erfolgt. Bezeugt sind
einmal innere Gotteserfahrungen wie Visionen, Auditionen (Hör-
erlebnisse), Träume und Orakel. Des Weiteren gelten verschiedene
geschichtliche Großereignisse, die sich in den Schemata von Verheißung und Erfüllung, Bedrängnis und Rettung beschreiben lassen,
als Offenbarungsereignisse. Darüber hinaus kennt die Bibel eine
Offenbarung Gottes in Wundertaten und personalen Erscheinungen, so besonders in den neutestamentlich bezeugten Ostererschei-
nungen. Neben diesen Offenbarungen im engeren Sinn, kann man
auch von einer Offenbarung Gottes in den Werken seiner Schöpfung
sprechen.

Göttliche Offenbarungen besitzen in allen Religionen höchste Verbindlichkeit. Dies erklärt, warum Religionen im Allgemeinen und
Offenbarungsreligionen im Besonderen die von der Gottheit emp-
fangenen Botschaften für ihre Mitglieder zur Glaubensnorm machen. So betrachtet auch das Christentum die in der Heiligen Schrift
gesammelten Zeugnisse göttlicher Offenbarung als bleibende Richtschnur, an der sich die weitere Ausgestaltung des Glaubenslebens
orientieren muss. Der von Gott ausgehenden Initiative der Offenbarung entspricht auf Seiten des Menschen deshalb das Hören auf
Gottes Wort. Dieses Hören wird dabei nicht nur als ein akustisches,

sondern als ein ganzheitliches Geschehen verstanden, bei dem die Menschen aufgefordert sind, die Botschaft Gottes zu ihrer Lebensbasis zu machen. Erwartet wird ferner, dass die Gläubigen die Offenbarungsbotschaft als solche bewahren, sie bezeugen und weiterverbreiten.

3.3 Offenbarung und Auslegung

Das Christentum hat an der Verbindlichkeit der biblischen, und insbesondere in Jesus Christus erfolgten Offenbarung stets festgehalten. Im Laufe der Kirchengeschichte hat sich jedoch das Verständnis dessen, was Offenbarung bedeutet, mehrfach verändert. Erst die Theologie des 20. Jahrhunderts hat wieder deutlich herausgearbeitet, dass die Offenbarung biblisch gesehen wesentlich ein Beziehungsgeschehen beschreibt, das Gott eröffnet hat und in das die Menschen eintreten sollen. Die Aussagen des II. Vatikanischen Konzils (1962–1965) beschreiben die Offenbarung Gottes als ein kommunikatives Geschehen, in dem Gott nicht irgendwelche Sätze, sondern vorrangig *sich selbst* mitteilt. Dieses Beziehungsgeschehen ist die Voraussetzung dafür, dass die göttliche Offenbarung stets lebendig bleiben und Menschen zu einer echten Begegnung mit Gott führen kann.

Wie jede andere Offenbarungsreligion, so hat auch das Christentum immer wieder neu um das rechte Verständnis der göttlichen Offenbarung zu ringen. Die Auslegung der Offenbarung ist nach christlichem Verständnis die Aufgabe der Kirche als ganzer. Als Mitglied der Kirche ist jeder Christ aufgerufen, sich mit der in der Heiligen Schrift zugänglichen Offenbarung auseinanderzusetzen. Dies ist

Auch Muslime verehren einen uralten Dornbusch im Katherinenkloster, den die Legende als den Dornbusch ansieht, in dem sich Gott dem Mose gezeigt hat

jedoch nicht so zu verstehen, als könnten Christen über die Geltung von Offenbarungsinhalten abstimmen. Vielmehr besteht das
Ziel des Auslegungsprozesses darin, immer tiefer in den Sinn des
Geoffenbarten einzudringen und auf diese Weise Gott näher zu kommen. Eine besondere Verpflichtung zur Auslegung der Offenbarung
kommt zum einen den Bischöfen und zum anderen der Theologie zu.
Die großen christlichen Konfessionen stimmen darin überein, dass
es im Rahmen einer so verstandenen Auslegung immer wieder zu
einem Wachstum im Verständnis der Offenbarung kommen kann.

3.4 Und was ist mit Privatoffenbarungen?

Da die Offenbarung Gottes mit Jesus Christus abgeschlossen ist,
steht die Kirche außerordentlichen religiösen Erfahrungen, die einzelnen Menschen oder Gruppen zuteilwerden, wie dies etwa bei
Marienerscheinungen der Fall ist, ausgesprochen zurückhaltend
gegenüber. Erweisen diese Phänomene sich nach eingehender Prüfung als authentischer Ausdruck des christlichen Glaubens und
vertiefen sie ihn, so werden sie offiziell als Privatoffenbarungen
anerkannt. Diese Bezeichnung ist nicht Ausdruck einer besonderen
Empfehlung, sondern lediglich Ausdruck einer Duldung. Dabei gibt
der Hinweis auf ihre Privatheit zu verstehen, dass die geschauten
oder gehörten Inhalte nicht Gegenstand des für alle Christen ver-
pflichtenden Glaubensgutes sind, sondern lediglich eine rein pri-

vate religiöse Erfahrung darstellen. Derartige Erfahrungen
können, so wertvoll sie für den
Glauben des Einzelnen sein
mögen, nicht für die Kirche
als Ganze verbindlich gemacht
werden, da es nach christlichem Verständnis keinen Fortschritt über die in Jesus Christus erfolgte Offenbarung hinaus geben kann.

*Der Glaube an Marienerscheinungen
ist kirchlich gesehen Privatsache*

4. Theologie: Wissenschaft von Gott?

Die Theologie hat nach christlichem Verständnis die Aufgabe, die göttliche Offenbarung vor der menschlichen Vernunft zu verantworten. Diese Aufgabe muss deshalb geleistet werden, weil der Glaube den ganzen Menschen erfasst. Wer glaubt, spürt und weiß, dass dieser Glaube sämtliche Dimensionen seines Lebens berührt und seine Persönlichkeit nicht nur im Bereich der Gefühle, sondern auch von der Vernunft her herausfordert.

Bei der Erfüllung ihrer Aufgabe hat die Theologie den Glauben der Kirche zum Thema, wie er in der Heiligen Schrift grundgelegt ist und sich in der Geschichte der Kirche entfaltet hat. Dabei besteht ihre Leistung nicht einfach darin, die überlieferten Glaubensinhalte treu zu wiederholen. Vielmehr muss sie die Inhalte der Offenbarung im Hören auf die Fragen und Nöte der Zeit so vortragen, dass diese in ihrer befreienden Wirkung erfahrbar werden. Dies kann nur geschehen, wenn die Theologie sich dem Studium des Überlieferten ebenso intensiv widmet wie den Fragen der Menschen um sie herum. Theologische Arbeit besteht deshalb zum einen im Hören und zum anderen im Sprechen.

4.1 Vernunft und Offenbarung

Der Versuch, die göttliche Offenbarung mit der Vernunft zu durchdringen und sie auf diese Weise den Menschen zugänglich zu machen, prägt schon das Werk der biblischen Schriftsteller. Da jeder Autor versucht, seine Einsichten für seine Adressaten fruchtbar zu machen, ist bereits das Zeugnis der Bibel in seinen Grundaussagen stets mehrstimmig.

Die Theologie der nachfolgenden Jahrhunderte bleibt diesen beiden Zielsetzungen treu. Sie prägt sich von Anfang an vielfältig aus. So kommt es bereits in der Antike zu unterschiedlichen Schwerpunktsetzungen in der Ost- und Westkirche. Während die Theologie des Ostens stärker an einem mystisch-spirituellen Zugang zum Glauben interessiert ist, ist die des Westens stärker praktisch-ethisch ausgerichtet.

Bedeutsam ist und bleibt die von Dionysius Areopagita (5. Jh.) getroffene Unterscheidung in eine »Positive Theologie« einerseits und eine »Negative Theologie« andererseits. Als positive Theologie gilt dabei das Bemühen, rational nachvollziehbare Aussagen über Gott und sein Heilswerk zu erarbeiten, als negative Theologie der Hinweis, dass Worte (so klug sie auch immer sein mögen) Gott, der größer ist als alle Wirklichkeit, niemals fassen können.

War die Theologie der Antike und des frühen Mittelalters, bei aller Orientierung an den rationalen Standards der Zeit, von einem insgesamt meditativen Grundton durchzogen, so stieß die Begegnung mit dem Islam im Hochmittelalter neue Formen theologischer Reflexion an. Thomas von Aquin führte die neue, stärker analytische Denkweise in der Theologie zu einem Höhepunkt. Seine Argumentationen setzten für Jahrhunderte Maßstäbe und bestechen bis heute durch ihre gedankliche Klarheit.

Mit der Neuzeit häuften sich die Konflikte zwischen der Theologie und den übrigen Wissenschaften. Diese Entwicklung trug dazu bei, dass man von der Aufklärung an begann, der Theologie den Rang einer Wissenschaft streitig zu machen. Besonders kritisch beurteilte man dabei das für die Theologie maßgebliche Verständnis von Rationalität, das zum einen die Vernünftigkeit der einzelnen Glaubensinhalte herausstellt, zum anderen jedoch festhält, dass Gott von der menschlichen Vernunft letztlich nicht einzuholen ist. Diese Denkweise galt über Jahrhunderte hin als selbstverständlich. In der gewandelten Situation sah man in ihr jedoch nichts anderes als eine billige Strategie, die man einsetzen konnte, um sich vor unbequemen Anfragen zu schützen (Vorwurf der Selbstimmunisierung). Die Theologie der Moderne reagierte darauf, indem sie ihre eigenen Grundlagen klärte und in Treue zu ihrem bisherigen Weg sowohl die Unverzichtbarkeit menschlicher Vernunft wie auch deren Grenzen herausstellte.

4.2 Zur Architektur der Theologie

Kritische Stimmen, die der Theologie heute den Charakter einer Wissenschaft streitig machen wollen, erinnert die Theologie unter anderem an das Ideal der Universität. Will diese sich der Gesamtheit der Wirklichkeit unverkürzt zuwenden und damit ihrer eigenen ursprünglichen Zielsetzung treu bleiben, so muss im Rahmen universitären Nachdenkens auch Raum sein für ein Nachdenken über Gott als den letzten Grund und Horizont aller Wirklichkeit. Vor diesem Hintergrund versteht die Theologie sich als universitäre Wissenschaft, die ihr Interesse wie die Philosophie auf die gesamte Wirklichkeit richtet, dabei aber über die Philosophie hinaus auch die Existenz Gottes noch zum Thema macht.

Im Blick auf ihre interne Organisation als Wissenschaft erfüllt die Theologie die üblichen Standards. Sie hat einen klar umgrenzten Gegenstand, nämlich die im Glauben erschlossene Wirklichkeit der göttlichen Offenbarung, und bearbeitet diesen systematisch in verschiedenen Teildisziplinen, die jeweils eigene Fragestellungen verfolgen und dabei spezifische Methoden anwenden.

Zur Architektur der Theologie	
Fachgebiet	**Zielsetzung**
Biblische Theologie	– betrachtet, analysiert und deutet die biblische Literatur in ihrer ursprünglichen und bleibenden Bedeutung als Urkunde des christlichen Glaubens – bedenkt Aspekte des jüdisch-christlichen Dialogs
Historische Theologie	– betrachtet, analysiert und deutet die Geschichte der Kirche und der Theologie
Systematische Theologie	– verantwortet den Glauben vor den Anfragen der Gegenwart
Praktische Theologie	– bedenkt die Praxis des Glaubens im Umfeld zeitgenössischer Herausforderungen

Wie jede andere Wissenschaft, so geht auch die Theologie von Voraussetzungen (Axiomen) aus, die sie mit ihren eigenen Methoden nicht noch einmal begründen kann. Zu diesen Voraussetzungen zählen die Existenz Gottes, seine Offenbarung, die in der Heiligen Schrift ihren literarischen Niederschlag gefunden hat und universale Geltung beansprucht, sowie die Existenz der Kirche, die als Gemeinschaft der Glaubenden die Aufgabe hat, die göttliche Offenbarung stets neu auszulegen.

> **Die Axiome der Theologie**
> ✦ Gott existiert.
> ✦ Gott ist der tragende Grund und Horizont aller Wirklichkeit.
> ✦ Gott hat Kontakt mit der Welt aufgenommen und sich offenbart.
> ✦ Diese Offenbarung ist in der Heiligen Schrift niedergelegt und besitzt universale Geltung.
> ✦ Als Gemeinschaft der Glaubenden hat die Kirche die Aufgabe, diese Offenbarung immer neu auszulegen.

Die letztgenannte Voraussetzung der Theologie zeigt, dass die Theologie eine Wissenschaft ist, die notwendig auf die Kirche als die Gemeinschaft der Glaubenden bezogen ist. Theologinnen und Theologen müssen von daher nicht nur gläubig, sondern auch kirchlich gesinnt sein. Dies verlangt neben einer grundsätzlichen Entschiedenheit für die Kirche ebenso die Fähigkeit zu Kritik und Selbstkritik. Sowohl die Kritik der Theologie an der Kirche wie ihre Selbstkritik haben jedoch konstruktiv zu geschehen. Ihr Ziel ist es, das in Kirche und Theologie Erreichte stets neu zu hinterfragen und dabei sowohl auf seine Treue gegenüber der göttlichen Offenbarung wie auch auf seine zeitgenössische Aktualität und Verständlichkeit zu achten. Wo diese Kriterien erfüllt sind, erweist sich die Theologie als ein Dienst am Glauben der Menschen.

5. Glaubensbeweise: Rechenschaft des Glaubens vor der Vernunft

Unter »Gottesbeweisen« versteht man philosophische und theologische Argumentationen, die darauf abzielen, die Existenz Gottes aufzuzeigen und grundlegende Eigenschaften Gottes zu benennen. Gottesbeweise gehören in den Bereich der sogenannten »natürlichen Theologie«. Diese bedenkt die im Menschen gegebene naturgegebene Offenheit für Gott. Da die natürliche Theologie sich ausschließlich auf Gründe der Vernunft stützt, auf die göttliche Offenbarung also noch nicht Bezug nimmt, gilt sie als Vorstufe der eigentlichen Theologie. In der katholischen Kirche wird dieser natürlichen Offenheit des Menschen für Gott und damit auch der natürlichen Theologie besondere Aufmerksamkeit geschenkt. Da die katholische Theologie die Bedeutung der Erkennbarkeit Gottes höher veranschlagt als die protestantische Theologie, spielen in ihr auch die sogenannten Gottesbeweise eine größere Rolle.

5.1 Warum Gottesbeweise?

Die Mehrheit der Menschen heute steht Gottesbeweisen eher ablehnend gegenüber. Man vermutet, in Gottesbeweisen gehe es darum, Gott zu einem logisch zwingenden Inhalt der menschlichen Vernunft zu machen. Das wäre in der Tat abzulehnen. Da Gott größer ist als alle menschliche Vernunft, kann er von ihr wohl erkannt und erschlossen, nicht aber ausgeforscht oder gar dingfest gemacht werden. Gottesbeweise zielen deshalb auch keinen Beweis im strengen Sinn des Wortes an, sondern beschränken sich darauf, nachzuweisen, dass angesichts verschiedener Dimensionen des menschlichen Selbst- und Weltverhältnisses die Option für die Existenz Gottes durchaus naheliegend ist. In diesem Sinne zeigt im 20. Jahrhundert etwa der Logiker Richard Swinburne (*1934), dass es vor dem Hintergrund des modernen Weltverständnisses insgesamt logischer ist, die Existenz Gottes anzunehmen als sie abzulehnen. Das Gottesbild, welches über Gottesbeweise erreicht wird, ist inhaltlich relativ unbestimmt. Es bezieht sich noch nicht auf den »Gott der Bibel«, der nur in seiner Offenbarung zugänglich ist. Daher bezeichnet man den Gott, der in Gottesbeweisen erschlossen wird, als den »Gott der Philosophen«.

Gottesbeweise sind für den Glauben deshalb von Wert, weil sie eine intuitiv und emotional verankerte Gottesgewissheit ausdrücklich zur Sprache bringen und sie in einem rationalen Argumentationsgang als intellektuell verantwortet aufweisen. Damit dienen Gottesbeweise in erster Linie der Selbstvergewisserung der Glaubenden. Diese werden zu der Einsicht geführt, dass ihre religiöse Haltung nicht nur auf der subjektiven Interpretation von geschichtlichen und damit letztlich zufälligen Erfahrungen beruht, sondern durch und durch vernünftig ist und deshalb auch kritischen Anfragen standhält.

In zweiter Linie tragen Gottesbeweise dazu bei, dass zwischen Glaubenden und Nichtglaubenden ein fundierter Dialog geführt werden kann. Gottesbeweise geben dem Glaubenden nämlich Gründe an die Hand, mit denen er seine Überzeugung im Gespräch verständlich machen und sie als plausibel aufweisen kann. Gerade indem der Glaubende aufzeigt, dass es für seine Haltung nachvollziehbare, wenngleich nicht zwingende Gründe gibt, wird er seinem nichtglaubenden Dialogpartner gerecht. Denn in seiner Bereitschaft, zu argumentieren, erweist er sich als ernsthaftes Gegenüber, das sich nicht auf rein subjektive Erfahrungen zurückzieht, sondern bereit ist, seine Haltung mit vernünftigen Argumenten zu begründen. Ein romantisch-schwärmerisches »Man muss Gott einfach erlebt haben« wird damit ebenso vermieden wie ein bequemes Verweilen im begrifflich Diffusen. Sind diese beiden Haltungen einmal schon deshalb abzulehnen, weil sie die Gesprächspartner voneinander isolieren und eine Verständigung damit unmöglich machen, so gelten sie darüber hinaus in christlicher Sicht als ungenügend, denn Christen stehen unter der Verpflichtung, Rechenschaft zu geben von der Hoffnung, aus der sie leben.

Jeder Christ ist Zeuge

Seid allezeit bereit, Rechenschaft zu geben von der Hoffnung, die euch beseelt.

(1 Petr 3,15)

5.2 Den Glauben verantworten

Da Gottesbeweise sich damit begnügen, in allgemeiner Weise zu belegen, dass der Glaube an Gott sinnvoll ist, ist ihr Weg der Argumentation prinzipiell für alle Religionen gangbar. Dass Gottesbeweise sich vor allem im Umfeld des Christentums entfaltet haben, kommt dennoch nicht von ungefähr. Der christliche Glaube geht nämlich ausdrücklich davon aus, dass Gottes unsichtbare Wirklichkeit von den Menschen wahrgenommen und zumindest in Grundzügen erschlossen werden kann. Dies bekräftigen auch verschiedene biblische Zeugnisse. Im Alten Testament finden sich entsprechende Aussagen vor allem in der Weisheitsliteratur (Weish 13–15). Zwei grundlegende Erfahrungen werden dabei als Ausgangspunkt genommen, nämlich zum einen die Erfahrung der wunderbar geordneten Welt und zum anderen die Erfahrung bleibender Fürsorge durch Gott.

Im Neuen Testament beschäftigt sich vor allem Paulus mit der Frage, ob Gott durch die natürliche Vernunft mit Sicherheit erkennbar ist. Seine Antwort spricht zunächst von der Vernunft, die als Fähigkeit zur kritischen Selbstbeurteilung den Menschen im Letzten auf Gott verweist. Stärker noch ist für Paulus das Herz ein »Organ der Gotteserkenntnis« (Röm 1,20). Der Apostel führt aus, dass jeder Mensch in seinem Herzen den Spruch des Gewissens erfahren und daraus den Willen Gottes entnehmen könne.

5.3 Fünf Grundtypen von Gottesbeweisen

Diese biblische Grundlegung einer natürlichen Gotteserkenntnis wird im Laufe der Zeit weiter ausgefaltet. Impulse dazu bezieht das Christentum aus seiner Umwelt. Da der christliche Glaube sich zunächst im Mittelmeerraum ausbreitet, kommen christliche Schriftsteller in Kontakt mit der griechischen Kultur. Die hellenistische Philosophie versteht Gott als den Urheber des Kosmos und erkennt in der wunderbar geordneten Welt einen unwiderlegbaren Beweis für die Existenz Gottes. Christliche Schriftsteller übernehmen diese Argumentation und entfalten ihrerseits den sogenannten »kosmologischen Gottesbeweis«.

Einen davon unterschiedenen Weg beschreitet der Kirchenvater Augustinus. Er hatte die Wucht der Gottesbegegnung in einem *Bekehrungserlebnis* erfahren, das ihn zeitlebens prägte. So überrascht es nicht, dass der von ihm erarbeitete Gottesbeweis nicht bei der Schönheit und Ordnung des Kosmos ansetzt, sondern bei existenziellen Selbsterfahrungen des Menschen. Augustinus erkennt, dass jeder Mensch sich vom Wahren, Guten und Schönen angezogen fühlt. Er stellt fest, dass dieses Wahre, Gute und Schöne in der Welt in unterschiedlichen Abstufungen begegnet und schließt daraus, dass das nicht zufällig so sein könne. Die auf Erden immer wieder zugäng-

lichen Erfahrungen des Wahren, Guten und Schönen sind für den Kirchenvater ein Hinweis, der auf Gott als den vollkommen Wahren, Guten und Schönen hinweist. Gott erscheint damit als die Vollendung dessen, was der Mensch immer schon erstrebt. Der anthropologische Gottesbeweis (von griech. *anthropos*, »Mensch«) des Augustinus ist geradezu poetisch zusammen-

Gott als Mitte, Ziel und Sinn im Kosmos

gefasst in seinem berühmten Wort: »Unruhig ist unser Herz, bis es Ruhe findet in dir.«

Mit dem Zusammenbruch des römischen Reiches und dem Verfall der Stätten antiker Bildung kamen die ehemals ausgefeilten philosophischen Bemühungen, Gott als den Urgrund der Welt zu erkennen, vorläufig an ein Ende. So dauerte es rund 600 Jahre, bis nach Augustinus der Benediktinermönch Anselm von Canterbury einen neuen Gottesbeweis unterbreitete, der auf eine veränderte geistesgeschichtliche Situation Bezug nahm. Mit der Ausbreitung des Islam sah das Christentum sich herausgefordert, die eigenen Glaubensüberzeugungen vor den Gelehrten einer anderen monotheistischen Religion zu rechtfertigen. Der mittelalterliche Theologe setzt in dieser Situation in hohem Maße auf die Leistungsfähigkeit der Vernunft. Sein Gottesbeweis geht von einer gestuften Wertigkeit all dessen aus, was existiert, und bestimmt Gott als das, worüber hinaus nichts Größeres gedacht werden kann. Dabei setzt Anselms Begriff von Größe gleichzeitig voraus, dass dieses Große auch tatsächlich existiert. Da Anselms Argumentation auf der philosophischen Lehre von allem, was ist (Ontologie), aufbaut, wird sein Gottesbeweis als »ontologischer Gottesbeweis« bezeichnet.

Der Versuch, Gott als den zu denken, über den hinaus nichts Größeres gedacht werden kann, ist für Anselm und seine Zeitgenossen unmittelbar einleuchtend. Kurze Zeit später wird diese Argumentation jedoch durch Thomas von Aquin (1225–1274) infrage gestellt. Er kritisiert, dass Anselm ein logischer Fehler unterlaufen sei, da er den ungerechtfertigten Schritt »vom Denken zum Sein« und damit von der Idee zur Existenz vollzogen habe. Ungerechtfertigt ist dieser Schritt nach Thomas deshalb, weil das Denken ganz offensichtlich Tatbestände ersinnen kann, die kein Gegenstück in der Realität haben.

Thomas legt seinerseits fünf Wege der Gotteserkenntnis vor. Diese gehen von verschiedenen Grundtatsachen der Wirklichkeit aus, verfolgen die ihnen innewohnende Dynamik und kommen dabei an einen Punkt, an dem eine Option für die Existenz Gottes sich logisch nahelegt. So schließt Thomas etwa aus der Bewegung zurück auf Gott als den ersten Beweger, von dem alle Bewegung einst ihren Ausgang genommen hat, und sieht ihn des Weiteren als das letzte Ziel (griech. »telos«, Ziel) aller Bewegung. Auf ihn geht deshalb auch der sogenannte teleologische Gottesbeweis zurück.

Rund 500 Jahre nach Thomas setzt sich Immanuel Kant (1724 bis 1804) kritisch mit allen bis dahin vorliegenden Gottesbeweisen auseinander und kommt dabei zu dem Ergebnis, dass keiner von ihnen im strengen Sinn des Wortes überzeugt. Der Königsberger Philosoph hält deshalb schließlich fest, dass die reine Vernunft zur Erkenntnis Gottes nicht wirklich vordringen kann. Gleichwohl ist er der Meinung, dass die Vernunft Gott notwendig denken müsse. Diese Notwendigkeit ergibt sich für ihn aus dem Bereich der praktischen Vernunft, näherhin der Ethik. Kant beobachtet, dass moralisches Verhalten auf Erden nicht wirklich zuverlässig belohnt wird, weswegen mitunter die redlichen Menschen ins Unglück stürzen, während die unanständigen geradezu im Glück baden. Bliebe diese Situation ohne Korrektur, so wäre es objektiv unvernünftig, sich sittlichen Vorschriften zu unterwerfen. Von daher sieht Kant sich gezwungen anzunehmen, dass es am Ende der Geschichte eine Instanz geben

Die fünf großen Gottesbeweise

Kosmologischer Gottesbeweis: Wer die wunderbar geordnete und bezaubernd schöne Schöpfung betrachtet, sieht sich gedrängt anzunehmen, dass Gott existiert und er es war, der diese Welt erschaffen hat.

Anthropologischer Gottesbeweis: Der Mensch ist von sich aus stets auf das Wahre, Gute und Schöne hin ausgerichtet. Diese Ausrichtung hat nur dann Sinn, wenn sie in Gott als den vollendet Wahren, Guten und Schönen ihren Grund findet.

Ontologischer Gottesbeweis: Was auch immer man sich denken mag, es lässt sich stets etwas dazu denken, das größer ist, als das anfangs Gedachte. Soll diese Gedankenkette nicht sinnlos ins Unendliche weitergehen, so muss es etwas geben, über das hinaus nichts Größeres gedacht werden kann.

Teleologischer Gottesbeweis: Nicht nur menschliches Handeln ist stets auf ein Ziel bezogen, sondern auch das von Lebewesen, die selbst nicht in der Lage sind, sich ein Ziel zu stecken. Wenn damit aber das gesamte Weltgeschehen zielorientiert verläuft, dann lässt dies nach der Größe fragen, die für diese Ordnungsstruktur verantwortlich ist.

Moralischer Gottesbeweis: Den Weisungen des Gewissens muss eine oberste moralische Instanz entsprechen. Gäbe es den von Gott verbürgten Ausgleich einer himmlischen Gerechtigkeit nicht, so wäre es unvernünftig, sittlich zu leben.

müsse, die für den gerechten Ausgleich zwischen dem faktischen Glück und der »Glückwürdigkeit« bürge. Da dieser Gottesbeweis im Bereich der Moral angesiedelt ist, wird er als »moralischer Gottesbeweis« bezeichnet.

Wie die übrigen Gottesbeweise, so ist auch der von Kant vorgelegte moralische Gottesbeweis keine Argumentation, mit der Gott in logisch zwingender Weise bewiesen wird. Wohl aber ist dieser Gottesbeweis wie die übrigen Gottesbeweise geeignet, den Glauben gegenüber dem Unglauben als die plausiblere und humanere Lösung auszuweisen.

6. Gott, nur eine Illusion? – Die Behauptung des Atheismus

Unter dem Begriff »Atheismus« werden sehr verschiedene Phänomene, Haltungen und Weltdeutungen zusammengefasst. Im allgemeinen Sprachgebrauch überwiegt ein enges Verständnis des Begriffs. Dieses erkennt im Atheismus eine Weltdeutung, die jede Form des Göttlichen leugnet. Daneben gibt es zwei weitere Verständnisweisen des Begriffs. Die eine begegnet überwiegend im philosophischen Kontext. Sie spricht bereits dort von »A-theismus«, wo der Theismus und damit die Vorstellung einer einzigen, personalen Gottheit geleugnet wird. Legt man dieses zweite, weiter gefasste Verständnis von Atheismus an, so gelten bereits alle polytheistischen Religionen als atheistisch.

Das dritte und letzte Verständnis von Atheismus ist noch einmal deutlich weiter gefasst und urteilt ganz aus der Perspektive der je eigenen Religion. Dieses Verständnis spricht einmal dort von Atheismus, wo andere Gottheiten als die eigenen verehrt werden. Es sieht Gottlosigkeit darüber hinaus dort gegeben, wo die Verehrung der »richtigen« Gottheiten in »falschen« Formen erfolgt, d. h. in Formen, die von den eigenen Formen religiösen Ausdrucks abweichen. Dieses sehr weite Verständnis von Atheismus wurde etwa in der Antike gebraucht, um die Haltung eines Sokrates (469–399 v. Chr.) als gottlos zu brandmarken, der angeblich nicht die Stadtgötter Athens, sondern eine für seine Zeitgenossen nicht fassbare, andere Gottheit verehrte. Der Vorwurf der Gottlosigkeit wurde einige Jahrhunderte später ebenso gegen Juden und Christen erhoben, da diese sich weigerten, den offiziell anerkannten Staatsgöttern des römischen Reiches zu huldigen.

Derzeit nehmen etwa verschiedene muslimische Gruppierungen dieses sehr weite Verständnis von Atheismus in Anspruch, um Juden und Christen als Gottlose zu bezeichnen. Im Bereich des Christentums greifen vor allem fundamentalistische Strömungen auf dieses Verständnis zurück.

Drei verschiedene Konzepte von Atheismus

❶ Atheist ist ein Mensch, der das Göttliche in jeder Form leugnet.

❷ Atheist ist jemand, der das theistische Gottesbild ablehnt, also leugnet, dass es eine einzige göttliche Person gibt, welche die Welt lenkt.

❸ Atheist ist jemand, der die »falschen« Gottheiten verehrt, oder aber die »richtigen« Gottheiten verehrt, dies jedoch in »falscher« Weise tut.

Die nachfolgenden Überlegungen legen ein enges Verständnis von Atheismus zugrunde, wie dies unter Punkt (1) genannt wird. Erläutert wird also eine Haltung, welche die Existenz des Göttlichen überhaupt leugnet, sei dieses nun *theistisch, monotheistisch* oder *polytheistisch* oder gedacht. Dieses enge Verständnis von »Gottlosigkeit« kennt zwei Grundformen, den theoretischen und den praktischen Atheismus. Der theoretische Atheismus ist ein überwiegend denkerisches und sprachliches Phänomen. Ihm werden alle Äußerungen zugerechnet, die die Existenz Gottes leugnen. Dazu zählen literarische Abhandlungen und akademische Diskurse ebenso wie Gespräche des Alltags. Der praktische Atheismus liegt dort vor, wo Menschen ein Leben führen, in dem die Frage nach einem letzten Sinnhorizont und damit die Frage nach Gott keine Rolle spielt. Dabei ist es unerheblich, ob diese Menschen die Existenz Gottes stillschweigend leugnen, die Frage nach Gott bewusst ausblenden oder sich einfach abgewöhnt haben, sie zu stellen.

Als Sonderform des Atheismus gilt der sogenannte *Agnostizismus*. Diese Geisteshaltung will sich in der Frage einer Existenz Gottes nicht festlegen. Sie setzt die Erkenntnismöglichkeiten der menschlichen Vernunft gering an und behauptet, dass der Mensch in keiner Weise von Gott wissen oder mit ihm Kontakt aufnehmen könne. Damit ist Gott faktisch so gut wie geleugnet, denn ein Gott, der für die Menschen in keiner Weise zugänglich ist, muss für diese irrelevant bleiben.

6.1 Die Geschichte des Atheismus

Atheistische Äußerungen gehen bis zu den Vorsokratikern und damit bis in die Frühzeit des abendländischen Denkens zurück. Diese Meinungen sind jedoch äußerst selten und bleiben stets absolute Einzelmeinungen. Zudem ist vielfach unbekannt, ob diese Stellungnahmen eine dauerhaft bezogene Haltung oder nur eine kurzfristig bestehende Stimmung wiedergeben. Der geschichtliche Befund zeigt damit recht eindeutig, dass ein radikaler Atheismus, der jede Form des Göttlichen leugnet, in der vor- und außerchristlichen Vergangenheit kaum nachweisbar ist. Der Nährboden atheistischer Meinungen liegt in Krisensituationen, die Menschen existenziell bedrohen und ihnen das Gefühl geben, ganz auf sich allein gestellt zu sein.

   In der christlich geprägten Gesellschaft galt die Existenz Gottes bis ins 18. Jahrhundert hinein als eine selbstverständliche Annahme. Wenn einzelne Personen sie bestritten, so erklärte man dies in der Regel mit deren moralischer Verdorbenheit. Diese Situation änderte sich mit der Wende zum 19. Jahrhundert. Die Möglichkeit, eine immer größere Zahl von Naturphänomenen mit den Mitteln der Naturwissenschaft zu erklären, führte zu der Erwartung, mit der weiteren Ausbildung der Naturwissenschaften werde Gott für die Welterklärung insgesamt entbehrlich. Vor diesem Hintergrund wagten

KARIKATUR: PAPAN

zunächst die französischen Materialisten die Prognose, dass Gott für den modernen Menschen bald schon keine Rolle mehr spielen würde (Julien O. de LaMettrie 1709–1751; Denis Diderot 1713–1784).

Einen Schritt weiter gingen die Denker der englischen Aufklärung (David Hume 1711–1776; John Stuart Mill 1806–1873). Sie grenzten den Bereich verlässlicher Erkenntnis auf jene Gegenstände ein, die sinnlich erfahrbar waren und mit den Mitteln sogenannter exakter Wissenschaften überprüft werden konnten. Für diesen neuen Erkenntnisweg sprach, dass er zu großen Fortschritten in Naturwissenschaft und Technik führte. Angesichts dieser Erfolge übersah man, dass mit der methodischen Vorentscheidung des Empirismus das Feld der Wissenschaft auf die Sachverhalte eingeengt wurde, die man durch Zählen, Messen und Wiegen erforschen konnte. Damit hatte man zugleich über die Erkennbarkeit Gottes entschieden. Da Gott nicht empirisch nachweisbar war, erschien es im Rahmen eines empiristischen Zuganges zur Wirklichkeit sinnlos, die Frage nach Gott überhaupt noch zu stellen. Zeitgenössische Autoren wie Richard Dawkins sind Vertreter dieser Position.

Der erste Denker, der die Existenz Gottes nicht nur bestritt, sondern diese Behauptung auch mit Argumenten untermauerte, war Ludwig Feuerbach (1804–1872). Er ging davon aus, dass es sich bei der Gottesvorstellung um ein Produkt des menschlichen Geistes handelt, in dem der Mensch all das, was er für sich selbst wünscht, aber nicht erreichen kann, auf Gott projiziert. Da dies den Menschen aber von sich selbst ablenke und damit entfremde, fordert Feuerbach dazu auf, den Glauben an Gott aufzugeben. Die Position Feuerbachs ging in die von Marx (1818–1883) und Lenin (1870–1924) entworfenen Gesellschaftstheorien ein und gewann von daher eine enorme historische Bedeutung.

6.2 Die Wurzeln des Atheismus

Die Wurzeln des Atheismus liegen ausschließlich in der sogenannten westlichen Welt. Sein Aufkommen setzt nicht nur bestimmte geistesgeschichtliche, sondern auch bestimmte gesellschaftliche Faktoren voraus. Dazu zählt die Existenz von geschichtlichen Unrechtszuständen, in denen die Vertreter der Kirche es versäumen, das befreiende Potenzial des Christentums in angemessener Weise einzubringen. Dies erklärt, warum der Atheismus sich in den christlichen Gesellschaften Europas breitmachte, in denen Kirche und Staat in unguter Weise miteinander verflochten waren, während er die ebenfalls christlich geprägten Gesellschaften der neuen Welt nicht erreichte. Bezeichnenderweise ist der Atheismus in der Gesellschaft der USA, in der es die beschriebenen ungünstigen Verflechtungen zwischen Kirche und Staat nie gab, stets ein Randphänomen geblieben. Vor diesem Hintergrund gewinnt ein Wort Thomas Manns an Bedeutung, welches vermutet, dass das in Europa zu beobachtende Schweigen über das Heiligste weniger einer ausdrücklichen Ablehnung Gottes entspringe, als vielmehr Ausdruck einer »Gottesscham« sei, mit der der moderne Mensch auf den Missbrauch des Wortes »Gott« reagiere.

Problematisch bleiben die gravierenden geschichtlichen Folgen. Mit dem Marxismus-Leninismus sind atheistische Denkhaltungen in hochwirksame politische Theorien eingegangen. In zahlreichen Staaten der Erde wurde der Atheismus dadurch zur staatlich verordneten Ideologie, die die bestehenden religiösen Strukturen gewaltsam unterdrückte und ihre Bürgern über Generationen hin daran hinderte, ihren Glauben zu pflegen. Die auf diese Weise erzwungene Entwöhnung von Religion bewirkte massive Erschütterungen der gelebten Religiosität, von denen die betroffenen Gebiete sich bis heute nicht erholt haben. Besonders dramatisch ist der Abbruch religiöser Traditionen in den neuen Bundesländern Deutschlands sowie in Tschechien, zwei Gebieten, in denen der bei weitem überwiegende Teil der Bevölkerung keiner Glaubensgemeinschaft mehr angehört. Dieses menschheitsgeschichtlich einmalige Phänomen wird mit dem Fachbegriff »Gewohnheitsatheismus« bezeichnet.

6.3 Existiert Gott nun oder nicht?

Wie die Existenz Gottes allenfalls plausibel gemacht, aber nicht im strengen Sinn des Wortes bewiesen werden kann, so kann auch die Nichtexistenz Gottes nicht im strengen Sinn bewiesen werden. Damit ist eine letzte Sicherheit weder für den Glauben noch für den Unglauben zu erreichen. Gegen Atheismus und Agnostizismus spricht einmal die in Geschichte und Gegenwart zu beobachtende weltweite Verbreitung des Gottesglaubens, der gegenüber der Atheismus sich als eine erklärbare und begrenzte Sonderentwicklung darstellt. Wer unterstellt, dass Gott nicht wirklich existiert und von daher auch keinen Kontakt zu den Menschen aufnehmen kann, muss erklären, wieso Menschen dennoch religiöse Erfahrungen machen und es weder in der Geschichte noch in der Gegenwart eine menschliche Kultur gibt, in der sich nicht so etwas wie Religion ausgebildet hat. Eine Erklärung, die üblicherweise gegeben wird, beurteilt religiöse Erfahrungen als rein innerpsychische Phänomene, mit denen der Mensch sich selbst eine Traumwelt erschafft.

6.4 Die Reaktion der Kirche

Die Kirche erkannte zu Recht, dass der im 19. Jahrhundert aufkommende Atheismus ihre Grundüberzeugungen infrage stellte. Dies erklärt, warum sie sein Aufkommen seit dem I. Vatikanischen Konzil (1870/71) heftig bekämpfte. Die Dokumente des II. Vatikanischen Konzils (1962–1965) zeigen, dass der Blick der Bischöfe sich im Laufe der Zeit geweitet hat. Die Konzilsväter merken an, dass der Atheismus zu den ernsthaftesten Gegebenheiten der Zeit zählt, und lassen sachlich gesehen keinen Zweifel daran, dass sie einer Leugnung der Existenz Gottes entschieden entgegentreten. Sie sprechen jedoch auch reumütig davon, dass die Entstehung des Atheismus zumindest teilweise auf Schwächen und Fehler zurückgeht, die in der Kirche begangen wurden. Vor diesem Hintergrund sprechen die Konzilsväter von einer Mitverantwortung und Mitschuld der Christen. Die in der evangelischen Kirche gebrauchten Argumente decken sich mit denen der katholischen Theologie.

Die moderne Theologie entnimmt einzelnen Positionen des Atheismus Impulse, die sie herausfordern, ihre Rede von Gott selbstkritisch zu prüfen. Dabei hat sie seit langem erkannt, dass Gott seine Welt in die Freiheit einer eigenständigen Entwicklung entlassen hat. Vor diesem Hintergrund bekräftigt die Theologie, dass die Zusammenhänge der Natur in ihrer relativen Eigenständigkeit zu betrachten sind. Das bedeutet konkret, dass wissenschaftliche Methoden, die Naturphänomene auf natürliche Ursachen zurückführen und damit weltliche Dinge weltlich erklären, uneingeschränkt legitim sind.

Der für dieses wissenschaftliche Verfahren übliche Begriff eines »methodischen Atheismus« ist irreführend, denn ihm geht es nicht wirklich um eine Leugnung der Existenz Gottes. Angezielt ist vielmehr der bewusste Verzicht auf eine Haltung, die Gott zum Lückenbüßer für die weißen Flecken unserer Wissenslandkarte macht. Ein solcher

Verzicht erscheint nicht nur aus naturwissenschaftlicher, sondern auch aus theologischer Perspektive unbedingt geboten. Über diese wissenschaftstheoretischen Konsequenzen hinaus fragt die moderne Theologie zudem, ob ihre Rede von Gott wie Gottes Handeln selbst von den Menschen als befreiend, erhellend und erlösend erfahren werden kann.

Die Position des Agnostizismus lehnt die Theologie als überzogen und ungerechtfertigt ab. Dennoch nimmt sie auch diese Position zum Anlass, um ihre eigenen Aussagen noch einmal auf deren Berechtigung hin zu überprüfen. Auf diese Weise hofft sie insbesondere, ein selbstzufriedenes und vordergründig bleibendes »Bescheidwissen über Gott« vermeiden zu können.

7. Aberglaube, Magie und Okkultismus

Die Bezeichnung »Aberglaube« spricht abwertend über eine als falsch und minderwertig betrachtete Geisteshaltung. Wer dieses Urteil fällt, geht davon aus, dass es ein Verhalten gibt, das Gott allein angemessen ist, nämlich den wahren Glauben. Eine Gottesbeziehung, wie der Glaube sie darstellt, wird im Aberglauben unter Umständen angezielt, aber verfehlt.

7.1 Glaube und Aberglaube

Kennzeichnend für den Glauben ist eine Haltung vertrauensvoller Offenheit, mit der der Mensch sich auf Gott ausrichtet. Da Gott dabei als unendlich groß und gütig gedacht wird, gehört zum Glauben wesentlich das Moment der Ehrfurcht; denn so sehr der Mensch eingeladen ist, sich vertrauensvoll auf diesen Gott einzulassen, so sehr muss ihm doch klar sein, dass seine Beziehung zu Gott nicht die zweier gleichrangiger Partner sein kann. Im Falle des Aberglaubens ist die an sich angemessene Scheu vor dem Heiligen so sehr übersteigert, dass es zu einer Fehlform des Glaubens kommt. Diese kann sich in kleinlicher Ängstlichkeit ebenso zeigen wie in überspannter Betriebsamkeit. Mit diesen Haltungen wird der Mensch jedoch weder der verbürgten Güte und Barmherzigkeit Gottes, noch seiner eigenen Würde gerecht. Der Aberglaube erweist sich im Blick auf die gebotene Ehrfurcht vor Gott damit als ein problematischer »Über-Glaube«, der anders als der wahre Glaube auf den Menschen nicht befreiend und stabilisierend, sondern im Gegenteil behindernd und verunsichernd wirkt.

Das Phänomen des Aberglaubens wird weithin nicht nur theologisch, sondern auch religionsgeschichtlich betrachtet. In diesem Zusammenhang ist relevant, dass die Religiosität des Menschen eine Entwicklung kennt, die aus früheren Stadien vermuteter Abhängigkeit hinführt zu einer größeren Freiheit in der Gottesbeziehung. Angesichts dessen erscheint das Phänomen des Aberglaubens als Rückfall in eine bereits überwundene Phase der Religions- und Menschheitsgeschichte, in der der Mensch ihm unverständlich bleibende Naturkräfte verehrte, denen er sich ausgeliefert fühlte. Bemerkenswert ist, dass auch bei dieser Betrachtungsweise das Moment der Unfreiheit bestimmend bleibt.

Gegen eine solche, unfrei machende Religion traten schon die Philosophen der griechischen Klassik auf. Sokrates (469–399 v. Chr.), Platon (427–347 v. Chr.) und Aristoteles (384–322 v. Chr.) versuchten, der Würde des freien Menschen zu dienen, indem sie der mythischen Weltdeutung, in der etwa die Naturkräfte als Gottheiten verehrt wurden, eine logische Erklärung der Welt entgegensetzten. Interessant ist, dass auch die Denker der Antike die Wurzel des Aberglaubens im »erschreckten Staunen« und damit in der übersteigerten Scheu vor dem Heiligen erkennen. Ihr gegenüber betonen sie, dass zu wahrer Gottesfurcht ruhige Gelassenheit und vernünftige Erkenntnis gehören. Diesem Zeugnis fügt die Bibel das Element des Vertrauens auf die liebende Fürsorge Gottes hinzu, indem sie bezeugt, dass der liebende Gott die Welt geschaffen hat und sie in Jesus Christus, seinem Sohn, zu ihrem Heil führen will.

Im Laufe der Kirchen- und Theologiegeschichte kam es zu bedeutsamen Wandlungen im Verständnis des Aberglaubens. Während er in der Antike und dem frühen Mittelalter vor allem als törichte Illusion angesehen wurde, ging man vom Hochmittelalter an verstärkt davon aus, dass es sich bei ihm um die Kontaktaufnahme mit einer bedrohlichen dämonischen Realität handelt. Diese veränderte Bewertung geht letztlich auf eine Strategie zurück, für die man sich im Zuge der Heidenmission entschieden hatte. Angesichts der Vitalität, mit der die heidnischen Religionen sich behaupteten, gelang es dem Christentum vielfach nicht, die bestehende Religiosität einfach nur christlich zu überformen. Die Verehrung einzelner heidnischer Gottheiten war so eingewurzelt, dass die Behauptung, diese Gottheit gebe es gar nicht, die Menschen im Missionsgebiet nicht überzeugte.

In dieser Situation behalf man sich damit, dass man diese Gottheiten zwar als existent anerkannte, sie aber zu Dämonen umdeutete und ihnen damit eine bleibende Wirksamkeit zuschrieb. Vor diesem Hintergrund erklärt sich sowohl die im Hoch- und Spätmittelalter ausgeprägte Angst vor Teufeln und Dämonen wie auch der Kampf der Kirche gegen eine Verehrung dieser dunklen Mächte. In der frühen Neuzeit erwuchs daraus der Hexenwahn, der sowohl für die katholische wie für die evangelische Kirche eines der dunkelsten Kapitel ihrer Geschichte darstellt.

7.2 Ist jeder Glaube ein Aberglaube?

Im Zuge einer Überbewertung menschlicher Rationalität, wie sie für das 19. Jahrhundert typisch war, bildete sich die Meinung heraus, dass im Grunde jede Religion einen Aberglauben darstelle. Hinter dieser Meinung steht die Annahme, dass die ganze Welt vollständig rational erklärbar sei und es angesichts der gestiegenen Möglichkeiten einer wissenschaftlichen Welterklärung einer religiösen Weltdeutung nicht mehr bedürfe. Allenfalls die Menschen früherer Epochen seien auf eine solche Erklärung noch angewiesen gewesen. Im Bemühen, den Aberglauben so weit als möglich zugunsten der klaren Rationalität zurückzudrängen, wandten die Denker der Aufklärung sich insbesondere dem Christentum als der in ihrem Umfeld vorherrschenden Religion zu. Das Christentum selbst hatte sich bis dahin als das überlegene Gegenüber eines im Aberglauben verhafteten Heidentums gesehen. Die aufklärerische Kritik hingegen wies nach, dass es abergläubische Elemente auch im Christentum gab. In diesem Zusammenhang wurden nicht nur verschiedene, in der Tat bedenkliche Formen der Volksfrömmigkeit abgelehnt, sondern auch zentrale Inhalte des Glaubens wie etwa die Sakramente der Kirche.

In der zeitgenössischen Situation der entfalteten Moderne wurde die Behauptung einer durch und durch rational erklärbaren Welt selbst als eine unbewiesene und unbeweisbare Annahme und damit als Mythos entlarvt. Bemerkenswert ist, dass gerade in unserer Epoche, die in hohem Maße auf die Kraft der Ratio setzt, das Irrationale sich in neuer Weise Bahn bricht und neue Formen des Aberglaubens entstehen. Diese zeigen sich im Forschen nach günstigen und ungünstigen Zeichen (Astrologie, Kartenlegen ...), in einer neuen

Devotionalien in Jerusalem

Leichtgläubigkeit gegenüber außergewöhnlichen und nicht selten fragwürdigen spirituellen Erlebnissen wie auch in einer neuen, mythisch und mystisch aufgeladenen Naturfrömmigkeit.

Hinter diesen Entwicklungen steht die vielfach beschriebene Erfahrung einer neuen Unübersichtlichkeit, die durch die in der Globalisierung erfolgte Entgrenzung des Raumes zusätzlich gesteigert wurde. Nicht wenige Menschen sehen sich dadurch überfordert. Angesichts von Sachzwängen, die scheinbar unkontrollierbar wirken und die Lebensbedingungen weltweit bestimmen, entstehen neue Gefühle der Ohnmacht. Die Befürchtung, im Strom der großen Kräfte längst zu einem beliebig austauschbaren Faktor geworden zu sein, konfrontiert mit neuen Erfahrungen von Unfreiheit und Abhängigkeit. Reaktionen, die vom Rückzug in die eigene Innerlichkeit, über Formen von Passivität und Formen selbstzerstörerischen Verhaltens bis hin zu krank machender Lebensangst reichen, sind die Folge.

Diese Entwicklungen gehen einher mit Sonderformen von Religiosität, die vermeintlich Sicherheit und Stabilität gewähren, tatsächlich aber die erfahrene Unsicherheit und Abhängigkeit nur verstärken. Der Aberglaube ist eine dieser Formen. Die mit ihm verbundene verhängnisvolle Dynamik wachsender Verunsicherung führt dazu, dass die für ihn typische Überängstlichkeit gegenüber Gott bisweilen in das verzweifelte Bemühen umschlägt, die Sicherheit, die man andernorts nicht findet und derer man doch so dringend bedarf, durch magische Praktiken zu gewinnen.

7.3 Magie – Macht über Gott?

Typisch für die Magie ist der Versuch, Macht über die Gottheit zu gewinnen, um auf diese Weise das im eigenen Leben befürchtete Unglück abzuwenden und das eigene Glück herbeizuzwingen. Wie der Aberglaube, so ist auch die Magie als eine pervertierte Form von Religiosität zu bewerten. In reifen Formen von Religiosität, wie der Glaube sie darstellt, bringt der Mensch seine Hoffnungen und Sorgen in Gebeten und rituellen Handlungen vertrauensvoll, aber demütig bittend vor Gott. Von ihm erhofft er die Erfüllung seiner Sehnsüchte. In der Magie hingegen hat sich die Wirkungsweise von Worten, Gesten und Riten verselbstständigt. Wer an magische Praktiken glaubt, geht davon aus, dass die Erfüllung seiner Wünsche ausschließlich vom korrekten Vollzug dieser Praktiken abhängt. Entspräche dies den Tatsachen, so wäre letztlich der Mensch und nicht Gott es, der den erbetenen günstigen Wandel der Verhältnisse bewirken könnte. Gott hingegen würde zu einer Marionette menschlicher Ritualhandlungen. Angesichts dieser Einsichten ist festzuhalten, dass nicht Worte und Handlungen einen Ritus zur Magie machen, sondern die Haltung, die mit ihnen verbunden wird.

Religionsgeschichtliche Untersuchungen zeigen, dass Aberglaube und Magie am Rand jeder Religion entstehen. Von daher treten in allen Religionen immer wieder Reformer auf, die sich gegen diese unreifen Formen von Religiosität wenden. Vor diesem Hintergrund müssen Aberglaube und Magie als Unterströmungen gesunder Religiosität betrachtet werden, die nahezu unvermeidbar entstehen und von daher immer nur eingedämmt, aber wohl nie vollständig ausgelöscht werden können. Während ältere Forschungsergebnisse belegen, dass Aberglaube und Magie sich sehr stark im Bereich der Volksfrömmigkeit finden, machen neuere Studien darauf aufmerksam, dass abergläubische Vorstellungen ähnlich stark auch im hochkulturell-oberschichtlichen Milieu gepflegt wurden.

Diese deutlich weiter anzusetzende Verbreitung abergläubischer Vorstellungen ist nicht verwunderlich. Sie ist vermutlich darauf zurückzuführen, dass der Mensch in Situationen der Angst bevorzugt in kindliche Verhaltensmuster zurückfällt, in denen er sich an etwas klammern möchte, das ihm Sicherheit verspricht. Dem steht gegenüber, dass das Leben des Menschen auf Erden letztlich ungesichert ist und seinem Ende mit jedem Tag ein Stück weiter entgegengeht. Irdische Güter, an die man sich klammern kann, können die erwünschte Sicherheit deshalb gerade nicht geben. Angesichts dieser Grundeinsicht bleibt nur die Hoffnung auf Gott, der dem Menschen im Glauben eine tragfähige Beziehung anbietet. Er ist es, der als Schöpfer Herr des Lebens ist und als Retter ewiges Leben verheißt. Er aber ist der menschlichen Verfügungsmacht wesentlich entzogen. Der Glaube an ihn verlangt deshalb den Mut, seine Verheißung anzunehmen und auf Vertrauen hin zu leben.

7.4 Okkultismus – Faszination am Dunklen

Eine für die Moderne typische Sonderform der Magie begegnet im Okkultismus. Mit diesem Begriff belegt man zunächst eine Geisteshaltung, die sich kritisch gegen die Moderne stellt und vom Wirken geheimnisvoller Kräfte spricht, die von der neuzeitlichen Wissenschaft nicht erkannt werden. Nicht selten gilt ein besonderes Interesse dabei den dunklen, dämonischen Mächten, sodass dem Okkultismus zumindest umgangssprachlich etwas Verruchtes anhaftet. Sachlich deckt sich der Okkultismus mit dem Bereich der Parapsychologie, einer Wissenschaft, die sich mit paranormalen Phänomenen beschäftigt. Dazu zählen bestimmte, vor allem bei Naturvölkern belegte Formen von Beeinflussungen, die über räumliche Distanzen beachtliche Wirkungen (Heilungen und Schädigungen wie etwa Lähmungen bis hin zum Tod) hervorbringen, für die es bislang keine anerkannte wissenschaftliche Erklärung gibt. Das Christentum zeigt sich gegenüber solchen Phänomenen sehr zurückhaltend und verweist ihre Einordnung in den Aufgabenbereich der Humanwissenschaften.

Der Begriff »Okkultismus« wird darüber hinaus für all jene Praktiken verwendet, die vor dem Horizont einer okkulten Weltdeutung gepflegt werden, um auf die genannten verborgenen Kräfte einwirken zu können. Während okkulte Praktiken sich in der Menschheitsgeschichte weit zurückverfolgen lassen, tritt der Okkultismus als klar formulierte Geisteshaltung erst im 19. Jahrhundert auf und präsentiert sich von da an als eine Alternative zur wissenschaftlichen Welterklärung. Die Sehnsucht nach einer Wiederverzauberung der Welt wird häufig auch als Beweggrund dafür angesehen, dass bemerkenswert viele Jugendliche für die Berührung mit dem Okkulten offen sind. Wie regelmäßige Untersuchungen zeigen, lassen sich kirchlich gebundene Jugendliche von solchen Phänomenen sogar überproportional stark ansprechen. Die Ergebnisse dieser Studien zeigen jedoch auch, dass es dabei mehr um ein Kennenlernen und Ausloten des Angebots geht als um eine nachhaltige Faszination.

Wie der moderne Wissenschaftsglaube, so setzt auch der Okkultismus letztlich auf Wissen. Das für ihn typische, besondere Wissen wird jedoch vielfach als ein Geheimwissen verstanden, in das ausgewählte Einzelne eingeweiht werden, die sich unter der Führung erfahrener Meister vervollkommnen. Dabei geht es in der Regel darum, über fortschreitende Reinkarnationen das eigene, wahre »göttliche« Selbst wiederzuerlangen und so Erlösung zu finden. Das Christentum lehnt jede Form der Selbsterlösung und damit auch den Okkultismus ab und setzt ihm die Erlösung in Jesus Christus entgegen. Für sie ist wesentlich, dass sie nicht selbst verdient werden kann und nicht selbst verdient werden muss, sondern dem geschenkt wird, der glaubt.

8. Das Christentum und die anderen Religionen

Christen sind davon überzeugt, dass Gott den Menschen in Jesus Christus auf einmalige und unüberbietbare Weise nahegekommen ist. Von daher kann es aus christlicher Sicht keine Gottesbegegnung geben, die weiter reicht oder tiefer geht als die, die Jesus anbietet. Vor diesem Hintergrund versteht das Christentum sich als die eine, wahre Religion. Diesen Anspruch müssen Christen seit ihren Anfängen vor den Vertretern anderer Religionen rechtfertigen. Die Apostelgeschichte berichtet von einer Szene, in der Petrus und Johannes sich nach ihrer Pfingstpredigt vor den Vertretern des Hohen Rates, einem jüdischen Leitungsgremium, zu verantworten haben. Dort heißt es: »Er (Jesus) ist der Stein, der von euch Bauleuten verworfen wurde, der aber zum Eckstein geworden ist. Und in keinem anderen ist das Heil zu finden. Denn es ist uns Menschen kein anderer Name unter dem Himmel gegeben, durch den wir gerettet werden sollen.« (Apg 4,11 f.)

Gleichzeitig gibt es neben dem Christentum andere Religionen, die sich ebenso als die eine, wahre Religion verstehen. Das ist weder im Falle des Christentums noch im dem der übrigen Religionen Ausdruck von Überheblichkeit, es folgt vielmehr notwendig aus dem Anspruch jeder Religion. Eine Religion, die diesen Anspruch nicht erhöbe, würde sich selbst aufheben.

8.1 Die »wahre Religion«

Im Glauben entscheidet sich der Mensch. Es steht hier aber nicht etwa eine Einzelentscheidung von begrenzter Bedeutung an, sondern vielmehr eine große, das ganze Leben durchdringende Grundentscheidung. Aufgrund der enormen Auswirkungen, die eine solche Grundentscheidung hat, ist der Anspruch, mit dem eine Religion auftritt, nur zu rechtfertigen, wenn sie für sich selbst sicher ist, das absolut Gute, nämlich Gott, zu kennen und darüber hinaus zu wissen, wie man ihm begegnen und aus der Verbundenheit mit ihm leben kann.

Damit bleiben für eine Religion, die verantwortlich auftritt, nur zwei Möglichkeiten: Entweder sie ist sich sicher, die eine, wahre Religion zu sein, dann ist sie aus moralischen Gründen verpflichtet, die ihr bekannte Wahrheit an andere weiterzugeben, oder sie ist sich über ihren eigenen Wert unsicher, dann aber hat sie um der Menschen und um der Verantwortung willen zu schweigen.

Wenngleich das Christentum den Anspruch erhebt, selbst die eine, wahre Religion zu sein, so schließt das doch nicht aus, dass Christen anderen Religionen mit Achtung begegnen. Eine offene und wertschätzende Haltung gegenüber anderen Religionen war dem Christentum allerdings nicht in die Wiege gelegt. In der Überzeugung, selbst die eine, wahre Religion zu sein, war der Blick auf andere Religionen über Jahrhunderte hin ausschließlich von einer Negativperspektive geprägt, unter der man vor allem die Defizite der anderen herausstellte. Selbstsicher hielt man fest, dass es außerhalb der Kirche kein Heil gebe. Diese Geringschätzung anderer Religionen führte zu Ausgrenzung, Feindseligkeit und sogar zum Einsatz von Gewalt. Dadurch wurde das Bild des Christentums und auch das Bild des christlichen Gottes in der Welt verdunkelt, denn es wurde Menschen außerhalb der Kirche geradezu unmöglich gemacht, den christlichen Gott als den liebenden Vater aller Menschen zu erkennen.

8.2 Heil außerhalb der Kirche

Aus diesen schweren Fehlern der Geschichte hat das Christentum jedoch gelernt. Christen sind zwar nach wie vor davon überzeugt, dass
das Wort Jesu »Ich bin der Weg, die Wahrheit und das Leben« (Joh
14,6) allen Menschen gilt und alle Menschen in Jesus Christus ihr
Heil finden. Sie haben sich jedoch von der auch theologisch gesehen
allzu eng gefassten Meinung verabschiedet, dass Gott dieses Heil nur
innerhalb der Kirche wirkt. Diese traditionelle Position wird heute
allenfalls noch von einigen fundamentalistischen Gruppen vertreten.
    Die Überzeugung, dass Gott auch außerhalb der Kirche Heil wir-
ken kann und wirkt, legt sich für Christen schon deshalb nahe, weil
sie in den Juden ihre Schwestern und Brüder erkennen, zu denen
Gott schon vor ihnen gesprochen hat. Den alttestamentlichen Schriften zufolge hat Gott die Juden als sein Volk auserwählt und mit ihnen einen Bund des Heils geschlossen. Aufgrund der Treue Gottes
besteht dieser Bund fort bis in unsere Zeit. Vor diesem Hintergrund
nehmen Christen an, dass Gott die Juden auf einem besonderen
Weg, den nur er selbst kennt, zum Heil führen wird, auch wenn sie
Jesus nicht als Sohn Gottes anerkennen.

8.3 Anonyme Christen

Im Wissen darum, dass Gott als dem Herrn der Welt alle Wege offen stehen, sehen Christen Gott überall dort am Werk, wo das Gute
geschieht. Das bedeutet, dass die Taten der Liebe und der Gerechtigkeit, die im Horizont anderer Religionen durch nichtchristliche
Gläubige erbracht werden, nach christlichem Verständnis letztlich
getragen sind von der Gnade Christi. Der Hindu, Buddhist, Muslim
oder Jude, der sich, geführt durch seine Religion, vom Guten ansprechen lässt, wird damit in eine Reihe gestellt mit Christen, die
bewusst aus ihrer Liebe zu Christus heraus handeln. Ohne sich zu
Christus zu bekennen und vielleicht sogar ohne auch nur um ihn
zu wissen, werden diese Menschen aufgrund ihrer Taten als Kinder Gottes angesehen. Dies ist gemeint, wenn Christen die Angehörigen anderer Religionen als »anonyme Christen« bezeichnen.
    Diese Bezeichnung ist ein Ehrentitel, der die Angehörigen ande-
rer Religionen keineswegs vereinnahmt, sondern ihnen gegenüber
Wertschätzung ausdrückt. Ausgesagt ist, dass der Gott Jesu Christi

auch diese Menschen in sein Heil berufen hat, ob sie nun davon wissen oder nicht. Da dieses Verständnis die Angehörigen anderer Religionen nicht ausschließt (exklusives Verständnis), sondern einschließt (inklusives Verständnis), bildet es einen Gegenpol zu der älteren Auffassung, nach der das in Jesus Christus angebotene Heil der Welt nur den Mitgliedern der Kirche offen steht.

Gegenwärtig wird ein weiteres Modell unter dem Stichwort „pluralistische Religionstheologie" heftig diskutiert. Es sieht alle Religionen grundsätzlich als gleichwertig an und lehnt es ab, die Frage nach der wahren Religion auch nur zu stellen. In den unterschiedlichen Religionen gibt es aber durchaus problematische Phänomene. Da in der pluralistischen Religionstheologie auch die Bedeutung Jesu Christi eingeebnet wird, lehnt die Kirche dieses Modell ab.

8.4 Wertschätzung anderer Religionen

Auf dem II. Vatikanum (1962–1965) wurde das wichtige Dokument »Nostra Aetate« beschlossen, in dem die katholische Kirche ihr Verhältnis zu den nichtchristlichen Religionen beschreibt. Dieses Dokument lässt keinen Zweifel daran, dass es Jesus Christus als den betrachtet, der der ganzen Welt zum Heil gereicht. Das Christentum bleibt dabei die eine, wahre Religion, andere Religionen werden jedoch mit Respekt wahrgenommen. Ausgangspunkt der Überlegungen ist, dass Gott das eine und letzte Ziel für alle Menschen darstellt. Angesichts dessen sieht das Dokument den Wert der Religionen darin, dass sie den Menschen Antworten auf die letzten Fragen ihres Daseins geben. In der Wertschätzung dieser Antworten, geht das Konzil bemerkenswert weit und erkennt sogar in den Lebens- und Handlungsweisen, die von den eigenen, christlichen abweichen, »einen Strahl jener Wahrheit, die alle Menschen erleuchtet«.

V.

AN WELCHEN GOTT
GLAUBEN DIE CHRISTEN?

Das Christentum gehört mit dem Judentum und dem Islam zu den großen monotheistischen Religionen. Dennoch unterscheiden sich Christen in ihrem Bekenntnis zu dem einen Gott wesentlich von den Gläubigen der anderen beiden monotheistischen Religionen. Anders als diese vertreten sie keinen strengen Monotheismus, sondern sprechen von dem einen Gott in drei Personen (Dreifaltigkeit, Trinität).

1. Ein Gott in drei Personen?

Selbst gebildete Christen geraten ins Stocken, wenn sie auf die göttliche Dreifaltigkeit angesprochen werden. Und nicht nur sie: Dem Großteil der Geistlichen scheint es nicht anders zu gehen. Aus den meist bemerkenswert kurzen Predigten zum Dreifaltigkeitssonntag hört man die Verlegenheit förmlich heraus. Angesichts dessen wirkt die Aussage, die Trinität sei *Geheimnis im strengen Sinn des Wortes* und bleibe dem menschlichen Verstehen deshalb auf Dauer verschlossen, nicht selten wie eine billige Ausrede.

1.1 Der Gott Jesu

Um erklären zu können, was das Bekenntnis von dem einen Gott in drei Personen meint und wie es zu ihm kam, erscheint es am sinnvollsten, beim Zeugnis des Neuen Testaments anzusetzen und von dort aus den Weg des Denkens nachzuzeichnen. Auch wenn das ausdrückliche Bekenntnis zum trinitarischen Gott sich im Zuge des Nachdenkens über den Glauben erst allmählich herausbildete, so ist es doch keine Kopfgeburt der Theologen. Vielmehr verlangen grundlegende Aussagen des Neuen Testaments von sich aus nach einem trinitarischen Ausdruck. Jesus, der ganz aus der Verbundenheit mit dem Vater lebt, kann von sich sagen: »Ich und der Vater sind eins.« (Joh 10,30) Diese Aussage tiefer Verbundenheit steht neben anderen Aussagen, die auf ein Gegenüber von Vater und Sohn hinweisen. So spricht der Sohn immer wieder davon, dass er vom Vater gesandt ist (Joh 6,57) und verweist in seiner Predigt immer wieder auf diesen Vater (Lk 23,34). Besonders deutlich tritt das Gegenüber von Vater und Sohn in der Situation hervor, die Jesus am Vorabend seines Todes im Garten Getsemane durchlebt. In der Vorausahnung seines Todes wendet er sich an den Vater mit den Worten: »Mein Vater, wenn es möglich ist, gehe dieser Kelch an mir vorüber. Aber nicht wie ich will, sondern wie du willst.« (Mt 26,39)

Daneben gibt es ähnliche Aussagen, die von einer Verbundenheit Jesu mit dem Geist sprechen. Jesus wird Mensch in der Kraft des Heiligen Geistes (Lk 1,35), der Geist begleitet ihn auf seinem irdischen Weg (Lk 2,27) und treibt ihn in die Wüste zu Gebet und Fasten (Mt 4,1). In der Kraft des Geistes wirkt der Sohn Wunder (Lk 12,28), in der Kraft des Geistes bewirkt zudem der Vater die Auferstehung des Sohnes (Röm 8,11), in der Kraft des Geistes ist der Sohn schließlich bleibend in der Welt gegenwärtig. Dem Johannesevangelium zufolge verheißt er seinen Jüngern diesen Geist mit den Worten: »Wenn aber der Beistand kommt, den ich euch vom Vater aus senden werde, der Geist der Wahrheit, der vom Vater ausgeht, dann wird er Zeugnis für mich ablegen.« (Joh 15,26) – So finden sich an zentralen Punkten der Geschichte Jesu immer wieder Hinweise darauf, dass Jesus ganz aus seiner Beziehung zum Vater und zum Geist lebt. Das zieht sich durch das gesamte Neue Testament durch.

Dies erklärt, warum bereits die ersten Christen nicht nur den Vater als Gott ansprachen, sondern mit dem Titel »Sohn Gottes« auch Jesus eine göttliche Existenz zuerkannten. Es erklärt zudem, warum man schon bald auch vom Geist, der den Weg Jesu begleitet, Göttlichkeit aussagte. Um diese Einsichten zusammenzufassen, entstanden bereits in den ersten Gemeinden Kurzformeln des Glaubens, die zunächst zweigliedrig strukturiert waren, also auf Vater und Sohn abhoben, bald aber schon dreigliedrig ansetzten und von Vater, Sohn und Geist gleichermaßen sprachen. Grußformeln, mit denen der Apostel Paulus Briefe eröffnet oder beschließt (2 Kor 13,13) sind dafür ebenso ein Beispiel wie der im Matthäusevangelium zu findende Weltmissionsbefehl.

> **Der Weltmissionsbefehl des Matthäusevangeliums**
>
> »Darum geht zu allen Völkern, und macht alle Menschen zu meinen Jüngern; tauft sie auf den Namen des Vaters und des Sohnes und des Heiligen Geistes, und lehrt sie, alles zu befolgen, was ich euch geboten habe.«   (Mt 28,19 f.)

1.2 Erste Versuche zu verstehen

In den folgenden Jahrhunderten ging das theologische Denken weiter. Die jungen Christen wollten den Gott verstehen, auf den sie sich in ihrem Glauben eingelassen hatten und den sie in ihren Gottesdiensten feierten. Dieses Verständnis war für sie auch deshalb unerlässlich, weil sie in ihrer Missionspredigt anderen von ihrem Gott erzählen wollten. So ergab sich bald schon die Notwendigkeit einer Erklärung, die darlegte, wie es sein konnte, dass in Gott, der als der Eine verehrt wurde, eine Dreiheit von Vater, Sohn und Heiliger Geist existierte.

Die ersten Versuche blieben nicht selten hinter den Vorgaben des Neuen Testaments zurück. Sprach dieses sowohl von der Einheit Gottes wie auch vom lebendigen Gegenüber in Gott, so lösten diese frühen theologischen Deutungen diese Spannung meist nach einer Seite hin auf. Dabei kam es jedoch nie dazu, dass das Bekenntnis zum Monotheismus aufgegeben und ein offener Tritheismus (Glaube an drei Götter) vertreten wurde. Dies zeigt, wie sehr die junge Christenheit bemüht war, zum heidnischen Polytheismus (Glaube an mehrere Götter) konsequent Abstand zu halten.

Um Vater, Sohn und Geist dem einen Gott zuordnen zu können, griff man zunächst auf Denk- und Sprachmuster zurück, die aus der jüdischen oder heidnischen Tradition geläufig waren. Im Kontext einer patriarchalen Kultur legte es sich einmal nahe, den Sohn und den Geist dem Vater in so klarer Weise unterzuordnen, dass nur noch der Vater als wirkliche Autorität und damit als Gott erschien. Dieses Verständnis wirkte vor allem im judenchristlichen Milieu plausibel. Doch bald schon erkannte man, dass dieses Modell die biblische Aussage verkürzte. In der Folge bezeichnete man es mit dem abwertenden Begriff »Subordinatianismus« (von latein. *»subordinare«*, unterordnen) und wandte sich wieder von ihm ab.

Eine zweite Lösung zog es vor, Vater, Sohn und Geist gleichermaßen abzustufen und sie als bloße Erscheinungsformen der einen

Gottheit zu verstehen, die in den verschiedenen Stadien der Heilsge-schichte je unterschiedlich »verkleidet« in Erscheinung trat. Diesem Verständnis zufolge zeigte Gott sich in seiner Schöpfung als der Va-ter und im Erlösungsgeschehen als der Sohn, um in der Phase der Vollendung schließlich als der Geist aufzutreten. Diese Vorstellung leuchtete vor allem den Griechen ein. Ihnen war aus der heidnischen Mythologie geläufig, dass Götter während ihres Aufenthalts auf Er-den verschiedene Gestalten annahmen. Die Übertragung dieser Vor-stellung auf das Neue Testament machte Vater, Sohn und Geist zu drei Erscheinungsformen der an sich einen Gottheit. Auch diesem zweiten Modell blieb eine nachhaltige Billigung der Kirche versagt, denn es gab das biblisch bezeugte Gegenüber von Vater, Sohn und Geist nicht angemessen wieder. So schied man auch diese Deutung wieder aus und bezeichnete sie abwertend als »Modalismus« (von latein. »modus« für Form, Art und Weise).

1.3 In Gott muss es Einheit und Verschiedenheit geben

In der Folgezeit machte eine andere Konzeption Geschichte. Sie verstand das im Leben Jesu sichtbar gewordene Gegenüber von Va-ter, Sohn und Geist als eine Offenbarung, die nicht nur für das irdi-sche Leben Jesu Bedeutung hatte, sondern das innerste Wesen Got-tes selbst beschrieb. Diese neue Deutung ließ verstehen, was das Johannesevangelium in seinen Anfangsversen über Gott aussagte. Damit war man einen entscheidenden Schritt weitergekommen.

Der Johannesprolog

Im Anfang war das Wort,
und das Wort war bei Gott,
und das Wort war Gott.
Im Anfang war es bei Gott.
Alles ist durch das Wort geworden,
und ohne das Wort wurde nichts,
was geworden ist.
In ihm war das Leben
und das Leben war das Licht der Menschen.
Und das Licht leuchtet in der Finsternis,
und die Finsternis hat es nicht erfasst.   (Joh 1,2–5)

Noch viele Klippen mussten umschifft werden, bis die sachlich richtige Lösung auch sprachlich einen angemessenen Ausdruck fand. Das im Jahr 381 in Konstantinopel abgehaltene II. Ökumenische Konzil dachte Vater, Sohn und Geist bereits als in gleicher Weise göttlich und ewig, sprach jedoch noch nicht von dem einen Gott in drei Personen. Die Konzilsväter scheuten sich, diese Worte zu gebrauchen, da sie fürchteten, mit der Einführung neuer, philosophischer Begriffe wie dem Begriff »Person« würde man sich in abstrakte gedankliche Spekulationen über Gott verirren. So zogen sie es vor, die Besonderheit Jesu eher poetisch auszudrücken und beschrieben sie mit den Worten »Gott von Gott, Licht vom Licht, wahrer Gott vom wahren Gott«.

Vom 5. Jahrhundert an fiel diese Zurückhaltung weg. Die Rede von dem einen Gott in drei Personen hatte sich inzwischen eingebürgert und wurde nun mit großer Selbstverständlichkeit gebraucht. Dem Wunsch nach einer Erklärung, die weiter reichte, kamen die Theologen der frühen Kirche bewusst nicht weiter nach. Die scheue Ahnung, in das Geheimnis Gottes nicht weiter vordringen zu können, hielt sie davor zurück. Augustinus (354–430 n. Chr.), der sich selbst intensiv mit der Trinität beschäftigt hat, formulierte dafür die Grundregel: *»Si comprehendis, non est Deus«*, ein Satz, der sinngemäß übersetzt etwa bedeutet: »Wenn du es verstehst, dann kann das, was du zu verstehen meinst, alles Mögliche sein, Gott ist es jedenfalls nicht.«

1.4 Gott – die vollkommene Liebe

Die moderne Theologie weiß, dass auch sie das innerste Wesen Gottes nicht ausloten kann. Sie sieht sich jedoch herausgefordert, dieses Geheimnis so weit als möglich für den Glauben fruchtbar zu machen. Dabei setzt sie bei einem Vers des Johannesevangeliums an, der besagt: »Gott ist die Liebe.« (Joh 4,16) Von diesem Ausgangspunkt aus beschreibt sie das Gegenüber von Vater, Sohn und Geist ebenso wie deren Einheit im Bild der Liebe. Dies erscheint vor allem deshalb angemessen, weil allein die Liebe es vermag, Einheit und Unterschiedenheit zugleich zu umfassen.

Liebe kann den anderen anders sein lassen und ihn trotzdem ganz annehmen. Überträgt man diese Einsicht auf Gott, so erscheinen Vater, Sohn und Geist als drei Personen, die in ihrer Liebe sowohl miteinander verbunden sind, wie auch füreinander ein Gegenüber darstellen.

Dreifaltigkeitsikone

Die vollständige Einsicht in die liebende Verbundenheit der göttlichen Personen bleibt dem Menschen zwar versagt. Wo er aber an Gottes Wesen Maß nimmt und aus ganzem Herzen liebt, kann er das Geheimnis Gottes, das ihm intellektuell verschlossen bleibt, zumindest intuitiv ein Stück weit erfassen. Die Liebe lässt nämlich auch ihn erleben, dass zwei voneinander unterschiedene Personen auf höchst beglückende Weise miteinander eins sein können. Menschlicher Liebe gelingt dies zwar immer nur in unvollkommener Weise, sodass sie in der ständigen Gefahr steht, zu kurz zu greifen und zu scheitern.

Göttliche Liebe hingegen ist vollkommen wie alles in Gott. Von daher sind Vater, Sohn und Geist in der Lage, einander in ihrer Eigenheit ganz anzunehmen und sich einander doch ganz hinzugeben. Da es in Gott aufgrund seiner Vollkommenheit kein Versagen geben kann, kann göttliche Liebe auch nicht scheitern. So erscheint Gott als eine lebendige Einheit vollkommener Liebe.

Der Mensch spürt in sich die Sehnsucht nach einer solchen vollkommenen Liebe. Er kennt das Glück einer Liebe, die an ihr Ziel kommt, wie den Schmerz über eine Liebe, die dieses Ziel verfehlt. So wird die Liebe, die der Mensch erfährt, wie die, die er ersehnt, für ihn zum Ausgangspunkt für das Verständnis der vollkommenen Liebe, mit der Vater, Sohn, und Geist einander lieben. Wer sich auf diese Liebe einlässt, erkennt, dass sie der Ursprung und das Ziel der Welt ist. Er erkennt, dass er aufgerufen ist, an dieser Liebe dort Maß zu nehmen, wo er selbst liebt. Damit kann er verstehen, dass das Geheimnis der Trinität eine enorm lebensrelevante Glaubensaussage darstellt. Stoff für eine Predigt zum Dreifaltigkeitssonntag fände sich angesichts dessen genug.

2. Gott als der Schöpfer

Zu den Fragen, auf die Religionen antworten, gehört die Frage nach dem Anfang der Welt. Das Christentum beantwortet diese Frage, indem es davon spricht, dass Gott die ganze Welt aus dem Nichts ins Dasein gerufen hat. Zur christlichen Schöpfungsvorstellung gehört, dass Gott sich bleibend als Herr des Lebens erweist und bewirkt, dass in der Welt immer wieder neues Leben entsteht. Darüber hinaus ist die christliche Schöpfungsvorstellung auf die Verheißung ausgerichtet, dass Gott Horizont des Lebens ist und seine Schöpfung am Ende der Zeit ihrer Vollendung entgegenführt.

Auf den ersten Seiten der Bibel finden sich zwei Texte, die für das Schöpfungsverständnis des Judentums und des Christentums von zentraler Bedeutung sind und aufgrund ihrer sprachlichen Schönheit zudem zur Weltliteratur gehören: die beiden Schöpfungserzählungen des Buches Genesis. Die beiden Texte sind im Abstand von rund 500 Jahren entstanden und erzählen je auf ihre Weise von dem gottgewirkten Ursprung der Welt. Diese zentrale religiöse Aussage verbinden sie mit dem Weltwissen ihrer Zeit. Während der erste Text eine Kosmologie entwirft, also beschreibt, wie es zum Werden der Welt kam, widmet der zweite sich der Frage, wie es sein kann, dass in einer ganz auf den guten Gott zurückgehenden Schöpfung auch das Böse existiert.

2.1 »Es werde«

Der erste Text (Gen 1,1–2,4a) beginnt mit den Worten »Im Anfang schuf Gott Himmel und Erde« und erzählt sodann von einem Schöpfungsvorgang, der majestätisch anmutet. Ausgangspunkt ist eine chaotische Wasserwüste, sinnenfälliges Bild des Lebensfeindlichen. Gott greift ein, indem er die Welt und alles, was zu ihr dazu gehört, stufenweise ins Dasein ruft. Sein Wort genügt. Wie ein König ordnet er an und alles geschieht. Das Ergebnis wird immer wieder als gut bezeichnet. Im Falle des Menschen, der das letzte und höchste Schöpfungswerk darstellt, kann Gott sogar ein »sehr gut« sprechen.

Die gesamte Erzählung ist in ein Sieben-Tage-Schema eingebettet. Dabei entspricht jedem der ersten sechs Schöpfungstage ein besonderes Werk Gottes. Der siebte Tag ist davon abgehoben. Nachdem das Schöpfungswerk mit dem Menschen am sechsten Tag seinen Höhe-

*Ischtartor, Pergamon-
museum, Berlin*

punkt gefunden hat, tritt am siebten Tag kein weiteres Wesen in die
Welt. Dieser Tag ist der Ruhe vorbehalten. Mit ihr erfährt das bereits
getane Schöpfungswerk seine Vollendung, indem Gott es betrachtet und sich an ihm freut. Dieser siebte Tag wird deshalb als heilig
bezeichnet. Die exegetische Forschung hat sich lange und intensiv
mit diesem aussagekräftigen und klar strukturierten Text auseinandergesetzt. Von daher kann sie zuverlässige Angaben zu seinem
Entstehungshintergrund und seinen Aussageabsichten machen. Danach entstand der Text in der Zeit des babylonischen Exils (587–538
v. Chr.). Die Babylonier hatten Israel erobert und die Oberschicht des
Volkes nach Babel deportiert. Dort erlebten die Juden einen für ihre
Verhältnisse sagenhaften Reichtum. Das im Berliner Pergamonmu-
seum ausgestellte Ischtartor, eines der Stadttore Babylons, vermittelt
davon einen starken Eindruck.

Die bei weitem überlegene Kultur der Babylonier übte einen
starken Anpassungsdruck auf die Unterworfenen aus, der auch vor
den religiösen Vorstellungen der Israeliten nicht Halt machte. Viele
fragten sich, ob es nicht sinnvoller wäre, sich vom Jahweglauben
abzuwenden und stattdessen den Göttern Babylons zu huldigen, die
ohnehin mächtiger schienen. Immerhin hatten sie den Babyloniern
zu militärischen Siegen und einem beeindruckenden Reichtum ver-

holfen. Ein Teil der Deportierten konnte der Versuchung nicht stand-halten und wandte sich fortan Marduk, Ischtar und verschiedenen, in Babylon verehrten Astralgottheiten (Gestirne, die als Gottheit ver-ehrt wurden) zu.

In diese Situation hinein spricht der Text. Sein Autor entstammt der Priesterschicht. Diese war durch die militärische Niederlage und die mit ihr verbundene Zerstörung der Stadt Jerusalem und das Tempels zunächst schwer erschüttert worden. Im Laufe der Zeit fand ein Teil dieser Gruppe allerdings zu einer neuen Interpretation der geschichtlichen Ereignisse. Diese deutete die Eroberung durch die Babylonier nicht mehr als Niederlage, die dem Gott der Israeli-ten durch die Götter Babylons zugefügt worden war, sondern sah in ihr ein von Jahwe selbst verordnetes Strafgericht über Israel. Diese Deutung betrachtete Jahwe nun nicht mehr als Nationalgott Israels, sondern als den Herrn der ganzen Welt, der selbst die Babylonier für seine Ziele einsetzte. Diese Interpretation setzte sich bald schon durch. Sie drängte jedoch danach, die Welt insgesamt neu zu beden-ken. Für den priesterschriftlichen Autor des ersten Genesistextes ist die Antwort klar: Alles, was existiert, geht auf Jahwes Urheberschaft zurück. Er ist der eine und einzige Gott, während die Götter Baby-lons nicht einmal existieren.

2.2 Im Garten Eden

Auch der zweite Schöpfungstext des Buches Genesis (Gen 2,4b–3) stellt Gott als den Herrn der Welt in den Mittelpunkt. Gleich der erste Satz hält fest, dass Gott Erde und Himmel gemacht und damit den absoluten Anfang gesetzt hat. Das Nichts, das dem Handeln des Schöpfers vorauslag, beschreibt der Verfasser, indem er vermerkt, dass nicht einmal die einfachste Steppenvegetation existierte, denn es fehlte das lebensnotwendige Wasser. Ausgangspunkt des göttli-chen Schöpfungshandelns ist in diesem zweiten Text deshalb nicht die chaotische Wasserlandschaft, sondern die ausgetrocknete Wüste. Das erste Geschöpf, das hervorgebracht wird, ist der Mensch. Er wird auf einer Töpferscheibe gebildet und mit göttlichem Lebensodem be-gabt. Weitere Schöpfungswerke zielen darauf, ein für den Menschen gedeihliches Lebensumfeld hervorzubringen. Auf diese Weise ent-steht eine Gartenlandschaft, die nach orientalischem Verständnis geradezu märchenhaft anmutet. Es gibt Wasser im Überfluss, und so gedeihen sogar Bäume, die Früchte tragen. Und: Freuden des Orients! Auch für Luxus ist Platz, denn der Aussage des Textes zufolge gibt es im Garten Eden sogar »gutes Gold«, Karneolsteine (roter Halbedelstein) und Bdelliumharz, einen wohlriechenden Duftstoff. Schließlich werden die Tiere des Feldes erschaffen und dem Menschen, der zunächst männlich gedacht ist, als Gefährten zugeführt. Als er in ihnen keinen angemessenen Partner findet, erschafft Gott für den Menschen die Frau

Adam und Eva im Paradies

und macht damit seine Schöpfung perfekt. Der weitere Verlauf der Erzählung berichtet vom Einfall des Bösen in die Welt.

Die zweite Schöpfungserzählung wird von den Exegeten im Umfeld des davidischen Königshofes und damit in Judäa angesiedelt. Wahrscheinlich ist eine Entstehung in der Regierungszeit König Salomons. Wasserknappheit ist in Jerusalem anders als in Babylon ein Thema. Die Adressaten des Textes verstehen, dass in der alles vernichtenden Trockenheit der Wüste kein Leben möglich ist. Diese zweite Erzählung weicht in zahlreichen weiteren Einzelaussagen von der ersten ab: Der Mensch ist in ihr nicht das letzte, sondern das erste Geschöpf. Das Schöpfungshandeln Gottes wird nicht als königliches Befehlen, sondern als handwerkliches Tun beschrieben. Und schließlich: Vom Sieben-Tage-Schema ist keine Rede mehr.

2.3 Historische Fragen – mythologisches Denken

Wenngleich die beiden Texte die Entstehung der Welt in ihren Abläufen ganz unterschiedlich beschreiben, so stimmen sie in ihrer zentralen Aussage doch überein. Diese spricht davon, dass die ganze Welt auf Gott zurückzuführen ist. Er ist derjenige, der den Anfang setzt, die Welt erschafft und das Leben ins Dasein ruft. Er ist es auch, der dieses Leben wohlwollend begleitet und ein gedeihliches Umfeld schafft, indem er für Nahrung ebenso sorgt wie für Ruhe.

Die Frage, wie dies im Einzelnen vor sich gegangen ist, spielt dabei für beide Texte nur eine nachgeordnete Rolle. Keine dieser Antworten beansprucht dabei, auf einen historischen Ursprung zurückzublicken. Das Wissen der Zeit reichte in der Regel nur wenige Generationen, allenfalls ein Jahrhundert zurück. Wer über diese Zeiträume hinausgehen wollte und nach der Frühzeit fragte, dem war klar, dass diese Frühzeit nur im Mythos und damit in bildhaften Vorstellungen zugänglich war.

Weil Bilder sich in ihrer Gesamtaussage ergänzen, stört mythologisches Verständnis sich nicht daran, wenn eine Aussagenvielfalt entsteht. Erst für das moderne Verständnis, das sich den beiden Texten nicht mehr unter einem mythologischen, sondern unter einem historischen Blickwinkel nähert, entstehen Widersprüche.

2.4 Schöpfung aus dem Nichts

Mit der Aussage einer Schöpfung aus dem Nichts wird im Blick auf Gott festgehalten, dass er in seiner Schöpfertat völlig frei war, also auf keine weitere Größe Rücksicht nehmen musste. In dieser Hinsicht musste das christliche Schöpfungsdenken sich etwa vom Griechentum absetzen, welches annahm, Gott habe bei seiner Schöpfung auf einen ihm vorgegebenen Stoff, eine Art »Urmaterie« zurückgegriffen. In diesem Falle wäre Gott nicht völlig frei gewesen, da er sich in seinem Handeln, an der Beschaffenheit dieser

Eine Welt, die von Gott kommt, kann nur gut sein

Materie hätte ausrichten müssen. Zudem wäre in diesem Fall zu fragen, ob dann nicht auch dieser Urmaterie eine quasigöttliche Qualität zukommt, denn immerhin ist sie nach griechischem Verständnis wie Gott selbst ewig.

Der Gedanke einer Schöpfung aus dem Nichts enthält darüber hinaus zwei wesentliche Aspekte für das christliche Verständnis der Welt. Ein erster Aspekt bestätigt die wesenhafte Güte der Schöpfung. Wenn die Welt ganz allein von Gott herkommt und nichts anderes sie grundlegend bestimmt, dann kann sie nur gut sein, so wie Gott selbst gut ist. Alles, was zur Schöpfung gehört, ist deshalb grundsätzlich zu bejahen. Der Gedanke einer Schöpfung aus dem Nichts besagt zweitens, dass die Welt auf Gott verweist. Wie ein Künstler sich in seinem Werk zu erkennen gibt, so ist auch Gott in seiner Schöpfung wiederzuerkennen. Jede Wolke und jeder Stein, jeder Berg und jedes Blatt, erzählen damit in ihrer Existenz, Ordnung und Schönheit nicht nur von sich selbst, sondern auch von Gott, dem Schöpfer. Dies gilt in besonderem Maße für den Menschen, der als Gottes Ebenbild betrachtet wird.

Schließlich ist im Blick auf die Welt noch ein dritter Aspekt von Bedeutung. Er betrifft den Umgang mit der Schöpfung. Wenn alle Welt von Gott herkommt, dann folgt daraus, dass die Welt selbst Geschöpf und damit eben nicht göttlich ist. Aus diesem Grund treten das Judentum und das Christentum der Welt freier gegenüber als dies etwa Naturreligionen tun. Dies führt zu einer grundlegenden Entzauberung der Welt, durch die der Freiheitsspielraum des Menschen enorm anwächst. Der Mensch muss dieser Welt nicht mit heiliger Scheu begegnen, sondern darf unbefangen mit ihr umgehen. Diese Entzauberung der Welt kann jedoch nicht als Freibrief für eine zerstörerische Ausbeutung der Natur gesehen werden. Denn als das Werk Gottes ist die Welt achtens- und schützenswert.

2.5 Selbst aus nichts mach etwas – ein Hoffnungsbild

Im Wissen darum, dass Gott alles aus nichts gemacht hat, erweist Gott sich für den Menschen nicht nur als der Herr des Anfangs, sondern auch als der Garant einer erfüllten Zukunft. Diese Aussage wirkt ungemein tröstend. Menschen können so sehr scheitern, dass sie meinen, vor dem Nichts zu stehen. Da kann die Erinnerung an die Schöpfung des Anfangs zu einem Anker der Hoffnung werden, der neuen

Christen leben in einer entzauberten, doch zauberhaften Welt (Oase En Gedi, Israel)

Halt gibt. Denn wenn Gott selbst aus dem Nichts noch etwas, nein, nicht nur etwas, sondern alles (!) machen kann, dann kann er auch das Nichts, vor dem Menschen stehen, noch zu einem erfüllten Leben verwandeln.

Der Glaube an den Gott, der die herrliche Schöpfung und alles in ihr ins Dasein gerufen hat und am Leben erhält, wird über die individuelle Erfahrung des Scheiterns hinaus zum Horizont der Hoffnung für die ganze Welt. In ihr entsteht Tag für Tag sowohl Sinnvolles wie Fragwürdiges und scheinbar Sinnloses. Gott lässt das alles sein und gibt ihm Raum. Wo immer sich in der guten Schöpfung aber das Böse breitzumachen droht, geschieht dies unter der Verheißung, dass letztlich nicht das Böse, sondern das Gute siegen wird und die Schöpfung schließlich als Ganzes von Gott angenommen und vollendet wird.

3. Schöpfung durch Evolution

Im Jahre 1985 nahm Papst Johannes Paul II. Stellung zur Vereinbarkeit von Schöpfungslehre und Evolutionstheorie und betonte ausdrücklich, dass zwischen den biblisch begründeten Aussagen, die Gott als den Schöpfer der Welt und Herrn des Lebens vorstellen, und der Evolutionstheorie, die auf der Basis naturwissenschaftlicher Erkenntnisse die Abläufe bei der Entstehung der Welt und des Lebens nachzeichnet, kein Widerspruch besteht.

Die Meinung des Papstes wird von großen Naturwissenschaftlern geteilt. Auch sie gehen davon aus, dass Glaube und Naturwissenschaft sich unter je verschiedenen Perspektiven der einen Wirklichkeit nähern, die in ihrer Größe und Vielfalt weder unter der Perspektive der Naturwissenschaft noch unter der des Glaubens zur Gänze ausgelotet werden kann. Albert Einstein beschreibt die Beziehung zwischen Religion und Naturwissenschaft deshalb nicht als ein Verhältnis der Konkurrenz, sondern als eines gegenseitiger Ergänzung.

> »Naturwissenschaft ohne Religion ist lahm,
> Religion ohne Naturwissenschaft ist blind.«
>
> ALBERT EINSTEIN

3.1 Darwins Evolutionstheorie

Im Jahre 1859 veröffentlichte Charles Darwin sein Hauptwerk »Die Entstehung der Arten durch natürliche Zuchtwahl«. Mit diesem Werk legte der englische Forscher eine Theorie zur Entstehung des Lebens vor, die die weitere Diskussion bestimmen sollte. Darwin ging davon aus, dass die Arten der Lebewesen nicht konstant sind, sondern sich durch spontane Veränderungen des Erbguts und natürliche Auswahl ständig verändern. Zudem behauptete er, dass diese Veränderungen zu einer steten Höherentwicklung des Lebens beitrugen. Als der Forscher seinem ersten Werk zwölf Jahre später ein zweites folgen ließ, welches den Menschen bewusst in die Reihe der durch die Evolution geformten Lebewesen einbezog, kam es in der Gesellschaft des 19. Jahrhunderts zu einem Sturm der Entrüstung. Die überwiegende Mehrheit der Zeitgenossen fühlte sich dadurch brüskiert, dass der Mensch als Krone der Schöpfung unterschiedslos in die Schar der übrigen Lebewesen eingereiht wurde. Dieses Vorgehen empfand man als eine elementare Kränkung.

3.2 Erste Reaktionen der Kirche

Die Kirchen sahen mit der von Darwin vorgelegten Theorie zur Entstehung des Lebens ihre Aussagen zur Welt als Schöpfung Gottes infrage ge-

Charles Darwin (1809–1882), der Schöpfer der Deszendenztheorie

Vergleichspunkte	1. Schöpfungstext (Gen 1,1–2,4a)	2. Schöpfungstext (Gen 2,4b–3)
Ausgangspunkt des göttlichen Schöpfungs- handelns	… ist eine chaotische Wasserwüste.	… ist ein lebensfeindliches- Trockengebiet.
Gott wird schöpferisch	… durch gebieterisches Befehlen.	… in einem handwerklich vorgestelltem Tun (Töpfer- arbeit).
Die Erschaffung des Menschen	… ist das letzte- Schöpfungswerk.	… ist das erste Schöpfungswerk
Mann und Frau	… werden gleichzeitig erschaffen.	… werden in einigem Abstand voneinander erschaffen.

stellt. Zahlreiche Lehrpositionen schienen bedroht: Die Erschaffung des Menschen und seine Sonderstellung im Kosmos gehörte ebenso dazu wie die Erschaffung der Frau aus dem Mann oder
die Einheit des Menschengeschlechts. Fraglich erschienen zudem
weitere Glaubenssätze, die sich aus dem zweiten Schöpfungstext
des Buches Genesis (Gen 2,4b–3) ergaben und den Sündenfall des
Menschen betrafen. Man befürchtete eine wahre Kaskade von Konsequenzen. Entsprechend deutlich war die Ablehnung, die man
formulierte. In den evangelisch-evangelikalen Kreisen des 19. Jahrhunderts fiel sie besonders heftig aus. Doch auch die katholische
Kirche lehnte Darwins Thesen ab.

Die traditionelle Schöpfungslehre kam etwa zeitgleich jedoch
auch von Seiten der Bibelexegese unter Druck. Die Exegeten erkannten, dass die beiden großen Schöpfungstexte des Buches Genesis Be-
kenntnistexte darstellten, die auf die Frage nach der Vorzeit Antworten gaben, die mit mythischen Elementen durchsetzt waren. Diesen
zutreffenden exegetischen Einsichten stellte sich 1908 ein Dokument
der päpstlichen Bibelkommission entgegen, das mit großer Hart-
näckigkeit auf dem strikt historischen Charakter der Genesistexte
insistierte.

Diese Reaktion kann aus heutiger Sicht nur noch verwundern.
Das Papier verlangt nämlich etwas, das gar nicht durchführbar ist.
Da die fraglichen Genesistexte zentrale Aspekte des Schöpfungsge-
schehens wie etwa die der Schöpfung vorausliegende Ausgangssituation, die Art und Weise des Schöpfungshandelns oder die Reihenfolge der Schöpfungswerke völlig unterschiedlich beschreiben, verwickelt eine historische Lesart sich unausweichlich in Widersprüche.

Das Dokument der päpstlichen Bibelkommission erscheint angesichts dessen als das, was es war: der ebenso verzweifelte wie aussichtslose Versuch, die eigene, veraltete theologische Position trotz schwerwiegender Gegenargumente fortzuschreiben.

3.3 Gott als tragender Urgrund der Evolution

Die Einsichten der Evolutionstheorie sind nicht mehr zu hintergehen. Theologie und Glaube nehmen sie wahr, fragen dabei aber über den von der Evolutionstheorie beschriebenen Anfang des Lebens hinaus nach dem Ursprung der Evolution selbst. Auf der Basis des biblischen Zeugnisses kommen sie dabei zu der Überzeugung, dass Gott die Evolution aus sich entlassen und damit den Anfang allen Lebens gesetzt hat.

Befürchtete die traditionelle Theologie, die Evolutionstheorie sei mit der theologischen Aussage von der Sonderstellung des Menschen nicht in Einklang zu bringen, so hält die moderne Theologie diese Sorge für unbegründet. Sie versteht die Entstehung des Geistes mit der Biologie als Teil der Evolution und findet im Rahmen dieser Position Raum für eine Deutung, welche die Sonderstellung des Menschen ebenso erläutert wie seine Verbundenheit mit allen übrigen Geschöpfen. Danach erscheint die Evolution als eine zur Gänze vom Geist Gottes getragene Entwicklung, die ihrerseits auf Geistigkeit hindrängt.

Sind einfache Formen von Geistigkeit bereits in der lebensfreundlichen Ordnung der Materie sowie in klugen Strategien tierischen Überlebens zu entdecken, so erreicht die Geistigkeit im Bewusstsein des Menschen ihren Höhepunkt. Seine besondere Stellung zeigt sich genauer darin, dass er nicht nur die Herausforderungen des Lebens besteht, wie dies auch das Tier tut, sondern darüber hinaus zu tieferen Einsichten in den Gesamtprozess des Lebens gelangt. Anders als das Tier ist der Mensch nämlich dazu in der Lage, nicht nur im

Die Entwicklung des Menschen: Sind Schöpfungsglaube und Evolutionstheorie miteinander vereinbar?

Strom der Evolution »mitzuschwimmen« und sich zu behaupten. Vielmehr ist es ihm möglich, während dieses »Schwimmens« den Kopf so weit »über Wasser« zu bringen, dass er den Strom seiner eigenen Entwicklung überblicken und durchschauen kann.

Diese den Menschen in besonderer Weise auszeichnende Geistigkeit zeigt sich nicht zuletzt dort, wo er seine bruchstückhaften Einzelerkenntnisse über die Welt zu einer großen Theorie verbindet, die über das Werden und Sein der Welt Auskunft gibt, wie dies etwa in der Evolutionstheorie geschieht. Im Verständnis der Evolution wird der Mensch damit keineswegs seiner besonderen Würde entkleidet, vielmehr kommt er dabei als geistiges Wesen gerade in besonderer Weise zu sich. Es gelingt ihm dann nämlich, sowohl seine Verwobenheit mit den übrigen Geschöpfen, wie auch seine Sonderstellung einzusehen und schließlich sogar seine Verwiesenheit auf Gott zu erahnen.

Wo es dem Menschen möglich ist, ein zutreffendes Bild von der Welt und seinem eigenen Standpunkt in ihr zu entwerfen, gewinnt er Orientierung im Kosmos und damit Sicherheit. Das Verständnis der Welt, ihres Werdens und seiner selbst lässt ihn jedoch auch staunen und Fragen stellen, die über die Abläufe des Werdens hinausgehen. Sie richten sich letztlich auf den Ursprung der Evolution. Diese Fragen verlangen nach Lebenswissen. Sie fordern heraus zu einer Antwort, die über den Urknall und die auf ihn folgende Entwicklung hinausgeht. Diese Fragen suchen zudem nicht nur den einmal gesetzten Anfang, sondern auch die bleibende Fortdauer und stetige Höherentwicklung einer sich immer komplexer entfaltenden Wirklichkeit zu ergründen.

Die Theologie nimmt sich dieser Fragen an, indem sie von Gott spricht, der in sich bereits alles in allem ist, seiner Schöpfung jedoch aus freien Stücken in sich Raum gegeben hat. Dem Wesen Gottes entsprechend ist dieser Raum ebenso von Liebe wie von Freiheit bestimmt. Die Welt soll und darf werden, sie darf in großer Freiheit existieren, sich entwickeln und wachsen.

3.4 Schöpfung als Freilassen

Damit wird die Evolution als Basisgesetz der Welt zu einem vorauslaufenden Abbild dessen, was Juden und Christen in ihren Gotteserfahrungen beschreiben: Gott ist der, der aus reiner Liebe heraus schöpferisch wird. Er ist der, der das Geschaffene freilässt und immer wieder wirksam für dessen Freiheit eintritt. Gottes Freilassen der Geschöpfe vom kleinsten Bakterium bis hin zu den unermesslichen Räumen des Alls wird damit zum Präludium der einen Heilsgeschichte, in der Gott sich immer wieder als der Befreier erweist. Mit diesem Verständnis wird Gottes Schöpfertat keineswegs kleingeredet. Vielmehr hilft diese Deutung, neu und tiefer zu begreifen, dass Gottes Handeln in Schöpfung und Erlösung sich gerade darin zeigt, dass er freilässt. In diesem Freilassen offenbart sich seine unvorstellbare Größe. Im Wissen darum, dass alles von ihm kommt und aus ihm lebt, kann er unendlich großzügig sein und alles, was ist, in seine eigene Freiheit entlassen, um es schließlich trotz aller Fehler, aller Versäumnisse und aller Schuld seiner Vollendung entgegenzuführen.

Mit diesen neu gewonnenen Einsichten hat die moderne Theologie die Herausforderung, welche die Evolutionstheorie einst für sie darstellte, in einen Wachstumsimpuls verwandelt, der sie in tieferer Weise einsehen ließ, dass Gott von Anbeginn an Liebe ist und Freiheit schenkt. Die Theologie hat zu dieser Einsicht erst allmählich gefunden. Charles Darwin hingegen, der in seinen jungen Jahren nicht Biologie, sondern Theologie und Geschichte studiert hatte, erkannte dies bereits zu dem Zeitpunkt, da er seine Evolutionstheorie ein erstes Mal veröffentlichte. Und so beschließt er 1859 sein Hauptwerk mit den Worten:

> »Es ist wirklich ein erhabener Gedanke, dass der Schöpfer den Keim allen Lebens mit seinen verschiedenartigen Fähigkeiten rings um uns nur wenigen Formen oder vielleicht nur einer einzigen Form eingehaucht hat und dass [...] sich aus einem so einfachen Anfang eine unübersehbare Reihe der schönsten und wunderbarsten Formen entwickelt hat und sich immer noch entwickelt.«
>
> CHARLES DARWIN

4. Der Mensch – als Mann und Frau Ebenbild Gottes

Die Schöpfungstexte der Bibel sind sich darin einig, dass der Mensch das vornehmste und edelste Geschöpf Gottes ist. Diese Aussage kommt im ersten Schöpfungstext der Bibel (Gen 1,1–2,4a) darin zum Ausdruck, dass der Mensch als Abbild Gottes (Gen 1,26 f.) bezeichnet wird – und zwar Mann und Frau gleichermaßen. Eine ähnliche Würdigung des Menschen findet sich auch in

Psalm 8, der davon spricht, dass Gott den Menschen nur um ein weniges geringer gemacht hat als einen Gott. Im zweiten Schöpfungstext des Buches Genesis (Gen 2,4b–3) fehlt zwar die ausdrückliche Aussage der Gottebenbildlichkeit des Menschen, doch ist der an diesen Würdetitel geknüpfte sachliche Gehalt auch dort zu finden. Damit erscheint der Mensch in den Schöpfungstexten der Bibel als ein Wesen, dem eine besondere Stellung, besonderer Schutz und eine besondere Aufgabe zukommen.

4.1 Nicht Sklave, sondern Gottes Ebenbild

Die Schöpfungserzählungen der umliegenden Völker benennen ohne Scheu, warum die Götter sich entschließen, neben Landschaften, Pflanzen und Tieren auch Menschen zu erschaffen: die Götter *benötigen jemanden,* der für sie da ist und ihre Bedürfnisse erfüllt. Diese Bedürfnisse werden in großer Unbefangenheit und sehr menschlich beschrieben. Ein Mythos erklärt, die Götter hätten Menschen erschaffen, weil sie jemanden brauchten, der sie mit Speise und Trank versorgte. Ein anderer Mythos weiß davon zu berichten, dass die Götter mit dem Menschen ein Wesen erschaffen wollten, das in der Lage war, sie anzubeten, also ihren Kult sicherzustellen. Ganz anders die Aussage der Bibel. Für den Verfasser des ersten Schöpfungstextes ist Gott wesentlich der transzendente (= jenseitige), absolut souveräne und unverfügbare Gott. Anders als in den Mythen der Umwelt ist der biblische Gott deshalb in keiner Weise auf den Menschen angewiesen. Er wird in völliger Freiheit und damit ohne jede Notwendigkeit schöpferisch. Der einzige Grund für sein Schöpfungshandeln besteht darin, dass er sich in seiner Güte an andere verschenken will.

Wenn der Mensch den Angaben des ersten Schöpfungstextes zufolge als Gottes Ebenbild erschaffen wurde, dann ist diese von Gott verliehene Würdestellung nicht nur in den Schöpfungsmythen des Vorderen Orients, sondern darüber hinaus in denen der Menschheit singulär. In der östlich von Israel liegenden Kultur der Ägypter gibt es zwar den Gedanken, dass der Pharao göttlicher Abkunft ist. Vergleichbare Vorstellungen einer Vergottung des Herrschers finden sich in zahlreichen anderen Kulturen. Die griechische Mythologie kennt darüber hinaus Halbgötter, die in der Regel einer sexuell gedachten Beziehung zwischen einem Gott und einer Menschenfrau entstammen. Dass jedoch nicht nur einzelne, in besonderer Weise ausgewählte Personen, sondern jeder Mensch Repräsentant Gottes ist, ist menschheitlich ohne Parallele.

4.2 Geschaffen für den aufrechten Gang

Die geradezu spektakuläre Aussage einer Gottebenbildlichkeit des Menschen ist über das Judentum und das Christentum in das Gedankengut der Menschheit eingegangen und zu einer sehr frühen und sehr starken Wurzel für den erst mehr als zwei Jahrtausende später formulierten Gedanken der allgemeinen Menschenrechte geworden. Mit der durch Gott verbürgten Zusage, dass jeder Mensch Abbild und Repräsentant Gottes auf Erden ist, wird jedem Menschen eine überragende Würdestellung zuerkannt. Sie macht ihn selbst und andere darauf aufmerksam, dass sein Leben, so äußerlich unbedeutend es auch immer sein mag, für Gott doch wertvoll ist und seinen besonderen Schutz genießt. Wer sich dieser göttlichen Zusage stellt, der versteht, dass er ebenso wie alle anderen Menschen einen Anspruch darauf hat, in würdigen Umständen zu leben und von anderen angemessen behandelt zu werden. Wer länger über diese Zusage nachdenkt, dem wird darüber hinaus klar, dass er nicht nur das Recht hat, eine solche würdige Behandlung seiner Person zu erwarten, sondern geradezu unter der Pflicht steht, sie gegebenenfalls für sich und für andere einzufordern! Ist nämlich jeder Mensch Ebenbild Gottes, so wird mit der Verletzung seiner Würde zugleich die Würde aller Menschen verletzt und darüber hinaus der Wille des Schöpfergottes missachtet.

An dieser Stelle lässt sich eine Brücke zu einem Wort der heiligen Klara von Assisi schlagen, das besagt: »Wer Gott dient, wird nicht krumm.« Dieses Wort ist gerade im Bereich des Christentums von großer Bedeutung, gab es in seinem Umfeld doch immer wieder Strömungen, die in einer falsch verstandenen Askese empfahlen, sich selbst klein zu machen und seine eigenen geschöpflichen Bedürfnisse zu verleugnen. Bedauerlicherweise konnte diese Einsicht sich oftmals nicht durchsetzen. Leibfeindliche und lebensfeindliche Ideen, die der Bibel ganz fremd sind, drängten sich in den Vordergrund. Sie flossen nicht selten gerade in die klassische Mädchenerziehung ein. Dies trug dazu bei, dass das Frauenbild der Kirche über Jahrhunderte hin von einer Form der Selbstverleugnung geprägt war, die nicht christlich ist.

4.3 Wurzeln von Nächstenliebe

Die Gottebenbildlichkeit jedes Menschen hat auch Bedeutung für den Umgang mit dem Mitmenschen und erklärt, warum Juden und Christen für soziale und ethische Belange stets besonders ansprechbar waren und sind. Für beide Religionen galt und gilt, dass in dem anderen Menschen Gott selbst begegnet. Diese Glaubensaussage prägt den Umgang mit Kindern, Armen, Fremden, Kranken, Toten sowie anderen schwachen oder ausgegrenzten Menschen. Dieser den Mitmenschen einschließende, weite Horizont kennzeichnet die Botschaft Jesu ebenso wie die Gesetzessammlungen des Alten Testaments. So begründet etwa das im alten Bund formulierte Heiligkeitsgesetz seine Vorschriften (Lev 17,1–26,46) immer wieder damit, dass Gott selbst der Herr des Lebens ist und darüber wacht, dass gesellschaftliche Strukturen wirklich lebensfördernd sind. Ein Vers dieses Gesetzes machte Geschichte. Er lautet: »Liebe deinen Nächsten wie dich selbst.« (Lev 19,18)

War die Forderung, für die Belange des Mitmenschen einzutreten wie für seine eigenen, in der Frühzeit Israels noch auf die Angehörigen des eigenen Volkes begrenzt, so wurde sie mit dem Durchbruch zum Monotheismus ausdrücklich auf alle Menschen ausgedehnt, denn nun verstand man Gott als den Vater aller Menschen! Dies führte dazu, dass zunächst die Juden, dann aber auch die Christen eine soziale Praxis entfalteten, die in ihrer Umwelt beispiellos war. Unter den Bedingungen des Mangels, der das Leben der Menschen von der Antike bis hinein in die Neuzeit elementar bestimmte, bedeutete eine Praxis der Nächstenliebe, anderen von den ohnehin knappen eigenen Gütern abzugeben. Wer sich zu Gunsten anderer einsetzen wollte, musste also bereit sein, die eigenen Lebens- und Überlebensmöglichkeiten noch weiter einzuschränken, als dies

*Sonderbriefmarke
50 Jahre Lebenshilfe
(Entwurf: Barbara
Dimanski, Halle)*

durch die Bedingungen des Mangels ohnehin der Fall war. – Da Juden und Christen diese Konsequenz aufgrund ihres Glaubens nicht scheuten, wurden sie bereits in der Antike zum Gesprächsstoff. Im Glauben an die Gottebenbildlichkeit jedes Menschen setzten sie sich nachdrücklich für den Schutz und die Würde jedes menschlichen Lebens ein. So lehnten sie es beispielsweise kategorisch ab, unerwünschte Kinder auszusetzen oder sie in die Sklaverei zu verkaufen, obwohl dies etwa in der römischen Gesellschaft durchaus üblich war. Eine ähnlich menschenfreundliche Haltung praktizierten Juden und Christen im Blick auf das Ende des menschlichen Lebens. Antike Zeugnisse berichten verwundert darüber, dass die materiell ohnehin nicht gesegneten Juden und Christen nicht nur ihre eigenen Toten, sondern sogar die Toten anderer bestatten.

4.4 Mann und Frau

Noch ein zweiter Aspekt ist anzusprechen, der in den Schöpfungserzählungen der Völker ebenfalls ohne Parallele ist. Er betrifft die Art und Weise in der Mann und Frau vorgestellt werden. Zwei Vorstellungen sind in der Welt der Mythen gängig, nämlich zum einen die Erschaffung eines Mannes, der als »Norm- und Vollmensch« erscheint und aus dem in einer Art Abstufung die Frau entsteht, und zum zweiten die Erschaffung eines Wesens, das Vater und Mutter zugleich, also ohne eindeutige geschlechtliche Identität ist, und das aus sich sodann einen männlichen und einen weiblichen Menschen hervorbringt.

Die biblische Botschaft ehrt beide Geschlechter gleichermaßen mit dem Würdetitel der Gottebenbildlichkeit. Damit werden einmal beide Geschlechter als gleich wertvoll vorgestellt. Des Weiteren wird ausgedrückt, dass Mann und Frau zusammen der ganze Mensch sind und in ihrer Bezogenheit aufeinander nicht nur das Leben weitergeben, sondern auch Gott repräsentieren. Für die Minderbewertung eines Geschlechts gibt es angesichts dieser Aussage ebenso wenig ein biblisches Fundament wie für eine Abwertung der menschlichen Geschlechtlichkeit. An Mann und Frau gemeinsam ergeht deshalb der Auftrag des Schöpfers, zu wachsen und sich zu vermehren und die Erde in Besitz zu nehmen. Damit ist ausgesagt, dass Mann und Frau sich der sie umgebenden Welt in Freiheit und Würde zuwenden sollen, um sie für sich und andere nutzbar zu machen.

5. Woher kommt das Böse?

Dass Geschehnisse eine schlechte Wendung nehmen, Menschen statt dem Richtigen das Falsche tun und aufgrund von unglücklichen Verkettungen Unheil entsteht, ist in einer Welt, in der Menschen mit endlichem Wissen, endlichen Fähigkeiten und endlicher Kraft handeln, geradezu an der Tagesordnung. Nicht berührt ist damit die Frage nach dem Bösen. Bei der schlechten Leistung, der falschen Wahl und der unglücklichen Entscheidung geschieht das Schlechte, das Falsche, das Unpassende, aber es geschieht ungewollt. Beabsichtigt war jeweils das ganz andere, das Gute oder auch nur das Belanglose. Solche Entwicklungen mögen schmerzen, aber sie machen nicht ratlos und lassen nicht verzweifeln.

Ganz anders das Böse. Dass Menschen nicht nur versehentlich, aus Unkenntnis oder wegen mangelnder Fähigkeiten das Schlechte tun, sondern es bewusst und in voller Absicht anstreben, ist eine Erfahrung, die zutiefst erschüttert. Deshalb wird die Frage nach dem Bösen zu einer für den Menschen bohrenden Frage. Es ist sicher nicht leicht, herauszufinden, ob im konkreten Fall nur das unbedachte Unheil hereingebrochen oder das Unglück des anderen bewusst hingenommen, wenn nicht gar angezielt wurde. Die Unterscheidung zwischen dem nahezu unvermeidlichen Schlechten und dem absichtlich gewählten Bösen bleibt ein schwieriges Geschäft. Wir betreiben es dennoch, denn wir wissen, dass zwischen dem nicht beabsichtigten Schlechten und dem bewusst angestrebten Bösen ein fundamentaler Unterschied besteht.

5.1 Zwei klassische Erklärungen

Die Religionen der Menschheit geben auf die Frage nach der Herkunft des Bösen unterschiedliche Antworten. Dabei kehren zwei Antworttypen relativ häufig wieder: die dualistische und die monistische Erklärung. Die dualistische Erklärung (von griech. *duo*, »zwei«) geht davon aus, dass die Welt unter dem Einfluss von zwei Grundkräften steht, einer guten und einer bösen: Die böse Grundkraft wirft danach immer wieder neu Böses in die Welt. Die gute Kraft hingegen versucht, dieses Böse so weit als möglich zu verhindern und im Gegenzug dazu das Gute zu befördern. Da die beiden Grundkräfte etwa gleich stark gedacht werden, ist der Lauf der Welt von einem steten Ringen zwischen Gut und Böse gekennzeichnet. Dabei scheint einmal das Gute, ein andermal das Böse zu obsiegen. Dualistische Erklärungen sind typisch für die Gnosis, eine religiöse Strömung, die sich im Mittelmeerraum etwa zeitgleich mit dem Christentum ausbreitete und über Jahrhunderte hin offen mit ihm konkurrierte. Gnostische Elemente sind sehr langlebig. Sie finden sich heute vor allem in den Weltbildern verschiedener Sekten. Das dualistische Erbe tritt in den Schwarz-Weiß-Kontrasten, mit denen diese Weltbilder arbeiten, offen zu Tage.

Die monistische Erklärung (von griech. *monos* – »eins, einzeln, allein«) geht, wie ihr Name dies bereits anzeigt, von der Existenz nur einer Grundkraft aus. Diese wird im umfassenden Sinne als allmächtig vorgestellt. Alles, was geschieht, geht auf den Willen dieser Grundkraft zurück, das Gute wie das Böse. Da diese Grundkraft damit offensichtlich sehr Unterschiedliches bewirken kann, ist sie als Gegenüber nicht zu ergründen. Das eine Mal fördert sie Leben, ein andermal vernichtet sie es. Eine monistische Vorstellung begegnet uns etwa in der römischen Gottheit Janus, die als Person mit zwei Gesichtern dargestellt wird, einem freundlichen und einem bedrohlichen. Die Vorstellung eines göttlichen Wesens, das sowohl aufbaut wie auch zerstört, findet sich ebenso bei den indischen Gottheiten Shiva und Kali.

Wenngleich Dualismus und Monismus unterschiedliche Antworten auf die Frage nach dem Bösen geben, so haben sie doch wesentliche Dinge gemeinsam. Die wichtigste Gemeinsamkeit besteht darin, dass beide Erklärungen das Böse auf eine Gottheit zurückführen. Die unweigerliche Konsequenz dieser Entscheidung besteht darin, dass das Böse damit unausweichlich zur Welt gehört. Die Gottheit steht in diesen Deutungen persönlich für seine Fortexistenz ein. Mit dieser Aussage ist auch der Spielraum des Menschen bestimmt: Wenn Mächte, die als göttlich vorgestellt werden und damit größer sind als er, das Böse in der Welt verursachen, dann steht der Mensch diesem

Die indische Göttin Kali

Bösen hilflos gegenüber. Er ist für dieses Böse weder verantwortlich, noch hat er eine wirkliche Chance, dieses Böse je zu besiegen oder es auch nur wirksam einzudämmen.

Noch eine weitere Gemeinsamkeit verbindet die beiden Konzeptionen. Unabhängig davon, ob Gut und Böse sich auf zwei göttliche Personen oder Kräfte verteilen, wie der Dualismus dies lehrt, oder sich in einer Person oder Kraft konzentrieren, wie das monistische Konzept dies vorsieht, in jedem Fall dringen mit diesen Erklärungen dunkle Züge in das Gottesbild ein. So steht dem Menschen schließlich eine Gottheit gegenüber, die er – um ihren Zorn nicht zu erregen – zwar verehren muss, die ihn aber in ihrer zerstörerischen Macht gleichzeitig Furcht und Schrecken einflößt. Derartige Vorstellungen erscheinen dem modernen Menschen, der es gelernt hat, seine eigene Würde zu achten, als unannehmbar. Religiöse Konstellationen, in der die Gottheit sich ebenso göttlich wie auch diabolisch gebärden kann, sind die Verherrlichung einer schrankenlosen Willkür. Sie halten den Menschen in vollkommener Abhängigkeit und zwingen ihn, den Stiefel, der ihn jederzeit zertreten kann, auch noch zu küssen.

5.2 Die biblische Alternative

Die Bibel greift in ihrer Erklärung des Bösen keines dieser beiden Grundmodelle auf. Sie entwirft eine völlig andere Antwort. Zunächst einmal hält sie gegen jeden Dualismus fest, dass es nur einen Gott gibt. Sodann betont sie im Gegenüber zum Monismus, dass dieser Gott unendlich gut ist. Wenn sie nun erklärt, dass dieser eine Gott die Welt ganz allein aus dem Nichts erschaffen hat, dann ist damit ausgesagt, dass die Welt wesentlich durch die Güte Gottes bestimmt und von daher selbst gut ist. Dasselbe gilt für den Menschen. Er wird sogar als sehr gut bezeichnet. Mit diesen Aussagen sind die Basisbedingungen des Lebens erfreulich positiv bestimmt. Die Beziehung des Menschen zu Gott kann eine Vertrauensbeziehung sein. Was sich über diesen so erfreulichen Grunddaten des Lebens allerdings über die Maßen zuspitzt, ist die Frage nach dem Bösen. Denn unweigerlich ergibt sich die Frage: Wie kann es in dieser guten Welt, die auf einen guten Schöpfer zurückgeht, und von guten Menschen bevölkert ist, überhaupt das Böse geben?

Die Bibel gibt darauf eine klare Antwort: Das Böse kommt weder von Gott noch von Gottes Welt noch aus der Natur des Menschen. Vielmehr entsteht das Böse ohne jede zwingende Notwendigkeit. Es hat seinen Ursprung allein im freien Entschluss des Menschen. Da die Bibel das Herz des Menschen als Organ der Personmitte versteht, kommt sie zu dem Ergebnis: »Das Böse kommt aus dem Herzen des Menschen« (Mt 15,19). Im Unterschied zu allen dualistischen und monistischen Konzepten erklärt die Bibel den Ursprung des Bösen nicht mit der Dominanz Gottes, sondern mit der Freiheit des Menschen.

Eva, die Schlange und die Folgen

Den biblischen Zeugnissen zufolge hat Gott sich mit seiner Schöpfung in seiner Allmacht zurückgenommen, um der Welt in sich Raum zu geben und dem Menschen Freiheit zu verschaffen.

Freiheit findet ihre wahre Erfüllung zwar in der Wahl des Guten, sie setzt jedoch als Wahlfreiheit prinzipiell die Möglichkeit voraus, sich dem Guten gegenüber auch verweigern zu können. Nur wenn es die Möglichkeit gibt, zum Guten Ja oder auch Nein zu sagen, ist Freiheit wirklich gegeben. Der Überzeugung der Bibel zufolge ist Gott das Risiko eingegangen. Er hat den Menschen geschaffen und ihm dabei Freiheit im vollen Sinn des Wortes gegeben. Damit hat er von Anfang an in Kauf genommen, dass es zu Situationen kommt, in denen der Mensch das ihm angebotene Gute ablehnt und stattdessen das Böse wählt.

5.3 Der Einbruch des Bösen

Der zweite Schöpfungstext der Bibel schildert, wie der Mensch zu einer solchen schlechten Wahl kommt. Er erzählt, wie der Mensch sich von Gott abwendet, von dem er alles, was er ist und was er hat, empfangen hat. Unter den Einflüsterungen der Schlange öffnet der Mensch sich dem Gedanken, Gott habe ihm sein Leben, seine Frau, seine paradiesische Umwelt nur gegeben, um ihn auf ewig abhängig zu halten. Mit der Vorstellung, ein Leben losgelöst von

Gott würde ihn selbst in einen göttlichen Rang erheben, wendet der Mensch sich von Gott als der Quelle alles Guten ab. Er erreicht dadurch jedoch nicht die erwartete Aufwertung seiner Person, sondern Einbrüche auf allen Seiten.

Der Text beschreibt, wie sich nach dem Bruch des Vertrauensverhältnisses zu Gott plötzlich sämtliche Lebensdimensionen verschlechtern. Betroffen ist sowohl die Beziehung zu Gott wie auch die zum Mitmenschen und zur Umwelt. In Mitleidenschaft gezogen ist schließlich auch die Beziehung des Menschen zu sich selbst: Statt der einstigen freundschaftlich dargestellten Nähe zu Gott, empfindet der Mensch nun Angst vor ihm und versteckt sich; die ehemals liebende Beziehung zu seiner Frau hat sich in ein Verhältnis gegenseitiger Schuldzuweisung verkehrt, und die Welt, die den Menschen umgibt, hat sich vom paradiesischen Garten in einen Acker verwandelt, der mühsam zu bestellen ist und trotz aller Plackerei doch nur Dornen und Disteln trägt. So verwundert es nicht, dass auch die letzte und elementarste Beziehung des Menschen beschädigt ist: die Beziehung zu sich selbst. In der Erfahrung der Scham wird ihm bewusst, dass zu ihm von nun an etwas gehört, das seine eigene Entfaltung wie die der anderen beeinträchtigt, etwas, das er selbst verschuldet hat. Die Scham wird damit zum Symptom für die Entfremdung des Menschen von sich selbst. Fortan geht ein Riss durch seine einst integere Persönlichkeit.

Mit dieser klug abgestimmten und psychologisch einfühlsam beschriebenen Erklärung konfrontiert die Bibel den Menschen mit den Abgründen seiner eigenen Seele. Sie fordert ihn auf, den Blick hinter die eigene Fassade zu wagen und das eigene Böse vor sich selbst aufzudecken. Des Weiteren zwingt sie ihn zu sehen, dass ein Leben auf eigene Faust seine Lebensmöglichkeiten nicht erweitert, sondern sie begrenzt. Seine Welt wird nicht reicher und fröhlicher, sondern ärmer und trauriger durch das Böse. Und er selbst ist dafür die Ursache.

Die biblische Erklärung weist dem Menschen jedoch nicht nur die Verantwortung für das geschehene Böse in der Welt zu. Indem sie den Ursprung des Bösen auf ihn selbst zurückführt, versetzt sie ihn gleichzeitig in die Lage, dem Bösen wirksam entgegenzutreten. Der Mensch der Bibel, kann sich von dem Bösen abwenden und sich erneut an Gott als dem Inbegriff des Guten ausrichten. Beides, die Möglichkeit, das Böse zu tun, wie auch die Möglichkeit, ihm zu entsagen, gehört folglich zu der von Gott geschenkten Freiheit des Menschen.

5.4 Freiheit zum Guten

Da die biblische Erklärung, den Menschen nicht nur mit der bedrängenden Wirklichkeit des Bösen und der Realität seiner eigenen Schuld konfrontiert, sondern ebenso auf Gott als den Ursprung und Horizont alles Guten verweist, eröffnet sie anders als der Dualismus und der Monismus einen Weg, das Böse zu meiden und sein Leben zum Guten zu wenden. In der Betonung der persönlichen Freiheit macht die Bibel den Menschen auf den Spielraum und die Bedeutung seines eigenen Handelns aufmerksam. Er kann sein Leben ebenso wie das seiner Mitmenschen, seine Beziehung zu Gott ebenso wie die zu seiner Umwelt positiv gestalten. Er hat die Möglichkeit, dem Guten Raum zu geben und das Böse zurückzudrängen. In dieser Betonung der Freiheit macht die biblische Erklärung Mut, die eigenen Möglichkeiten zu erkennen und das Gute zu ergreifen.

In genau diesem Punkt hingegen versagen die Erklärungen des Dualismus und des Monismus. Da sie die Existenz des Bösen auf die Übermacht eines diabolisch-göttlichen Ursprungs zurückführen, können sie dem Menschen letztlich nur zwei Lösungen anbieten, die für ihn gleichermaßen unattraktiv sein müssen: die Resignation vor dem Bösen und die Möglichkeit, sich mit diesem Bösen zu arrangieren. Dem Entsetzen, das den Menschen dort unmittelbar befällt, wo ihm nicht nur das Schlechte, sondern das durchdringend Böse begegnet, wird keine dieser beiden Alternativen gerecht.

Trotz der faktischen Überlegenheit der biblischen Erklärung scheinen Dualismus und Monismus als Deutungen des Bösen doch Grundmuster abzubilden, die auf einer elementaren Bewusstseinsebene eine gewisse Anziehungskraft entfalten. Nur so ist es zu erklären, dass ihre Motive verschiedentlich auch in das Judentums und des Christentums eingedrungen sind. Ein Reflex dualistischen Denkens ist etwa in manchen theologischen Äußerungen des Hochmittelalters zu erkennen, die sich in aller Breite über einen Widersacher Gottes auslassen und dabei mit dem Gedanken spielen, dieser könnte zum ernsthaften Konkurrenten Gottes werden und die Zukunft der Welt an sich reißen. Monistisches Denken schlägt sich überall dort nieder, wo erfahrenes Unheil auch in christlichen Texten auf Gott als Verursacher zurückgeführt wird. Solche Gedanken finden sich vereinzelt sogar in biblischen Texten.

Derartige Ansichten sind von einer wahrhaft christlichen Position jedoch weit entfernt. Sie ist eine Position der Zuversicht, und kann das sein, weil sie darauf vertrauen darf, dass es nur einen Gott gibt, der ebenso gut wie mächtig ist. Der gute Gott ist damit definitiv die Gestalt gebende und bestimmende Kraft. Dies schließt nicht aus, dass das aus dem Herzen des Menschen kommende Böse zu bestimmten Zeiten in der Welt entsetzlich mächtig werden kann. Mit Paulus dürfen Christen jedoch darauf vertrauen, dass dort, wo das Böse groß geworden ist, die Güte Gottes übergroß sein wird (Röm 5,20). Von daher sind Christen eingeladen, ihre Daseinsangst zu besiegen. Sie müssen nicht mehr befürchten, ihr Leben oder gar das Geschick der ganzen Welt könne unter dem Ansturm des Bösen ins Absurde abgleiten oder in die Vernichtung stürzen, denn der eine und einzige Gott ist gut.

6. Gnade, Charisma, Erwählung – Leben unter dem Segen Gottes

Wenngleich Gott nach christlichem Verständnis damit die letzte, bestimmende Größe im Lauf der Welt darstellt und zuverlässig Heil wirkt, so wirkt er dieses Heil doch nicht ohne den Menschen oder an der Freiheit des Menschen vorbei. Vielmehr ermächtigt und befähigt er diesen in vielfacher Weise und macht ihn damit zu seinem Partner im Heilsgeschehen. Der Mensch ist aufgefordert, Höhen und Tiefen der Geschichte zu durchschreiten, an der Vollendung der Welt mitzuwirken und gerade darin seiner Gottebenbildlichkeit zu entsprechen. Wo von der Geschichte der Welt als einer Heilsgeschichte die Rede ist, dienen die Begriffe »Gnade« und »Erwählung« dazu, das Zusammenwirken von Gott und Mensch zu beschreiben.

6.1 Von der Begnadigung zur christlichen Gnade

Das Wort »Gnade« halten viele für ein Wort aus der Religion, doch finden sich auch profane Zusammenhänge, in denen dieses Wort eine wichtige Rolle spielt. So gibt es staatliche Gnadenakte, durch die im Einzelfall »Gnade vor Recht« ergeht. Darüber hinaus sprechen wir bei außerordentlichen künstlerischen Leistungen von Begnadung. Diese profanen Verwendungen sind für den religiösen Gehalt des Begriffs »Gnade« durchaus aufschlussreich, denn sie bieten erste Anhaltspunkte für das Verständnis dessen, was im re-

ligiösen und speziell im christlichen Sinn mit Gnade gemeint
ist. Das Wort vom Gnaden-
erweis wie das Wort vom begnadeten Künstler bezeichnen
eine positive Wirklichkeit, die
wesentlich Geschenk ist. Wie
der Begriff »Gnade vor Recht«
dies bereits andeutet, erfährt
der Täter im Falle der Begnadigung eine Milde, auf die er
gerade keinen Rechtsanspruch
hat. Ziel des Gnadenaktes ist
es, Härten und Unbilligkeiten
auszugleichen, die bei der Anwendung der regulären Gesetze im Einzelfall entstehen können. Wie die Rede vom Gnaden-

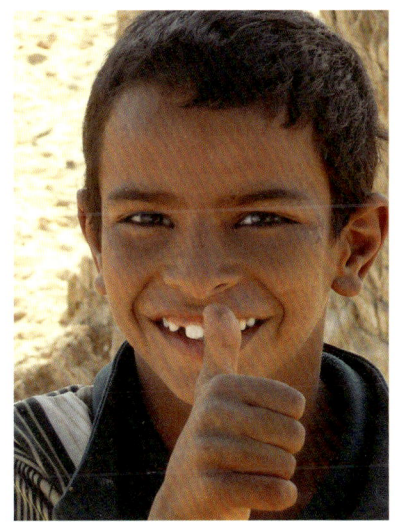

Geschaffen nach dem Bild Gottes: der Mensch

akt, so verweist auch die Rede vom begnadeten Künstler zunächst
auf eine Wirklichkeit, die gerade nicht verdient wurde, sondern Geschenk ist. Dieses Geschenk besteht im Falle des Künstlers in dem
Talent, das diesem mit seinen Erbanlagen in die Wiege gelegt worden ist. Es ist zum einen eine Gabe, zum anderen aber auch eine
Aufgabe. Das künstlerische Talent verlangt nämlich nach Entfaltung. Es will aktiv angenommen und kultiviert werden. Nur wenn
dies – bisweilen unter einem harten Ringen – geschieht, kommt die
erhaltene Begnadung zum Ausdruck.

6.2 Göttliche Gnade: unverdient und kostbar

Säkulare Momente des Wortes »Gnade« spielen auch bei der religiösen Verwendung des Begriffs eine große Rolle. In beiden Fällen
geht es um ein »Geschenk«. In beiden Fällen besteht auch das Ziel
darin, das kostbare Gut des Lebens anzunehmen und es unverkürzt
zur Entfaltung zu bringen. Ist es im Gnadenakt der obersten staatlichen Autorität vorbehalten, Gnade vor Recht ergehen zu lassen,
so kommt dieses Vorrecht bei der religiösen Verwendung Gott zu.
Der Mensch hingegen darf sich in der Rolle des Künstlers sehen.
Nach christlichem Verständnis tritt er in seine Welt ein, ausgestat-

tet mit allem, was er für ein gelingendes Leben benötigt. Wie für den Künstler so gilt auch für ihn, dass er die Gaben, die Gott ihm verliehen hat, aktiv annehmen, sie entfalten und gegebenenfalls auch um sie ringen muss.

Doch es gibt auch markante Unterschiede. Drei besonders wichtige seien genannt. Ein erster relevanter Unterschied betrifft die Breite des Gnadenangebotes. Sowohl im Falle des begnadigten Rechtsbrechers wie auch im Falle des begnadeten Künstlers handelt es sich um Einzelfälle. Der Rechtsbrecher wird auf außerordentlichem Weg von einer Härte des Gesetzes befreit, der Künstler mit Talenten in besonders großzügiger Weise ausgestattet. Der Begriff »Gnade« soll dabei gerade aussagen, dass die gebotene Befreiung bzw. Ausstattung eine seltene Abweichung vom Regelfall und damit eine Sonderbehandlung darstellt, die einem Einzelnen gewährt, der Allgemeinheit jedoch vorenthalten wird. Ganz anders hingegen die religiöse Verwendung des Begriffs. Sie ist denkbar weit angelegt: Gottes Gnade wird nicht nur ausnahmsweise gewährt, sie erreicht nicht nur das spektakulär ungewöhnliche Leben und damit einige handverlesene Personen, sondern gilt grundsätzlich allen Menschen.

Christen sind davon überzeugt, dass die Gnade Gottes sie in vielfacher Weise in ihrem Leben begleitet. Sie wissen jedoch auch, dass diese Gnade nicht auf die Gruppe der Getauften begrenzt ist und sich nicht einmal auf den Kreis derer beschränkt, die an Gott glauben. Um alle Menschen zu erreichen, wirkt Gott seine Gnade überall. So gibt es keinen Ort auf der Erde, der für die Gnade Gottes nicht erreichbar wäre, und keinen Menschen, der von ihr getrennt wäre – es sei denn, er distanziert sich selbst davon. Diese Aussage ist beruhigend und provozierend zugleich. Sie eröffnet uns selbst eine heilvolle Zukunft, eröffnet sie jedoch auch denen, denen wir eine solche Zukunft gerne versagen würden: den Übeltätern dieser Erde, den Gewalttätigen und denen, die ihre Freude daran haben, andere kleinzumachen. Es mag für uns unverständlich sein, aber Gott liebt auch sie noch. Er will alle seine Geschöpfe zu ihrer Vollendung führen und weder die Unschuldigen noch die Schuldigen unter ihnen verloren geben.

Ein zweiter Unterschied, der das religiöse Verständnis von Gnade auszeichnet, betrifft die Häufigkeit des Gnadenangebots. Begnadigung und Begnadung sind strikt einmalige Vorgänge. Der verschonte Rechtsbrecher und der geborene Künstler erfahren ihre spezifische Sonderbehandlung nur je einmal. Dem religiösen Verständnis

Die Gnade wirkt auch dort, wo Menschen Grenzen errichten.
Mauer in Betlehem

zufolge schenkt Gott seine Gnade jedoch nicht in Form eines nur einmalig gewährten Startkapitals. Sein Angebot ist vielmehr umfassend und dauerhaft und muss das auch so sein. Denn wenn Gott wirklich alle retten will, ist ein wiederholtes Angebot unabdingbar. Dies erklärt sich allein schon daraus, dass Menschen oft erst im Nachhinein verstehen, dass sie zu bestimmten Zeiten blind sind für das Gute oder sehenden Auges an ihrem Glück vorbeigehen!

Diese Unfähigkeit, das Gute als solches wahrzunehmen, ist dabei nicht immer schuldhaft. Sie entsteht bisweilen als Folge von Verletzungen, die das Leben geschlagen hat. Gott weiß um all das und bietet seine Gnade eben deshalb immer wieder an. Seine Gnade ist deshalb so umfassend zu denken wie die Luft, die den Menschen umgibt und ihn atmen lässt. Auf diese Weise kann die Gnade Gottes heilend auf die Verletzungen der Opfer wie die der Täter wirken. In seiner unfassbaren Großzügigkeit zeigt Gott, dass er mit dem vielfältigen Versagen des Menschen rechnet und dieses Versagen selbst dort noch gnädig auffängt, wo dem Menschen nichts anderes abverlangt worden wäre, als dass er sich beschenken lässt. – Die Langmut, mit der Gott jedem Menschen immer wieder nachgeht, mag verwundern und nicht selten sogar irritieren. Wer jedoch seine

eigenen Verfehlungen kennt, wird selbst nachsichtig werden, denn
er weiß, dass auch er von eben dieser Langmut lebt.

Der dritte Unterschied ist grundsätzlicher Natur und führt an die
Grenzen des Nachvollziehbaren. Er besteht darin, dass Gott in seiner Gnade, nicht etwas schenkt, sondern sich selbst. Mit der Gnade
Gottes wird dem Menschen nicht ein bestimmtes, eng umgrenztes
Gut angeboten. Die Gnade Gottes kann man nicht annehmen, wie
einen Gegenstand, den man an geeigneter Stelle in seinem Leben
unterbringt oder auch beiseitestellt. Gottes Gnade eröffnet vielmehr
eine Beziehung zwischen Gott selbst und dem Beschenkten. Wenn
der Mensch sich auf diese Beziehung einlässt, erfährt er, dass die
Beziehung zu Gott alle Bereiche seines Lebens durchdringt, alles
heilt und gerade so das Leben aller vollendet.

6.3 Göttliche Geschenke: die Charismen

Nachdem das Profil des religiösen Begriffs »Gnade« umrissen ist,
ist abschließend zu erläutern, wie die Gnade Gottes, die alle Menschen ständig umgibt, für den einzelnen Menschen doch auch unterschiedlich zur Wirkung kommen kann. Denn wenngleich die
Gnade Gottes allen Menschen geschenkt wird, so bedeutet das
doch nicht, dass sie allen in gleicher Weise geschenkt wird. Der
Apostel Paulus spricht im Begriff der Charismen von einer Vielfalt der Gnadengaben und erläutert, dass gerade diese Vielfalt notwendig ist, um die menschliche Gemeinschaft aufzubauen (1 Kor
12,12–31a): Danach dient der eine der Gemeinschaft durch seine
umsichtige Wahrnehmung, ein anderer durch sein zupackendes
Wesen und wieder ein anderer durch seinen Frohsinn oder seine
Fähigkeit, zuzuhören und Trost zu spenden. Keiner aber, und sei
er noch so begabt, hat nach Paulus Anlass, sich für seine Fähigkeit
zu rühmen. Denn diese ist wesentlich Gnade und damit wohl Gabe
ebenso wie Aufgabe, aber niemals selbstsüchtiger Besitz. Paulus
kleidet diese Einsicht in die Worte: »Denn wer räumt dir einen Vorrang ein? Und was hast du, das du nicht empfangen hättest? Wenn
du es aber empfangen hast, warum rühmst du dich, als hättest du
es nicht empfangen?« (1 Kor 4,7)

Aus diesem Grund fordert Paulus seine Adressaten in Korinth
auf, das, was sie empfangen haben, nicht für sich zu behalten, sondern es für alle anderen fruchtbar zu machen. Christen entnehmen

diesen Worten die Aussage, dass jeder Mensch die Besonderheit seines persönlichen Charismas nicht nur frei entfalten darf, sondern dieses Charisma sogar entfalten muss, weil er andernfalls der Welt ein Stück der Schönheit und des Reichtums vorenthielte, das Gott gerade mit ihm und mit ihr in die Welt bringen wollte.

6.4 Besondere Erwählung

Vor diesem Hintergrund wird deutlich, dass der Gedanke der Charismen von sich aus auf den Gedanken der Erwählung zuläuft. Wer von Charismen spricht, erinnert daran, dass jeder Mensch neben der Gnade Gottes, die sein ganzes Leben umgibt, zusätzlich bestimmte Gnadengaben erhalten hat, die er für alle anderen fruchtbar machen soll. Die Rede von der Erwählung Gottes knüpft an diese Vorgabe an, lenkt den Blick jedoch nicht auf die Fähigkeiten, die jedem einzelnen Menschen verliehen sind, sondern auf die Aufgaben, die er in der Welt zu erfüllen hat. Weil Gott sein Heil nicht erst am Ende der Zeit gewährt, sondern bereits in der Geschichte wirksam werden lässt, erwählt er immer wieder Einzelne und ruft sie in seinen Dienst. Dies gilt im Besonderen für die großen Gestalten der Bibel wie Abraham, Mose, die Propheten oder auch Maria. Es gilt ebenso für Menschen, die die befreiende Botschaft Jesu verbreitet und seine heilende Praxis fortgesetzt haben.

Neben namentlich bekannten Personen, die wir als leuchtende Vorbilder betrachten und als Heilige verehren, stehen viele namenlose Menschen innerhalb und außerhalb der Kirche. Zu ihnen gehören alle, die sich von Gott in Dienst nehmen lassen und die ihnen verliehenen Charismen einsetzen, um Gott in der Welt aufleuchten zu lassen und dem Leben ihrer Mitmenschen zu dienen. Ihr Vorbild beeindruckt, es ruft jedoch nicht nach einer platten Nachahmung, sondern lädt jeden Menschen ein zu entdecken, was Gott gerade mit ihm vorhat.

7. Tod und Vollendung

Der christliche Glaube geht davon aus, dass Gott nicht nur die Geschichte der Welt insgesamt, sondern auch das individuelle Leben eines jeden Menschen begleitet. Das Handeln Gottes ist dabei von der Absicht getragen, Heil für alle zu schaffen und das Leben aller Menschen zur Vollendung zu führen. In diesem Sinne heißt es im Neuen Testament: »Gott will, dass alle Menschen gerettet werden und zur Erkenntnis der Wahrheit gelangen.« (1 Tim 2,4) In die von Gott ausgehende Dynamik der Vollendung ist die gesamte nicht-menschliche Schöpfung einbezogen.

7.1 Trotz allem: eine Geschichte des Heiles

Die Heilige Schrift bezeugt an vielen Stellen, dass Gott Heil schaffen will. Dies beginnt bereits mit der Schöpfung des Anfangs. Die biblischen Texte würdigen den Menschen als das Ebenbild Gottes (Gen 1,26 f.) und geben zu bedenken, dass Gottes Schöpferkraft die Welt nicht nur in wunderbarer Weise ausgestattet hat (Gen 1–3), sondern sie dauerhaft als einen lebensfreundlichen Raum erhält (Ps 104). In dieser Großzügigkeit und Fürsorge erkennen sie die Liebe Gottes zu den Menschen.

Gottes Heilswille prägt seine Beziehung zu den Menschen auch weiterhin. Deshalb begleitet er ihre Geschichte, bewahrt sie vor dem Abgrund des Bösen und lenkt sie schließlich zuverlässig zum Guten. Dennoch bleibt die Geschichte Gottes mit den Menschen ein komplexes und in sich widersprüchliches Geschehen. Sie ist keineswegs nur eine Heilsgeschichte. Vielfach und tief hat sich die Spur des Leides in sie eingegraben. Dies hängt zum einen damit zusammen, dass die Welt eine endliche Wirklichkeit darstellt, die nicht nur das Werden und das Sein kennt, sondern auch das Vergehen. Dass Leid entsteht, erklärt sich zum anderen dadurch, dass Menschen sich gegen das von Gott angebotene Gute entscheiden und das Böse wählen.

Gott hat jeden Menschen als freies Wesen erschaffen und ihm damit die Möglichkeit gegeben, bereits auf Erden zur Vollendung der Welt beizutragen oder dies auch nicht zu tun. So kennt die Geschichte der Welt neben Gott als ihrem Urheber und Hauptakteur Millionen und Milliarden weiterer Akteure. Gott respektiert ihre Freiheit und gewährt dieser in seiner Welt großen Raum. Er lässt sich von der Freiheit der Menschen sogar in seinem eigenen Innersten betreffen. Dies wird nirgends deutlicher als im Geschick seines Sohnes.

7.2 Liebe, die sich ausliefert

In der Menschwerdung Jesu erkennt das Christentum den Höhepunkt der liebenden Zuwendung Gottes zur Welt. Jesus wird Mensch, um ganz den Willen des Vaters zu tun und wie er die Welt zum Heil zu führen. So kann er seine Sendung zusammenfassen in dem Satz: »Ich bin gekommen, damit sie das Leben haben und es in Fülle haben.« (Joh 10,10) Die Botschaft vom Anbruch des Reiches Gottes, die Jesus verkündet, spricht dieses Leben in Fülle allen Menschen zu und tut dies besonders eindringlich gegenüber denen, die es in den Augen ihrer Umwelt nicht wert sind, angenommen zu werden. Jesus, der sich über die gesellschaftlichen und religiösen Schranken seiner Zeit hinwegsetzt, um alle Menschen zu erreichen, und der in seinen Heilungen zeichenhaft erfahrbar macht, was Gottes Liebe vermag, verkündet diese Botschaft nicht nur, er lebt sie. Daher kann er von sich sagen: »Ich bin der Weg, die Wahrheit und das Leben.« (Joh 14,6) Sein Angebot führt jedoch nicht auf Anhieb zum gewünschten Ziel. Da es die Interessen der Mächtigen durchkreuzt, kommt es zum Konflikt. Man beschließt, den Boten zu beseitigen, um auf diese Weise die Botschaft aus der Welt zu schaffen. Jesus aber steht mit letzter Konsequenz für seine Botschaft ein.

Der Tod des Sohnes zeigt, wie sehr Gott sich dem Handeln der Menschen ausliefert. Er, der Allmächtige, wählt in der Gestalt des Sohnes die Ohnmacht (Phil 2,6–11). Er lässt sich aus seiner Welt hinausdrängen ans Kreuz. Das Tod aber hat in der Geschichte Gottes mit den Menschen nicht das letzte Wort. Ihm folgt die Auferstehung des Sohnes. Sie zeigt, dass Gott selbst dann, wenn er sich in seinem Innersten von der Ablehnung der Menschen betreffen lässt, auf geheimnisvolle Weise doch der Allmächtige bleibt, der Möglichkeiten hat selbst über den Tod hinaus. So wird das Kreuz, das zunächst nichts ist als ein Bild des Scheiterns und der Hoffnungslosigkeit, mit der Auferstehung des Sohnes zu einem Bild der Hoffnung.

Kreuz und Auferstehung stehen dafür ein, dass nichts den Heilswillen Gottes brechen, nichts ihn dauerhaft unterlaufen kann. Die in der Auferstehung erfolgende Überwindung des Todes bürgt dafür, dass es für Gott keine ausweglosen Situationen gibt, da er in seiner schöpferischen Allmacht selbst aus dem Tod noch Leben erwecken kann. Dieses Leben ist ein Leben, das keine Schmerzen mehr kennt und keine Trauer. Es ist ein Leben, dem der Tod nichts mehr anhaben kann, denn es ist kein irdisch-endliches mehr, sondern ewiges Leben.

Stellte der Tod die Gültigkeit der Botschaft Jesu infrage, so erfährt diese mit der Auferstehung Gottes ausdrückliche Bestätigung. Sein Heilsangebot bleibt gültig. Die Botschaft, mit der Jesus seine Zeitgenossen dazu aufforderte, umzukehren und zu glauben (Mk 1,16 f.), ruft weiterhin in die Nachfolge. Wer diesen Ruf annimmt und an das Evangelium glaubt, findet eine Kraftquelle, die ihm hilft, das Leben mit seinem ebenso reichen wie bizarren Angebot von Möglichkeiten zu bewältigen.

7.3 Die Bedrohungen des Lebens, kleine Etüden des Todes

Immer dann, wenn das Ungewisse in sein geordnetes Leben einbricht und sich darin breitzumachen droht, verspürt der Mensch die Ungesichertheit seines Daseins. Er weiß, dass sein Leben der Gefahr zwar oft entrinnen mag, einmal aber doch im Tod endet. So werden die irdischen Erfahrungen des Bedrohtseins für ihn zu immer neuen, kleinen Etüden des Todes. Diese kleinen Übungen, sie fallen ihm zu, ohne dass er sie gesucht hat, und er braucht sie, um sich einzuüben für die große Stunde, in der er sein irdisches Leben beschließen muss. Wenn sie anbricht, wird ihm ein ungleich größeres Vertrauen auf den abverlangt, der Schöpfer und Herr der Welt ist.

Der Tod ist eine Wirklichkeit, der jeder Mensch im Laufe seines Lebens immer wieder begegnet. Das Sterben der Vegetation und der Tod von Tieren, der Verlust lieber Menschen und die Nachrichten über die vielen Toten, die jeden Tag um ihn herum sterben, sie alle erinnern den Menschen daran, dass einmal auch seine letzte Stunde kommt. So oft er dem Sterben anderer auch beigewohnt hat, diese eine Begegnung mit dem Tod wird für ihn anders sein als alle bisherigen. In ihr wird er den Tod nicht mehr aus der Perspektive derer betrachten, die selbst im Leben bleiben, sondern durch diesen Tod hindurchgehen. Die Erfahrungen, die dabei auf ihn warten, kann niemand vorwegnehmen, niemand im Vorhinein beschreiben. Selbst sogenannte Nahtoderlebnisse bilden diese Erfahrung nicht ab, denn sie beschreiben – wie ihr Name dies auch besagt – nur die Nähe des Todes, nicht aber den Durchgang durch ihn. So bleibt der Tod das große Wagnis eines jeden Lebens, das dunkle Abenteuer, dem keiner ausweichen kann. Wie in anderen Situationen der Unsicherheit,

*Friedhof in Steinbach
am Attersee*

so sieht der Glaubende sich auch in dieser Situation aufgerufen, vertrauensvoll auf Gott zu hoffen.

7.4 Auferstehung im Tod

Die Geschehnisse des Todes bleiben auch aus christlicher Sicht letztlich ein Geheimnis. Christen vertrauen jedoch darauf, dass sie mit ihrem Tod nicht ins Nichts fallen, sondern ihrem Schöpfer entgegengehen, der sie barmherzig aufnimmt. Wie das im Einzelnen sein wird, bleibt den Lebenden verborgen. Die Bibel enthält zahlreiche Zeugnisse dazu, die freilich immer auch die zeit- und kulturbedingten Anschauungen ihrer Abfassungssituation widerspiegeln.

Die Theologie des 20. Jahrhunderts hat versucht, diese Auskünfte in ihrem zeitlichen und kulturellen Kontext zu verstehen und ihnen eine Basisaussage zu entnehmen, die nicht dem Denkhorizont früherer Zeiten verhaftet bleibt, sondern sich dem Verständnishorizont des modernen Menschen öffnet. Anders als verschiedene traditionelle Erklärungen geht diese aktuelle Erklärung davon aus, dass jeder Mensch im Augenblick seines Todes vor seinen Schöpfer tritt und sein irdisches Leben vor ihn bringt, um Christus gleichgestaltet zu werden und wie er das ewige Leben zu erlangen. Da diese Erklärung anders als frühere darauf verzichtet, von einem längeren Todesschlaf der Verstorbenen und damit von einem Wartezustand zu sprechen, der der Auferstehung vorausgeht, trägt sie die Bezeichnung »Auferstehung im Tod«.

Diese Deutung findet ihr biblisches Fundament in verschiedenen Stellen, die ebenfalls von einer unmittelbaren Begegnung des Toten mit Gott sprechen. Am bekanntesten ist die im Lukasevangelium wiedergegebene Szene, in der Jesus dem zu seiner Rechten gekreuzigten Straßenräuber auf seine flehentliche Bitte hin zusichert: »Noch heute wirst du mit mir im Paradies sein.« (Lk 23,43)

Das aktuelle Verständnis einer »Auferstehung im Tod« ist auch deshalb überzeugend, weil es das Zueinander von Zeit und Ewigkeit plausibler beschreibt, als dies in früheren Erklärungen der Fall war. In ihm erscheint die Zeit als Schöpfungsrealität, die von der Ewigkeit als der Existenzweise Gottes noch einmal umgriffen wird. Wer in seinem Tod das Zeitliche segnet, geht in die Ewigkeit über. Denkt man diese Ewigkeit mit der theologischen Tradition als die Fülle der Zeit, so ist alle Zeit in der Ewigkeit aufgehoben und aufbewahrt. Das aber bedeutet, dass nur aus der Perspektive derer, die noch unter der Zeit stehen, der Tote sich von seinen Lieben verabschiedet. In der Perspektive derer, die bereits in der Ewigkeit leben, die alle Zeit umgreift, geht er ihnen auf neue Weise entgegen.

Da dieses Verständnis wie alle anderen Deutungen des Todes nicht am wirklichen Geschehen überprüft werden kann, bleibt es letztlich ein Modell. Es bietet jedoch eine Erklärung an, die sich auf das Zeugnis der Schrift stützt und der kritischen Überprüfung durch die menschliche Vernunft standhält. Dies erklärt, warum das Modell einer »Auferstehung im Tod« seit mehreren Jahrzehnten die vorherrschende Erklärung für »die letzten Dinge« darstellt. Das Modell beschreibt vorrangig die »zeitlichen« Zusammenhänge zwischen der Erfahrung des Todes und der Begegnung mit Gott. So bleibt die Frage, wie diese Begegnung verlaufen wird. Diese Frage beantwortet die Theologie, indem sie zu bedenken gibt, dass vor Gott als dem durch und durch Guten letztlich nur das Gute Bestand haben kann.

7.5 Das Gericht: gerade machen, was krumm gewesen ist

Wenn es im 1. Timotheusbrief heißt: »Gott will, dass alle Menschen gerettet werden und zur Erkenntnis der Wahrheit gelangen«, dann ist diesem Satz auch eine Auskunft über die letzten Dinge zu entnehmen. Die mit der Rettung verbundene Erkenntnis der Wahrheit wird dann zunächst einmal die Erkenntnis Gottes sein, der die Wahrheit schlechthin ist. Wo der Mensch seiner vollkommenen Wahrheit begegnet, muss ihm seine eigene, unvollkommene Wahrheit, die Wahrheit seines beschädigten und bruchstückhaften Lebens zu Bewusstsein kommen. Dabei wird offenbar werden, was an diesem Leben gut und richtig war, wie auch, was daran falsch oder gar böse war. Vor Gott als dem Guten schlechthin zu stehen und den unverstellten Blick auf sein eigenes Leben zu haben, das bedeutet, den Wert des eigenen Lebens zu erkennen und damit sich selbst zum Richter zu werden.

Im Angesicht Gottes wird es jedoch nicht um eine kalte Wahrheit gehen, bei der nur aufgerechnet wird, was getan und was unterlassen wurde. Da Gott keines seiner Geschöpfe verloren geben will, wird es bei dem endzeitlichen Gericht nicht darum gehen, abzuurteilen, sondern darum, gerade zu machen, was krumm gewesen ist, und zu vollenden, was auf Erden unvollkommen blieb. So wird Gott zwar feststellen, dass alle Menschen aneinander schuldig geworden sind, aber dennoch wünschen, dass alle leben.

Es ist der eingangs zitierte Vers, der zu dieser Hoffnung ermuntert. Sie kann sich jedoch nur erfüllen, wenn alle Menschen sich in der Begegnung mit Gott von dessen Güte verwandeln lassen. So wird die Erkenntnis der Wahrheit, die in der Stunde des Todes auf uns wartet, ein großer Prozess sein, in dem Menschen ein letztes Mal aufgefordert sind, in Freiheit zu handeln. Dieses Handeln wird zum einen darin bestehen, einander zu vergeben, und zum anderen darin, Gott und alle Mitgeschöpfe um Vergebung zu bitten.

VI.

WER IST JESUS CHRISTUS?

Es gibt keine historische Persönlichkeit, die bekannter ist als er. Zwei Milliarden Christen erkennen in ihm die prägende Gestalt ihres Glaubens. Darüber hinaus ist Jesus von Nazaret auch vielen Nichtchristen ein Begriff. Seine Botschaft von einem Heil, das allen Menschen offensteht, seine Haltung der Barmherzigkeit und sein Gebot der Nächsten- und Feindesliebe erinnern Christen wie Nichtchristen an ihre Sehnsucht nach einer anderen, menschlicheren Welt. Die Konsequenz, mit der Jesus seinen Weg ging und dabei sogar seinen Tod in Kauf nahm, beeindruckt Menschen rund um den Erdball. Dies erklärt, warum die Erinnerung an Jesus auch 2000 Jahre nach seinem Tod lebendig ist und Menschen beflügelt.

Zu allen Zeiten haben sich deshalb auch Künstler intensiv mit der Person Jesu auseinandergesetzt. Jesus ist eine Herausforderung für sie geblieben. Erschienen von den fünfziger Jahren des vergangenen Jahrhunderts an zahlreiche Jesusromane, so blühte in den darauf folgenden Jahrzehnten insbesondere das Genre der Jesusfilme (Pasolini, Zeffirelli, Scorsese u. a.). Heute verwenden zahlreiche zeitgenössische Filme Motive einer an Jesus angelehnten Erlöserfigur und stellen damit eine Verbindung zu Jesus her, ohne seinen Namen ausdrücklich zu nennen. Eine besonders intensive künstlerische Auseinandersetzung scheint gegenwärtig im Bereich der Literatur zu erfolgen, wo man sich mit der Gestalt Jesu vielfach in einer Mischung aus fiktiven und nichtfiktiven Elementen auseinandersetzt. Es gibt romanhafte Annäherungen, aber auch eine Fülle von Jesus-Sachbüchern. Beide Genres erheben nicht selten ausdrücklichen Anspruch auf historische Geltung und erreichen gerade damit eine große Leserschaft. Wenngleich die historische Verlässlichkeit dieser Werke bisweilen fraglich ist, so halten doch auch sie die Erinnerung an Jesus von Nazaret wach und tragen dazu bei, dass die Faszination seiner Gestalt Menschen erreicht, welche die Institution »Kirche« noch nicht oder nicht mehr erreicht.

Im Mittelpunkt dieser Darstellung steht *der Mensch* Jesus von

Christusstatue
über Rio de Janeiro

Nazaret. Er erscheint als faszinierende Persönlichkeit, die vor 2000 Jahren lebte, den Menschen ihrer Zeit Hoffnung gab, den Herrschenden aber ein Dorn im Auge war und daher den Tod fand. Christen können all diese Aussagen nachvollziehen und bestätigen. Sie geben jedoch zu bedenken, dass das Geheimnis der Person Jesu mit diesen geschichtlichen Daten lediglich zum Teil erfasst ist. Für sie ist Jesus mehr als nur eine beeindruckende historische Person. Christen bekennen, dass in Jesus von Nazaret Gott selbst Mensch geworden ist. In der exemplarischen Menschlichkeit, die Jesus lebte, erkennen sie die Menschenfreundlichkeit wieder, mit der Gott seine Welt liebt. So erscheint Jesus ihnen als Gottes Liebe in Person. Darüber hinaus sind Christen überzeugt, dass Jesus zwar den Tod am Kreuz erlitten hat, aber nicht im Tod verblieben ist. Im Mittelpunkt ihres Glaubens steht die Botschaft von der Auferstehung des Gekreuzigten und damit die Botschaft von einem neuen, unzerstörbaren Leben bei Gott, das in Jesus allen Menschen zuteil werden soll. Weil Jesus mit seinem Tod und seiner Auferstehung für alle Menschen den Tod überwunden hat, verstehen gläubige Christen ihn als den Erlöser der ganzen Welt. Aus diesem Grund bezeichnen sie ihn als den Christus, das heißt als den Gesalbten, der im Judentum als der Messias seit langem erwartet wurde.

Dass Jesus nicht nur das wahre Menschsein lebte, sondern in ihm – wie der christliche Glaube dies festhält – der Sohn Gottes Gott selbst begegnete, wird in kaum einem der zeitgenössischen künstlerischen und literarisch-historischen Jesusbilder ausdrücklich ausgesagt. Der Glaube an Jesus Christus fügt dem Wissen um Jesus von Nazaret damit eine zweite Dimension hinzu. Sie wird in den zeitgenössischen Deutungen zwar nicht ausdrücklich thematisiert, aber auch nicht ausdrücklich geleugnet. Fast scheint es, als hielte ein ebenso anerkanntes wie geheimes Tabu Schriftsteller, Filmemacher und bildende Künstler zurück, diese zweite Dimension zu benennen. Ihr Schweigen wirkt in mancher Hinsicht jedoch wie ein beredtes Schweigen, denn immerhin bleibt ein Rest der meist nicht genannten Dimension des Glaubens an Jesus Christus zwischen den Zeilen spürbar. Daraus spricht sehr verhalten, aber nicht weniger deutlich, die ungebrochene Faszination, die von Jesus nach wie vor ausgeht. In dieser Faszination wird die Hoffnung greifbar, dass dieser Jesus mehr war als nur ein besonders vorbildlicher Mensch. Und womöglich lebt in dieser Faszination nicht nur die Hoffnung, sondern bereits die stille Ahnung davon, dass Gott selbst den Menschen in Jesus von Nazaret nahegekommen ist und ihnen auf Dauer nahe sein will.

1. Die Rückfrage nach dem historischen Jesus

Die längste Zeit der Kirchengeschichte ging man fraglos davon aus, dass der in den Evangelien beschriebene Christus eben der war, der als Jesus von Nazaret geboren wurde, lebte und starb. Diese selbstverständliche Annahme wurde im Zuge der Aufklärung jedoch schwer erschüttert. Das zu dieser Zeit neu erwachende Interesse an der Geschichte und den Bedingungen der Geschichtsschreibung ließ die Vermutung aufkommen, dass es bereits in der Deutung der Apostel und mehr noch im Laufe der kirchlichen Lehrentwicklung zu problematischen Verschiebungen gekommen ist. Vor diesem Hintergrund nahm man an, dass das von der Kirche verbreitete Jesusbild den Blick auf den wahren Jesus verstellte.

1.1 Schwerwiegende Vorwürfe

Vor diesem Hintergrund kam es seit dem 18. Jahrhundert zu überaus heftigen Debatten. Die einen vermuteten, Jesus selbst habe sich lediglich als ganz normaler Mensch vor Gott gesehen, keineswegs aber als Sohn Gottes. Dazu sei er erst nachträglich von der

Kirche gemacht worden. Andere vertraten die Ansicht, Jesus habe lediglich in seiner Zeit wirken wollen. Die Gründung einer religiösen Gemeinschaft hingegen, einer Kirche, sei keinesfalls von ihm beabsichtigt gewesen. Wieder andere meinten, der wahre Jesus werde erst dann erkennbar, wenn man das Neue Testament von den mythischen Bildern und Ausdrucksweisen befreit habe, in denen schon die Evangelisten seine Person beschrieben. Dabei verstieg man sich gar zu der Behauptung, nach einer solchen Bereinigung des Textes sei eine historisch verlässliche Aussage über Jesus womöglich gar nicht mehr zu treffen. Schließlich fanden sich sogar Vertreter, die nicht nur von einer faktischen Verfälschung des Jesusbildes sprachen, sondern den Verantwortlichen der Kirche zudem die bewusste Absicht zu betrügen unterstellten.

Damit war die Verlässlichkeit der Evangelien und der kirchlichen Lehrverkündigung in Zweifel gezogen. Die Theologie ließ sich davon herausfordern, und so kam es in der Folgezeit zu einer mit großer Intensität betriebenen Rückfrage nach dem historischen Jesus. Es entwickelte sich der Bereich der sogenannten »Leben-Jesu-Forschung«, der es sich zur Aufgabe machte, mit der in der profanen Geschichtswissenschaft entwickelten historisch-kritischen Methode die Aussagen der Evangelien zu untersuchen. In einer über mehrere Generationen reichenden beharrlichen Kleinarbeit konnten die oben genannten Vermutungen in ihren zentralen Aussagen schließlich sämtlich abgewiesen werden.

1.2 Klare Widerlegungen

So gilt etwa die Behauptung, Jesus selbst habe sich als bloßer Mensch gesehen und darüber hinaus keine weiteren Ansprüche erhoben, heute als nicht mehr haltbar. Sie wird entkräftet durch den klar erkennbaren besonderen Autoritätsanspruch, mit dem Jesus an vielen Stellen auftritt. So stellt Jesus in der Bergpredigt seine eigene Auslegung des Gesetzes noch über die für das Volk Israel lange Zeit verbindliche Auslegung des Mose. Damit gibt er zu erkennen, dass er sich als letztverbindlichen Ausleger des Willens Gottes versteht. Der besondere Autoritätsanspruch Jesu tritt weiterhin zutage in dem bei den Synoptikern (= die Evangelien nach Markus, Matthäus und Lukas) bezeugten Selbstverständnis Jesu, mit seiner Person sei das Reich Gottes unwiderruflich angebrochen.

Jesus heilt einen
Aussätzigen

Vielsagend ist auch, wenn Jesus bei einer Heilung von sich selbst sagt, dass er die Kraft zu diesem Wirken nicht aus sich selbst beziehe, sondern vielmehr »mit dem Finger Gottes« die Dämonen austreibe (Lk 11,20). Diese und andere biblische Zeugnisse zeigen, dass Jesus sich keineswegs als bloßer Mensch gesehen hat, sondern ganz offensichtlich aus dem Bewusstsein einer einzigartigen Verbundenheit mit Gott lebte und wirkte. Dieses besondere Gottesverhältnis Jesu ist gemeint, wenn die Kirche Jesus als *Sohn Gottes* anspricht.

Die früher aufgestellte Behauptung, wonach Jesus nicht vorhatte, seinem Wirken Dauer zu verleihen, gilt heute ebenfalls als abgewiesen. Die historisch-kritische Forschung konnte zwar glaubhaft machen, dass manches Jesuswort, das von der Kirche spricht, dem historischen Jesus erst nachträglich in den Mund gelegt wurde. Gleichzeitig konnte sie aber auch den Beleg dafür erbringen, dass diese wohl nach Ostern erfolgenden Zuschreibungen die Absicht Jesu in authentischer Weise fortsetzten und damit durchaus keine Verfälschung seiner ursprünglichen Absicht darstellten. Jesus hatte bereits zu Beginn seines Wirkens Jünger um sich gesammelt, die er belehrte, damit sie seine Botschaft weitertrugen und verbreiteten. Dieser Umstand zeugt allein schon von der klaren Absicht Jesu, seinem eigenen Wirken Dauer zu verleihen. Aus diesem Grund muss auch die Behauptung, mit der Gründung der Kirche sei es zu einer gravierenden Verfälschung der ursprünglichen Botschaft Jesu gekommen, als falsche Behauptung beurteilt werden.

Als nicht haltbar gilt heute schließlich auch der dritte Einwand, der auf die bisweilen stark mythisch eingefärbte Sprechweise des

Neuen Testaments abhob und daraus folgerte, diesen Texten seien kaum noch Aufschlüsse über den historischen Jesus zu entnehmen. Zum einen zeigten die im Rahmen der Leben-Jesu-Forschung betriebenen Untersuchungen, dass den verfügbaren Quellen durch eine sorgfältig betriebene historisch-kritische Analyse doch eine ganze Reihe von verlässlichen Informationen zu entnehmen sind. Zum anderen verabschiedete man sich von der früher viel zu selbstverständlich bezogenen Position, die mythisch eingekleideten Passagen von vornherein jede Wahrheit absprach, statt sie zunächst einmal auf ihren Aussagewert hin zu überprüfen.

Die Behauptung, zwischen dem historischen Jesus und dem Christus des Glaubens bestehe ein grundlegender Unterschied, kann also so nicht aufrechterhalten werden. Abwegig ist schließlich der Vorwurf, die kirchliche Lehrentwicklung habe das ursprüngliche Jesusbild bewusst und absichtlich verfälscht.

1.3 Dem »wahren Jesus« begegnen

Wenngleich diese klassischen Zweifel an Jesus mittlerweile sämtlich abgewiesen werden konnten, wird die Diskussion um den historischen Jesus doch nach wie vor sehr lebhaft geführt. Immer wieder kommt es zu Veröffentlichungen, die Jesus in ganz andere geschichtliche Zusammenhänge einordnen, als das kirchliche Jesusbild dies tut. Diese alternativen Deutungen treten nicht selten mit dem Anspruch auf, sie würden im Unterschied zur kirchlichen Lehre Auskunft über den »wahren« Jesus geben. Ein innerhalb und außerhalb der Kirche bestehendes Verlangen nach Informationen über »Jesus, wie er wirklich war« sorgt dafür, dass solche Ankündigungen regelmäßig eine hohe Aufmerksamkeit erfahren. In der Regel zeigt bereits eine erste, beiläufige Überprüfung, dass diese Positionen sich auf wenige ausgewählte Einzeldaten stützen, die oft völlig aus ihrem Zusammenhang gerissen sind und unter der Zugabe zahlreicher fiktiver Elemente dann romanhaft aufgebläht werden. Die so entstehenden Aussagen halten einer wissenschaftlichen Überprüfung gewöhnlich nicht im Mindesten stand. Historische Konstellationen, wonach Jesus in Indien lebte oder zur Gruppe der Qumran-Essener gehörte, erscheinen vor dem kundigen Blick der Fachleute als völlig unhaltbar, wenn nicht gar als absurd. Bedenklich bleibt, dass solche Veröffentlichungen sich häufig einen quasihistorischen Anstrich geben, Menschen damit bewusst täuschen und sie in ihrem Glauben verunsichern.

Die Rückfrage nach dem historischen Jesus ist selbstverständlich erlaubt und nicht nur legitim, sondern auch notwendig. Es muss als ausgesprochene Stärke des Christentums gelten, dass das Heil, von dem diese Religion spricht, in der Botschaft und im Handeln Jesu bereits konkret erfahrbar geworden ist. Von daher ist das Interesse am historischen Jesus unbedingt angebracht und mehr noch: Es ist zu würdigen, denn es verdankt sich letztlich dem Interesse am Glauben. Der Mensch will verstehen, worauf er sich einlässt. Der Wunsch, Jesus zu begegnen, wie er wirklich war, ist deshalb uneingeschränkt zu begrüßen. Der redliche Historiker wird jedoch darauf hinweisen, dass ein solcher Wunsch niemals wirklich erfüllt werden kann.

Diesem Wunsch stehen nämlich unüberwindliche Grenzen entgegen. Für eine geschichtliche Rückfrage haben wir stets nur eine begrenzte Menge von Zeugnissen zur Verfügung. Auch der Blick jedes Historikers ist naturgemäß begrenzt. Und da sich aus jeder zeitgeschichtlichen Situationen je andere und neue Fragestellungen ergeben, ist jede Zeit neu herausgefordert, sich ihr Bild der Geschichte zu erarbeiten. So muss sich auch jede Epoche neu um ihr

Flucht der Heiligen Familie nach Ägypten (kopt. Mosaik in Kairo). Gab es sie wirklich, wie die koptischen Christen noch immer glauben?

spezifisches Verständnis der Person Jesu bemühen. Kein Jesusbild kann deshalb »das einzig wahre Jesusbild« sein, denn jedes Bild ist aufgrund seiner Entstehungsbedingungen und der zeitgeschichtlich begrenzten Perspektive, die es einnimmt, selbst wieder von äußeren Faktoren abhängig.

Der Versuch, eine historische Gegebenheit zu fassen, kann nie bis in die historische Situation selbst zurückführen. Vergangenes ist unweigerlich vergangen. Das Wort »Rekonstruktion« zeigt schon, dass es sich bei jedem Geschichtsbild und damit auch bei jedem Jesusbild nicht einfach um die historische Wahrheit selbst, sondern immer nur um ein *Konstrukt* handelt. Eine solche Konstruktion bleibt, selbst wenn sie unter den günstigsten Voraussetzungen in Angriff genommen und mit der größten Sorgfalt durchgeführt wird, immer Menschenwerk und damit unvollkommen. Die im Rahmen einer wissenschaftlichen Beschäftigung gegebenen Bedingungen der Rationalität, der Allgemeinheit und der Öffentlichkeit lassen jedoch hoffen, dass Fehler und Verkürzungen, die aus menschlichem Handeln notwendig entstehen, vergleichsweise klein bleiben und aufgrund einer weltweiten Zusammenarbeit der Fachleute rasch entdeckt werden.

2. Historische Quellen über Jesus

Verlässliche historische Forschung hängt zuallererst von der Quellenlage ab. Anders als bei anderen Personen der Antike, ist sie bei Jesus ausgesprochen günstig. Es gibt eine beachtliche Menge von literarischen und archäologischen Zeugnissen. Zu den Quellen, die über den historischen Jesus in besonderer Weise Auskunft geben können, zählen zunächst einmal die 27 Einzelschriften des Neuen Testaments, allen voran die Evangelien. Sie gehören zu den kanonischen (= von der Kirche anerkannten) Schriften des Christentums und genießen von daher höchsten theologischen Rang. Darüber hinaus sind sie jedoch auch in historischer Hinsicht wertvoll. Neben diesen kanonischen Texten gibt es weitere sehr frühe christliche Schriften, die in der Alten Kirche entstanden sind, in ihr zunächst weit verbreitet und sehr geschätzt waren, dann aber in Vergessenheit gerieten. Da diese zweite Gruppe von Texten über Jahrhunderte hinweg ein Dasein im Verborgenen fristete, bezeichnet man sie als apokryphe Werke (*apokryph,* griech. für »verborgen«).

Dass christliche Quellen sich insgesamt positiv zur Person Jesu äußern und dabei aus der Perspektive der Gläubigen sprechen, ist vorauszusetzen. Von daher ist es für die Rückfrage nach dem historischen Jesus ausgesprochen vorteilhaft, dass mit den Zeugnissen jüdischer und heidnischer Autoren auch außerchristliche Quellen zur Verfügung stehen. Dazu zählen einmal Quellen aus dem Bereich des Judentums. Zu ihnen gehören das Zeugnis des antiken Historikers Flavius Josephus sowie verschiedene rabbinische Stellungnahmen und eine Aussage des jüdischen Philosophen Mara ben Sarapion. Darüber hinaus sind auch Zeugnisse von römischer Seite überliefert. Zu nennen ist etwa das Zeugnis des Staatsmannes Plinius des Jüngeren (61–120 n. Chr.) sowie das der Schriftsteller Tacitus (55–120 n. Chr.) und Sueton (70–130 n. Chr.). Manche dieser außerchristlichen Zeugnisse hegen gegenüber Jesus eine lediglich verhaltene Sympathie wie Mara ben Sarapion. Andere, wie etwa Flavius Josephus, stehen ihm neutral gegenüber oder beziehen eine offen ablehnende Position, so etwa das Zeugnis der Rabbinen.

Grundsätzlich gilt, dass eine Quelle umso wertvoller ist, je näher sie an eine historische Person oder ein historisches Ereignis heranreicht. Weiter gilt, dass eine Quelle, die aus einer Insiderposition heraus berichtet, in der Regel mehr historisches Material enthält, als eine Quelle, die ihren Gegenstand aus einer sehr großen Distanz betrachtet oder ihn gar nur vom Hörensagen kennt. Aufgrund dieser beiden Kriterien spricht man im Fall der Rückfrage nach dem historischen Jesus den deutlich älteren sowie christlichen Quellen einen Vorrang vor den jüngeren und nichtchristlichen zu. Unter den christlichen Quellen gelten die in das Neue Testament aufgenommenen und damit »kanonischen« Evangelien als historisch besonders wertvoll. Innerhalb dieser Gruppe kommt dem Evangelium des Markus, dem ältesten Evangelium, noch einmal eine Spitzenrolle zu.

Die Quellen, die aus jüdischer und römischer Sicht berichten, besitzen ihren Wert zum einen darin, dass sie Jesus als historische Gestalt bestätigen, von seinem Kreuzestod berichten und die Fortsetzung seiner Bewegung bezeugen. Zum anderen ist ihr Zeugnis auch deshalb von großem Wert, weil sie das zeitgeschichtliche Umfeld Jesu näher beleuchten, an dessen Darstellung die christlichen Quellen oft wenig Interesse haben. Die historische Rekonstruktion hat dabei etwas von einem Puzzlespiel. Es gilt, eine Fülle von Einzelinformationen in geeigneter Weise miteinander zu verbinden. Dabei kann die kompetente Kombination von Daten dazu beitragen, dass kleinste Hinweise einer Quelle durch die Ergänzungen einer anderen erheblich an Erklärungskraft gewinnen.

Die beachtliche Menge und günstige Streuung von Quellen ist insbesondere deshalb bemerkenswert, weil Jesus weder als Person von Stand geboren wurde noch im pulsierenden Milieu einer Großstadt lebte. Aufgrund seiner Herkunft aus einer Handwerkerfamilie der Provinz wuchs Jesus im Schatten der weltgeschichtlichen Ereignisse auf. Diese Ausgangslage würde an sich erwarten lassen, dass er in den geschichtlichen Quellen seiner Zeit nicht auftaucht und von daher historisch »unsichtbar« ist. Die Geschichte kennt zahlreiche Persönlichkeiten von Rang und hoher geschichtlicher Bedeutung, über deren Leben dennoch kaum Zeugnisse existieren. Das Gegenteil ist bei Jesus der Fall. Die Quellendichte ist hier ausgesprochen gut. Kein ernstzunehmender Historiker bezweifelt deshalb die Existenz des Jesus von Nazaret oder stellt die zentralen Ereignisse seiner Lebensgeschichte infrage.

3. Biographische Fixpunkte im Leben Jesu

Trotz der an sich günstigen Quellenlage ist es bislang nicht gelungen, zentrale biographische Basisdaten des Lebens Jesu exakt zu bestimmen. Dies liegt vor allem daran, dass die Evangelien als die zuverlässigsten verfügbaren Quellen an der Klärung dieser Sachverhalte wenig Interesse haben. Ihnen liegt stärker daran, vom Charisma Jesu zu erzählen und seine religiöse Besonderheit herauszuarbeiten, als daran, seine Biographie für eine historische Rückfrage im modernen Sinn des Wortes aufzubereiten.

3.1 Die Datierung der Geburt Jesu

Der Nichtfachmann wird versucht sein, das Geburtsjahr Jesu unbefangen für das Jahr eins der Weltgeschichte anzusetzen. Diese Entscheidung verdankt sich seiner zeitgeschichtlichen Perspektive, die gewohnt ist, mit der Geburt Jesu eine weltgeschichtliche Zäsur ersten Ranges anzunehmen. Eine solche Zäsur war für die Zeitgenossen Jesu jedoch in dieser Weise nicht spürbar. Ja, selbst in den Zeiten der Kirche benutzte man noch lange die üblichen Verfahren der Zeitrechnung, die sich an den Regierungsdaten der

Herrscher orientierten. Dies änderte sich erst im 6. Jahrhundert, als ein skythischer Mönch namens Dionysius Exiguus daran Anstoß nahm, dass Herrscher, die sich noch dazu als Verfolger der Kirche hervorgetan hatten, zu Fixpunkten der Zeitrechnung auch für die Kirche wurden. Der fromme Mönch wollte diesen Missstand beseitigen und legte mit einer von ihm entwickelten alternativen Berechnung den Grundstein der christlichen Zeitrechnung.

Heute gilt als bewiesen, dass der skythische Mönch sich bei seiner Arbeit um einige Jahre vertan hat. Aber selbst wenn man von den Rechenfehlern des 6. Jahrhunderts absieht, ist es mangels geeigneter Quellenaussagen bis heute nicht möglich, die Geburt Jesu zeitlich exakt zu bestimmen. Matthäus und Lukas bieten in ihren Evangelien Ausführungen zur Kindheit Jesu, die sogenannten Kindheitsgeschichten (Mt 1 f.; Lk 1 f.). Darin machen sie auch Aussagen, die die Geburt Jesu betreffen. Die sorgfältige wissenschaftliche Auswertung und Abwägung dieser Daten erlaubt es, den Zeitpunkt der Geburt Jesu doch immerhin annäherungsweise zu bestimmen. Sie muss in die letzten Regierungsjahre des Königs Herodes gefallen sein. Die höchste Wahrscheinlichkeit kommt dabei den Jahren 7 bis 4 v. Chr. zu.

Angaben zur Geburt Jesu

✦ Jesus wird zu Lebzeiten des Königs Herodes des Großen geboren (Mt 2,1 ff.; Lk 2,1 f.).
✦ Jesus wird während der Regierungszeit des römischen Kaisers Augustus geboren (Lk 2,1 f.)
✦ Jesu Geburt war begleitet vom Auftreten eines besonderen Sternes/einer astronomischen Auffälligkeit (Mt 2)

3.2 Betlehem, oder doch Nazaret? – Der Geburtsort Jesu

Von der Weihnachtstradition her ist man versucht, die Frage des Geburtsortes Jesu zugunsten von Betlehem zu entscheiden. Diese Aussage ist nicht unwidersprochen. Nazaret gilt in der gesamten evangelischen Überlieferung als die Heimatstadt Jesu (z. B. Lk 4,16; Mt 2,23; 21,11). Markus und Johannes scheinen in ihrem Evangelium dabei vorauszusetzen, dass Jesus auch in Nazaret geboren wurde (vgl. Mk 6,1; Joh 1,45 f.; 7,41.52). Zumindest erwähnen sie keinen anderen Ort. Da sie Jesus zudem stets als den Nazarener

Geburtsgrotte in der Geburtskirche in Betlehem

vorstellen, erwecken sie den Eindruck, Nazaret sei auch der Geburtsort Jesu gewesen.

Matthäus und Lukas hingegen berichten von einer Geburt in Betlehem (Mt 2,1; Lk 2,4). Die Frage ist nun, ob diese zweite Ortsangabe
eine historische Angabe ist. Dabei gilt es abzuwägen. Es könnte sein,
dass Matthäus und Lukas aufgrund einer nur ihnen zugänglichen
Quelle um einen vom Heimatort abweichenden Geburtsort wissen.
Möglich ist jedoch auch, dass es sich bei dem Hinweis auf Betlehem weniger um eine historische, als vielmehr um eine theologische
Aussage handelt, die aussagen soll, dass sich mit der Geburt Jesu
die in Betlehem begründete Tradition des für die Geschichte Israels
bedeutsamen Königs David fortsetzt.

Diese zweite Deutung gilt vielen Historikern als die wahrschein-
lichere. Für sie spricht, dass die Kindheitsgeschichten zahlreiche
weitere Anspielungen auf die Davidstradition enthalten. Von daher
sprechen sich viele Historiker eher für Nazaret als für Betlehem als
Geburtsort Jesu aus, wenngleich die Frage aufgrund der Quellenlage
letztendlich nicht zu entscheiden ist. Nazaret ist zu dieser Zeit ein
völlig unbedeutendes Städtchen. Grabungen haben jedoch gezeigt,
dass der Ort alt ist und bereits 2000 Jahre vor unserer Zeitrechnung
besiedelt war.

3.3 Das öffentliche Wirken Jesu

Leider ist es nicht möglich, das Wirken Jesu zeitlich exakt zu bestimmen. Die Evangelien enthalten zwar zahlreiche Einzelangaben zu dieser Frage, doch lassen sich damit weder der Beginn dieses Wirkens noch dessen Dauer genau bestimmen. Dies liegt vor allem daran, dass die dafür relevanten Aussagen der drei synoptischen Evangelien nur bedingt mit denen harmonieren, die sich im Johannesevangelium finden. Die Mehrzahl der Exegeten gibt bei chronologischen Fragen dem Johannesevangelium mit seinen insgesamt präziseren Zeitangaben den Vorzug

Der große Unterschied zwischen der Berichterstattung der Synoptiker und der des Johannes liegt darin, dass die Synoptiker nur eine Reise Jesu nach Jerusalem kennen, während das vierte Evangelium voraussetzt, dass Jesus mehrfach in Jerusalem gewesen ist. Die vier Evangelien unterscheiden sich weiterhin in den Aussagen, die die Beziehung Jesu zu Johannes dem Täufer betreffen. Dabei gehen die Synoptiker davon aus, dass der Beginn des öffentlichen Auftretens Jesu zeitlich mit dem Tod des Täufers zusammenfällt. Das Johannesevangelium hingegen spricht davon, dass Jesus und der Täufer eine Zeit lang nebeneinander gewirkt haben. Wegen dieser widersprüchlichen Angaben kann für den Beginn des öffentlichen Wirkens Jesu nicht ein Zeitpunkt, sondern lediglich ein Zeitraum angegeben werden. Dieser liegt zwischen den Jahren 26 und 29 n. Chr.

Dieses Ergebnis wird in weiteren Untersuchungen benutzt, um mit seiner Hilfe die Dauer des öffentlichen Wirkens Jesu zu bestimmen. Kombiniert man es nämlich mit den historisch möglichen Angaben zum Todesjahr Jesu, so folgt daraus, dass das öffentliche Wirken Jesu im Minimum einige Monate betrug und im Maximum etwa drei Jahre umfasste.

3.4 Die Datierung des Todes Jesu

Die Unterschiede zwischen der synoptischen Tradition und der des Johannes wirken sich auch bei der Bestimmung des Todesjahres und des Todestages Jesu aus. Wichtigster Ansatzpunkt für die Berechnung des Todesjahres ist die relativ kurze Amtszeit des römischen Prokurators Pontius Pilatus. Er hatte aufgrund seiner juristischen Zuständigkeit das Todesurteil über Jesus zu fällen. Demnach muss

Jesus zwischen den Jahren 26 und 36 n. Chr. gestorben sein. Dieser Zeitraum lässt sich zuverlässig einschränken, wenn man ihn mit den Angaben zum Todestag kombiniert. Wichtigster Anhaltspunkt dafür ist das Abschiedsmahl, von dem alle Evangelien berichten. Nach der Darstellung der Synoptiker war dieses Mahl ein Paschamahl. Die davon abweichende Darstellung des Johannesevangeliums hingegen bezeugt, dass es sich bei diesem Mahl um ein Mahl in der unmittelbaren Vorbereitungszeit auf das Paschafest gehandelt hat. Alle vier Evangelien stimmen darin überein, dass Jesus an einem Freitag gestorben ist. Da das Datum des

Pilatusinschrift in Caesarea Martima

jüdischen Paschafestes heute auch für die Jahre der Antike zuverlässig errechnet werden kann, wird es möglich, durch die kritische Kombination aller Zeitangaben nicht nur das Todesjahr, sondern sogar den Todestag Jesu zu bestimmen. Folgt man mit der Mehrheit der Fachleute den als verlässlicher geltenden Angaben des Johannesevangeliums, so errechnet sich der 14. Nisan (jüdische Bezeichnung für einen Frühlingsmonat) des Jahres 30 n. Chr. als Todesdatum Jesu. Dem entspräche im christlichen Kalender der 7. April des Jahres 30.

Der Ort der Hinrichtung und damit auch des Todes Jesu ist nach dem übereinstimmenden Zeugnis aller Quellen Jerusalem. Heute ist mit hoher Wahrscheinlichkeit sogar die Hinrichtungsstätte Jesu identifiziert. Danach bezeichnet der in den Evangelien übereinstimmend genannte Ortsname »Golgota« in neutestamentlicher Zeit einen Felsen, der als Rest eines alten Steinbruchs ca. 13 Meter hoch über dem übrigen Felsgrund aufragte.

4. Das zeitgeschichtliche Umfeld des Lebens Jesu

4.1 Religion und Kultur

Das Umfeld des Lebens Jesu war zunächst einmal bestimmt durch das Judentum. Dieses wies bereits damals eine große innere Vielfalt auf, zeigte jedoch auch tragende Grundlinien, die nicht infrage gestellt wurden. Zu diesen Grundlinien gehören das Bekenntnis zum Monotheismus (= Glaube an nur einen Gott), das Bewusstsein einer besonderen Erwählung des Volkes Israel und die Bindung an die Schrift. Selbstverständlich war für ihn darüber hinaus der Gottesdienst in Tempel und Synagoge, die Pflege religiöser Traditionen wie die Beschneidung sowie die Einhaltung des Sabbat und die Beachtung verschiedener Speise- und Reinheitsgebote.

Ein weiterer zeitgeschichtlicher Faktor ersten Ranges bestand in der Hellenisierung, die den östlichen Mittelmeerraum seit Alexander dem Großen (Entscheidungsschlacht bei Issos 333 v. Chr.) in mehreren Schüben für sich eingenommen hatte. Das Griechentum konnte sich vor allem deshalb so stark ausbreiten, weil es dem Orient militärisch, ökonomisch und kulturell bei weitem überlegen war. Mit der Ausbreitung des römischen Weltreichs intensivierte sich in Palästina der ohnehin seit langem bestehende Anpassungsdruck.

Dadurch kam es zu inneren Spannungen in der Gesellschaft des Landes. Wiederholte Aufstände gegen die Römer waren die Folge. Sie führten zu zwei großen jüdisch-römischen Kriegen, die schließlich mit der Zerstörung Jerusalems und der Vertreibung der Juden aus Palästina endeten.

Quader der zerstörten Tempelmauer in Jerusalem

4.2 Politik und Gesellschaft

Der tiefgreifende kulturelle Wandel zog politische und religiöse Konsequenzen nach sich. Von daher kam es in der

Zeit Jesu zu verschiedenen oppositionellen Reformbewegungen, deren Ziel es war, den Charakter des Judentums neu zu bestimmen. Zu diesen Bewegungen gehörten die auf Beachtung der kultischen Reinheit pochende monastische Bewegung der *Essener,* die eine strengere Beachtung der Gesetze anmahnende Bewegung der *Pharisäer* und die auf einen politischen Umsturz bedachte Bewegung der sogenannten *Zeloten.*

Die politische Opposition

Leitfigur dieser Opposition war ein charismatisch wirkender Mann aus Galiläa, genannt Judas Galilaios. Aus ethnischen und religiösen Motiven rief er im Jahre 6 n. Chr. zur Steuerverweigerung gegenüber den Römern auf. Mit dieser Initiative legte er die ideologische Grundlage für spätere Widerstandsgruppen. Wiederholte Aufstände waren die Folge. Die Römer konnten der explosiven Lage in Galiläa schließlich nur durch eine ungewöhnlich starke Repression Herr werden.

Nach dem gewaltsamen Tod des Judas Galilaios flammte die von ihm vertretene Lehre immer wieder auf. Dies erklärt, warum ein Mann, der wie Jesus aus Galiläa stammte und beim Volk großen Zulauf hatte, bei den römischen Besatzern besondere Empfindlichkeiten hervorrief.

Die prophetische Opposition

Leitfigur der prophetischen Opposition war Johannes der Täufer. Er wandte sich mit seiner Kritik nicht direkt gegen die Römer, sondern kritisierte die heimische Führungsschicht dafür, dass sie mit der Besatzungsmacht zusammenarbeitete. Da Johannes der Täufer das Ohr des Volkes hatte und mit seiner apokalyptischen Bußpredigt wahre Massenwanderungen auslöste, wurde er von den Herrschenden seiner Zeit mit großem Argwohn betrachtet. Seine oppositionelle Haltung kostete ihn schließlich das Leben.

Im Unterschied zu den auf ethnische und religiöse Identität pochenden Protestbewegungen stand die gesellschaftlich führende Schicht der *Sadduzäer* dem Hellenismus aufgeschlossen gegenüber. Diese Gruppe verstand es, die mit dem Hellenismus einhergehenden Veränderungen für ihre eigenen Interessen zu nutzen.

Morgenstimmung am See Gennesaret

4.3 Geographische Bedingungen

Das Zentrum des Wirkens Jesu lag ohne Zweifel in Galiläa. Dabei scheint Jesus sich bevorzugt am Nordufer des Sees von Galiläa (See Gennesaret), und zwar genauerhin in Kafarnaum aufgehalten zu haben. Da Jesus als Wanderprediger unterwegs war, war der Ort wohl sein Stützpunkt, von dem aus er Wanderungen zu den Orten der Umgebung unternahm. Die Evangelien nennen einzelne Orte mit Namen, doch ist es bislang nicht gelungen, daraus eine Route der Wanderungen Jesu zu rekonstruieren.

Galiläa war zur Zeit Jesu ein jüdisch geprägtes Land, in dem nur wenige Heiden wohnten. In wirtschaftlicher Hinsicht war Galiläa überwiegend von der Landwirtschaft geprägt. Großgrundbesitzer und pachtpflichtige Kleinbauern lebten nebeneinander. Am untersten Ende der sozialen Skala stand das Heer der landlosen Mietarbeiter. Sie wurden oft nur tage- oder stundenweise beschäftigt. Wenn Jesus sich in seiner Verkündigung besonders an die Armen wandte und gerade ihnen das Heil zusprach, so konnte er sicher sein, dass es für diese Botschaft in Galiläa genügend Zuhörer gab.

Die Bewohner der eher städtisch geprägten Landschaft Judäa standen den Galiläern abschätzig gegenüber. Dies ging zum einen auf das bestehende Stadt-Land-Gefälle zurück und erklärte sich zum anderen aus religiösen Gründen. Aufgrund der räumlichen Entfernung war den Galiläern eine Teilnahme am Tempelgottesdienst weit seltener möglich als den Bewohnern Judäas. Dieses Fernbleiben legte man den Galiläern jedoch zur Last und bewertete es als religiöses Desinteresse. Damit war Galiläa in vielerlei Hinsicht ein Land voller Spannungen. Die Zahl der Menschen, die sich angesichts dessen nach einer grundlegenden Wende sehnten, muss groß gewesen sein.

5. Familie, Freunde, Gegner – Personen um Jesus

Welches Bild auch immer man sich von Jesus macht, sein Bild wird das eines Charismatikers sein. Charismatiker fordern ihre Umwelt heraus und teilen sie in der Regel in Anhänger, die von ihnen fasziniert sind, und Gegner, die an ihnen Anstoß nehmen. Dies gilt auch für Jesus von Nazaret.

5.1 Jesus und seine Familie – eine spannungsreiche Beziehung

Charismatiker stehen für das Außerordentliche. Daher wirken sie auf eine Gemeinschaft ebenso inspirierend wie herausfordernd. Aufgrund dieses Zusammenhangs kommen Charismatiker geradezu unausweichlich in Konflikt mit ihrer eigenen Familie, ist die Familie doch eine Gemeinschaft, die sich in hohem Maße der Bewältigung des Alltäglichen widmet. Diese Dynamik ist auch im Leben Jesu wirksam: Anhand der Quellen lässt sich nachvollziehen, dass seine Familie sich an seinem öffentlichen Auftreten störte und insbesondere durch sein auffallendes Selbstbewusstsein irritiert war. Die bei den Synoptikern berichtete Auseinandersetzung in Nazaret zeigt, dass die Familie sich für Jesus regelrecht schämte und versuchte, der Lehrtätigkeit Jesu im Heimatort ein Ende zu setzen. Dabei kam es sogar so weit, dass man ihm vorwarf, verrückt geworden zu sein (vgl. Mk 3,21).

Jesus reagierte, indem er sich nach dieser Beleidigung seinerseits von seiner Familie distanzierte. Den Aussagen der Quellen zufolge bezeichnete er nun die zu seinen Füßen versammelten Zuhörer als seine eigentliche Familie (Mk 3,31–35). Eine solche Reaktion war für das Empfinden der Antike und mehr noch für die orientalische Welt, welche Familienbindungen sehr hoch veranschlagte, geradezu unerhört. Von einer späteren gütlichen Einigung berichten die Evangelien nichts.

5.2 Jesus und Johannes der Täufer – eine Schüler-Lehrer-Beziehung?

Die Urkirche verband das Charisma Jesu mit seiner Taufe im Jordan (vgl. Mt 3,13–17; Mk 1,9–11). Diese Taufe gilt als eines der sichersten Daten im Leben Jesu, denn ihre Überlieferung muss der frühen Christenheit schwergefallen sein. Für die Evangelien ist Jesus die zentrale Gestalt. Dass er sich mit seiner Taufe in die Täuferbewegung eingereiht hatte und aller Wahrscheinlichkeit nach eine Zeit lang als Jünger des Johannes gelebt hat, lief der erzählerischen Absicht der Evangelisten zuwider. Wenn sie dennoch erwähnt wird, muss es dafür zwingende historische Gründe gegeben haben. Historisch ungeklärt ist, wodurch Jesus aus der Täuferbewegung wieder »herauswuchs«.

5.3 Jesus und seine Jünger – bevollmächtigte Nachfolger

Bereits zu Beginn seines Wirkens sammelte Jesus einen Jüngerkreis um sich. Die Beziehung, in der man zueinander stand, wich vom klassischen Schüler-Lehrer-Verhältnis ab, wie es etwa die Rabbinen pflegten. Die Jünger Jesu wurden nicht in einem Lehrhaus unterwiesen, sondern begleiteten ihren Meister auf seinen Wanderungen. Auch wurden sie nicht dazu angehalten, sich feste, vorgegebene Lernstoffe einzuprägen, statt dessen machten sie unterwegs ihre eigenen Erfahrungen mit ihrem Meister. Hinzu kam, dass die Jüngerschaft nicht als eine zeitlich begrenzte Phase der Schulung angelegt war, sondern eine bleibende, lebenslange persönliche Beziehung begründete.

Ein letzter auffallender Unterschied bestand schließlich darin, dass sich unter den Hörern und Nachfolgern Jesu auch Frauen befanden, während die Schülerschaft bei den Rabbinen ausschließlich Männern vorbehalten war (vgl. Mk 15,40 f.).

SCHÜLER-LEHRER-BEZIEHUNG	
DAS MODELL DER RABBINEN	**DAS MODELL JESU**
Unterricht in einem Lehrhaus	Lehrgespräche auf Wanderungen
Zeitlich begrenzte Schulung	Beginn einer bleibenden Beziehung
Vermittlung fester Traditionsstoffe	Freie Traditionsbildung
Schülerschaft nur für Männer	Schülerschaft für beide Geschlechter

Jesus behandelte seine Jünger danach wie Freunde. Die Beziehung zu ihm verlangte von ihnen allerdings ganzen Einsatz: Sie hatten nicht nur Anteil an der Vollmacht Jesu, sondern teilten auch sein Geschick. Sie hatten ihren Wohnsitz und damit familiäre Bindungen, Besitz und Beruf aufgegeben, um fortan ein Wanderleben zu führen (vgl. Mk 10,28–30; Mt 10,37–39). Damit hatten sie eine gesellschaftliche Außenseiterrolle gewählt. Innerhalb des Jüngerkreises, der Frauen und Männer gleichermaßen umfasste, wählte Jesus mit hoher Wahrscheinlichkeit eine Kerngruppe von zwölf Männern aus (vgl. Mk 3,13–19). Dieser Zwölferkreis knüpfte an die jüdische Tradition an und stand symbolisch für die zwölf Stämme Israels.

Deutlich größer als der eigentliche Jüngerkreis war die Gruppe derer, die der Jesusbewegung nahestanden, ihr bisheriges Lebensumfeld aber nicht verließen. Diese Sympathisanten förderten die Bewegung, indem sie die Wanderer beherbergten und sie ideell oder materiell unterstützten.

5.4 Die Gegner Jesu – religiös motiviert

Als religiöser Führer, der zu einer Neuorientierung im Glauben aufrief und mit dieser Botschaft viele Menschen erreichte, musste Jesus in Konflikt mit den herrschenden religiösen Autoritäten seiner Zeit geraten. Dieser Konflikt entspann sich vor allem mit den Schriftgelehrten und ganz besonders mit der einflussreichen Partei der Sadduzäer, in deren Händen der Tempelkult lag. Angesichts der harschen Kritik, die Jesus an der veräußerlichten Gesetzes- und Tempelfrömmigkeit seiner Zeit übte, war eine feindliche Reaktion dieser Gruppe nur eine Frage der Zeit (vgl. z. B. Mk 7,6–13; 11,15–19). Zu einer Konfrontation musste es auch deshalb kommen, weil Jesus für den Alltag eine Sündenvergebung verkündete, die auf die Darbringung eines Opfers verzichtete und damit den Tempelkult unterlief. Die Anwesenheit Jesu in Jerusalem musste dazu führen, dass sich der Konflikt mit der Tempelpartei schon bald empfindlich zuspitzte.

Pharisäer hingegen begegneten Jesus eher positiv. Dass Jesus dennoch gerade von ihrer Seite wiederholt der Kritik ausgesetzt war, erklären Forscher mit der relativen Nähe der beiden Positionen. Gerade weil die Pharisäer sich mit dem religiösen Anliegen Jesu weitgehend identifizieren konnten, nahmen sie im Gegenzug dazu auch besonders heftig Anstoß an den Punkten, in denen Jesus von ihrer eigenen Position abwich. Konfliktstoff gab es vor allem in der Frage nach einer angemessenen Heiligung des Sabbat wie in verschiedenen Fragen kultischer Reinheit (vgl. Mk 2,23–3,6; 7,1–23).

6. Die Botschaft Jesu

Sichere und umfassende Auskünfte über die Botschaft Jesu sind den vier Evangelien zu entnehmen. Dabei bieten das Matthäus- und das Lukasevangelium besonders detaillierte Angaben an, denn sie haben eine ihnen vorausliegende Quelle, die sogenannte Spruchquelle Q, eingearbeitet, in der man schon früh die Redestoffe Jesu gesammelt hatte. Der Evangelist Markus legt Jesus zu Beginn seines öffentlichen Wirkens die Worte in den Mund: »Die Zeit ist erfüllt, das Reich Gottes ist nahe gekommen. Kehrt um und glaubt an das Evangelium.« (Mk 1,15) Auch wenn nicht davon auszugehen ist, dass Jesus zu Beginn seines öffentlichen Wirkens genau diese Worte gewählt hat, so fassen sie doch die zentralen Aussagen seiner Botschaft prägnant zusammen. Während der erste Satz auf das bereits erfolgte Handeln Gottes verweist, gibt der zweite an, welches Verhalten fortan von den Menschen erwartet wird. Beide Aspekte spielen in der Botschaft Jesu eine große Rolle.

6.1 Das Reich Gottes ist angebrochen

Die Predigt Jesu findet ihre zentrale Aussage in der Ankündigung des Reiches Gottes. Dies erklärt, warum der Begriff »Reich Gottes« allein bei den Synoptikern rund 80-mal verwendet wird. Mit der Rede vom Reich Gottes knüpft Jesus an die Hoffnungen seines Volkes an. Diese richteten sich seit Generationen auf die Ankunft einer Erlösergestalt, die als »der Messias« angesprochen wurde. Man erwartete, dass der Messias als Stellvertreter Gottes ein Reich des Friedens und der Gerechtigkeit errichten und Israel wieder zur nationalen Größe führen würde (Dan 7,13 f.). Die aktuell erfahrene Unterdrückung durch die römische Fremdherrschaft trug dazu bei, dass die Messiashoffnung im Judentum der Zeit Jesu besonders ausgeprägt war.

Indem auch er vom Reich Gottes spricht, nimmt Jesus auf diese Erwartungen Bezug. Er verlagert sie jedoch nicht auf ein noch fernes, endzeitliches Friedensreich, sondern betont, dass der mit dem Messias verbundene Herrschaftswechsel bereits vollzogen und das erwartete Friedensreich bereits angebrochen ist. Dabei verbindet er dessen Anbruch selbstbewusst mit seinem eigenen Kommen (z. B. Lk 11,20). Dadurch gilt die Gegenwart als eine bereits verwandelte Zeit. Sie steht nicht mehr unter dem Zeichen des Wartens und Ausharrens, sondern unter dem der Erfüllung. Jesus verbindet diese Erfüllung allerdings nicht mit dem Wiedererlangen nationaler Unabhängigkeit. Er korrigiert damit die politischen Hoffnungen, die sich mit der Messiasidee verbanden. Die Königsherrschaft Gottes, die er ankündigt, zeigt sich vorrangig in einer veränderten Beziehung Gottes zu den Menschen.

Machte die Predigt Johannes des Täufers Menschen auf ihre Verfehlungen aufmerksam, die sie von Gott entzweien, so erzählt die Predigt Jesu von der Liebe, mit der Gott alle Menschen zu sich führen will. Nicht die Schuld der Menschen, sondern die Barmherzigkeit Gottes ist in der Botschaft Jesu deshalb das erste und maßgebende Wort. Weil Gott die Menschen liebt, hat er sie angenommen, noch bevor sie ihre Sünden bereut und ihre Schuld verbüßt haben. Jesus macht dies für seine Zeitgenossen erfahrbar, indem er sich Zöllnern und Sündern zuwendet, ohne Vorbedingungen zu stellen (Lk 19,1–10). Gerade weil Gottes Liebe voraussetzungslos ist, kann sie allen Menschen gelten und damit wirklich universal sein. Dies kommt bildhaft in einer Aussage Jesu zur Geltung, die davon spricht, dass Gott seine Sonne über Bösen und Guten aufgehen lässt und seinen Regen über Gerechten und Ungerechten ausspendet (vgl. Mt 5,45). So lädt Jesus alle Menschen ein, sich als Kinder Gottes zu fühlen. Er, der ganz aus der Verbundenheit mit Gott, dem Vater, lebt, fordert alle Menschen auf, ganz auf die Güte Gottes zu vertrauen. Auch sie sollen sich mit ihren Sorgen und Nöten, ihren Verfehlungen und ihrer Schuld, aber auch mit ihren Hoffnungen und Sehnsüchten vertrauensvoll an Gott wenden, der sie wie ein Vater liebt.

6.2 Die Verlorenen suchen

Jesus versteht, dass diese Botschaft, die an sich eine Freudenbotschaft für alle Menschen ist, gerade von denen nicht ohne weiteres angenommen werden kann, die ihrer am dringendsten bedürfen. Er weiß, dass es gerade ihnen, die in den Augen ihrer Zeitgenossen als Unwürdige gelten und die sich schließlich auch selbst als Unwürdige fühlen, besonders schwerfällt, sich lieben zu lassen. Eben deshalb wendet Jesus sich vor allem den scheinbar Verlorenen zu. Immer wieder bekräftigt er unter anderem in Gleichnissen, dass Gott gerade sie mit besonderer Liebe sucht, sie, die nach den herrschenden gesellschaftlichen, moralischen oder auch religiösen Vorstellungen zu den Außenseitern gehören.

Das besondere Bemühen Gottes um gerade die Menschen, die von anderen ausgegrenzt werden, kommt eindrücklich in dem bekannten Gleichnis vom guten Hirten zum Ausdruck (Mt 18,12–14; Lk 15,1–6). Dieses Gleichnis erzählt von einem Hirten, der 100 Schafe besitzt. Eines Tages bemerkt er, dass eines von ihnen fehlt. Darüber ist er so besorgt, dass er die 99 verbliebenen Schafe in der Wildnis zurücklässt und sich aufmacht, um nach dem einen verlorenen zu suchen. Als er es schließlich findet, ist seine Freude übergroß. Mit der bildhaften Redeweise dieses Gleichnisses gibt Jesus zu verstehen, dass jeder einzelne Mensch für Gott unendlich kostbar ist. Wie der Hirte des Gleichnisses, so will auch Gott keinen einzigen Menschen verloren geben. Deshalb geht er ihm mit seiner liebenden Fürsorge nach und scheut keine Mühe, um sein Leben zu retten.

Jesus vergleicht sich mit einem guten Hirten, der nicht zulässt, dass ein Schaf verloren geht.

Jesus identifiziert sich so sehr mit seiner Botschaft, dass er sie nicht nur vorträgt, sondern auch vorlebt. So wendet er sich gezielt denen zu, die zu seiner Zeit als unehrenwerte Personen gelten. Zu ihnen gehören die Zöllner, die man wegen ihrer berufsbedingten Zusammenarbeit mit den Römern als Kollaborateure verachtete und denen man ihre Selbstbereicherung übelnahm. Zu ihnen gehören ebenso Prostituierte und anerkannte Sünder. Jesus spricht mit diesen Menschen, setzt sich mit ihnen an einen Tisch und lässt sich von ihnen sogar beherbergen (vgl. Mk 2,15–17; Mt 11,19). Damit setzt er sich offen über die geltenden gesellschaftlichen Diskriminierungen hinweg. Jesus will zeigen, dass Gottes Barmherzigkeit keine Grenzen kennt. Diese Botschaft richtet sich gezielt sowohl an die Gerechten wie an die Sünder. Als seine Umwelt ihn dafür kritisiert, rechtfertigt er sein Verhalten, indem er auf die Bedürftigkeit gerade der verachteten Menschen verweist und daran erinnert, dass nicht die Gesunden, sondern die Kranken den Arzt brauchen (Mk 2,17).

Das Verhalten Jesu gegenüber diesen ausgegrenzten Menschen hilft, das von ihm verkündete Heil näher zu fassen: Man hat dem Christentum oft vorgeworfen, sein Heil sei auf ein fernes Jenseits fixiert und biete im irdischen Leben nicht wirklich Trost, sondern allenfalls eine billige Vertröstung. Wird da nicht reale Not übersehen, sondern schlimmer noch: sie aktiv verschleiert? Christen müssen sich ernsthaft fragen, ob dieser Vorwurf auf ihr Verhalten zutrifft. Jesus ist eindeutig: Seine Botschaft vom Heil ist keineswegs jenseitig und weltfern. Sie überzeugt gerade dadurch, dass sie dieses Heil nicht nur mit Worten verkündet, sondern es im konkreten Verhalten bereits erfahrbar macht. So bewirkt das integrative Handeln Jesu im Leben der Zöllner und Prostituierten wie auch im Leben der Armen und Ausgebeuteten bereits aktuell eine spürbare Veränderung. Diese Veränderung ist nicht nur spirituell, sie spielt sich nicht nur in der subjektiven Innerlichkeit Einzelner ab, sondern sie ist öffentlich.

Besonders dramatisch wird dieses leibhaftige Heil in den Heilungen erfahren, die das Wirken Jesu begleiten. Sie belegen, dass Gott an der konkreten Not seiner Geschöpfe Anteil nimmt und sie durch das Handeln Jesu von den Belastungen befreien will, die ihr Leben schwermachen und ihre Existenz bedrohen. Da das Verhalten Jesu damit die Inhalte seiner Verkündigung bekräftigt, versteht man sowohl sein integratives Handeln wie auch seine Heilungen als Tatverkündigung, die seine Wortverkündigung unterstützt. Worte und Taten – auf zwei Wegen unterbreitet Jesus die eine gute Nachricht vom Heil, das Gott allen Menschen bereitet hat.

Wenn Jesus dieses Heil gerade den Verlorenen zusagt, so folgt daraus, dass dieses Heil weder mechanisch herbeigebetet noch herbeigebüßt werden kann. Es ist in keinem Fall selbst verdient, sondern stets wesentlich das Geschenk Gottes an die Menschen. Als Geschenk geht dieses Heil vorrangig auf die Initiative der Liebe Gottes zurück. Dieser zentrale Gedanke der Predigt Jesu kommt in den Evangelien an mehreren Stellen zum Ausdruck. Besonders eindringlich begegnet er im Gleichnis von den Arbeitern im Weinberg (Mt 20,1–16).

6.3 Das Ethos Jesu: die Entscheidung wagen, Barmherzigkeit leben

Eine veränderte Ausgangssituation verlangt veränderte Reaktionen. Ist mit dem Auftreten Jesu das Reich Gottes angebrochen, so sind die Menschen aufgerufen, sich darauf auch einzulassen. Der Evangelist Markus wählt zwei Imperative, die auffordern: »Kehrt um und glaubt an das Evangelium.« (Mk 1,15) Mahnt der erste Imperativ an die notwendige Abkehr vom früheren Leben, so verweist der zweite Imperativ auf den neuen Horizont, der mit dem Kommen des Reiches Gottes angebrochen ist.

Jesus selbst lässt keinen Zweifel daran, dass die veränderte Gegenwart Menschen in die Entscheidung ruft, die seiner Predigt zufolge eine Lebensentscheidung sein muss. In den Evangelien finden sich viele Stellen, die auf diese Entscheidungssituation hinweisen. Besonders bildhaft kommt dies im Gleichnis vom Kaufmann und der Perle zum Ausdruck (Mt 13,45 f.). Das Gleichnis erzählt von einem Kaufmann, der sein Leben lang auf der Suche nach schönen Perlen war, bis ihm eines Tages eine Perle von überragender Schönheit begegnet. Der Kaufmann verkauft alles, was er besitzt, und erwirbt mit dem Erlös die faszinierende Kostbarkeit. Aus der Sicht einer auf Sicherheit bedachten Lebensführung erscheint dieses Verhalten äußerst riskant. Jesus stellt den Kaufmann aber als Vorbild hin. Das Gleichnis macht deutlich, dass das Angebot umfassenden Heils, das allen Menschen voraussetzungslos angeboten wird, entschlossen angenommen sein will. Wer Gottes Barmherzigkeit empfängt, muss sich zudem von ihr verwandeln lassen und fortan selbst barmherzig leben. Die Predigt Jesu macht unmissverständlich klar, dass ein Glaube, der sich auf schöne Worte beschränkt, hinter dieser Maßgabe zurückbleibt. Jesus betont die Verbindung zwischen Glaubenshaltung und Glaubenspraxis mit den Worten: »Nicht jeder, der zu mir sagt: Herr! Herr!, wird in das Himmelreich kommen, sondern nur, wer den Willen meines Vaters im Himmel erfüllt.« (Mt 7,21; ähnlich 12,50; 21,28–32)

Ein Glaube, der kein leerer Glaube bleibt, zeigt sich in der Abkehr von einem Leben auf eigenes Risiko beziehungsweise eigene Sicherheit wie in der Hinwendung zu einem Leben, das Maß nimmt an der Liebe Gottes zu den Menschen. Die Evangelien erzählen von Menschen, die auf die Begegnung mit Jesus hin eine Umkehr vollzogen haben. Die Jünger, die sich entschieden haben, alles zurückzulassen, um fortan gemeinsam mit Jesus als Wanderprediger unterwegs zu sein, gehören ebenso zu diesen Menschen wie der Zöllner Zachäus (vgl. z.B. Mk 1,16–20; Lk 19,1–10). Dieser findet, geläutert und gestärkt durch die Liebe, die er in Jesus erfahren hat, zu einer Haltung, die ganz anders ist als sein bisheriges Leben. Er baut nicht mehr darauf, dass Wohlstand seinem Leben Halt gibt, sondern macht sich frei von einem ungerecht erworbenen Vermögen und setzt einen beachtlichen Teil dieses Vermögens ein, um damit die Armen zu unterstützen. So bestätigt der ehemals verachtete Zöllner Zachäus, dass Gottes Liebe zu den Menschen zwar keine Voraussetzungen kennt, wohl aber Folgen erwartet.

7. Die Wunder Jesu – Zeichen von Gottes Kraft

Unter einem Wunder versteht man ein Zeichen, das Gott gibt, um seine Größe zu offenbaren. Während die Bibel ihr Verständnis von Wundern relativ weit fasst und etwa in der Existenz der Schöpfung das Wunder schlechthin erkennt, ist unser modernes Verständnis von Wundern deutlich enger. Es konzentriert sich fast ausschließlich auf Sachverhalte, die ungewöhnlich anmuten und gegebenenfalls sogar Naturgesetzen widersprechen.

7.1 Die Wundertätigkeit Jesu – vielfach bezeugt

In den Evangelien begegnen uns zahlreiche Wundererzählungen. Wendet man sich dem Markusevangelium als dem ältesten Evangelium zu, so stellt man fest, dass die in ihm enthaltenen Wunderberichte etwa ein Drittel des Textes ausmachen. Wunder spielen auch in den übrigen Evangelien eine große Rolle. Insgesamt überliefern die vier Evangelien 41 Wunder Jesu. Diese beziehen sich zum Großteil auf Heilungen und Exorzismen. Daneben ist von drei Totenerweckungen die Rede (Tochter des Jairus: Mk 5,22–24.35–43; Jüngling von Nain:

Lk 7,11–17; Lazarus: Joh 11,1–44). Hinzu kommen verschiedene Naturwunder wie die Stillung eines Sturmes (vgl. Mk 4,35–41) oder der Wandel auf dem See (vgl. Mk 6,45–52) sowie Speisewunder wie die Brotvermehrung (vgl. Mk 6,32–44; Mk 8,1–10; Joh 6,1–15) oder die Verwandlung von Wasser zu Wein (vgl. Joh 2,1–11).

7.2 Skeptische Nachfragen

Die im Neuen Testament bezeugten Wunder Jesu galten Christen über viele Jahrhunderte hin als selbstverständlich. Diese unbefangen positive Sicht auf Wunder kam mit der Aufklärung an ihr Ende. Da man während dieser Epoche in besonderer Weise auf das Vermögen des Verstandes () setzte, entwickelte sich eine allgemeine Skepsis gegenüber allen Phänomenen, die die Reichweite des menschlichen Verstandes überstiegen. Während man solche Phänomene heute als transrational bezeichnet und damit festhält, dass sie über das menschliche Denkvermögen hinausgehen, sprach man in der Aufklärung von »irrationalen« Phänomenen. Mit dieser Bezeichnung floss eine negative Bewertung ein, die an mangelnde Intellektualität ebenso denken ließ wie an Täuschung oder Manipulation.

Die ausgesprochen kritische Perspektive, unter der die Aufklärung das Phänomen der Wunder betrachtete, ist zumindest teilweise verständlich. Der Blick in die Geschichte zeigt, dass man in früheren Zeiten oft schwierige, aber durchaus erklärbare Zusammenhänge vorschnell in den Bereich des Übernatürlichen abgeschoben hat. Die unbegründete Annahme eines Wunders blockierte damit die rationale Auseinandersetzung mit natürlichen Phänomenen und lieferte zudem eine Ausrede, die stets zur Hand war, um die eigene intellektuelle Trägheit zu verdecken. Hinzu kam, dass in einzelnen Fällen, die man in den Bereich des Wunders verwies, sogar betrügerische Absichten im Spiel waren. Derartige Erfahrungen machen darauf aufmerksam, dass eine gesunde Skepsis gegenüber Wundern grundsätzlich angebracht ist, sie reichen jedoch nicht hin, um die Möglichkeit von Wundern generell zu verneinen.

Die Theologie des 20. Jahrhunderts hat sich zum Teil sehr kritisch mit den Wundern Jesu auseinandergesetzt und dabei nicht selten versucht, sämtliche Wunder in natürliche Zusammenhänge hinein aufzulösen. So vermutete man etwa im Blick auf die Heilungen Jesu, dass es sich bei ihnen um Heilverfahren durch Suggestion gehandelt habe. Wo diese Erklärung sich als abwegig erwies, empfahl man, das im Evangelium Geschilderte nicht wörtlich zu nehmen, sondern es lediglich im übertragenen Sinn zu verstehen. Auf diese Weise kam es zu Auslegungen, die sich zum Teil sehr weit von der neutestamentlichen Textbasis entfernten, eine Verfahrensweise, die grundsätzlich bedenklich ist.

7.3 Wunder und Wunderberichte

Von großer Bedeutung für die erwähnte frühere theologische Bewertung der Wunder Jesu waren literarische Untersuchungen. Über motiv- und traditionskritische Vergleiche fand man heraus, dass die Wunderberichte des Neuen Testaments sowohl von ihrer Textstruktur wie auch von ihrer Stilistik und Wortwahl her eine große Nähe zu älteren jüdischen oder heidnischen Wunderberichten aufweisen. Aufgrund dieser Übereinstimmungen vermutete man, dass die neutestamentlichen Autoren diese früheren Berichte gekannt und auf sie zurückgegriffen hatten. Damit erschienen die neutestamentlichen Berichte als Nachbildungen dieser älteren Texte.

Angesichts der offensichtlichen Anleihen, die neutestamentliche Wunderberichte bei älteren Texten machten, schien auch die Frage nach ihrer historischen Verlässlichkeit beantwortet zu sein. Unter der Annahme, die neutestamentlichen Wunderberichte seien lediglich Nachbildungen älterer heidnischer beziehungsweise jüdischer Texte, legte sich der Schluss nahe, die Berichte über die Wunder Jesu seien rein fiktive Texte, für die es im Leben Jesu keinen An-

Die Heilung des Blinden

haltspunkt gab. Vor diesem Hintergrund nahm man weiter an, dass diese Texte ursprünglich nicht zur Jesusüberlieferung gehörten, sondern erst nachträglich mit dieser verbunden wurden. Das Entstehen der neutestamentlichen Wunderberichte erklärte man mit dem Repräsentationsbedürfnis der frühchristlichen Gemeinden, die sich gedrängt sahen, das Wirken Jesu durch Wunder zu illustrieren, um die Bedeutung des Meisters zu steigern.

7.4 Literarische Beobachtungen – historische Urteile

Diese auf den ersten Blick überzeugend anmutende Argumentation wurde von der jüngeren Forschung grundlegend demontiert. Diese machte darauf aufmerksam, dass der älteren Argumentation ein fundamentaler Trugschluss zugrunde liegt. Er besteht darin, dass man die Bedeutung der literarischen Parallelen überschätzt und daraus nicht nur literarische, sondern auch historische Schlüsse zieht. Aus den literarischen Befunden kann man nämlich wohl Rückschlüsse über die Textgeschichte, nicht unbedingt aber Rückschlüsse über das geschichtliche Ereignis ziehen, von dem der Text berichtet. Dies liegt daran, dass ein Ereignis selbst immer etwas anderes ist als der Bericht über dieses Ereignis.

Dazu ein Beispiel: Wäre es möglich, aus den literarischen Parallelen, die zwischen verschiedenen Wunderberichten bestehen, auf die Historizität eines wundersamen Ereignisses zurückzuschließen, so müsste es auch möglich sein, ähnliche Schlüsse etwa aus der weitgehenden Übereinstimmung zu ziehen, die zwischen verschiedenen Unfallberichten bestehen. Es liegt auf der Hand, dass ein Vergleich von 100 Berichten, die Auffahrunfälle von Pkws erfassen, zahlreiche Parallelen in Aufbau und Wortwahl zutage fördert. Aus diesen Parallelen in den Berichten kann jedoch nicht geschlossen werden, der größte Teil der Unfälle habe sich womöglich gar nicht ereignet. Wie für den Bericht über einen Auffahrunfall, so gibt es auch für die Erzählung einer wundersamen Heilung feststehende Strukturelemente, auf die kein Autor ohne weiteres verzichten kann. Zu diesen Elementen zählen:

✦ die Beschreibung der vorliegenden Krankheit
✦ gegebenenfalls der Hinweis auf bislang erfolglose Versuche einer Heilung

- ◆ der Kontakt mit dem Heiler
- ◆ die Durchführung der Heilmaßnahme
- ◆ die Feststellung des Heilerfolgs
- ◆ sowie gegebenenfalls eine Notiz über die Reaktion des Umfeldes, in dem der Geheilte lebt.

Wenn diese Elemente sich also nicht nur in den neutestamentlichen Heilungserzählungen finden, sondern ebenso in älteren jüdischen oder heidnischen Vorläufertexten, so liegt dies in der inneren Logik des Geschehens. Eine literarische Abhängigkeit lässt sich aus diesen Übereinstimmungen nicht begründen, noch viel weniger der Rückschluss auf die Historizität bzw. Fiktivität des berichteten Ereignisses.

Die jüngere exegetische Forschung hat gezeigt, dass die Wunderberichte – anders als früher angenommen – keineswegs spätere Einschübe darstellen. Vielmehr konnte aufgewiesen werden, dass diese Berichte zum Grundbestand der Jesusüberlieferung gehören und unlösbar mit dieser verbunden sind. Wollte man das Wunderbare aus dem Erzählzusammenhang lösen, so würde man damit den Gesamttext entstellen, wenn nicht gar zerstören.

7.5 Das Urteil der Historiker

Interessanterweise hat nicht nur die Exegese, sondern auch die Geschichtswissenschaft zu einer neuen Deutung der Wunder Jesu gefunden. Die aktuelle historische Forschung erkennt der Wundertätigkeit Jesu mindestens einen historischen Kern zu. Für dieses positive Urteil sind folgende Argumente maßgeblich: Eine Wundertätigkeit Jesu ist in den geschichtlichen Quellen überaus reich bezeugt. Verstärkend kommt hinzu, dass dieses Zeugnis sich in unterschiedlichen Formen und Gattungen sowie in unterschiedlichen Traditionsschichten findet. Gerade die Evangelien als die ältesten Quellen sprechen einhellig und mit großer Eindringlichkeit von einer solchen Wundertätigkeit. Darüber hinaus ist das wundersame Wirken des Rabbi aus Nazaret selbst in außerchristlichen Quellen erwähnt. Historisch besonders bedeutsam ist schließlich, dass weder die zeitgenössischen Gegner Jesu noch Kritiker der jungen Kirche eine Wundertätigkeit Jesu jemals infrage stellen. Die grundsätzlich positive Antwort auf die Frage nach den Wundern Jesu verlangt allerdings nach einer Differenzierung. So gelten insbesondere die Heilungswunder Jesu als definitiv historisch. Umstritten ist, ob zu ihnen auch die Totenerweckungen gehören. Im Blick auf die Natur- und Speisewunder gehen die Meinungen der Exegeten wie der Historiker auseinander.

7.6 Das Urteil der Theologen

Aus theologischer Sicht ist ein außerordentliches Einwirken Gottes auf die Welt nicht nur als möglich, sondern als notwendig vorauszusetzen. Der Glaube an Gott, den Schöpfer, Retter und Vollender der Welt macht nur Sinn, wenn man Gott das Großartige und geradezu Unglaubliche zutraut. Wer an einen Gott glaubt, der die Welt aus dem Nichts ins Dasein gerufen hat, sie auf ihrem Weg durch die Zeit begleitet und dafür bürgt, dass diese Welt nicht einfach verlischt, sondern in Gott ihre Vollendung findet, hat sich bereits dafür entschieden, Wunder für möglich zu halten, mehr noch, auf sie zu hoffen. Im Grunde lebt bereits jedes noch so kleine Bittgebet von der Hoffnung auf Gottes rettendes Eingreifen in die Welt. Würde man ein solches Eingreifen von vornherein ausschließen, so hätte es auch keinen Sinn, angesichts der eigenen Notlage um ein solches Eingreifen zu bitten.

Mit dem Wunder ist die Frage nach dem Verhältnis Gottes zur Welt gestellt. In diesem Zusammenhang wird immer wieder eingewandt, dass Wunder eine Durchbrechung der Naturgesetze darstellen, die sowohl in theologischer wie auch in naturwissenschaftlicher Hinsicht problematisch sei. Diese Argumentation sieht eine theologische Problematik darin, dass ein wiederholtes Eingreifen Gottes in die Schöpfung auf ein sehr unvollkommenes Schöpfungswerk schließen ließe. Der Gedankengang begegnet oft in der populären Formulierung, Gott sei in diesem Fall weniger vollkommen als ein menschlicher Ingenieur, von dem doch jedermann erwarte, dass er nicht ständig in den Lauf seiner Konstruktion eingreifen müsse, um diese nachzubessern. Eine solche Argumentation kann aber, wenn überhaupt, nur auf den ersten Blick überzeugen. Bei der Schöpfung Gottes handelt es sich nämlich gerade nicht um eine Riesenmaschine, die – einmal in Gang gesetzt – bis zu ihrer Verschrottung nach ihren internen Baugesetzen funktioniert. Vielmehr ist die Schöpfung Gottes ein dynamisches Unternehmen, das wesentlich durch den Aspekt der Freiheit gekennzeichnet ist. Wenngleich es in der Schöpfung zweifellos geregelte Vorgänge gibt, so liegt ihre Besonderheit doch darin, dass sie nicht auf den Ablauf vorbestimmter Prozesse reduzierbar ist.

Das Wunder muss nicht notwendig zu einer Kollision mit dem Weltverständnis der Naturwissenschaften führen. Nach heutigem Kenntnisstand der Naturwissenschaften sind Naturgesetze nicht als selbstständig wirkende Kräfte anzusehen, die die Wirklichkeit aus sich heraus bestimmen, wie dies für juristische Gesetze gilt. Vielmehr handelt es sich bei ihnen um methodische Regeln, die man formuliert hat, weil sie sich unter bestimmten Umständen beim Verständnis und bei der Beherrschung dieser Wirklichkeit als hilfreich erweisen. Außerordentliche Phänomene, die über diese Regeln hinausweisen, sind damit nicht ausgeschlossen. Sie stellen die grundsätzliche Gültigkeit dieser Regeln auch nicht infrage, da diese Regeln sich bei der Beschreibung der natürlichen Zusammenhänge weiterhin bewähren. Worauf diese außerordentlichen Phänomene jedoch hinweisen, ist das Ungenügen eines ausschließlich naturwissenschaftlichen Zugangs zur Welt.

Dieser grundsätzlichen Offenheit für ein wundersames Wirken Gottes in der Geschichte steht nicht entgegen, dass auch Christen der Behauptung, in einem Phänomen der natürlichen Welt begegne ein Wunder, mit Skepsis begegnen dürfen und sogar müssen. Wie alle übrigen Menschen so sind auch Christen aufgerufen, sich zunächst einmal ihrer Vernunft zu bedienen und alle natürlichen Faktoren eines Sachverhalts zu prüfen. Wo sie dies tun, bringen sie zum Ausdruck, dass bereits das geordnete Zusammenspiel der natürlichen Faktoren im Grunde wunderbar ist, da es die Voraussetzung für Leben schafft. So ist es letztlich der Respekt vor der Schöpfung, der sie dazu antreibt, diesem geordneten Zusammenspiel auch intellektuell nachzuspüren.

Kraft ihres Glaubens erkennen Christen bereits in dem erstaunlichen Ineinandergreifen der natürlichen Faktoren den Willen des Schöpfers, Leben zu geben und es in Freiheit zu erhalten. Darüber schließen sie jedoch nicht aus, dass Gott die Möglichkeit hat, in außerordentlicher Weise in seine Schöpfung einzugreifen. Im Gegenteil: Sie glauben fest daran, dass Gott diese Möglichkeiten nicht nur hat, sondern sie auch nutzt, um seiner Schöpfung in den verfahrenen Situationen ihrer Geschichte immer wieder neue Möglichkeiten zu eröffnen.

8. Passion und Tod Jesu

Dass Jesus von Nazaret von den Römern zum Tod verurteilt und am Kreuz hingerichtet wurde, zählt zu den Daten, die kein Historiker bezweifelt. Alle vier Evangelien berichten ausführlich von der Passion und dem Tod Jesu. Exegetische Untersuchungen konnten zeigen, dass speziell diese Textteile noch einmal älter sind als die Evangelien selbst. Ihre Ausführungen schildern vier Einzelereignisse: Jesu Abendmahl, seine Verhaftung, das Verhör vor jüdischen und den Prozess vor römischen Autoritäten und schließlich die Hinrichtung am Kreuz. Die Aussagen der vier Quellen weichen zwar in manchen Detailangaben voneinander ab, zeigen aber in ihren Kernaussagen eine bemerkenswerte Übereinstimmung. Dieser Umstand spricht für eine hohe historische Zuverlässigkeit der Berichte.

8.1 Das Abschiedsmahl

Historisch sicher ist, dass Jesus mit seinen Jüngern ein Abschiedsmahl gefeiert hat (vgl. Mk 14,12–25). Nach den Angaben der synoptischen Evangelien war dieses Mahl ein Paschamahl, nach der davon abweichenden Angabe des Johannesevangeliums ein Mahl in der Vorbereitungszeit auf das Pascha (vgl. Joh 13,1–11). Dieses Mahl fand orientalischen Gepflogenheiten entsprechend bei einbrechender

Abendmahl

Dämmerung statt. Geladen war lediglich die Kerngruppe des Jüngerkreises. Im Laufe dieses Mahles nahm Jesus auf das ihm bevorste-
hende Geschehen Bezug. Dabei deutete er die zum Mahl stehenden
Gaben Brot und Wein als seinen Leib und sein Blut und erklärte, diese
müssten für das Heil der Welt dahingegeben werden. Diesen Worten
ist zu entnehmen, dass Jesus selbst seinen Tod als Konsequenz seiner
Botschaft betrachtete und ihm darüber hinaus eine Heilsbedeutung
beimaß. Die Jünger erkannten in den Abendmahlsworten Jesu zu Brot
und Wein eine Zeichenhandlung von bleibender Bedeutung. Dem
Evangelisten Lukas zufolge erteilte Jesus mit den Worten »Tut dies zu
meinem Gedächtnis!« den ausdrücklichen Auftrag zur Wiederholung
(Lk 22,19; 1 Kor 11,24 f.). Historisch sicher ist, dass die Urkirche das
Gedächtnis Jesu seit frühester Zeit im Mahl von Brot und Wein gefeiert und damit wachgehalten hat.

8.2 Verhaftung und Verhör vor jüdischen Autoritäten

Während der Nacht, die auf das Mahl folgte, ging Jesus in den Garten Getsemani, um zu beten. Dort wurde er von seinem Jünger Judas
durch einen Kuss verraten und von den Vertretern der jüdischen Behörden gefangen genommen. Ein Verhör vor dem Hohen Rat, dem
obersten jüdischen Leitungsorgan, schloss sich an.

Nach Auskunft aller vier Evangelien sollte das Verfahren gegen
Jesus dazu dienen, eine bereits
bestehende Tötungsabsicht in
die Tat umzusetzen und sie über
eine gerichtliche Verurteilung
zu legitimieren. Der Verlauf der
Verhandlung ist historisch nur
in Umrissen nachvollziehbar.
Mit hoher Wahrscheinlichkeit
spielte die von Jesus geübte
Kritik am Tempelkult bei der
gegen ihn erhobenen Anklage
eine wichtige Rolle. Um Jesus
der Blasphemie und damit eines Vergehens überführen zu

Uralter Ölbaum im Garten Getsemani

können, das nach jüdischem Recht mit der Todesstrafe bewehrt war, griff man den Quellen zufolge auf bestellte Falschzeugen zurück. Der Hohepriester kam schließlich zu dem Ergebnis, dass Jesus den Tod verdient hätte. Die jüdischen Behörden konnten dieses Urteil über Jesus jedoch nicht vollstrecken, da die Römer sich als Besatzungsmacht die Blutgerichtsbarkeit vorbehalten hatten.

8.3 Der Prozess vor Pilatus

Um Jesus dennoch beseitigen zu können, überstellte man ihn an die Römer und wies dringlich auf die Notwendigkeit einer Verurteilung hin. Dies begründete man nun jedoch nicht mehr mit dem Vorwurf der Blasphemie, die beim Prozess vor dem Hohenpriester noch im Mittelpunkt gestanden hatte. Die Anklage, die man nun gegen Jesus erhob, stellte aller Wahrscheinlichkeit nach auf politische Motive ab. Den Quellen zufolge spielte dabei die Königstitulatur eine wichtige Rolle. Demnach unterstellte man Jesus, er habe einen politischen Umsturz angestrebt. Eine solche Anklage ließ erwarten, dass die Römer Jesus einen kurzen Prozess bereiten würden, der mit einem Todesurteil endete.

Pilatus nahm das ihm aufgedrängte Verfahren an. Er konnte die von jüdischer Seite erhobenen Vorwürfe zwar selbst nicht bestätigt finden, brachte jedoch nicht den Mut auf, sich dem Erwartungsdruck zu widersetzen, den die Jerusalemer Tempelaristokratie auf ihn ausübte. Den Angaben des Johannesevangeliums zufolge machte Pilatus noch vereinzelte Versuche, um das aus seiner Sicht nicht gerechtfertigte Todesurteil zu vermeiden. So hoffte er zunächst, über eine Begnadigung, die zum Paschafest üblicherweise gewährt wurde, einen Ausweg finden zu können. Vor die Wahl gestellt, ob Jesus oder dem ebenfalls gefangenen Aufrührer und Mörder Barabbas das Leben geschenkt werden solle, entschied das Volk sich jedoch für Barabbas und damit gegen Jesus.

In der Hoffnung, der Zorn der Ankläger würde sich legen, wenn man Jesus in massiver Weise gedemütigt sähe, ließ Pilatus Jesus sodann geißeln. Diese körperliche Strafe wurde von den Römern häufig verhängt. Dabei wurde der Delinquent mit einem besonderen Gerät, der Geißelpeitsche, geschlagen. Diese Peitsche bestand aus mehreren zusammengefassten Lederriemen, in die Knochenstücke oder Metallteile eingeflochten waren. Sie sollten auf der durch den

Pilatus präsentiert dem Volk den Dornenkönig: »Seht, welch ein Mensch!«

Schlag aufplatzenden Haut tiefe Wunden reißen. Eine weitere Misshandlung, die Jesus erfuhr, die Dornenkrönung, scheint nicht zu den Foltermaßnahmen gehört zu haben, die damals mit Billigung des Gerichts verübt werden konnten. Möglich ist, dass sie auf die Initiative der römischen Soldaten zurückging, die an dem Angeklagten ihre Aggressionen ausließen.

Das Todesurteil, das gegen Jesus schließlich verhängt wurde, lautete auf Hinrichtung durch das Kreuz. Die gewählte Todesart spricht zusammen mit der weithin als historisch angesehenen Kreuzesinschrift für eine Verurteilung als politischer Aufrührer. Eine solche Urteilsbegründung war im Kontext der historischen Gesamtsituation nachvollziehbar. Jesus hatte in seiner Predigt vom Reich Gottes und damit von einer neuen Königsherrschaft Gottes gesprochen. Wenngleich Jesus selbst wohl keine Opposition gegen die Römer mit diesen Worten verband, so konnten diese in der politisch unruhigen Provinz Palästina doch gefährliche Missverständnisse hervorrufen, zumal Jesus Menschenmassen anzog und sich ein Sympathisantenkreis gebildet hatte. Dies galt umso mehr, als es bereits in den Jahren, die dem Auftreten Jesu vorausgegangen waren, zu verschiedenen Aufständen gekommen war, bei denen das Gedankengut eines aus Galiläa stammenden charismatischen Menschen (Judas Galilaios) eine große Rolle gespielt hatte.

Detail aus dem Isenheimer Altar

8.4 Die Hinrichtung am Kreuz

Der Tod am Kreuz ist eine Hinrichtungsart, die selbst dem an raue Sitten gewöhnten antiken Empfinden als besonders grausam und schändlich galt. Aus diesem Grund durfte sie (offiziell) nicht gegen römische Bürger verhängt werden. In der Regel traf die Kreuzigung ausschließlich Sklaven und Schwerverbrecher. Massenhaft angewendet wurde diese Form der Hinrichtung gegen Aufständische. So hatte Quintilius Varus bei der Niederschlagung des Zelotenaufstandes im Jahre 4 v. Chr. 2000 Aufrührer kreuzigen lassen.

Für die Kreuzigung war an der Hinrichtungsstätte ein Längsbalken in die Erde gerammt. Den zugehörigen Querbalken musste der Verurteilte selbst zur Hinrichtungsstätte tragen. Vor Ort wurde er üblicherweise mit Seilen oder mit Nägeln, die man durch das Handwurzelgelenk trieb, am Querbalken befestigt. Danach zog man diesen Querbalken mit Stricken am Längsbalken hoch und verband die beiden Holzteile miteinander.

Der Schauder, den man während der gesamten Antike mit dem Wort vom Kreuz verband, dürfte nicht nur auf die mit dieser Hinrichtung verbundene soziale Ächtung zurückgehen, sondern in hohem Maße mit dem überaus langsamen und grausamen Tod zusammenhängen, der einen zur Kreuzigung Verurteilten erwartete. Die Dauer des Todeskampfes konnte abgekürzt werden, wenn man dem Gemarterten die Halt gebenden Schienbeine zerschlug, sodass dieser sich nicht mehr abstützen und aufrichten konnte. Die dadurch entstandene Hängeposition presste dann den Oberkörper zusammen und führte so zu einem relativ raschen Tod durch Kreislaufkollaps.

Jesus, der nicht nur entwürdigende Folterungen und die mit der Kreuzigung verbundenen Qualen erdulden musste, sondern darüber hinaus Verrat, Verlassenheit und Spott erfährt, wird so zum Inbegriff der Geschundenen dieser Erde. In seinem Leiden erweist er sich mit ihnen solidarisch und verbreitet noch im Tod die Botschaft, dass Gott allen Menschen nahe ist, besonders denen, die man gewaltsam um ihr Leben bringt.

Um die mit der Kreuzigung verbundene Abschreckung auf die Spitze zu treiben, war es unter den Römern üblich, die Gekreuzigten nach Eintreten des Todes noch längere Zeit am Hinrichtungsort zu belassen. Im Falle Jesu sah man wegen des nahen Paschafestes davon ab. So konnte Jesus noch am Abend seiner Hinrichtung bestattet werden. Dazu wurde er der jüdischen Sitte entsprechend in ein Tuch gehüllt. Bestattungsort war ein Felsengrab.

In einer mit einem Rollstein versehenen Grabhöhle dieser Art wurde Jesus in Jerusalem bestattet

8.5 Warum musste Jesus sterben?

Auf die Frage »Warum musste Jesus sterben?«, lassen sich historisch betrachtet viele Antworten geben. Denkbr sind folgende Varianten:

Jesus musste sterben ...

… weil er ein Mensch und als solcher sterblich war;

… weil er als vermeintlicher Aufrührer zum Tod verurteilt und hingerichtet wurde;

… weil er den Vertretern der Tempelaristokratie ein Dorn im Auge war;

… weil Pilatus zwar seine Unschuld erkannt hatte, aber nicht den Mut fand, sich gegen die Erwartungen anderer zu stellen;

… weil er eine Botschaft vertrat, welche die religiösen Autoritäten provozierte;

… weil er sich mit seiner Reise nach Jerusalem auf ein gefährliches Terrain begeben hatte;

… weil er es ablehnte, sich der Gefahr durch Flucht zu entziehen.

Die aufgelisteten Gründe zeigen die Vielschichtigkeit des Geschehens. Betrachtet man den Tod Jesu in diesen umfassenden Dimensionen, so wird deutlich, dass dieser nicht einfach nur das blinde Opfer einer fremden Dynamik war. Wenngleich er seinen Tod sicher nicht gesucht hat, so ist er ihm doch offensichtlich auch nicht ausgewichen.

8.6 Der Tod – die Konsequenz einer Botschaft der Liebe für alle

Jesus musste klar sein, dass seine Botschaft, die von einer neuen Zeit des Heils sprach und dieses Heil allen zusagte, ihn in Konflikt mit denen bringen musste, die an gesellschaftlichen, religiösen, wirtschaftlichen und politischen Veränderungen nicht viel Interesse hatten. Dies gilt einmal schon im Blick auf die damals herrschenden religiösen Autoritäten. Die Evangelien berichten ebenso wie andere Quellen von einem bereits länger schwelenden Konflikt zwischen Jesus und den Schriftgelehrten, wobei sich besonders die Tempelpartei der Sadduzäer hervortat. Jesus musste also wissen, welche Empfindsamkeiten er mit seiner Botschaft gerade in Jerusalem provozierte.

Jesus musste sich des Weiteren im Klaren darüber sein, dass seine Botschaft in der von Rom besetzten Provinz Palästina auch in politischer Hinsicht missverständlich war. Die Rede vom Reich Gottes und einer neuen Zeit des Heils schien denen Auftrieb zu geben, die ein Ende der römischen Vorherrschaft herbeisehnten. Da Jerusalem sowohl das religiöse wie auch das politische Zentrum des Landes darstellte, lag es auf der Hand, dass sich die absehbaren Konflikte in dieser Stadt bedenklich zuspitzen würden. Dennoch wich Jesus vor diesem Schritt nicht zurück. Er ließ sich von den Herrschenden seiner Zeit nicht einschüchtern und wich ihnen nicht aus, sondern stand vor den Augen der Jerusalemer Tempelaristokratie wie im Angesicht der waffenstarrenden römischen Besatzungsmacht zu der Botschaft, die er als seine Lebensaufgabe betrachtete.

8.7 Das Kreuz verstehen

Die Frage »Warum musste Jesus sterben?« besitzt nicht nur eine historische, sondern auch eine theologische Sinnspitze. Letztere lässt nach der theologischen Bedeutung dieses Todes fragen. Dabei ist erneut daran zu erinnern, dass Jesus mit seiner Menschwerdung zugleich das Los des Todes gewählt hatte. Als Mensch war er sterblich. Aber warum musste es dieser frühe, dieser entehrende und vor allem dieser grausame Tod sein?

Die frühe Kirche suchte nach Erklärungen auf diese Frage. Sie ging dabei viele Wege: Sie sprach vom notwendigen Leiden des Gerechten in einer ungerechten Welt ebenso wie vom Lebenseinsatz, den der gute Hirte für seine Schafe bringt (vgl. Joh 10,11–18). Sie nutzte alte Vorstellungen eines Sühnopfers ebenso wie das aus der Schuldsklaverei stammende Verständnis eines Loskaufs aus der Gefangenschaft (vgl. z. B. Mk 10,45; Kol 2,14). Die Vielzahl dieser Vorstellungen zeugt von dem Erklärungsdruck, den man angesichts der Ungeheuerlichkeit des Geschehens empfand. Vielsagend ist, dass die verschiedenen Erklärungsmodelle nebeneinander stehen blieben und sich bis auf den heutigen Tag in der Bibel finden. Dieser Umstand belegt, dass keines dieser Modelle das Geheimnis des Kreuzes für sich ganz auszuloten vermag. Selbst die beste aller Erklärungen kann nicht dazu dienen, aus dem Kreuz Jesu etwas anderes zu machen, als das, was es ist: ein Stachel im Fleisch der Menschheit.

Aus der Vielzahl der in der Bibel vorgebrachten Erklärungen wählte die Christenheit im Laufe ihrer Zeit einzelne aus, deren Erklärungskraft sie besonders ansprach. Bei ihrer Auswahl spielten kulturelle Kontexte eine wichtige Rolle. So geschah es, dass der römisch beeinflussten Westkirche vor allem jenes Modell einleuchtete, das den Tod Jesu als ein Sühnopfer deutete, welches für die Sünden der Menschen dargebracht werden musste. Dass gerade dieses Erklärungsmuster und nicht ein anderes gewählt wurde, erklärt sich aus der Sicht der Theologiegeschichte mit einem für die römische Welt typischen, ausgeprägten Rechtsdenken. Dieses betrachtete die Sünden der Menschen als ein Vergehen, das Sühne und Genugtuung verlangte. Die weltläufige Logik lehrte, dass in einem solchen Fall einer für den entstandenen Schaden einstehen musste. Da die Menschen von dieser »Satisfaktionsleistung« überfordert waren, trat dem Vorstellungsmodell zufolge Jesus für sie ein und leistete die notwendige Genugtuung. Jesus wurde so vor allem im Bild des Opferlamms gesehen, das für die Sünden der Welt geschlachtet werden musste. Die Begegnung mit der germanischen Welt, die in diesem Punkte ähnlich empfand wie die römische, verstärkte die einmal getroffene Wahl zusätzlich.

Ganz andere Wege hingegen beschritt die Ostkirche. Sie schloss sich stärker an das Verständnis des guten Hirten an, der für das Wohl seiner Schafe das Letzte gibt, wenn es sein muss sogar sein Leben. Unter diesem Bild entwickelte die Ostkirche Vorstellungen, die Jesus nicht als Sühnopfer, sondern in verschiedenen Rollen des Helfers und Retters zeigen, der sich für seine Schutzbefohlenen verzehrt. So versteht die Ostkirche Jesus Christus weniger als Opferlamm, sondern wählt etwa das Bild eines Lehrers, der die Menschen durch seine weise Lehre zum Leben führen will. Daneben kennt die Ostkirche das Bild des Arztes, der sich bis zum Äußersten einsetzt, um die Menschen zu retten, die durch die Sünde wie durch eine Krankheit geschwächt sind.

Die Christenheit der Westkirche hat das von ihr bevorzugte, auf dem Sühnegedanken basierende Modell über Jahrhunderte hin als angemessen betrachtet und mit Gewinn verwendet. Mittlerweile hat dieses Modell seine Erklärungskraft jedoch weitgehend eingebüßt: Mit dem kulturellen Wandel zur Moderne und ihrer ausdrücklichen

Wertschätzung jedes einzelnen Menschenlebens empfindet man den Gedanken vom stellvertretenden Sühnetod eines Menschen, der für andere den Tod auf sich nimmt, um deren Schuld zu sühnen, als schwierig, ja als geradezu unmoralisch (diese Position vertrat insbesondere Immanuel Kant, 1724–1804). Erklärungen, die den Tod Jesu als Sühnetat für die Sünden der Menschen vorstellen, errichten heute in der Regel mehr Hürden, als sie beseitigen.

9. Die Auferstehung Jesu

Die Auferstehung Jesu ist das zentrale Ereignis des christlichen Glaubens. Wäre Jesus im Tod verblieben, so stünde seine Person in einer Reihe mit anderen exemplarischen Personen, die gegen alle Widerstände eine Botschaft der Menschlichkeit verkündeten und dafür ihr Leben ließen. Jesus ragt aus einer solchen Reihe jedoch heraus. In ihm begegnet mehr und anderes als in Sokrates und Gandhi. Auch sie ließen für ihre Überzeugung ihr Leben. Jesus hingegen ist nicht im Tod verblieben, sondern auferstanden.

9.1 Endgültig liquidiert?

Die Gegner Jesu durften hoffen, dem Wirken Jesu von Nazaret mit der Kreuzigung ein für alle Mal ein Ende gesetzt zu haben. Jesus war tot und konnte nicht mehr für Unruhe sorgen. Es war auch nicht zu erwarten, dass er posthum noch zu einer Identifikationsfigur wurde, immerhin war das Kreuz der klassische Tod für Schwerverbrecher, vergleichbar mit dem heute noch gebräuchlichen elektrischen Stuhl. Das war kein Leben, das zur Nachahmung einlud. Hinzu kam, dass mit dem Tod am Kreuz aus jüdischer Sicht zusätzlich ein religiöses Stigma verbunden war. Nach der Tora galt ein Gekreuzigter als ein von Gott Verfluchter (Dtn 21,23). So sprach vieles dafür, dass man die Anziehungskraft des aus Galiläa stammenden Charismatikers auf Golgota ein für alle Mal gebrochen hatte.

Zunächst schien es, als hätten die Erwartungen der Gegner Jesu sich erfüllt. Mit dem Tod des Meisters hatte sich die Jesusbewegung zerstreut. Der Jüngerkreis war zerfallen, seine Mitglieder waren enttäuscht nach Galiläa geflohen und hatten sich in den Schoß der Familie zurückgezogen. Mit der Kreuzigung Jesu waren die Jünger nicht nur ihres Anführers, sondern auch ihres Lebenshorizontes beraubt. Ihnen war klar, was sie selbst erwartete, falls sie seine Predigt fortsetzten. Eine Fortsetzung kam für sie zu diesem Zeitpunkt allerdings nicht infrage. Hatte nicht Gott selbst Jesus verflucht? Was war seine Botschaft noch wert? Die Jünger hatten geglaubt, mit Jesus einem Propheten zu folgen. Waren sie stattdessen einem Scharlatan aufgesessen? Hatte Jesus sie, statt in die Nähe Gottes, ins Abseits geführt? Hatten sie *dafür* alles aufgegeben: Familie, Heimat, Beruf, Ansehen? Die Enttäuschung der Jünger muss grenzenlos gewesen sein (vgl. Lk 24,19–21).

9.2 »Jesus lebt!«

Umso mehr erstaunt es die Historiker, dass diese Jünger, die sich nach dem Geschehen auf Golgota in wilder Flucht zerstreut hatten, nach kurzer Zeit wieder öffentlich auftauchen, eine Gruppe bilden und sich ausdrücklich als Jünger Jesu zu erkennen geben. Sie, die vor kurzem noch jede Verbindung zu ihrem früheren Meister geleugnet und in panischer Angst das Weite gesucht hatten, gingen nun nach Jerusalem, dem für sie gefährlichsten Ort, und setzten die Predigt Jesu dort öffentlich fort. Diese völlig überraschende Wende war zudem nicht etwa ein letztes Aufbäumen oder eine kurze vorübergehende Phase, die das völlige Erlöschen der Jesusbewegung vorbereitete. Nein, die Jünger blieben bei ihrer Entscheidung für die Sache Jesu, nahmen dafür massive Belastungen in Kauf und zögerten schließlich auch nicht, dafür in den Tod zu gehen. Was war geschehen?

Die Schriften des Neuen Testaments geben zusammen mit anderen Quellen auf diese Frage eine klare Antwort. Sie lautet: Jesus lebt! Er, der Gekreuzigte, ist nicht im Tod verblieben, sondern hat dessen Macht überwunden, denn Gott hat ihn auferweckt. Die Jünger machen bereits kurze Zeit nach dem Tod Jesu Erfahrungen, in denen ihnen Jesus begegnet und sich als einer, der lebt, zu erkennen gibt. Diese Erfahrungen werden im Neuen Testament als ein Innewerden, genauer: als ein »Sehen« beschrieben. Die dabei verwendete Verbform macht deutlich, dass dieses Sehen eine außergewöhnliche Wahrnehmung ist, die Aktivität sowohl auf Seiten dessen fordert, der sich sehen lässt, wie auch auf Seiten dessen, der wahrnimmt. Die Begegnung im Sehen ist so tief, dass sie die Betroffenen von Grund auf verwandelt.

Sie macht aus denen, die vor kurzem noch in Zweifeln befangen waren, Entschlossene. Und sie verleiht jenen Unbeugsamkeit und Mut, die sich Tage zuvor noch in den Verstecken ihrer Jugend verkrochen hatten.

Wo die Quellen diese Begegnung beschreiben, greifen sie auf das zu ihrer Zeit geläufige Vokabular der Apokalyptik zurück. Sie sprechen von Jesus als dem Auferstandenen. Zur näheren Erklärung verweisen sie auf das Leben schaffende Wirken Gottes, das in Jesus selbst den Tod überwunden hat. Diese Aussagen zeigen, dass für die Jünger Jesu nun alle Zweifel, die sein Tod hervorgerufen hatte, ausgeräumt sind. Sie sind überzeugt, dass Jesus, der nun auf neue Weise lebt, der Gesalbte ist, auf den das Volk Israel seit Jahrhunderten sehnsüchtig gewartet hat: der Messias, der Christus. Dieses tiefe, sichere Wissen, treibt die Jünger fortan an. Es gibt ihnen persönliche Sicherheit, wenn sie gefahrvolle Situationen zu bestehen haben, und verleiht ihrer Predigt von Jesus als dem Christus (= dem Gesalbten, dem Messias) eine faszinierende Strahlkraft.

9.3 Zeugnis und Zeitpunkt

Die alles umwälzende Erfahrung der Auferstehung Jesu führte zur Ausbildung von Bekenntnisformeln, in denen die Christen des Anfangs ihr Verständnis von Tod und Auferstehung Jesu zusammenfassten. Die bekannteste und wohl auch bedeutendste Formel überliefert Paulus im ersten Korintherbrief (1 Kor 15,3–5). Textkritische Untersuchungen konnten nachweisen, dass diese Formel bereits wenige Jahre nach Jesu Tod im Umlauf war. Paulus bezeugt zudem, dass diese Formel zum Standardrepertoire aller urchristlichen Glaubensboten gehörte (1 Kor 15,11).

Das älteste Zeugnis von der Auferstehung Jesu

Christus ist für unsere Sünden gestorben,
gemäß der Schrift, und ist begraben worden.

Er ist am dritten Tag auferweckt worden,
gemäß der Schrift, und erschien dem Kephas,
dann den Zwölf. (1 Kor 15.3–5)

Die Formel benennt Jesu Tod und Auferstehung als zwei grundlegende Heilsereignisse und gibt jeweils zwei Belege für diese beiden Aussagen an. Einen ersten Beleg sieht die Formel in Aussagen der Schrift, die nicht näher bezeichnet werden, dies, weil sie den Adressaten der Formel wohl geläufig sind. Als zweiter Beleg kommt im Falle des Todes Jesu das Grab hinzu. Zur Beglaubigung der Auferstehung werden Zeugen benannt, nämlich Petrus und die Gruppe der Zwölf. Auffällig ist die hervorgehobene Stellung des Petrus (Kephas). Er ist einmal erstgenannt und wird zudem als Einziger namentlich vorgestellt. Petrus muss danach mindestens zwei Begegnungen mit dem Auferstandenen gehabt haben, denn die Formel erwähnt eine frühe Einzelerfahrung und die darauf folgende Erfahrung im Zwölferkreis, dem Petrus angehört.

Die Frage nach dem Zeitpunkt der Auferstehung ist historisch nicht eindeutig zu beantworten. Die Evangelien berichten von einer Auferstehung Jesu. Nach antiker Zählweise, bei der angebrochene Tage stets voll mitzählen, konnte damit ein Zeitraum gemeint sein, der unter Umständen nicht sehr viel länger war als ein Tag. Möglich ist auch, dass die Angabe von drei Tagen ein metaphorisches Datum darstellt, das auf Aussagen des Alten Testaments anspielt (vgl. Hos 6,2). Diese sprechen davon, dass Gott seinen Gerechten nur kurze Zeit der Bedrängnis aussetzt, um ihn bereits am dritten Tag zu retten. Als historisch sicher gilt der kurze zeitliche Abstand zum Kreuzesgeschehen.

9.4 Wer war der erste Zeuge: Petrus oder Maria Magdalena?

Zu den letztlich nicht zu klärenden zeitlichen Fragen zählt die Frage nach den ersten Zeugen der Auferstehung. Hierzu gibt es zwei gegenläufige Traditionen, nämlich zum einen die der Evangelien, die einhellig von einer Erstzeugenschaft der Frauen spricht und dabei Maria Magdalena besonders hervorhebt, und zum anderen das Zeugnis des ersten Korintherbriefes, das eine entsprechende Vermutung für Petrus nahelegt. Die historisch größere Plausibilität spricht für Petrus. Seine Zeugenschaft ist in älteren Quellen belegt, die Quellen für eine Erstzeugenschaft der Frauen weisen zudem stark legendenhafte Züge auf.

Ob Petrus nun Erstzeuge war oder nicht, nach dem Zeugnis des ersten Korintherbriefs ging seine Begegnung mit dem Auferstandenen der Begegnung voran, die dem Zwölferkreis insgesamt zuteil wurde. Dies legt die Vermutung nahe, dass Petrus es war, der nach seiner Auferstehungserfahrung mit den übrigen Jüngern Kontakt aufnahm und damit ihre erneute Sammlung bewirkte. Da sein Zeugnis von Jesus dem Auferstandenen damit aller Wahrscheinlichkeit nach die Neuformation des Jüngerkreises und damit die Gründung der Kirche einleitete, gilt es als das Felsenfundament des Glaubens (Mt 16,18).

9.5 Betrug, Scheintod und Vision – skeptische Meinungen zur Auferstehung

Kam es in der Zeit der Aufklärung zur Skepsis gegenüber den im Neuen Testament berichteten Wundern, so musste dieselbe Skepsis sich umso mehr auf die Auferstehung Jesu richten, die ein ebenso außerordentliches wie geschichtsmächtiges Ereignis beschrieb. Weil man zu dieser Zeit allem Übernatürlichen skeptisch gegenüberstand, wurden alternative Antworten entwickelt, die erklären sollten, wie es nach dem Tod Jesu zur grundlegenden Wende im Jüngerkreis gekommen war. Die Varianten reichen von der Annahme eines Jüngerbetrugs (H. S. Reimarus †1768) über die Vermutung eines Scheintodes Jesu (H. E. Paulus †1851) bis hin zu verschiedenen Visionstheorien (D. F. Strauss †1874). Diese drei alternativen Deutungen stellen Grundtypen dar, die in Werken der Gegenwart wieder aufleben und ähnliche Zweifel an der Auferstehung Jesu formulieren.

Natürlich muss man den Wahrheitsgehalt solcher Annahmen prüfen. Das Ergebnis ist allerdings relativ schnell gefunden: Bei den drei alternativen Erklärungen handelt es sich um ausgesprochen späte Deutungen. Sie nehmen zu einem historischen Geschehen Stellung, von dem sie mehr als 1700 Jahre Abstand haben. Da diese Deutungen nicht einen einzigen historischen Beleg vorweisen können, handelt es sich bei ihnen zunächst einmal um bloße Behauptungen. Die Frage ist von daher, wie plausibel sie sind. Plausibilität kann ihnen aber gerade nicht bescheinigt werden, denn ihre Annahmen harmonieren schlecht mit anderen, historisch sicheren Daten des Geschehens. Damit sind die genannten Annahmen als historisch eher unwahrscheinlich zu bewerten.

Gegen die *Betrugshypothese* spricht, dass die Jünger aus ihrer Begegnung mit dem Auferstandenen eine Sicherheit bezogen, die sie zeitlebens behielten. Diese Folge würde sich kaum aus einer Lüge ergeben. Gegen die Hypothese spricht weiterhin, dass die Jünger für die Wahrheit der Auferstehung sogar mit ihrem Leben einstanden. Auch diese Konsequenz wäre im Falle einer selbst ersonnenen Lüge eher unwahrscheinlich.

Da die *Scheintodhypothese* eine Betrugshypothese in sich enthält – immerhin setzt sie voraus, dass die Jünger bewusst einen falschen Sachverhalt verkündeten –, hat sie die Argumente gegen sich, die gegen die Betrugshypothese ins Feld geführt werden. Hinzukommen weitere Argumente aus den Passionsberichten, die für die Hinrichtung Jesu medizinisch zuverlässige Todesindizien bezeugen.

Die *Visionshypothese* würde hinreichen, um eine Realitätsstörung in einem einzelnen Jünger zu erklären. Unwahrscheinlich ist allerdings, dass zwölf Personen, die zu diesem Zeitpunkt räumlich voneinander entfernt sind (Zerstreuung der Jünger im Raum Galiläa), etwa zeitgleich alle dieselbe Realitätsstörung entwickeln. Dies gilt umso mehr, als es sich bei den Jüngern nicht um psychisch übersensible Personen, sondern um bodenständige Menschen handelte, die ein Leben als Fischer und Handwerker führten. Ungewöhnlich wäre weiterhin, dass alle diese angebliche Störung ein Leben lang aufrechterhielten und dafür sogar in den Tod gingen.

9.6 Das leere Grab

Im Kontext der Auferstehung Jesu wird auch die Frage des leeren Grabes diskutiert. Die ältesten Zeugnisse der Auferstehung Jesu äußern sich nicht dazu. Die deutlich später entstandenen Ostererzählungen der Evangelien hingegen sprechen übereinstimmend von einem leeren Grab. Die Bedeutung eines leeren Grabes für die Auferstehung Jesu darf dennoch nicht überschätzt werden. Zum einen ist ein leeres Grab kein zuverlässiger Beweis für die Auferstehung, denn für ein leeres Grab gibt es zahlreiche natürliche Erklärungen (Verwechslung der Grabstätte, Diebstahl des Leichnams, Betrug ...). Ebenso wäre ein Grab, das den Leichnam Jesu noch enthielte, kein zuverlässiger Beweis gegen eine Auferstehung. Sämtliche Schriften des Neuen Testaments bezeugen klar, dass das mit der Auferstehung beginnende neue Leben Jesu eine von Gott geschenkte, besondere Existenz darstellt. Diese muss nicht notwendig die körperliche Hülle des Verstorbenen aufnehmen. Wenngleich damit manches im Letzten offen bleiben muss, so ist doch festzuhalten, dass alte Zeugnisse für ein leeres Grab sprechen, während keine einzige Quelle ein Grab bezeugt, das den Leichnam Jesu noch enthielt.

9.7 Auferstehung – die theologische Deutung

Nach der Sicherung der greifbaren Daten und ihrer Auswertung ist nun von der theologischen Bedeutung der Auferstehung zu sprechen: Sie betrachtet den Tod Jesu und behält dabei im Blick, dass dieser Tod nicht von ungefähr kommt. Vielmehr stellt er die natürliche Konsequenz eines Lebens dar, das seinen Sinn darin erkannte, ganz für andere da zu sein. Jesus wusste, dass seine Botschaft vom Heil für alle Menschen die Interessen der religiösen wie der politischen Autoritäten durchkreuzte. Deren Widerstände konnten ihn jedoch nicht von seinem Weg abbringen.

Vor diesen großen Zusammenhängen muss der Tod Jesu als Tragödie verstanden werden, die nicht nur ihn selbst und seine Anhänger betraf, sondern die gesamte Menschheit. Die gesamte Menschheit verlor in Jesus wie auch in Sokrates, Gandhi und anderen namenlosen Lichtgestalten Fürsprecher und Wohltäter, die ihr Leben einsetzten, um das Leben anderer zu fördern. Damit vermittelt der Tod Jesu, wie der Tod anderer Gerechter, zunächst einmal die unendlich traurige Einsicht, dass unter den Bedingungen dieser Welt oft genug nicht Selbstlosigkeit und Liebe, sondern Skrupellosigkeit, Macht und Eigennutz den Sieg davontragen. Wäre es beim Tod Jesu geblieben, so spräche dieser gegen all das, was das Leben Jesu ausgemacht hat. Sein Ende hätte nämlich gezeigt, dass der Weg, den er vorausgegangen war, nicht ins Heil, sondern ins Scheitern führte.

Der Tod hat im Leben Jesu aber nicht das letzte Wort, denn Gott selbst greift ein und setzt diesem Tod in der Auferstehung Jesu einmalig und unüberbietbar eine Grenze. Jesus ist dem Tod entrissen. Damit aber ist der Tod nicht mehr die endzeitliche Macht, der keiner entrinnt. Seine Macht ist gebrochen. Indem Gott selbst eingreift und Jesus eine Zukunft eröffnet, der der Tod nichts mehr anhaben kann, ist zugleich die Macht derer gebrochen, die geglaubt hatten, Person und Werk Jesu ein für alle Mal auslöschen zu können. Die Auferstehung des Sohnes wird damit zum letzten Beweis für die Wahrheit seiner Botschaft. Tod und Auferstehung Jesu belegen, dass das Reich Gottes tatsächlich angebrochen ist. Gottes Heil kann nun von keiner

Ostern auf dem Dach der Grabeskirche in Jerusalem

Macht der Welt mehr aufgehalten werden, denn Gott selbst hat sich entschlossen, ihm gegen alle Widerstände zum endgültigen Durchbruch zu verhelfen. Das aber ist wahrhaft eine Freudenbotschaft für alle Menschen.

Wenn der auf grausamste Weise zu Tode Geschundene mit der Fülle des Lebens beschenkt wird, dann wird das zum Hoffnungszeichen für die Geschundenen dieser Erde. In Jesus Christus erfahren sie, dass Gottes schöpferische Macht auch dort noch Leben, Heil und Zukunft eröffnen kann, wo aus menschlicher Sicht alles unwiederbringlich verloren erscheint. Eben deshalb feiern Christen an Ostern das Fest der Auferstehung Jesu mit dem freudigen Ruf *Halleluja*.

10. Jesus Christus – Gottes Liebe in Person

Wer Jesus durch die Evangelien begleitet, spürt die Faszination, die von ihm ausgeht. In ihm begegnet uns eine einzigartige Gestalt, die Menschen in ihren Bann schlägt und in ihnen die Frage anstößt:

Wer ist dieser Jesus? Auf diese Frage gibt das Christentum eine ebenso klare wie herausfordernde Antwort, indem es feststellt: Jesus Christus ist mehr als nur ein besonders begnadeter Mensch. Er ist Gottes Liebe in Person.

10.1 Wer ist dieser Jesus?

Die Jünger, die mit Jesus umherzogen, erlebten ihn in seiner ganzen Menschlichkeit. Sie beobachteten, dass er wie sie schlief und wachte, Freude, Angst und Trauer empfand, aß und trank. Gleichzeitig merkten sie, dass es mit diesem Jesus etwas Besonderes auf sich hatte. Sie spürten, dass er ein Charisma besaß, das andere Menschen in seinen Bann zog. Dieses Charisma hatte auch sie selbst bewogen, ihm zu folgen und dafür alles aufzugeben, was ihnen bislang wichtig gewesen war. Das Besondere dieses Jesus lag darin, dass er nicht nur von Gott erzählte wie andere Lehrer, sondern den Menschen in seiner Art, für sie da zu sein, einen neuen Zugang zu Gott eröffnete. Jesus sprach vom Heil, das Gott jetzt schon allen Menschen anbot. In der Begegnung mit ihm kam dieses Heil greifbar nahe. Diese Erfahrung machte die Faszination aus, die seine Person umgab.

Die Zeitgenossen Jesu sehen sich herausgefordert, das Außerordentliche, das ihnen in Jesus begegnete, zu begreifen. Dieser Umstand bleibt Jesus nicht verborgen. Er weiß, dass Menschen versuchen, sich ein Bild von ihm zu machen. Aus diesem Grund stellt er seinen Jüngern die Frage: »Für wen halten die Menschen mich?« (vgl. Mk 8,27) Die Antwort, die er auf diese Frage erhält, ist vieldeutig: Die einen halten ihn für den wiedergekommenen Johannes den Täufer, andere betrachten ihn als den zurückgekehrten Elija, und wieder andere erkennen in ihm Jeremia oder einen anderen Propheten. Die Vielfalt dieser Deutungen zeigt, dass Jesus die Menschen an große Gestalten des Glaubens erinnert, ohne dass das Geheimnis seiner Person in einer von ihnen ihr Maß fände.

10.2 »Du bist der Messias, der Sohn Gottes!«

Während die Zuhörer Jesu noch nach Vergleichen suchen, mit denen sie sein Charisma fassen können, reift in seinen Jüngern die

Erkenntnis, dass ihr Meister weder die Reinkarnation Johannes des Täufers ist, noch die des Elija, des Jeremia oder die irgendeines anderen Propheten. Sie erkennen, dass er überhaupt nicht im Rückgriff auf eine Person der Vergangenheit zu verstehen ist, da mit ihm etwas radikal Neues, Eigenes angebrochen ist. Der Darstellung des Matthäusevangeliums zufolge ist es Petrus, der – von Jesus danach befragt – diese Einsicht ausspricht, indem er bekennt: »Du bist der Messias, der Sohn des lebendigen Gottes!« (Mt 16,16)

Mit dieser Antwort wendet Petrus zwei Würdetitel auf Jesus an, die beide betonen, dass mit Jesus nicht etwas Altes, Bekanntes noch einmal wiederkehrt, sondern etwas Neues anbricht. Im Messiastitel klingt an, dass Jesus der lang ersehnte Retter ist, der die Hoffnungen seines Volkes erfüllt. Die Bezeichnung »Sohn Gottes« geht über die Messiastitulatur noch einmal hinaus. Sie reißt den Horizont auf für eine Wirklichkeit, die nicht nur für die Juden der Zeit Jesu, sondern auch für die Menschen der Moderne eine Herausforderung darstellt.

Die Haltung Jesu gegenüber dem Titel »Messias« scheint merkwürdig zwiespältig zu sein. Zum einen erhebt er mit seiner Ankündigung, das Reich Gottes sei mit seinem persönlichen Kommen bereits angebrochen, eindeutig einen messianischen Anspruch. Zum anderen scheint er vor der ausdrücklichen Bezeichnung als Messias zurückzuweichen. Die Gründe dafür dürften klar sein: Jesus weiß, dass sich mit diesem Titel nicht nur die Erwartung eines Heilsbringers verbindet, der im Namen Gottes ein Reich des Friedens und der Gerechtigkeit errichten wird, sondern auch ganz konkrete politische Hoffnungen. So ist es nicht nur die Sorge vor möglichen Repressalien von Seiten der römischen Besatzungsmacht, die ihn davor zurückhält, sich ausdrücklich als »Messias« zu bezeichnen, sondern wohl auch die Sorge vor einem möglichen engführenden Missverständnis seiner Botschaft.

10.3 »Messias« und »Sohn Gottes!«

Eine ähnliche Zurückhaltung zeigt Jesus gegenüber dem zweiten Titel, den Petrus auf ihn anwendet: »Sohn Gottes«. Die Einstellung Jesu ist auch gegenüber diesem Titel verhalten. So gibt es im Neuen Testament zwar mehrere Personen, die ihn mit diesem Titel konfrontieren. Nach den Aussagen der Evangelien gehört der Hohepriester Kajaphas (Mt 26,63) ebenso zu ihnen wie der heidnische Hauptmann (Mt 27,54) und Martha, die Schwester des Lazarus (Joh 11,27), ebenso wie Petrus oder die übrigen Jünger (Mt 14,33). Jesus lässt dies scheinbar anerkennend geschehen. Er greift jedoch nicht von sich aus nach diesem Titel. Zumindest findet sich im Neuen Testament keine einzige Stelle, an der Jesus sich selbst ausdrücklich als »Sohn Gottes« bezeichnet.

Die Scheu vor der Verwendung des Titels bedarf einer Erklärung, denn immerhin beansprucht Jesus öffentlich und wiederholt, in einer besonderen, einzigartigen Beziehung zu sei-

Meister Bertram: Christus vor Pilatus

nem göttlichen Vater zu stehen. Die Evangelien belegen, dass er Gott immer wieder ausdrücklich und in hervorgehobener Weise als seinen »Vater« anspricht. Dies wird gerade in den exklusiven Vater-Sohn-Worten deutlich, die sich in allen vier Evangelien finden. Worte wie diese machen klar, dass die Beziehung zwischen Vater und Sohn einzigartig ist und bleibt, auch wenn der Sohn seine Hörerinnen und Hörer einlädt, sich als Kinder Gottes zu verstehen. So eindringlich er sie aufruft, Gott in der Haltung kindlichen Vertrauens zu begegnen, so deutlich macht er doch auch, dass nur er selbst als der Sohn schlechthin von sich sagen kann: »Ich und der Vater sind eins.« (Joh 10,30)

Dass Jesus trotz seines ausgeprägten Bewusstseins, selbst der Sohn des ewigen Vaters zu sein, von sich nie ausdrücklich als von dem Sohn Gottes spricht, wird verständlich, wenn man bedenkt, welche Assoziationen dieser Titel hervorrufen musste. Für die heidnische Umwelt Jesu waren Göttersöhne nichts Ungewöhnliches. Im Pantheon des Polytheismus gab es Göttersöhne, die der sehr menschlich vorgestellten Beziehung eines Gottes zu einer Göttin entstammten oder in sexuellen Beziehungen gezeugt worden waren, die ein in der Regel männlicher Gott mit einer Menschenfrau unterhielt. Dem Judentum hingegen, das früh zu der Überzeugung gelangt war, dass es nur einen Gott gab, waren derartige Vorstellungen ein Gräuel. Entsprechend streng achtete man innerhalb der jüdischen Welt auf ein eindeutiges Bekenntnis zum Monotheismus.

Hätte Jesus sich selbst als Sohn Gottes bezeichnet, so hätte er damit zum einen seine jüdischen Brüder und Schwestern vor den Kopf gestoßen. Sie hätten aus einer solchen Selbstbezeichnung geschlossen, dass er sich vom jüdischen Monotheismus ab- und dem heidnischen Polytheismus zugewandt hatte. Mit einer Selbstbezeichnung als Sohn Gottes hätte Jesus zum anderen ein Fehlverständnis seiner Person nach heidnischem Vorbild riskiert. In den Augen griechisch denkender und griechisch empfindender Zeitgenossen hätte er damit beansprucht, ein Halbgott zu sein, wie man dies etwa von Herakles behauptete. Diese Folgen ließen eine Zurückhaltung angeraten sein, wie Jesus sie faktisch gegenüber dem Titel »Sohn Gottes« praktizierte.

Prophet, Messias, Sohn Gottes – Jesus spricht prophetisch, verkündet ein messianisches Reich und lebt aus der exklusiven Verbundenheit mit Gott als seinem Vater. Von daher scheint es richtig zu sein, wenn Menschen ihn als Propheten, Messias und Sohn Gottes verstehen. Dennoch wird keiner dieser drei Titel vollends bestätigt. Jeder von ihnen erfährt vielmehr eine Korrektur, die ein »mehr als«, »anders als« zu bedenken gibt. Mit diesen Korrekturen macht Jesus darauf aufmerksam, dass jeder dieser Titel zwar eine gewisse Angemessenheit besitzt, aber dennoch keiner von ihnen das Geheimnis seiner Person ausschöpfen kann. Indem Jesus sich mit keinem dieser Titel voll und ganz identifiziert, hält er die Wahrnehmung seiner Person offen.

10.4 Jesus, der Christus – das Zeugnis der Kirche

Die junge Kirche lässt diese Zurückhaltung fallen. Sie verwendet diese Titel häufig und unbefangen. Der Grund dafür liegt in den Veränderungen, die mit Jesu Tod und Auferstehung erfolgt sind. Die Apostel, die von Jesus Zeugnis geben wollen, können nun nicht mehr auf einen Meister verweisen, den man persönlich erleben und begleiten kann. Aus diesem Grund sind sie gezwungen, auf den Punkt zu bringen, worin die Besonderheit dieses Jesus bestand und besteht. Die junge Kirche ist damit zu einer Form von Klarheit gezwungen, die für Jesus selbst so nicht bestand. Sie muss Titel anwenden, um das Geheimnis Jesu Christi mitteilbar zu machen, und sie tut es auch. Der Begriff »Christus« wird schon um die Mitte des ersten Jahrhunderts nicht mehr als Titel, sondern als Teil eines eigenen Namens verstanden. In diesem Sinne sprechen auch Christen heute von Jesus Christus.

Daneben nutzt die junge Kirche ein rundes Dutzend weiterer Titel, um mit ihrer Hilfe zu beschreiben, worin das Charisma Jesu bestand. Jesus wird Herr genannt, Rabbi, Meister und Prophet. Er wird als Menschensohn und Retter angesprochen, als Immanuel und Sohn Davids gepriesen. Diese Erfahrung einer letztlich unaussagbaren Faszination und Vertrautheit schlägt sich in einem frühen Bekenntnistext nieder, der versucht, dieses Geheimnis nicht analytisch, sondern poetisch auszuloten. Es handelt sich um einen Hymnus der Urkirche, den der Apostel Paulus in seinem um das Jahr 55 n. Chr. geschriebenen Brief an die Philipper wiedergibt. Dieser lautet:

Phil 2,6–11

Er war Gott gleich,
hielt aber nicht daran fest, wie Gott zu sein,
sondern entäußerte sich
und wurde wie ein Sklave
und den Menschen gleich.

Sein Leben war das eines Menschen;
er erniedrigte sich
und war gehorsam bis zum Tod,
bis zum Tod am Kreuz.

Darum hat ihn Gott über alle erhöht
und ihm den Namen verliehen,
der größer ist als alle Namen,
damit alle im Himmel, auf der Erde und unter der Erde
ihre Knie beugen vor dem Namen Jesu
und jeder Mund bekennt:
›Jesus Christus ist der Herr‹ –
zur Ehre Gottes, des Vaters.

11. Jesus in der Sicht anderer Religionen

Das Gespräch der Religionen miteinander hat dazu geführt, dass auch nichtchristliche Gläubige auf Jesus von Nazaret aufmerksam geworden sind.

11.1 Jesus in der Sicht des Judentums

Jüdische Gelehrte verweisen mit Nachdruck darauf, dass Jesus zunächst einmal Jude war. Sie sehen in ihm deshalb vor allem den älteren Bruder, dessen Verwurzelung im Judentum lange Zeit verkannt und missachtet wurde. Darüber hinaus schätzen jüdische Gelehrte Jesus als einen wegweisenden Rabbi und kundigen Gesetzeslehrer. Einzelne dieser Gelehrten billigen ihm sogar den Status eines Propheten zu.

Für Juden nicht tragbar sind hingegen Aussagen, die Jesus aus der Sphäre des Menschlichen herausheben und ihm eine göttliche Qualität zubilligen, indem sie ihn etwa als »Sohn Gottes« bezeichnen. Derartige Aussagen gehören für das Christentum zum ausdrücklichen Grundbestand seines Bekenntnisses. Für Juden hingegen kollidieren solche Ansprüche mit ihrem strengen Eingottglauben.

Ebenso lehnen Juden es ab, in Jesus den Erlöser der ganzen Welt und damit nach jüdischer Sicht den Messias zu sehen. Diese Haltung begründen sie mit ihrer eigenen religiösen Tradition. Diese lehrt, dass der Messias bei seiner Ankunft ein die ganze Welt umfassendes Reich des Friedens und der Gerechtigkeit schaffen wird. Dieses messianische Hoffnungsziel wird sehr konkret vorgestellt, weshalb das faktische Fortdauern von Hunger, Krieg und Ausbeutung in der Welt eine messianische Qualität des Wirkens Jesu nach jüdischer Sicht widerlegt. Christen nehmen diesen Widerspruch mit Betroffenheit zur Kenntnis. Sie wissen, dass es der Botschaft Jesu zufolge ihnen übertragen ist, das Wirken Jesu fortzusetzen und dabei reales Heil zu schaffen.

11.2 Jesus in der Sicht des Islam

Im Islam ist das Interesse an Jesus durch Aussagen im Koran vorgeprägt. Dort wird Jesus als Prophet vorgestellt, der vor allem zu Umkehr und Gericht aufgerufen hat. Sie zeigen ihn darüber hinaus

Felsendom in Jerusalem

als treuen Diener Gottes, der in der Intensität seiner Hingabe zum Vorbild für andere wurde.

Aufgrund dieses exemplarischen Gottesverhältnisses ist für den Islam der Kreuzestod Jesu schlechthin undenkbar. Muslimen erscheint die Annahme, Gott habe einen ihm derart ergebenen Menschen in der Not allein gelassen, als unannehmbare Zumutung. Aus diesem Grund gehen Muslime davon aus, dass Jesus nicht wirklich am Kreuz gestorben ist, sondern durch einen Engel Gottes vorzeitig hinweggenommen wurde. Ebenso kategorisch abgelehnt werden darüber hinaus das christliche Verständnis Jesu als Sohn Gottes sowie die damit zusammenhängende Trinitätslehre. Muslime fürchten, dass es mit dieser Kernaussage des christlichen Bekenntnisses zu einer Aufweichung des Eingottglaubens kommt.

11.3 Jesus in der Sicht des Hinduismus

Namhafte Vertreter des Neohinduismus beschäftigen sich bereits seit dem 19. Jahrhundert mit der Person Jesu. Dieser beeindruckt in erster Linie als Lehrer der Wahrheit. Unter dieser Perspektive erfährt auch das Evangelium eine ausdrückliche Wertschätzung und wird als Lehre, die das Leben fördert, angesehen. So gilt das Evangelium insbesondere als zuverlässiger Wegweiser zu Frieden und Glück. Die besondere Autorität, die der Hinduismus Jesus zubilligt, hängt damit zusammen, dass man in Jesus eine Inkarnation des Göttlichen (Avatar) erkennt. Eine solche wird etwa auch für Krishna angenommen. Da der Hinduismus viele solcher Inkarnationen zulässt, besitzt Jesus im Unterschied zum Christentum im Hinduismus keine Sonderstellung. Er gilt nicht als der einzige Erlöser der Welt. Vielmehr steht er in einer Reihe mit anderen Avataren wie Krishna. Das Christentum hält demgegenüber fest, dass Gott selbst in Jesus Christus ein für alle Mal nahe gekommen ist. Aus diesem Grund gilt die Offenbarung Gottes in Jesus Christus dem Christentum als ein unüberbietbareres Ereignis.

11.4 Jesus in der Sicht des Buddhismus

Der Buddhismus hat erst in unserer Zeit begonnen, sich für Jesus von Nazaret zu interessieren. Wo dies geschieht, würdigt man in der Regel die Gemeinsamkeiten, die zwischen Jesus und Buddha bestehen: Beide waren zunächst als Wanderprediger unterwegs, beide sammelten Jünger um sich, die später als Multiplikatoren für die Position ihres Meisters wirkten, von beiden berichten Schriften, die zur Basis einer sich weiter entwickelnden Lehre wurden. Beide, Jesus wie Buddha, wurden schließlich zu Religionsstiftern. Der Buddhismus gesteht zu, dass in Jesus ebenso wie in Buddha alle Menschen ihr Heil finden können. Damit ist Jesus im Buddhismus zwar als Erlöser der ganzen Welt und damit als universaler Erlöser anerkannt. Im Unterschied zum Christentum, das diese Position Jesus allein zuweist, teilt er diese im Buddhismus aber mit anderen Personen wie beispielsweise Buddha.

WOZU BRAUCHT MAN DIE KIRCHE?

1. Was meint das Wort Kirche?

Wer von und über »Kirche« redet, muss vorab definieren, was er meint, eine organisierte Religionsgemeinschaft, ein sakrales Bauwerk oder die Gemeinschaft der Christen. Kirche wird in erster Linie verstanden als eine große gesellschaftliche Gruppe, die unter staatlichem Schutz gottesdienstliche Feiern anbietet und verschiedene soziale Aufgaben übernimmt. Die Institution selbst ist heute für viele fragil geworden. Die Parole der siebziger Jahre »Jesus ja – Kirche nein« ist weitergeschrieben: Religion, so meint man, sei Privatsache; den Glauben und seine Inhalte macht man mit sich selber aus.

1.1 Biblische Bilder für die Kirche

Das Wort »Kirche« leitet sich aus dem griechischen »kyriake«, »dem Herrn gehörig«, ab. Im Neuen Testament steht der Begriff »Ekklesia« (latinisiert: Ecclesia) für die Kirche, die christliche Gemeinde, die sich als von der Welt herausgerufenes Volk Gottes versteht, das sich in Jesu Namen versammelt.

Nach katholischem und orthodoxem Verständnis wurde die Kirche von Jesus bewusst eingesetzt und gestiftet. Ihr geistlicher Ursprungsort, die Quelle, aus der auch die Sakramente entspringen, ist die durch den Lanzenstich des römischen Soldaten geöffnete Seitenwunde, aus der Blut und Wasser fließen. Dieses Bild aus dem Johannesevangelium korrespondiert mit der Schöpfungsgeschichte und der Erschaffung Evas aus der Rippe Adams: Jesus ist der neue Adam, der in das Reich des Todes hinabgestiegen ist und der Menschheit so einen Neubeginn ermöglicht hat.

Die Gegenwart Christi ist in der Kirche in den Sakramenten erfahrbar. Der Papst ist als Nachfolger des Apostels Petrus der eigentliche Bischof der Kirche. Nur in Verbindung mit ihm kann die bischöfliche Autorität in vollem Sinne ausgeübt werden.

Die aus der Reformation entwickelten kirchlichen Gemeinschaften lehnen insbesondere letzten Punkt ab. Für sie ist Kirche die Versammlung der Gläubigen, bei welcher das Evangelium gepredigt und die Sakramente gereicht werden. Seit der Reformation wird die Unterscheidung zwischen sichtbarer und unsichtbarer Kirche betont. Während die sichtbare Kirche durch ihre Strukturen und Traditionen erkennbar ist, ist in der unsichtbaren Kirche Jesus Christus wirklich gegenwärtig.

Wer nach Bildern und Beschreibungen von Kirche sucht, wird zunächst die Heilige Schrift und die Tradition der Kirche nach Metaphern befragen, die zur Sprache bringen, wie Kirche durch die Geschichte erlebt, erhofft, erlitten und erträumt wurde.

Die biblischen Texte beschreiben die Kirche als Acker, als Weinberg, als Zelt Gottes unter den Menschen, als makellose Braut, als Herde, als Gottes Bauwerk, als Stall, dessen Tür Christus ist u. a. Besonders eindrücklich sind die Bilder des Apostel Paulus: Er vergleicht im Römerbrief die Kirche mit einem Ölbaum, dessen Wurzel das Volk Israel ist und dessen aufgepfropfte Zweige die Christen sind. Seine Mahnung, »Nicht du trägst die Wurzel, sondern die Wurzel trägt dich« (Röm 11, 18), ist eine bleibende Herausforderung in Blick auf die Beziehungen zwischen Juden und Christen.

Noch wichtiger für das Selbstverständnis von Kirche durch die Geschichte ist das Bild vom Leib mit Christus als dem Haupt und den Gläubigen als dessen Gliedern, das uns in verschiedenen Varianten als ein zentraler Gedanke im Neuen Testament überliefert ist. Im Brief an die Kolosser schreibt Paulus: »Christus ist das Haupt des Leibes, der Leib aber ist die Kirche. Er

Christus und die Kirche im Bild des Weinstocks

ist der Ursprung, der Erstgeborene der Toten; so hat er in allem den Vorrang. Denn Gott wollte mit seiner ganzen Fülle in ihm wohnen, um durch ihn alles zu versöhnen.« (Kol 1, 18 f.) Die Tradition entwickelte daraus das Bild der Kirche als »mystischer Leib Christi« in einem dreifachen Sinn: Er umfasst die Gläubigen im Himmel (triumphierende Kirche), im Reinigungsort (Fegfeuer) und auf der Erde (streitende Kirche). Das Adjektiv »mystisch« bezeichnet die geheimnisvolle Eigenart dieses Leibes im Unterschied zum geschichtlichen Leibe Christi.

Diese Bilder sprechen geistliche Erfahrungen mit Kirche aus, die nur noch begrenzt von uns nachvollzogen werden können, jedoch für die Geschichte und das Selbstverständnis der Kirche seit der Frühzeit wichtig waren und sind.

1.2 Wesensmerkmale der Kirche

Im Glaubensbekenntnis findet sich die Aussage, dass die Kirche »eine, heilige, katholische und apostolische« ist. Es sind diese vier Wesensmerkmale, welche in den frühchristlichen Konzilien als konstitutiv für die Kirche betrachtet wurden. Sowohl die römischkatholische wie auch die orthodoxen Kirchen beanspruchen, die *eine* Kirche zu sein, während die protestantischen Kirchen weniger die sichtbare Kirche betonen, als die Einheit im Glauben und der Verkündigung. Das Merkmal der *Heiligkeit* meint, dass die Glieder der Kirche zwar sündhaft sind, insofern aber heilig genannt werden können, weil sie sich auf Gott ausrichten. Die Kirche ist trotz aller Verfehlungen ihrer Amtsträger und Mitglieder auf einzigartige Weise Gottes Eigentum und sein Zeichen in der Welt. *Katholizität* als Merkmal wird häufig missverstanden, da der Begriff sofort konfessionell gedeutet wird. Sprachlich leitet sich das Wort »katholisch« von »katholikos« ab. Man übersetzt es am Besten mit »allumfassend«, »universell«, »in Ganzheit«. So ist also gemeint, dass die Kirche von Gott gewollt, einig und eins für alle Zeit ist. Viele kirchliche Gemeinschaften verwenden im Glaubensbekenntnis statt »katholisch« den Begriff »christliche Kirche«. Das Wesensmerkmal *»apostolisch«* wird von der katholischen und der orthodoxen Kirche und verschiedenen anglikanischen Gemeinschaften im Blick auf den Ursprung der Kirche, die Apostel, interpretiert. Eine kirchliche Struktur ist nur dann gegeben, wenn »apostolische Sukzession« gegeben ist. Dies meint eine Kontinuität der heutigen

Kirche zur Urkirche durch Handauflegung und Gebet der Bischöfe bei der Weitergabe des kirchlichen Amtes. Kirchen, bei denen dieses Merkmal fehlt, wie etwa die Kirchen der Reformation, sind nach der Sprachregelung der römisch-katholischen Kirche »kirchliche Gemeinschaften«.

Die Kirche entfaltet ihr Leben in vier grundlegenden Dimensionen, die immer gegeben sein müssen, soll die Kirche denn die Kirche sein, die Jesu Christi gewollt hat:

Die vier Dimensionen der Kirche

Martyria: Zeugnis und Verbreitung des Evangeliums
Liturgia: Gemeinsame gottesdienstliche Feiern
Diakonia: Dienst am Menschen
Communio: Gemeinschaft von Glauben

---

2. Der Weg der Kirche durch die Zeiten: Urchristentum und frühe Kirche

Der Weg der Kirche von ihren Anfängen bis zur Gegenwart ist begleitet von Höhen und Tiefen, von Krisen und Neuaufbrüchen, von falschen Allianzen und menschlichen Intrigen, von Heiligen und Sündern. Im Ganzen aber zeigt er sich als ein immer neues Ringen um die Wahrheit des Evangeliums.

2.1 Wie alles anfing

Der Ursprung der Kirche wird traditionell dem ersten Pfingstfest zugeordnet. An diesem Tag – laut Tradition 50 Tage nach Ostern – kam der Heilige Geist über die ängstlich versammelten Jünger und befähigte sie, voll Mut in »Zungen zu reden« und sowohl Gottes Heilstaten als auch die Auferstehung Jesu Christi zu verkünden. Dies wird mit dem Moment gleichgesetzt, in welchem die Jünger begannen, den ihnen gegebenen Missionsauftrag umzusetzen und aus ihren Verstecken voll Mut in die Welt hinauszogen.

Die christliche Kirche entwickelte sich aus zwei Strängen: den Juden- und den Heidenchristen, der Kirche »aus der Beschneidung« und »aus den Völkern«. Bald schon waren die Christen »aus den Völkern« zahlenmäßig überlegen. Dass es trotzdem nicht zum Bruch kam, ist dem im Jahr 48 stattfindenden Apostelkonzil in Jerusalem zu verdanken, von dem sowohl die Apostelgeschichte als auch Paulus berichten. Dabei wurde u. a. verbindlich festgelegt, dass allein die Taufe zur Aufnahme in die Gemeinschaft der Kirche genügt und sich Heiden nicht erst beschneiden lassen müssen, um Christen zu werden. Der Glaube an Jesus Christus, die Taufe und die Teilhabe am Heiligen Geist waren das verbindende Merkmal des Christentums und nicht mehr die Befolgung der jüdischen Ritualgesetze. Damit hatte das Christentum seine eigene Identität gegenüber dem Judentum festgelegt. Die Kirche hatte erstmals in einer gemeinsamen Versammlung eine Streitfrage entschieden.

2.2 Ausbreitung und Verfolgung

Dass eine so kleine Splittergruppe wie die ersten Christen in einem derartigen Tempo anwuchs, ist ein Wunder. Auch charismatische Prediger und Missionare wie Paulus hatten ja meist nur kurz Zeit in den jeweiligen Städten und unterwiesen die Interessierten in großer Geschwindigkeit. Schließlich überließen die Missionare die neuen Gemeinden mehr oder weniger sich selbst und hatten keine andere Möglichkeit mehr, als über Briefkontakt in Verbindung zu bleiben. Die relative Toleranz des römischen Reiches, die karitative Tätigkeit der Christen und gut ausgebaute Verkehrswege begünstigen die Verbreitung des Evangeliums. Ein Großteil der neuen Anhänger des Christentums stammt aus den Reihen der Benachteiligten und Rechtlosen, die sich wohl auch wegen der Bergpredigt Jesu und ihrer »Option für die Armen« angezogen fühlten. Auch viele Frauen scheinen sich unter den frühen Anhängern des Christentums befunden zu haben. Schließlich bot diese neue Religion ihnen einen gleichberechtigten Platz in der Gemeinschaft, der sie in ihrem Menschsein bestätigte

Im Römischen Reich hat es wohl von Anfang an Christen gegeben – im 3. Jahrhundert werden bereits 60 bis 100 Bischöfe erwähnt –, wenn auch Rom noch keine ausgebaute Vormachtstellung hatte. Irenäus von Lyon berichtet um 180 von Christen in Spanien, Germanien und bei den Kelten. Die ersten Zeugnisse für die Verbreitung des Glaubens in England stammen ebenfalls aus dieser Zeit.

Offensichtlich waren die Probleme zwischen Römischem Reich

und Christentum nicht von Anfang an virulent. Das Ende des meist friedlichen Zusammenlebens und der Beginn unnachgiebiger Verfolgung, die bei längerem Andauern die weitere Existenz der Kirche durchaus hätte bedrohen können, wird etwa auf das Jahr 249 datiert. Die Ursache für die Verfolgungen liegt in einem fundamental anderen Verständnis von Religion. Man warf den Christen Aberglaube und Kannibalismus vor. Die Weigerung, den Staatsgöttern zu opfern, wurde schließlich als Komplott gegen das Wohl des Reiches verstanden. Historisch belegbar sind die reichsweiten Verfolgungen in der Zeit zwischen Decius (249–251) und Galerius (305–311). Unter Diocletian (245–316) fanden die grausamen Verfolgungen ihren Höhepunkt.

2.3 Die konstantinische Wende

Im Jahr 311 ereignete sich für das Christentum ein entscheidender Einschnitt: Kaiser Galerius soll auf dem Totenbett das Christentum zur »religio licita«, zur erlaubten Religion, erklärt haben. Zwei Jahre später ereignet sich eine weitere Zäsur in der Christentumsgeschichte. Nachdem – der Legende nach – Kaiser Konstantin vor der Schlacht an der Milvischen Brücke in einer Vision das Kreuz und eine Inschrift »In diesem Zeichen wirst du siegen« erschienen war, gestattet dieser im Edikt von Mailand 313 den Christen die freie Ausübung der Religion.

Die Kirche erhielt nun zahlreiche materielle Zuwendungen und rechtliche Vorteile vom Staat. Die vormals heidnischen Tempel und Ländereien gelangten in den Besitz der Kirche. Die Bischöfe wurden hohe Staatsbeamte, und anstelle der Katakombenkirchen des Untergrunds bestimmten bedeutende Basiliken das äußere Erscheinungsbild der Kirche.

Konstantins Hinwendung zum Christentum wird häufig kontrovers diskutiert. Heute scheint es wahrscheinlich, dass es für diesen Kaiser keinen großen Unterschied zwischen römischen Götterzeichen und christlichen Symbolen gab. Nicht umsonst ließ er neben einer geringen Zahl von Münzen mit christlichen Zeichen auch eine große Menge mit traditionellen Emblemen prägen. Der Frage nach dem wirklichen Glauben und der persönlichen Überzeugung dieses römischen Herrschers kann heute nur mehr sehr schwer nachgegangen werden.

Ehemaliger Thronsaal Kaiser Konstantins in Trier

In den darauf folgenden Jahrzehnten kam es zu einer immer stärkeren Einbindung des Christentums in den römischen Staatsapparat. Als dann 380 Kaiser Theodosius alle Untertanen seines Reiches de facto darauf verpflichtete, den christlichen Glauben anzunehmen, wurde das Christentum auch offiziell Staatsreligion und übernahm die Aufgaben, die zuvor heidnische Institutionen inne hatten. Der Sitz des Christentums war in Konstantinopel, wo der Kaiser, der sich selbst als mit göttlichen Rechten ausgestattetes Oberhaupt betrachtete, residierte. Während dieser Zeit bildeten sich fünf Zentren des Christentums heraus, die jeweils einen geistlichen Führer hatten, einen Bischof, den man nach dem lateinischen Wort »pater« (Vater), einen »Patriarchen« nannte: Jerusalem, Antiochia (in der heutigen Türkei), Alexandria (im heutigen Ägypten), Rom und Konstantinopel (heutiges Istanbul). Der Bischof von Rom wurde Patriarch des Westens, jener von Konstantinopel zum Patriarchen des Ostens. Die allerletzte Autorität blieb beim Bischof von Rom, dem Papst.

Der Preis für die enge Verflechtung von Staat und Kirche war hoch. Trotz des großen Zulaufs verflachte die religiöse und moralische Praxis der Christen, Konflikte zwischen dem Papst und dem Kaiser waren vorprogrammiert.

Katholische Kirchenverfassung

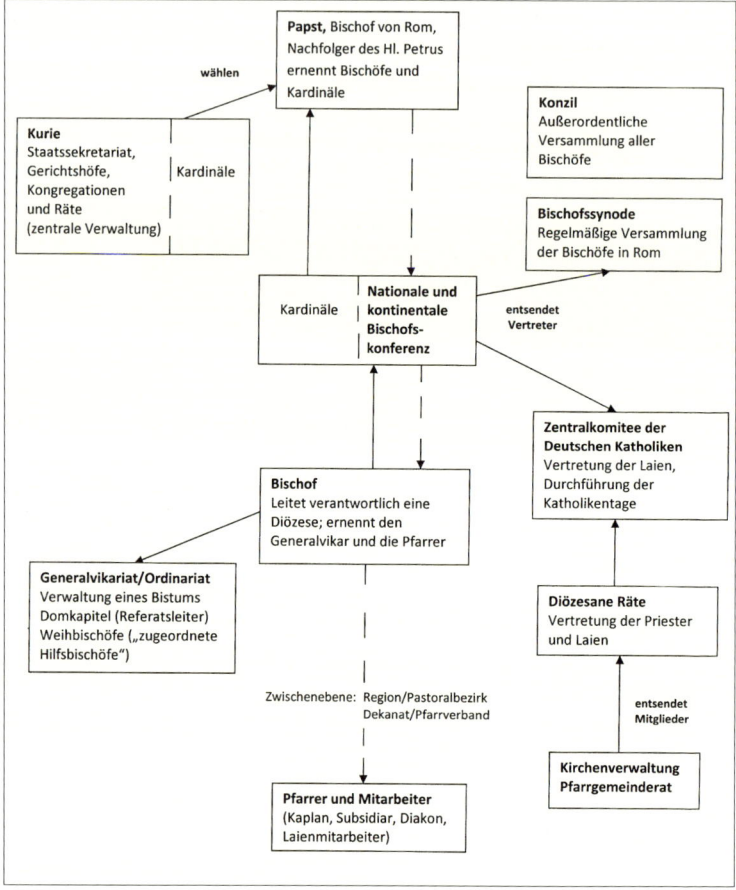

2.4 Die ersten Konzilien

Zahlreich sind Berichte über Auseinandersetzungen der christlichen Gemeinden, was als die wichtigsten Inhalte des Glaubens zu gelten habe. Obwohl bereits im 2. Jahrhundert erste fest definierte Glaubensbekenntnisse entstanden sind, nahmen die Kontroversen über das, was als verbindlich zu gelten hat, zu. Als Anfang des 4. Jahrhunderts Theologen in Streit gerieten, wie die Gottheit Jesu zu deuten sei, berief Kaiser Konstantin im Jahr 325 ein Konzil in der Stadt Nicäa in Kleinasien ein. Zu dieser ersten von 21 »ökumenischen« (d.h. allumfassenden) Kirchenversammlungen reisten mehr als 220 Bischöfe, Kirchenvertreter und Theologen aus allen

Regionen an. Man darf sich ein frühchristliches Konzil nicht als biedere Diskussionsversammlung vorstellen: Auf ihnen wurde mit Nachdruck, manchmal gar unter Einsatz von Fäusten, um den richtigen Glauben gerungen. Parteibildung und Mobbing unliebsamer Einzelkämpfer standen auf der Tagesordnung.

Den ersten vier Konzilien kommt die wichtigste Bedeutung für die Ausgestaltung der Glaubenslehre zu. Man vergleicht sie manchmal auch mit den vier Evangelien oder den vier Paradiesflüssen. Auf ihnen wurden Fragen bezüglich der Gottes- und Dreifaltigkeitslehre, der Christologie, der Erlösungslehre u. a. besprochen. Viele Aussagen konnten sich in ihrer Eindeutigkeit immer nur gegen eine bekämpfte Irrlehre herausbilden und durchsetzten; so reagierte das Konzil von Nizäa (325) auf die Irrlehre des Arianismus, indem es Jesus eine gottgleiche Stellung zuwies. Im Konzil von Konstantinopel (381) wurde die Lehre von der Unterordnung Jesu unter den Vater abgelehnt. Das Konzil von Ephesus (431) widmete sich der Verbindung des menschlichen und des göttlichen Elements in Jesus und betonte die Unmöglichkeit, das eine dem anderen unterzuordnen. Auch wurde Maria dort als Gottesgebärerin definiert, gegen die verbreitete Irrlehre, Jesus sei erst später – wohl bei seiner Taufe – von Gott adoptiert worden. In Chalcedon (451) stehen wieder christologische Fragen im Vordergrund. Zu verhandeln ist, wie Gottheit und Menschheit in Christus sich zueinander verhalten. Das Konzil kommt dabei zum Schluss, dass beide Naturen ungetrennt und unvermischt erhalten sind. In Folge dieses Konzils kommt es zur ersten großen Spaltung: Äthiopier, Kopten aus Ägypten, Armenier, Syrer u. a. wollen das Konzilsergebnis nicht anerkennen und nur an der göttlichen Natur festhalten. Man bezeichnet diese Kirchen auch als altorientalisch oder vorchalzedonisch. Erst 1988 wurden die Lehrstreitigkeiten durch eine gemeinsame Formulierung beigelegt.

Die Konzilien und ihre Themen

Jahr	Ort	Themen
325	Nicäa I	Gottheit Christi – Arianischer Streit – Glaubensbekenntnis
381	Konstantinopel I	Dreifaltigkeit – Gottheit des Hl. Geistes – Glaubensbekenntnis
431	Ephesus	Christologie – Maria als Gottesgebärerin
451	Chalcedon	Christologie – Zwei-Naturen-Lehre

2.5 Die Kirche in den Wirren der Völkerwanderungszeit

Mit der Taufe des Frankenherrschers Chlodwig im Jahr 498 nimmt der erste Stamm der Völkerwanderungen das Christentum an. Mit den Bewegungen enormer Völkermassen ging auch ein Austausch zwischen den einzelnen Kulturen einher, sodass auch germanisches Denken den christlichen Glauben zu durchdringen beginnt. Langsam entstand eine neue, einheitlich christliche Gesellschaft mit dem Papst als Oberhaupt in West- und Mitteleuropa, und man begann sich von Konstantinopel (Ostrom) zu entfremden. Wichtige Daten auf diesem Weg sind die Anfänge des Kirchenstaates im Jahr 754 und die Krönung Karls des Großen zum Kaiser im Jahr 800.

Mit Benedikt von Nursia (480–547) und seiner Ordensregel beginnt das Mönchstum im Westen Fuß zu fassen. Dabei stehen nicht mehr die Weltflucht und die Askese im Vordergrund, wie wir sie im 2. und 3. Jahrhundert in Oberägypten beobachten konnten. Benedikt will mit seiner Klostergründung in Monte Cassino eine Synthese von Gebet und Arbeit, von aktivem und beschaulichem Leben herstellen. Die Bedeutung der Klöster als Kulturträger des Abendlandes kann nicht hoch genug eingeschätzt werden. Ein hoher ethischer Anspruch und maßvolle Klugheit trugen die Bildungs- und Kulturgüter häufig auch in abgelegene Gegenden hinein. Die mönchischen Lebensregeln von persönlicher Besitzlosigkeit, Ehelosigkeit und Gehorsam fanden in einem ausgewogenen Gemeinschaftsleben ihren Nährboden. Gemeinsames und persönliches Gebet, Gottes- und Nächstenliebe, Gastfreundschaft, Ordnung, Ehrfurcht und Beständigkeit sowie das rechte Maß sind bis heute Grundkonstanten benediktinischen Lebens.

Papst Gregor der Große (Papst von 590–604) gilt nicht nur als Biograph Benedikts, sondern auch als der bedeutendste Papst des Frühmittelalters. Sowohl in politischer als auch in theologischer und liturgischer Hinsicht erlangte der durch Akklamation des Volkes gewählte Papst eine unvergleichliche Bedeutung, nicht zuletzt als Wundertäter und Heiliger.

Gregors Entscheidung, Missionare nach England zu senden, legte den Grundstein für die Verbreitung des Christentums im heutigen Europa. Große Bedeutung vor allem im deutschsprachigen Raum hatten die iro-schottischen Missionsmönche. Ihnen ist es zu verdanken, dass sich das ursprünglich in Städten entstandene Christentum auch in ländlichen Gegenden entwickeln konnte.

Entstehung der größeren Konfessionen

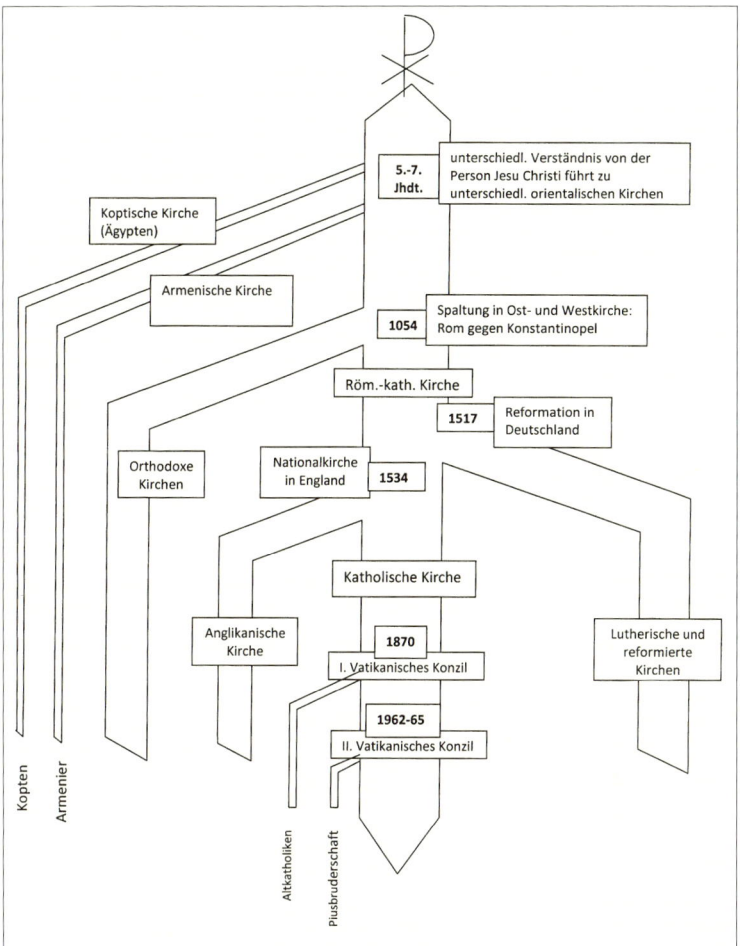

2.6 Die Trennung von Ost- und Westkirche

Dem Bruch zwischen den östlich-orthodoxen Kirchen und der römisch-katholischen Kirche, der auch als »Morgenländisches« oder »Großes Schisma« (= Spaltung) bezeichnet wird, geht eine lange Geschichte fortschreitender Entfremdung voraus. Es sind weniger die kulturellen, sprachlichen und theologischen Unterschiede, die zur Trennung führten, als kirchenpolitische Kalküle. Die politischen Konstellationen der vorangegangenen Jahrhunderte, allen voran die Krönung Karls des Großen zum Kaiser des römischen Reiches durch den Papst, hatten zu einer erheblichen Verschlechterung der Beziehungen zwischen dem Ostreich und dem Westen geführt. Der Kaiser in Konstantinopel fühlte sich durch die Einsetzung eines »Barbarenfürsten« seiner Macht und Autorität beraubt. Dieses Trauma bestimmte die Beziehungen zwischen Ost und West über die Jahrhunderte. Um eine sich ankündigende Auseinandersetzung um die Ausweitung des westlichen Ritus abzuwenden, sandte Papst Leo IX. 1054 eine Abordnung nach Konstantinopel, die von dem cholerischen Kardinal Humbert von Silva Candida angeführt wurde. Die Delegation beharrte gegenüber dem dortigen Patriarchen Michael Kerularius auf dem Alleinherrschaftsanspruch des Papstes, den sie mit Verweis auf die Petrusnachfolge begründeten. Der Kardinal bestritt dabei sowohl den Titel als auch die Gültigkeit der Weihe des Patriarchen. Da die Verhandlungen nicht vorangingen, fertigte er in einem Anfall von »gerechtem Zorn« die Exkommunikationsbulle für den Patriarchen aus. Diese legte er auf dem Hauptaltar der Hagia Sophia nieder, als sich der anwesende Klerus und das Volk gerade anschickten, den gemeinsamen Gottesdienst zu beginnen. Der Ausruf »Videat Deus et judicet« (»Möge Gott sehen und richten«) bekräftigte diesen Akt. Nach der Abreise der römischen Delegation wurden Humbert von Silva Candida und seine Begleiter ihrerseits vom orthodoxen Patriarchen exkommuniziert, wobei sich dieser Akt nicht auf den römischen Papst bezog. Die übrigen Patriarchate des Ostens hatten sich klar auf die Seite des Ostens gestellt und die Ansprüche Roms zurückgewiesen.

Eine bis heute belastende Zäsur in der Beziehung zwischen Ost- und Westkirche stellt die Eroberung Konstantinopels durch die Kreuzfahrer im Jahre 1204 dar. In drei Tagen wurde die Stadt erobert und samt ihren Kirchen geplündert, deren Reliquien man in den Westen brachte. Ab dem 16. Jahrhundert begannen sich Teilkirchen der orthodoxen Christenheit wieder unter den Primat des Papstes zu stellen. Dies führte dazu, dass es momentan unter dem Dach der katholischen Kirche verschiedene »Kirchen eigenen Rechts« gibt, mit eigenem Ritus und mit eigener Rechtsprechung, die aber als mit Rom vereint, »uniert«, gelten.

Erst 900 Jahre später, zeichnete sich ein Durchbruch in den Beziehungen ab: Papst Paul VI. und Patriarch Athenagoras hoben im Jahr 1965 die gegenseitige Exkommunikation auf. Unter Papst Benedikt XVI. kam es in den letzten Jahren zu deutlichen Zeichen der Annäherung und des Dialogs.

3. Mittelalter, Barock, Aufklärung

3.1 Kaiser und Papst: Konflikte um die Macht

Das Hochmittelalter wird bestimmt von einem Auseinanderbrechen des Bündnisses von Thron und Altar. Da der Kaiser seiner Rolle als Schutzherr der Kirche immer weniger nachkommen konnte, wuchs die Bedeutung des Papstamtes und führte zu einem neuen Selbstbewusstsein, in welchem die Kirche sich der weltlichen Herrschaft überordnete.

In seinem Schreiben »Dictatus Papae« forderte Gregor VII. im Jahr 1075 unzweideutig die Unterordnung der weltlichen Macht und dass »nur die Füße des Papstes zu küssen seien.« Den Regenten wurde jegliches Recht abgesprochen, sich in Bischofs- oder Abtswahlen einzumischen. Dies führte zum sogenannten »Investiturstreit«, der Auseinandersetzung darüber, wem es zustünde, Kirchenfürsten ein- und abzusetzen. Die Bischöfe des Reiches ließen sich schnell in das Lager Kaiser Heinrichs IV. ziehen und erklärten Papst Gregor für abgesetzt. Der Papst wiederum belegte den Kaiser mit dem Bann und löste damit auch den Treueid seiner Untertanen.

Der bedrängte Kaiser sah sich im Winter 1076/1077 gezwungen, mit Frau und Kind seinen berühmt gewordenen »Gang nach Canossa« anzutreten, um dort vom Papst die Absolution zu erhalten. Der Papst gewährte ihm diese nach drei Tagen mit der Auflage, die abtrünnigen Fürsten wieder seiner Herrschaft zu unterwerfen. Die Querelen zwischen Kirche und Staat gingen weiter, bis im Wormser Konkordat von 1122 die Übereinkunft einer »Doppelinvestitur« gefunden wurde: Dem König verblieb die weltliche Investitur, symbolisch durch das Zepter dargestellt, dem Papst dagegen

Kaiser Heinrich IV. im Büßergewand vor Papst Gregor VII. in Canossa

stand es zu, die durch Ring und Bischofsstab dargestellten kirchlichen Rechte und Pflichten zu verleihen. Im 13. Jahrhundert nahm Papst Innozenz III. den Titel eines »Stellvertreters Christi« in Anspruch. Mit seinem Nachfolger Bonifaz VIII. begann ein neuer schwerer Konflikt und eine demütigende Niederlage: Nachdem es dem Papst nicht gelungen war, sich dem Vormachtsstreben Frankreichs zu widersetzen, belegte er den französischen König Philipp IV. 1309 mit dem Kirchenbann. Daraufhin nahmen französische Soldaten den Papst gefangen und brachten ihn in das Exil nach Avignon, wo die Päpste unter Aufsicht der französischen Könige fast 70 Jahre residieren mussten. Der Streit um Macht und Einfluss führte auch innerkirchlich immer wieder zu Eskalationen. Den Höhepunkt erlebt die mittelalterliche Kirche beim Konzil von Konstanz (1414–1418), wo sich gleich drei Päpste um die rechtmäßige Nachfolge des Petrus stritten.

Unabhängig von allen kirchenpolitischen Querelen erleben im Hochmittelalter die großen Ordensgemeinschaften eine neue Renaissance. In den Bettelorden der Franziskaner und Dominikaner entstehen neue geistliche Bewegungen. Die Mönche lebten nicht mehr abgeschlossen in einem Kloster, sondern wanderten von Stadt zu Stadt, um das Evangelium zu verkünden und den religiösen Bildungsstand des einfachen Volkes zu heben. Gegen den Geist der Verweltlichung hielten sie das Armutsideal der Urkirche hoch. In diese Epoche fallen auch der Bau großartiger Kathedralen, die Entstehung bedeutender Kunstwerke, eine neue Blütezeit theologischen Denkens sowie die Mystik als ungebrochen faszinierende Form der Gottsuche. Inquisition, Kreuzzüge, Ketzer- und Hexenverfolgungen sind die Schattenseite jener großen Zeit.

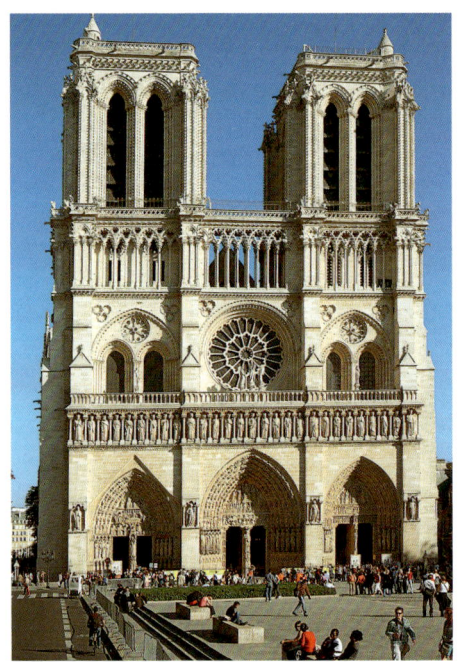

Gotisches Meisterwerk: Notre Dame in Paris

3.2 Reformation und Gegenreformation

Am Ausgang des Mittelalters hatte sich die Einheit des Reiches zugunsten mächtiger Nationalstaaten, die eine gegenüber Kaiser und
Papst eigenständige Politik betrieben, aufgelöst. Gleichzeitig hatten
Reichtum und Einfluss des Adels zu erheblichen sozialen Spannungen mit der Bauernschaft geführt, die in den Bauernkriegen 1525
ihre Zuspitzung erfuhren. Ein Teil des Klerus und der Hierarchie
war geistig und moralisch verfallen. Ihren Niederschlag fanden die
religiösen Missstände nicht zuletzt in der Praxis der Ablasspredigt,
mit denen der Bau der Peterskirche in Rom finanziert werden sollte. Dem bekannten Ablassprediger Johannes Tetzel wird der Satz
»Wenn das Geld im Kasten klingt, die Seele in den Himmel springt«
zugeschrieben. Im Kontrast dazu stand der Wandel im geistigen
Profil der Zeit. Christoph Columbus hatte Amerika entdeckt, Nikolaus Kopernikus, Johannes Kepler und Galileo Galilei hatten mit
ihren Entdeckungen den traditionellen Blick auf die Welt erschüttert. In der Welt der Renaissance und des Humanismus entwickelten sich eine neue Freude am Diesseits und eine Rückbesinnung
auf die Ideale der Antike, welche die religiösen Leitvorstellungen
in den Hintergrund geraten ließ. In diesem Kontext muss eine gerechte Beurteilung der Reformation gesehen werden. Auch wenn
sie heute fast ausschließlich mit dem Namen Martin Luther in Verbindung gebracht wird, darf nicht vergessen werden, dass bereits
vorher verschiedene Kritik an der Verweltlichung der Kirche durch
Einzelne (z. B. John Wyclif, Jan Hus, Erasmus von Rotterdam) oder
durch die Orden und ihre Gründer geübt wurde.

Hinter den biographischen Daten Martin Luthers verbirgt sich
der folgenreichste Einschnitt der mittelalterlichen Kirchengeschichte.

Der Augustinermönch zeigt sich uns heute als ein tief frommer, um
seinen Glauben und mit sich selbst ringender Mensch, der mit großer
Skrupelhaftigkeit die strengen Vorschriften seines Ordens beachtet.
Obwohl er in seiner Ordensgemeinschaft ein Vorbild an Disziplin und
Entsagung ist, treibt ihn die Frage um, wie der Mensch als Sünder
vor einem gerechten Gott bestehen kann. Der eigenen Aussage nach
findet Luther die Antwort in einer Erleuchtung in seinem Arbeitszimmer im Südturm des Klosters, wo er über den Bibelvers Röm 1, 17
nachdenkt: »Denn im Evangelium wird die Gerechtigkeit Gottes offenbart, vom Glauben zum Glauben, wie es in der Schrift heißt: Der

Luthers Werdegang

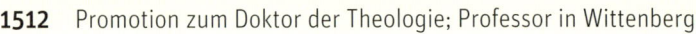

1483 Geburt in Eisleben; Schulbesuch in Magdeburg; Jurastudium in Magdeburg

1505 in Todesangst gelobt Luther bei einem Ge-
witter ein Leben als Mönch; Eintritt in das
Kloster der Augustiner Eremiten in Erfurt

1507 Priesterweihe; Weiterstudium und Lehr-
verpflichtungen in Kirchengeschichte und
biblischer Theologie in Wittenberg

1512 Promotion zum Doktor der Theologie; Professor in Wittenberg

1515 Reformatorische Wende: Turmerlebnis

1517 Veröffentlichung von 95 Thesen gegen den Ablasshandel an
der Klosterkirche Wittenberg; in der Folge Beginn der Auseinandersetzungen mit Rom; Auseinandersetzungen mit
Johannes Tetzel und Johannes Eck

1518 Vorladung nach Rom wegen Ketzerei; Unterstützung durch
Kurfürst Friedrich den Weisen

1520 Bann durch den Papst; Luther verbrennt die Bannbulle
öffentlich; Reformationsschriften: »An den christlichen Adel
deutscher Nation«, »Von der babylonischen Gefangenschaft
der Kirche«, »Von der Freiheit eines Christenmenschen«

1521 Luther lehnt am Reichstag zu Worms den Widerruf seiner
Thesen ab und wird mit Reichsacht belegt und gilt als
»vogelfrei«

1522 als Junker Jörg versteckt sich Luther auf der Wartburg;
Übersetzung des Neuen Testaments ins Deutsche

1525 Luther hält die erste deutsche Messe ab; Heirat mit der
entflohenen Zisterziensernonne Katharina von Bora

1530 Beim Reichstag zu Augsburg präsentieren evangelische
Christen ihr Glaubensbekenntnis, die »Confessio
Augustana«; der Kaiser entschließt sich zur Duldung

1534 Veröffentlichung der Übersetzung des Alten und Neuen
Testaments; die Lutherbibel liefert neue, bilderreiche und
volkstümliche Zugänge und wirkt bildend für die deutsche
Sprache als Ganze

1543 Luther veröffentlicht die Schrift »Von den Juden und ihren Lü-
gen«, welche Vernichtung und Vertreibung der Juden fordert

1546 Tod in Eisleben

aus Glauben Gerechte wird leben.« So deutet Luther die Gerechtigkeit Gottes nicht im Vergleich zu menschlicher Richtertätigkeit, sondern als die ganz neue Gerechtigkeit, die Gott in reiner Gnade schenkt. Obwohl das theologische Denken Luthers oft sehr komplex ist, lässt sich seine Theologie mit den vierfachen Sola/Solus zusammenfassen, die bis heute als theologische Grundsätze der Reformation und entscheidende Eckpunkte evangelischer Theologie gelten.

Die Grundsätze der Reformation

Sola scriptura: Nicht die Tradition der Kirche – wie im römisch-katholischen Verständnis –, sondern allein die Schrift ist die Grundlage des Glaubens.

Sola gratia: Nicht durch gute Werke und menschliches Bemühen, sondern allein durch die Gnade Gottes ist der Mensch gerechtfertigt.

Sola fide: Nicht durch menschliche Leistungen und Verdienste, sondern allein durch den Glauben und das Vertrauen auf die Gerechtigkeit findet der Mensch Zugang zu Gott und zum Heil.

Solus Christus: In Christus haben die drei Prinzipien ihren Grund. Allein durch seine Hingabe am Kreuz sind wir ein für alle Mal gerettet und geheiligt.

Auf der Basis dieser Grundentscheidungen entwickelt sich in der Folgezeit ein Verständnis von Kirche, das sich von dem katholischen unterscheidet. Die katholische Kirche sieht sich als eine zum Heil notwendige Mittlerinstitution, die allein die rechte Auslegung des Glaubens verbürgen kann. In der Hierarchie sieht der Katholizismus eine von Gott gewollte Ordnung, während Martin Luther ein »allgemeines Priestertum« der Gläubigen vertritt und eine sakramentale Verfassung des geistigen Standes ablehnt. Gegenüber der katholischen Glaubenswelt, die auf dem Gehorsam gegenüber den geistigen Autoritäten besteht, betonen die Kirchen der Reformation bis heute stärker die Freiheit des Einzelnen. In ihnen können Frauen alle Ämter innehaben, und auch eine Verpflichtung zur Ehelosigkeit ist nicht bekannt. Ein zentraler Unterschied findet sich auch im Verständnis sowie in Zahl und Begründung der Sa-

Luther vor dem Reichstag in Worms: »Hier stehe ich, ich kann nicht anders.«

kramente. Martin Luther will gegenüber der Siebenzahl nur drei
Sakramente anerkennen: Taufe, Buße und Abendmahl. Besonders
seine Abgrenzung gegenüber dem römisch-katholischen Eucharistieverständnis bereitet bis heute Schwierigkeiten im ökumenischen Gespräch. Nach römisch-katholischer Lehre ist Christi Leib
und Blut wirklich, real in den Gaben von Brot und Wein gegenwärtig, während nach Luthers Ansicht die Gläubigen Leib und Blut
Christi »in, mit und unter« Brot und Wein entgegennehmen und er
so eher auf einen Zeichen- und Symbolcharakter abhebt.

Die Folgen der Kirchenspaltung waren von ungeheurer Reichweite: Nach der lutherischen Kirche in Deutschland entwickeln sich
weitere protestantische Gemeinschaften, v. a. in der Schweiz und bald
darauf in England. Die seit Karl dem Großen bestehende Einheit des
Reiches drohte zu zerbrechen. Bedeutende Fürstentümer kehren
dem Katholizismus den Rücken und wenden sich der neuen Lehre
zu, nicht ohne ihre Untertanen ebenfalls darauf zu verpflichten.

3.3 Die Antwort der Kirche und das Konzil von Trient

Die von der Reformation angeprangerten Missstände verlangten
nach einer Reform der Kirche und nach einer Präzisierung der Glaubenslehre. Das Konzil von Trient, das von 1545–1563 tagte, fand
für eine Reihe von Problemen nachhaltige Antworten. So wurde die
Ausbildung des Klerus grundlegend reformiert, die Residenz- und
Aufsichtspflicht für Bischöfe angeordnet, der Ablass durch Geldleis-

Evangelische Kirchenverfassung

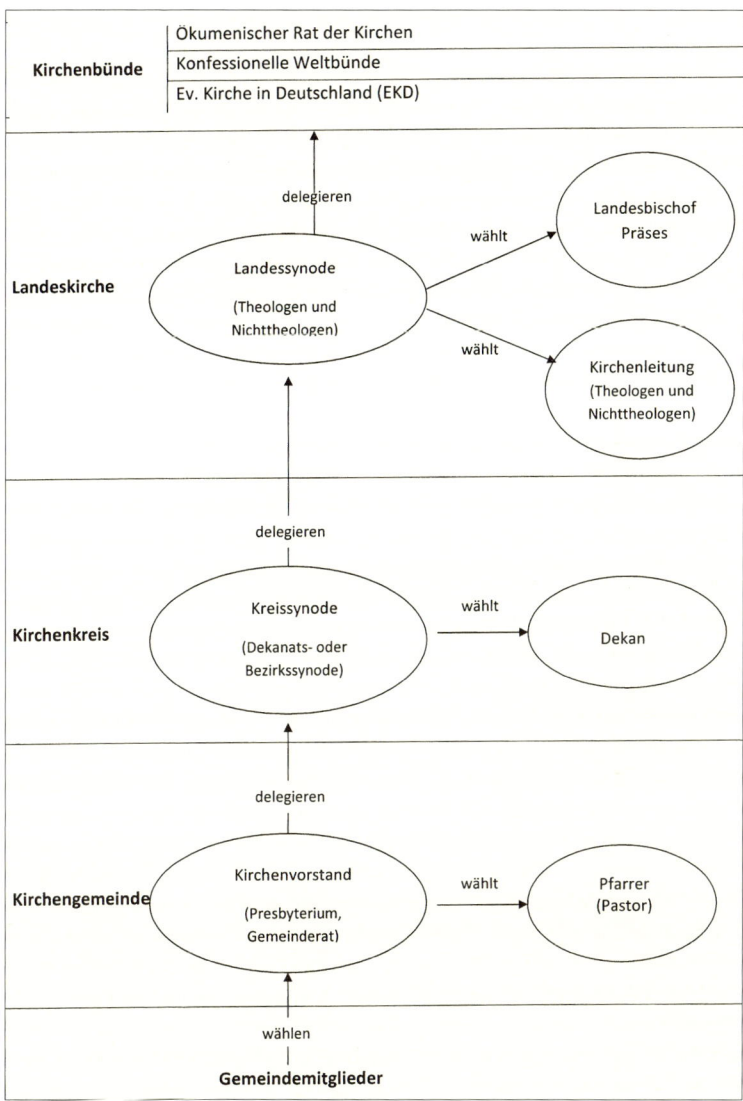

tungen verboten sowie zum Schutz der Gläubigen eine Liste von ver-
botenen Büchern (Index) aufgelegt. Wichtige Präzisierungen fanden
auch in der Sakramentenlehre (v. a. Eucharistie, Ehe) statt. Gegenüber Luther und dem Protestantismus wurden folgende Festlegungen
getroffen:

Die Grundsätze der Gegenreformation

Schrift und Überlieferung der Kirche (Tradition) bilden die Quellen
des Glaubens.
Nicht allein durch die Gnade, sondern auch durch gute Werke wird
der Mensch vor Gott gerecht.
Nicht allein durch Glauben, sondern auch durch die sieben Sakramente der Kirche wird das Heil des Menschen bewirkt.

Ein zentrales Ergebnis des Konzils ist der sogenannte »Katechismus Romanus«, manchmal auch als »Katechismus des Konzils von
Trient« bezeichnet. Er nimmt eine aufs Wesentliche konzentrierte
Stoffauswahl der Glaubenslehre vor. Seine vier Teile (Glaubensbekenntnis, Sakramente, Dekalog, Gebet) bestimmen bis heute den
Aufbau der Katechismen. Für die katholische Kirche bedeutete
das Tridentinum eine Wiedergewinnung an innerer Festigkeit. Die
nächsten 400 Jahre bleibt dieses Konzil für das Glaubens- und Kir-
chenverständnis des Katholizismus bestimmend.

In politischer Hinsicht war die Kirchenversammlung freilich weniger erfolgreich und es gelang trotz der zeitweiligen Teilnahme einer
protestantischen Delegation nicht, die Einheit wiederherzustellen.
Vielmehr vertieften eine Reihe von abgrenzenden Lehrentscheidun-
gen die Gräben zur Reformation. Die Unversöhntheit der Parteien
fand rund fünfzig Jahre später eine tragische Eskalation: Im Dreißigjährigen Krieg führten die Gegensätze zwischen Katholischer Liga

*Verwüstung ganzer Regionen: Der katholische Feldherr Tilly erobert während des
Dreißigjährigen Krieges 1631 die Stadt Magdeburg und zerstört sie*

und Protestantischer Union zu Zerstörung, Entvölkerung ganzer Landstriche, Hungersnöten und Seuchen. Manche Territorien benötigten mehr als hundert Jahre, um sich von den Folgen zu erholen. Der Westfälische Friede beendete am 24. Oktober 1648 die unheilvolle Epoche.

In dieser auch als »Gegenreformation« bezeichneten Phase während und nach dem Konzil suchte eine Reihe von herausragenden Christen mit eigenen Reformen eigene Antworten auf die Forderungen der Zeit. Teresa von Avila und Johannes vom Kreuz reformierten das Ordensleben, Philipp Neri und Karl Borromäus setzten wichtige Impulse für Spiritualität und Bildung des Diözesanklerus. Papst Pius V. reformierte und vereinheitlichte die Liturgie, um Missbräuchen und Willkür vorzubeugen. Zentrale Figur der Zeit ist der Baske Ignatius von Loyola (1491–1556). Der Offizier legt in Paris mit einer Gruppe Gleichgesinnter die Ordensgelübde ab und stellt seine Gruppe in den besonderen Dienst des Papstes. Bereits sechs Jahre später erkennt der Papst die Gesellschaft Jesu als Ordensgemeinschaft an. Ignatius wird erster Ordensgeneral der »Geistlichen Armee«, die in den dreißigtägigen »Geistlichen Übungen«, den sogenannten Exerzitien, ihr bleibendes Fundament hat. In der Mission der neu entdeckten Welten ist der Orden führend. Anders als bei den Mönchsorden verzichten die Jesuiten auf gemeinsames Gebet und Ordenstracht und sind »zur größeren Ehre Gottes« überall einsetzbar. Bis heute arbeiten Jesuiten weltweit in einflussreichen Beratungsfunktionen, in Universitäten, Bildungseinrichtungen und Akademien, im Medienbereich sowie in der Flüchtlings- und Jugendarbeit. Durch eine intensive und breite Ausbildung bringt der Orden immer noch bedeutende Wissenschaftler hervor.

3.4 Barock und Aufklärung

Im Zeitalter des Barock begannen die Bemühungen der Gegenreformation Früchte zu tragen. Die innerkirchliche Lage hatte sich stabilisiert und eine reiche Volksfrömmigkeit hervorgebracht. Vor allem aber zeigten die Bauwerke des Barock eine bis heute faszinierende Sinnlichkeit und große Lebensfreude. Im Gegensatz zur klar gegliederten Kunst der Renaissance sucht der Barock den Reichtum und die Bewegtheit der Formen zu übertreffen. Nie wieder wurde ein derartiger Aufwand bei der Ausgestaltung sakraler Bauten betrieben wie

Brüskierung der Kirche: Napoleon krönt sich selbst zum Kaiser

in dieser Zeit. Riesige Gemälde, prachtvoll gestaltete Decken, goldene Hochaltäre mit Heiligenfiguren und spielenden Engeln, aufwendigster Stuck, kostbarer Marmor: Durch die Entfaltung von Prunk und Pracht sollen die Augen der Gläubigen gefesselt und der irdische Ort zum Abglanz der himmlischen Herrlichkeit werden. Das »heilige Spiel« der Liturgie wird nicht selten von großen Orchestermessen begleitet und durch belehrende Schauspiele außerhalb des Kirchenraumes ergänzt. So sehr der barocke Mensch die Schönheit und den Glanz des Irdischen liebt, weiß er um die Einheit von Diesseits und Jenseits. Die überall gegenwärtige Darstellung des Todes und die Mahnung »memento mori« (erinnere dich des Sterbens) verleiht dem Barock einen tiefen Ernst, zeigt aber auch, wie sehr die Epoche durch die Hoffnung auf Erlösung bestimmt ist.

Parallel zum Barock begannen sich in der Gesellschaft des 17. und 18. Jahrhunderts die Ideen der Aufklärung zu entwickeln, die mittels der Vernunft von traditionellen Vorstellungen und Ideologien befreien wollten. Die Forderung »sapere aude« (lat.= »Habe Mut, dich deines eigenen Verstandes zu bedienen«) wird zu einem Leitspruch der Zeit, nachdem Immanuel Kant in seinem 1784 veröffentlichten Essay »Was ist Aufklärung?« eine Definition gegeben hat: »Aufklärung ist der Ausgang des Menschen aus seiner selbst verschuldeten Unmündigkeit. Unmündigkeit ist das Unvermögen, sich seines Verstandes ohne Leitung eines anderen zu bedienen.« Bald schon begannen aufklärerische Ideen im kirchlichen Raum Einzug zu halten. Feudalistische Ordnungen und alte Herrschaftsstrukturen gerieten ins Wanken. Die Forderung der Toleranz gegenüber allen

Religionen brach die kirchlich-klerikale Monopolstellung auf, die Jenseitsbezogenheit des Barocks fand in der Konzentration auf das Irdische Konkurrenz. Gelehrte durchsuchten Bibel und Theologie nach dem, was ihnen unvernünftig und widersprüchlich erschien. Vielfach blieb dabei nur ein dürrer Rationalismus übrig, in dem ein unpersönlicher Welterschaffer an die Stelle des bisherigen Gottesbildes getreten war. Während der Protestantismus in der Aufklärung viele Erneuerungsbewegungen hervorbringt, bleibt der Katholizismus den neuen Weltanschauungen gegenüber reserviert.

Als im späten 18. Jahrhundert von England aus die industrielle Revolution begann, folgte die nachhaltigste Umgestaltung der wirtschaftlichen und sozialen Lebens- und Arbeitsbedingungen in Europa. Durch den technischen Fortschritt, die Erschließung neuer Verkehrswege und die Erfindung neuer Maschinen veränderte sich aber auch das Los des Menschen in der Gesellschaft: Landflucht, Armut, Ausbeutung und eklatante soziale Missstände waren der Preis des technischen Fortschritts. Parallel dazu brachte die Revolution in Frankreich ab 1789 unter der Parole »Freiheit, Gleichheit, Brüderlichkeit« eine Abschaffung des feudal-absolutistischen Ständestaates, ersetzte diesen aber in der Folge durch eine Terrorherrschaft, der zahllose unschuldige Menschen zum Opfer fielen. Klöster und Kirchen wurden zerstört, Ordensleute und Priester ermordet. Aus der Kathedrale Notre Dame in Paris wurde ein Viehstall, die Statue der Gottesmutter wurde durch ein Denkmal für die Göttin der Vernunft ersetzt. Napoléon Bonaparte gelingt am Ende ein bis heute wenig befriedigender Ausgleich: Er schließt 1802 mit dem Vatikan einen Vertrag, der den Katholiken freie Religionsausübung gestattet. Es bleibt jedoch bei der strikten Trennung von Kirche und Staat und bei der Beschlagnahme von Kirchenbesitz. Am Ende brüskiert Napoleon die Kirche auch noch symbolisch: In Gegenwart des Papstes setzt er sich selbst die Kaiserkrone auf.

4. Neuzeit und Gegenwart

4.1 Aufbrüche in die Moderne: Kirche im 19. Jahrhundert

Das 19. Jahrhundert beginnt für die Kirche in Deutschland mit einem einschneidenden Ereignis. Nachdem Napoleon das ganze Gebiet westlich des Rheins erobert hat, will er den deutschen Fürsten wenigstens eine teilweise Entschädigung zukommen lassen. Im Reichsdeputationshauptschluss von 1803 wird sämtlicher kirchliche Landbesitz östlich des Rheins enteignet. 95 000 km Grundfläche mit mehr als drei Millionen Menschen, 25 Fürstbistümer, 44 Reichsabteien und fast alle freien Reichsstädte werden dem deutschen Fürsten überlassen. Der enteignete kirchliche Besitz wurde entweder vom Staat genutzt oder verkauft. Unwiederbringliche Kunstschätze wurden vernichtet, Bibliotheken zerstört und Sakralräume missbraucht. Dieser als Säkularisation bezeichnete Vorgang stellt bis heute die vermögensrechtliche Grundlage für Staatsleistungen an die Kirche dar, die freilich erst viel später ausgehandelt wurde. Als Ausgleich für den beschlagnahmten Besitz, der in seiner Größe knapp einem Drittel des heutigen Bundesgebietes entspricht, übernimmt der Staat große Teile der Besoldung kirchlicher Behörden und Amtsträger. Er ist verpflichtet zu Sachleistungen (Baulast an Kirchen und Klöstern), zur Deckung der Personalkosten kirchlicher Behörden und Amtsträger und zum Erhalt kirchlicher Institutionen und Einrichtungen (Theologische Fakultäten, Religionsunterricht, Militärseelsorge usw.).

Das 19. Jahrhundert stellt auch das Ende des Kirchenstaates dar, der seit der Schenkung durch Pippin im Jahr 756 bestand und immer größere Teile Mittelitaliens bis zur Adria umfasste. Dieses auch »patrimonium petri« (Vermögen des Petrus) genannte Territorium wurde im Verlauf der französischen Revolution und der napoleonischen Herrschaft zunächst zunehmend kleiner. 1809 erklärt Napoleon das Ende der weltlichen Herrschaft des Papstes und die faktische Annexion. Als der Papst daraufhin protestiert und über alle Mitwirkenden den Bann verhängt, wird er gefangen gesetzt und im Jahr 1812 in Fontainebleau in Frankreich für zwei Jahre bis zum Sturz Napoléons interniert. Nach den großen Revolutionen 1848 muss Papst Pius IX. fliehen und den Ausruf der römischen Republik erleben. Durch militärische Intervention wird noch im selben Jahr der Kirchenstaat wiederhergestellt, wobei Frankreich und Spanien als Schutzmächte dienen. Als während des Ersten Vatikanischen Konzils im Sommer 1870 die Franzosen ihre Truppen abziehen, erobert das italienische Militär den Kirchenstaat im Handstreich, entmachtet den Papst und ruft Rom zur Hauptstadt Italiens aus. Erst unter Mussolini im Jahr 1929 wurde in den Lateranverträgen die Stellung des Papstes und sein Verhältnis zu Italien geklärt. Der römischen Kirche wurde im Bereich des Vatikanstaats ein weltliches Territorium zugesichert, das volle Souveränität und einen internationalen Status besitzt. Dieser kleinste Staat der Welt ist heute eine Enklave innerhalb Roms mit einer Fläche von 0,44 Quadratkilometern mit knapp tausend Einwohnern.

4.2 Rückzugsstrategien: das Erste Vatikanische Konzil

Nach dem Trauma der Säkularisation hatte die Kirche nach den Revolutionen von 1848 erneut ihre Position in der bürgerlichen Gesellschaft zu bestimmen. Die Interessen der Kirche kollidierten mit dem sich ausweitenden Herrschaftsanspruch des Staates, der in wesentlichen Gebieten die Führungsrolle der Kirche übernahm. Vor allem ab der zweiten Hälfte des 19. Jahrhunderts befindet sich der Katholizismus in immer deutlicher werdenden Frontstellung zur modernen Welt. Gegen die menschliche Vernunft betonte man die Autorität der göttlichen Offenbarung und des Lehramts, gegen die Demokratie die ständestaatliche Ordnung, gegen die modernen Wissenschaften die mittelalterliche Philosophie und Theologie (Scholastik). Papst Pius IX., der das längste historisch belegbare Pontifikat (1846–1878) in der katholischen Kirche inne-hatte, veröffentlichte 1864 eine Sammlung von Verurteilungen des Zeitgeistes. Darin verurteilt er die »Irrthümer in unseren traurigen Zeitläufen« und nennt als solche u. a. Fortschritt, Liberalismus, Trennung von Kirche und Staat, Zivilehe, die moderne Bildung, Religions- und Kultusfreiheit, Pressefreiheit, das allgemeine Stimmrecht und die nationale Souveränität. Freilich war die Abwehrhaltung zur Moderne zwiespältig: Einerseits zeigte man sich skeptisch gegenüber der modernen Publizistik, anderer-

Karikatur nach Beendigung des Kulturkampfes: Papst Leo XIII. und Bismarck reichen sich gegenseitig den Fuß zum Kuss

seits etablierte sich eine katholische Presse. Während man die Ver-
sammlungsfreiheit in politischer Hinsicht kritisierte, organisierten
sich Katholikentage, katholische Vereine, Verbände, Parteien usw.,
um ihre Interessen gegenüber dem Staat wahrzunehmen.

Die Abgrenzung zur modernen Welt findet im Ersten Vatikanischen Konzil (1869/70) ihre Zuspitzung. Es wird einberufen, um
den »verderblichen Strömungen der Zeit entgegenzutreten«. Nach
seiner Eröffnung wird den rund 800 Teilnehmern ein bislang ge-
heim gehaltenes Dokument vorgelegt, in dem über die Unfehlbarkeit
des Papstes in Fragen des Glaubens als Dogma abgestimmt werden
soll. Unerwarteter Protest auch von namhaften deutschen Bischöfen
sowie massiver Druck durch die römischen Behörden führten am
Ende dazu, dass vor der Abstimmung 250 Teilnehmer abreisten, um
keinen Bruch zu riskieren. Die Festschreibung der Unfehlbarkeit
des Papstes bezieht sich – wie häufig missverstanden – keinesfalls
auf jede Äußerung des Papstes. Sie ist nur dann gegeben, wenn der
Papst in seiner höchsten Lehrautorität (ex cathedra) eine bestimmte
Lehre, die im Glauben der Kirche verankert ist, feierlich verkündet.
Das Erste Vatikanische Konzil führte vor allem in Deutschland zu
einem Riss. Der bedeutende Münchner Theologieprofessor und Ab-
geordnete Ignaz von Döllinger wird zu einem Hauptgegner des
Konzils. Er nutzt die Enttäuschung vieler Katholiken und organi-
siert mit Gleichgesinnten den ersten »Altkatholiken Kongress« 1871,
nachdem er kurz zuvor mit der Exkommunikation belegt worden
war. Als die Abhaltung eigener Gottesdienste beschlossen wurde,
war die Spaltung zur römisch-katholischen Kirche vollzogen. In der
Bundesrepublik existiert heute die Altkatholische Kirche mit einem Bischof, ca. 100 Priestern, 55 Pfarrgemeinden und ca. 16 000
Mitgliedern. Die gottesdienstlichen Feiern sind denen der römisch-
katholischen Kirche ähnlich, allerdings kennen die Altkatholiken
keinen Zölibat für Geistliche und eröffnen auch Frauen den Zugang
zum geistlichen Amt.

Nach diesen Auseinandersetzungen im Binnenbereich sah sich
die Kirche in den folgenden Jahren heftigen Angriffen durch den
Staat ausgesetzt. Der auch infolge des Ersten Vatikanischen Konzils
unter Otto von Bismarck geführte Kulturkampf von 1872–1878 trau-
matisierte die Kirche in nie gekannter Weise. Bischöfe wurden verhaftet, Orden aufgelöst, kirchliches Vermögen beschlagnahmt, die
Ausbildung der Geistlichen kontrolliert, die geistliche Schulaufsicht
abgeschafft. Erst nach dem Tod Pius IX. begannen sich die Bezie-

hungen langsam wieder zu entspannen. Der Kulturkampf, den es vergleichbar auch in anderen Ländern gab, trug wesentlich zu einer grundsätzlichen Trennung von Staat und Kirche bei. Erst in der Weimarer Reichsverfassung 1919 wurden Gesetze geschaffen, die das Verhältnis bis heute einvernehmlich regeln. Dennoch hat die Zeit bei vielen Katholiken auf Jahrzehnte hin ein Unterlegenheitsgefühl begründet. Manche der Kulturkampfgesetze wirkten lange nach. Erst 1953 wurde der sogenannte Kanzelparagraph abgeschafft, der den Geistlichen verbot, in der Predigt politisch strittige Fragen aufzugreifen. Am 1. Januar 2009 fiel schließlich das Verbot, eine kirchliche Ehe ohne eine vorherige standesamtliche Trauung einzugehen.

4.3 Kirche und soziale Frage

Die Beschäftigung mit sich selbst und der Abwehrkampf gegen die Moderne hatten dazu geführt, dass die Kirche den Blick auf die Arbeiterschaft verloren hatte. Die Industrialisierung hatte mittlerweile zu einer immensen Verelendung großer Bevölkerungsschichten geführt, ohne dass man über einzelne karitative Maßnahmen hinaus ein Konzept hatte, wie dieser zu begegnen sei. Fünfzig Jahre nach dem »Kommunistischen Manifest« von Karl Marx nimmt in der Person Leo XIII. erstmals ein Kirchenoberhaupt ausführlich Stellung zu sozialen Fragen. In seiner berühmten Enzyklika »Rerum novarum« (»Von den neuen Dingen«, 1891) versucht der Papst einen Mittelweg zwischen Liberalismus und Sozialismus und verurteilt die ungerechte Entlohnung der Arbeiter als »Verbrechen, das

Kinder bei der Grubenarbeit

um Rache zum Himmel schreit«. Der von dem »Arbeiterpapst« Leo XIII. begonnene Weg wird bis in die Gegenwart weitergeschrieben. In einer Reihe von Lehrschreiben haben die Päpste in der Folge die Prinzipien der Katholischen Soziallehre grundgelegt.

Die Prinzipien der Katholischen Soziallehre

Personalität: Die Wirtschaftsordnung muss sich am Wohl des einzelnen Menschen orientieren. Seine Würde, die Freiheit des Einzelnen, das Recht auf eine Familie gehen wirtschaftlichen Interessen voraus.

Subsidiarität: Verantwortungs- und Gestaltungsbereiche des Einzelnen und kleiner Gruppen sollen erhalten bleiben. Selbstverantwortung steht vor staatlichem Handeln.

Solidarität: Einzelinteressen finden ihre Grenze am Wohl aller. Wer Eigentum besitzt, muss auch die Interessen der Allgemeinheit berücksichtigen, der stärkere Verband dem schwächeren helfen. Hierauf basiert auch die gegenwärtige Sozialversicherung.

Heute werden diese Prinzipien auch durch die Begriffe der Nachhaltigkeit sowie der Option für die Armen ergänzt. Herausragende Persönlichkeiten in der Geschichte der katholischen Soziallehre sind im 19. Jahrhundert der Mainzer Bischof Wilhelm Emmanuel von Ketteler sowie der Kölner Priester Adolf Kolping. Der »Arbeiterbischof« Kette-ler setzt sich unermüdlich mit der sozialen Frage auseinander und ist der Gründer der katholischen Arbeitnehmerbewegung. Adolf Kolping ist als junger Kaplan in Wuppertal entsetzt von der sklavischen Ausbeutung und Verwahrlosung vieler junger Männer, die keine Perspektive auf ein sinnerfülltes Leben

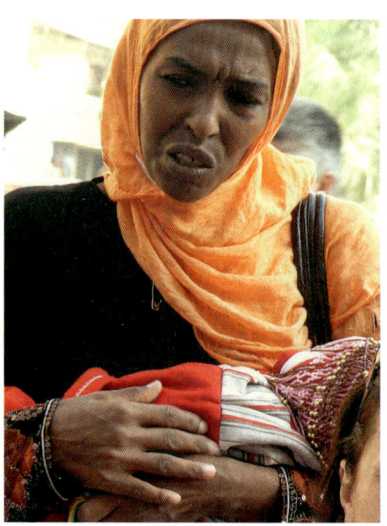

Bettlerin in Kairo

haben. Mit der Gründung von Gesellenvereinen gelingt es ihm, den jungen Handwerkern eine familiäre Atmosphäre zu bieten, die durch religiöse und fachliche Bildung ergänzt wurde. Das Kolpingwerk ist gegenwärtig in mehr als 60 Ländern der Erde verbreitet und zählt mit seinen knapp 450 000 Mitgliedern zu den großen Sozialeinrichtungen der katholischen Kirche.

4.4 Aufbrüche zwischen den Weltkriegen

Nach Ende des Ersten Weltkrieges standen die Kirchen vor einer völlig neuen politischen und organisatorischen Herausforderung. Fast überall in Europa waren die großen Monarchien zusammengebrochen. In Deutschland gewährte die Weimarer Verfassung den großen Religionsgemeinschaften den bis heute gültigen Status einer »Körperschaft des öffentlichen Rechts«. Die Kirchen dürfen vom Staat einzuziehende Steuern erheben, der Religionsunterricht wird unter kirchlicher Aufsicht in der öffentlichen Schule erteilt und vom Staat besoldet, an den Universitäten werden staatliche theologische Fakultäten eingerichtet usw. Mit der Zentrumspartei hatte die katholische Kirche ein Instrument, auf die Politik einzuwirken, nachdem sie anfängliche Schwierigkeiten mit der Demokratie überwunden hatte. Aber auch die großen Diktaturen des Kommunismus und Faschismus begannen, eine Herausforderung für die Kirche zu werden.

Von der Frömmigkeitsgeschichte jener Zeit ist vor allem die Marienerscheinung 1917 in Fatima in Portugal erwähnenswert, nachdem Erscheinungen bereits 1858 in Lourdes in Frankreich eine große Wallfahrtstradition begründet haben.

In der geistigen Auseinandersetzung jener Zeit beginnt mit dem evangelischen Theologen Karl Barth und seiner »Dialektischen Theologie« ein neues Kapitel des Nachdenkens. Erschüttert durch das Leid des Ersten Weltkriegs, findet er zu einer Interpretation der Bibel, die das »Anderssein Gottes« und die Hinwendung zu Christus betont.

Katholischerseits wurde der Religionsphilosoph Romano Guardini zum geistlichen Wortführer der Zeit. Sein Wort »Die Kirche erwacht in den Seelen« definiert ein neues Bewusstsein von Kirche. Wenn bis dahin ein von Strukturen, Ämtern und Institutionen bestimmtes Verständnis von Kirche vorherrscht, brach die Einsicht auf: Wir selber sind Kirche, sie ist etwas Lebendiges in uns, etwas,

was uns alle umgreift und über die Jahrhunderte hindurch trägt und über alle Katastrophen der Zeit weitergeht. In diesem Zusammenhang gewann die Rede von Kirche als »mystischer Leib Christi« ihre Bedeutung, die 1943 in einer gleichlautenden Enzylika Pius XII. ihre Festschreibung fand. Auf Initiative charismatischer Geistlicher (Odo Casel, Pius Parsch) entwickelten sich hauptsächlich von Laien getragene Aufbrüche, wie die Liturgische Bewegung, die sich u. a. für die Muttersprache im Gottesdienst einsetzte, die Jugendbewegung (Romano Guardini), die Bibelbewegung u. a. Die Gründung zahlreicher neuer Akademiker-, Studenten- und Arbeiterverbände begleitete diese fruchtbare Epoche, aus der heraus das II. Vatikanische Konzil entstehen konnte.

4.5 Die Zeit des Nationalsozialismus

Die Rolle der Kirchen im Dritten Reich ist ein emotional hoch besetztes Thema, dem man auf knappem Raum nicht annähernd gerecht werden kann. Der evangelische Kirchengeschichtler Klaus Schilder hat einmal treffend zusammengefasst: »Wer nach Beweisen für Schuld und Versagen des christlichen Glaubens in dieser Zeit sucht, wird sie ebenso finden wie Beweise für Standhaftigkeit und Bewährung: Es gab blinde Gutgläubigkeit, fanatischen Nationalismus und hemmungslosen Opportunismus ebenso wie hellsichtige Warnungen, freimütiges Bekennen und entschlossenen Widerstand.«

Es finden sich unter den evangelischen Theologen bedeutende Widerstandskämpfer wie Martin Niemöller, der mit der Gründung des »Pfarrernotbundes« im September 1933 die Wurzeln der »Bekennenden Kirche« legte und damit mit auf die Versuche der Nationalsozialisten reagierte, Kirche und Partei gleichzuschalten, wie es bei den »Deutschen Christen« unter Reichsbischof Müller bereits der Fall war. Zu den großen Zeugen jener Zeit gehört auch der Theologe Dietrich Bonhoeffer, der sich aktiv am Widerstand beteiligte und im Konzentrationslager Flossenbürg ermordet wurde, da er »dem Rad in die Speichen fallen« wollte.

Auch der Katholizismus bietet kein geschlossenes Bild und schwankt zwischen Widerstand und Anpassung: Die katholische Kirche in Deutschland war in den Jahren vor der Machtergreifung vielfach als kritisch gegenüber der nationalsozialistischen Ideologie aufgefallen. Nach kirchenfreundlichen Vorgaben in Hitlers Regie-

Beschämend: Hitler begrüßt 1934 den deutschen Reichsbischof Ludwig Müller, neben ihm der suspendierte Abt Alban Schachleitner

rungserklärung wurden die Stimmen leiser, nicht zuletzt um den Konkordatsabschluss (Vertrag zwischen Staat und Kirche) nicht zu gefährden.

Mit Kriegsbeginn 1939 begann unter der Bezeichnung »Euthanasie« die systematische Ermordung Kranker und Behinderter. Nach Predigten des Münsteraner Bischofs Clemens August von Galen im Sommer 1941 nahmen Proteste unter der Bevölkerung derart zu, dass die Aktionen in vermindertem Umfang nur noch heimlich weitergeführt wurden. Zur Verfolgung und Vernichtung der Juden finden sich hingegen bei den christlichen Kirchen keine ähnlich deutlichen öffentlichen Stellungnahmen.

Die Figur Pius XII. steht in öffentlicher Anfeindung, seit der Schriftsteller Rolf Hochhuth ihm 1963 in seinem berühmten Stück »Der Stellvertreter« vorwarf, zur Ermordung der Juden geschwiegen zu haben. Erst in jüngster Zeit wird das Bild des ästhetischen Intellektuellen wieder zurechtgerückt, der als Nuntius in Berlin 1933 das Konkordat mit der Regierung Hitlers ausgehandelt hatte. Der Papst und seine Mitarbeiter waren fest davon überzeugt, dass ein flammender Protest die Vernichtung beschleunigen und die Kirchen in die Verfolgung stürzen würde. Die wenigen verbliebenen diplomatischen Möglichkeiten wären dann ganz verloren gewesen. Vergessen bleiben oft auch seine Warnungen an Weihnachten 1941, wo der

Papst – ohne die Opfer und Täter namentlich zu nennen – seine Sorge ausdrückt über die fortschreitende Vernichtung Hunderttausender »nur aufgrund ihrer Nationalität oder Rasse«. Bereits 1937 hatte er als Kardinalstaatssekretär seinem Vorgänger Pius XI. die Schlussfassung der Enzyklika »Mit brennender Sorge« vorgelegt, an der auch der Münchener Erzbischof Kardinal Faulhaber mitgearbeitet hatte. Die in deutschen Kirchen verlesene kritische Sicht des Nationalsozialismus hatte sofort Verhaftungen von Geistlichen und Enteignungen zur Folge. Ein endgültiges Urteil wird wohl erst nach Öffnung der einschlägigen Vatikanischen Archive möglich sein, die für diesen Zeitraum etwa auf das Jahr 2014 anberaumt ist. Historische Tatsache ist darüber hinaus, dass der Papst im Verborgenen viele Juden und vom Regime Verfolgte gerettet hat.

Mit eindrucksvollen Gesten baten die Kirchen um Vergebung für alles Versagen auch in der Zeit des Nationalsozialismus: Unvergessen ist der Besuch des gebrechlichen Papstes Johannes Pauls II. vor der Westmauer des Tempels in Jerusalem im Jahr 2000. Nach altem Brauch steckte er ein Papier zwischen die Ritzen der alten Mauern und bat um Vergebung für alle Formen der Verfehlung und Verfolgung der Juden durch Christen. Auf Seiten der evangelischen Kirche hatte man im«Stuttgarter Schuldbekenntnis« bereits 1945 treffend formuliert: »Wir klagen uns an, dass wir nicht mutiger bekannt, nicht treuer gebetet, nicht fröhlicher geglaubt und nicht brennender geliebt haben.« Auch die deutschen Bischöfe hatten in einem Hirtenwort unmittelbar nach dem Krieg ihr Versagen anerkannt und diese in verschiedenen Dokumenten der Folgezeit bekräftigt und weiter entfaltet.

4.6 Orientierung zur Welt: das II. Vatikanische Konzil

Die Zeit nach dem II. Weltkrieg und der Wiederaufbau war für die katholische Kirche von der Dogmatisierung der »leiblichen Aufnahme Mariens in den Himmel« bestimmt. Dieser Glaubenssatz meint, dass die Gottesmutter bereits zu Lebzeiten dem göttlichen Ideal so entsprochen hat, dass sie beim Übergang ins ewige Leben keiner Läuterung mehr bedurfte. Als Pius XII. 1950 diese Aussage definierte, war es die erste und bislang einzige unter unfehlbarem Anspruch getätigte Lehraussage.

Nach dem Tod des Papstes 1958 sah zunächst nichts nach einem tiefgreifenden Wandel aus. Sein Nachfolger Johannes XXIII. war be-

Der Petersdom während des Konzils

reits 76 Jahre alt und galt als Übergangspapst. Völlig unerwartet kündigte der humorvolle und barock wirkende vormalige Patriarch von Venedig am 25. Januar 1959 ein Ökumenisches Konzil an, zu dem auch Beobachter der getrennten Kirchen eingeladen werden sollten. Der Papst legte als Ziel eine innere Erneuerung der Kirche vor, die sich zugleich in ihrer äußeren Struktur den Herausforderungen der Zeit anpasst (»Aggiornamento«). Am 11. Oktober 1962 wurde das Konzil in Anwesenheit von knapp 2500 Bischöfen (»Konzilsväter«) eröffnet. Nach dem Tod Johannes' XXIII. im Jahr 1963 führte sein Nachfolger Papst Paul VI. das Konzil weiter und brachte es am 8. Dezember 1965 zum Abschluss. Das Konzil beschloss in vier mehrwöchigen Sitzungsperioden insgesamt 16 Dokumente: Vier Konstitutionen, neun Dekrete und drei Deklarationen. Die Diskussionen in der Aula des Petersdoms und die Arbeit an den Konzilstexten in verschiedenen Gruppen und Kommissionen waren vor allem am Anfang heftig polarisiert: Dem konservativen Flügel der römischen Kurie um Kardinal Ottaviani standen vor allem weltoffene Bischöfe aus dem deutschsprachigen Raum gegenüber, wie die Kardinäle Joseph Frings (Köln), Julius Döpfner (München) und Franz König (Wien), wobei im Laufe des Konzils die Gruppe um das »Heilige Offizium« Ottavianis erheblich an Einfluss verlor. Die Konzilsväter waren begleitet von Periti (»Beratern«), darunter die jungen Professoren Joseph Ratzinger und Hans Küng, aber auch der einflussreiche Jesuit Karl Rahner, dessen Denken die Theologie des 20. Jahrhunderts maßgeblich prägte. Gegenüber allen früheren Konzilien achtete man beim II. Vatikanum auf moralische Einstimmigkeit: Durch intensive Begegnungsarbeit und gemeinsame Lernprozesse gelang es, dass am Ende nahezu alle Dekrete mit mehr als 96 Prozent der Stimmen verabschiedet wurden. Vom großen Reichtum und vom neuen Geist des Konzils kann nur in Stichpunkten erzählt werden:

✦ Im Blick auf das Selbstverständnis der Kirche: Das Konzil definiert sich über das Bild der Kirche als »Volk Gottes unterwegs mit einer Verheißung«. Gegenüber einem primär hierarchisch definierten Verständnis kommen in diesem Rückgriff auf die biblischen Traditionen die Zusammengehörigkeit und die gemeinsame Verantwortung aller Gläubigen zum Ausdruck. Die Kirche versteht sich auch als »ecclesia semper reformanda«, als immer der Reform bedürftig, weil menschliche und göttliche Elemente in ihr zusammenwachsen und sie deshalb »Sünder in ihrem eigenen Schoß« umfasst. Gestärkt wurde gegenüber der ausschließlichen Konzentration auf das Papstamt auch die Kollegialität der Bischöfe, untereinander in der »Communio« verbunden. Die traditionelle hierarchische Ordnung fand eine Ergänzung durch die Einführung von demokratischen und synodalen Strukturen auf den unterschiedlichsten Ebenen (Land, Diözese, Dekanat, Pfarrei). Eine Neuausgabe des kirchlichen Gesetzbuchs wurde in Auftrag gegeben. Vor allem für die Kirchen Lateinamerikas, Afrikas und Asiens entwickelten sich viele Anstöße, wie die Botschaft des Christentums mit den traditionellen Kulturen und landesspezifischen Herausforderungen eine fruchtbare Verbindung eingehen konnte.

✦ Im Blick auf die Liturgie: Das Konzil beschließt wesentliche Änderungen in den Formen des gottesdienstlichen Handelns, die in den folgenden Jahren Umsetzung finden. Die Neubewertung der Heiligen Schrift als eine der Tradition der Kirche gleichbedeutende Offenbarungsquelle, fand zunächst in der Leseordnung ihren Niederschlag: In einer Neuordnung werden die Schrifttexte des Alten und Neuen Testaments weltweit einheitlich über drei Lesejahre verteilt. Wurden bislang nur ein Prozent der alttestamentlichen und 17 Prozent der neutestamentlichen Texte im Gottesdienst vorgetragen, so sind es nach der Reform 14 bzw. 71 Prozent. Vor allem wird das Lateinische als gottesdienstliche Sprache durch die Muttersprache des jeweiligen Landes ersetzt.

Der 1969 von Papst Paul VI. veröffentlichte neue Messritus betonte die Eigenständigkeit von Wortverkündigung und Eucharistiefeier, führte drei neue Eucharistische Hochgebete ein und gestattete die Feier zum Volk hin. Fast in allen Kirchen veränderte sich der Standort des Zelebranten durch die Einführung von »Volksaltären«, welche die Feier des Priesters zum Volk hin möglich machten.

✦ Im Blick auf die Welt: Weltoffenheit und Dialog waren bestimmende Konstanten des konziliaren Kirchenbildes. Das Konzil betont die Mündigkeit des Christen in der Welt und ermutigte, vorurteilsfrei mit den geistigen und technischen Herausforderungen der Gegenwart umzugehen. Ausdrücklich ermutigte man zu einem Austausch mit den Humanwissenschaften und nichtchristlichen, auch atheistischen Weltanschauungen. Auch der Stil der Konzilsdokumente änderte sich vollständig gegenüber früheren Texten: Anstelle von Verurteilungen suchte man die eigene Position in positiver Weise zu erläutern.

✦ Im Blick auf die anderen Religionen: Eine entscheidende Neuerung besteht in Blick auf die Ausdeutung des exklusiven Heilsanspruchs der katholischen Kirche. Die Kirche anerkennt und fordert das Recht aller auf Religionsfreiheit und bestätigt, dass es auch in den großen Religionen »Wege zum Heil« nach dem Ratschluss Gottes gibt. Von besonderer Bedeutung ist der Artikel 4 im Dekret über die nichtchristlichen Religionen, wo das Verhältnis zum Judentum völlig neu bedacht und jeglicher Form des Antisemitismus eine Absage erteilt wird. Auch dem Austausch innerhalb der christlichen Konfessionen, denen man »Bedeutung und Gewicht im Geheimnis des Heils« zumisst, wird ein hoher Stellenwert zuerkannt, nicht zuletzt durch die Schaffung eines neuen Sekretariats an der Kurie. Mit den großen Friedenstreffen der Religionen in Assisi 1986, 1993 und 2002 hat Papst Johannes Paul II. den Geist des Konzils fortgeführt.

4.7 Krisen und Aufbrüche der Folgezeit

Papst Paul VI., der das Konzil zu Ende bringt, erscheint in der Weltöffentlichkeit durch seine viel beachtete Reise in das Heilige Land (1964), welche die erste Auslandsreise eines Papstes seit 150 Jahren darstellte. Damit war faktisch auch der Staat Israel anerkannt, wenn

Der Geist von Assisi: Friedensgebet der Religionen 1986

auch die offizielle Aufnahme diplomatischer Beziehungen bis zum
Jahr 1993 dauerte. Wie sein Vorgänger Johannes XXIII., stellt sich
auch Papst Paul VI. in den Dienst des Friedens. Seine Rede vor den
Vereinten Nationen 1965 gehört inmitten des Kalten Krieges zu den
wichtigsten Friedensappellen des 20. Jahrhunderts. Große Enttäuschung unter weiten Teilen der konziliaren Kirche löst der Papst hingegen mit seiner Enzyklika »Humanae Vitae« »Über die rechte Ordnung der Weitergabe menschlichen Lebens« im Jahr 1968 aus. Gegen
den Rat einer zu Konzilszeiten eingesetzten Expertenkommission
fordert das vielfach leider nur einseitig wahrgenommene Dokument
katholische Eheleute auf, auf Methoden künstlicher Empfängnisrege-
lung zu verzichten und stattdessen natürliche Methoden (Zeitwahl)
zu verwenden. Die deutschen und österreichischen Bischöfe haben
daraufhin in eigenen Erklärungen die notwendige Gewissensbildung
der Eheleute zum Bedenken gebracht.

In weiten Teilen der Kirche herrschte nach dem Konzil eine große
Euphorie. Man hatte sich der Erneuerung verschrieben, dem Dialog,
der Kommunikation. Die Kirche des Konzils machte sich solidarisch
mit den Freuden und Hoffnungen, Sorgen und Ängsten der Menschen. Die neue Sicht des Laien in der Kirche, die sich als Weg- und
Hoffnungsgemeinschaft verstand, führte zu zahlreichen Neuaufbrüchen.

Der Begriff »konziliare Krise« markiert ein Phänomen, das mit den gesellschaftlichen Umbrüchen der 1968er-Jahre begann und in unterschiedlicher Ausprägung zu beobachten war: Die Kirchen wurden leerer, die Austritte aus ihr stiegen an und die Zahl der Taufen ging rapide zurück, viele Priester gaben ihr Amt auf, die Gottesdienste verflachten, die Theologie wurde zum Instrument des politischen Protests umfunktioniert u.v.a. Auch wenn dies in keiner Weise dem Anliegen des Konzils entsprach, war für viele die Ursache doch in der Öffnung der Kirche zur Welt gefunden.

Die Reformen Pauls VI., insbesondere die Liturgie, die Religionsfreiheit und das veränderte Kirchenbild führten dazu, dass sich 1968 eine Gruppe französischer Seminaristen um den Missionsbischof und ehemaligen Generaloberen der Spiritaner, Marcel Lefebvre, scharte und um Hilfe bei der Suche nach einem konservativen Priesterseminar bat, in dem noch der »traditionelle Glaube« gelehrt und praktiziert wurde. Der Gründung der »Priesterbruderschaft St. Pius X.« mit Sitz im schweizerischen Econe wurde zunächst ein diözesaner Rechtsstatus verliehen. Konsequent wurde dort der Messritus abgelehnt und die Konzilslehren als ein Werk des Antichristen gedeutet. Als sich Lefebvre 1976 weigerte, sein Seminar auf Geheiß des Vatikans zu schließen, suspendierte ihn Papst Paul VI. von seinen Ämtern. Die Situation eskalierte 1988, als der Erzbischof gegen ausdrückliche Weisung des Papstes vier Bischofsweihen vornahm und sich damit die Exkommunikation zuzog. Nach katholischem Sakramentsverständnis sind diese Weihen zwar gültig, aber illegitim. Die sogenannten »Bischöfe« besitzen keine Autorität zu kirchlicher Amtsausübung. Gegenwärtig gehören zur Piusbruderschaft knapp 500 Priester und ca. 600 000 Gläubige sowie fünf Seminare, 86 Schulen, zwei Universitätsinstitute. In Deutschland gibt es etwa 50 Priester und 42 Niederlassungen. Die von der Bruderschaft öffentlich vertretenen Positionen sind häufig demokratie- und staatsfeindlich und unverhohlen antisemitisch. Als Papst Benedikt XVI. am 24. Januar 2009 die Aufhebung der Exkommunikation als Grundlage für eine längerfristig angestrebte Einheit vornahm, wusste er nicht, dass der zur Bruderschaft gehörende englische Bischof Richard Williamson als öffentlicher Leugner des Holocaust hervorgetreten war. Die Piusbrüder distanzierten sich zwar von den Äußerungen Williamsons, verschärften aber gegenüber Papst und Bischöfen ihre Positionen, sodass weitere Schritte zur vollen Kirchengemeinschaft wohl noch lange auf sich warten lassen.

4.8 Identität bewahren:
die Kirche unter Papst Johannes Paul II.

Nach dem Tod Papst Paul VI. 1978 und dem dreiunddreißig Tage dauernden Pontifikat des lächelnden Johannes Paul I., begann mit Johannes Paul II. eine außerordentlich vielseitige und fruchtbare Epoche der gegenwärtigen Kirche. Schon das Konklave, die Versammlung der zur Papstwahl berechtigten 120 Kardinäle unter 80 Jahre, hatte gezeigt, wie sehr sich das Gesicht der Kirche verändert hatte: Aus allen Kontinenten kamen die Kirchenführer unterschiedlichster ethnischer Abstammung und Hautfarbe in Rom zusammen, um nach mehr als 400 Jahren den ersten Nichtitaliener auf den Stuhl Petri zu wählen.

Der erste slawische Papst der Kirchengeschichte trug wesentlich zum Zusammenbruch des Kommunismus bei und bleibt durch seine charismatische Persönlichkeit der Welt in außergewöhnlicher Erinnerung: 104 Auslandsreisen führten ihn in 127 Länder zur Begegnung mit Millionen von Menschen. Unvergessen bleiben seine interreligiösen Begegnungen, v. a. die Intensivierung des Dialogs mit den Juden, seine ökumenischen Akzente, sein anrührender und heftiger Protest gegen die Kriege der Zeit, die Einführung der großen Weltjugendtage

u. v. a. Sein beständiges Eintreten für die Rechte der Armen verband er mit deutlicher Kritik am neoliberalen Kapitalismus. Mit Mutter Teresa und ihrer weltweiten Arbeit wusste er sich aufs Engste verbunden. Unter Johannes Paul II. wurden mehr als 1800 Personen selig- und heiliggesprochen, mehr als doppelt so viel wie in den vergangenen 400 Jahren zusammen. Der Papst blieb auch unverstanden: Innerkirchliche Kritiker werfen ihm vor, in der Disziplinierung mancher Theologen v. a. in Lateinamerika und in

Johannes Paul II. und Mutter Teresa
von Kalkutta

Fragen der Ehe- und Sexualmoral zu streng gewesen zu sein. Die Diskussion um Zulassung der Frauen zum Priesteramt wurde mit seinem Lehrschreiben »Ordinatio sacerdotalis« 1994 definitiv beendet. Einige Bischofsernennungen im deutschsprachigen Raum haben Ende der achtziger Jahre Widerspruch ausgelöst, ebenso die Anordnung an die katholische Kirche Deutschlands, aus der staatlichen Schwangerschaftskonfliktberatung auszusteigen. In den letzten Jahren seines Lebens beeindruckte Papst Johannes Paul II. viele durch die Gottergebenheit, mit der er Krankheit und Gebrechen öffentlich trug. Unter seinem Pontifikat entstanden und wuchsen die »Movimenti«, neue geistliche Laienbewegungen, die zu einer unverzichtbaren Größe in der katholischen Kirche wurden. Dazu gehören die »Fokolarbewegung«, die »Gemeinschaft von Sant Egidio«, das Neokatechumenat, die Bruderschaft »Comunione e Liberazione« u. a. Eine besondere Rechtsstruktur wurde für das »Opus Dei« mit der Errichtung einer Personalprälatur geschaffen.

4.9 »Gott ist die Liebe«: Papst Benedikt XVI.

Der Abschied von Johannes Paul II. wurde zur größten Trauerfeier der Menschheitsgeschichte. Elf Tage später, am 19. April 2005 wurde der aus Bayern stammende Präfekt der Kongregation für die Glaubenslehre, Joseph Kardinal Ratzinger, zum 265. Papst in der Geschichte der Kirche gewählt und gab sich den Namen »Benedikt XVI.« Der Dogmatikprofessor und frühere Münchener Erzbischof gehört zu den Denkern von Weltrang und zu den führenden Theologen der Zeit. Wie wenige hat er die Gabe, auch komplexe theologische Sachverhalte in einer einfachen und zugleich faszinierenden Sprache darzustellen. Die Gesamtausgabe des »Mozart der Theologie« (J. Meisner) ist auf 16 Bände angelegt. Bücher wie die »Einführung in das Christentum«, »Jesus von Nazareth« oder der Gesprächsband »Salz der Erde« gehören zu Best- und Longsellern des Buchmarkts. In seiner ersten Enzyklika »Deus caritas est« (»Gott ist die Liebe«) legt er eine tiefsinnige Betrachtung über die Einheit von Gottes- und Nächstenliebe als Zentrum des christlichen Glaubens vor. Ratzinger hatte in seiner Zeit als Präfekt maßgeblichen Anteil an der Erstellung des 1993 veröffentlichten »Katechismus der Katholischen Kirche«, mit dem die Kirche erstmals seit dem Konzil von Trient wieder eine Gesamtschau des Glaubens ver-

Papst Benedikt XVI. beim Weltjugendtag 2008 in Sidney mit einem Aborigine

öffentlichte und auf den allgemeinen Schwund religiöser Grundkenntnisse reagieren wollte. Als im Jahr 1999 die evangelische und die katholische Kirche ihren seit der Reformation bestehenden Streit um die Rechtfertigung des Menschen vor Gott beilegte, wurde der Kardinal von vielen Seiten für das ökumenische Ereignis bejubelt. Das darauf folgende Jahr brachte ihm mit dem Lehrschreiben »Dominus Iesus« über die Einzigkeit der Kirche scharfe, oft polemische Kritik von evangelischer Seite. Hervorragend gestalten sich hingegen die Beziehungen zu den orthodoxen Kirchen. In Fragen des Lebensschutzes bezieht Papst Benedikt konsequent die Linie seines Vorgängers. Gegenstand von Diskussionen wurde auch seine offizielle Wiederzulassung der tridentinischen Liturgie als außerordentlicher Messritus, insbesondere die Formulierung einer Fürbitte am Karfreitag für die »Bekehrung der Juden«. Ein mittelalterliches islamkritisches Zitat in einer Rede an der Univer-

sität Regensburg versetzte die muslimische Welt in Aufruhr. Sowohl dem Judentum wie dem Islam gegenüber setzte Benedikt in
der Folgezeit jedoch verbindliche Zeichen der Verständigung und
des Dialogs. Wer sich mit Papst Benedikt näher beschäftigt, spürt
seine Sorge, Glaube und Kirche könnten durch Pluralismus und
Beliebigkeit ihre Gestalt und ihr Profil verlieren.

In seinem 1970 erschienenen Buch »Glaube und Zukunft« legt der
Theologe Joseph Ratzinger eine prophetische Vision der Kirche vor:
»Die Menschen einer ganz und gar geplanten Welt werden unsagbar
einsam sein. Sie werden, wenn ihnen Gott ganz entschwunden ist,
ihre volle, schreckliche Armut erfahren. Und sie werden dann die
kleine Gemeinschaft der Glaubenden als etwas ganz Neues entdecken. Als eine Hoffnung, die sie angeht, als eine Antwort, nach der
sie im Verborgenen immer gefragt haben. So scheint mir gewiss zu
sein, dass für die Kirche sehr schwere Zeiten bevorstehen. Ihre eigentliche Krise hat noch kaum begonnen. Man muss mit erheblichen
Erschütterungen rechnen. Aber ich bin auch ganz sicher darüber,
was am Ende bleiben wird: nicht die Kirche des politischen Kultes,
sondern die Kirche des Glaubens. Sie wird wohl nie mehr in dem
Maß die gesellschaftsbeherrschende Kraft sein, wie sie es bis vor
kurzem war. Aber sie wird von neuem blühen und den Menschen als
Heimat sichtbar werden, die ihnen Leben gibt und Hoffnung über
den Tod hinaus.«

VIII.

WIE LEBT MAN GLAUBEN?

1. Sakramente: Zeichen des Heils

Von Reisen pflegen Menschen »Andenken« mitzubringen. Solche Zeichen stiften oft eine besondere Form von Verbundenheit. Häufig sind es ganz banale Dinge, die uns aus irgendeinem Grund wichtig geworden sind. Ein Brief, ein Zettel, ein Stein, den wir irgendwo mitgenommen haben. Niemand außer uns selber kann die Bedeutung ermessen. Der lateinamerikanische Theologe Leonardo Boff hat dies an einem berühmt gewordenen Beispiel verdeutlicht. Er erzählt von einem Schatz, den er sorgsam in einem Kästchen verwahrt. Es ist der Stummel der letzten Zigarette, die sein Vater geraucht hatte – wenige Augenblicke bevor er an Herzinfarkt starb. Leonardo Boffs Schwester steckte den Stummel in den Brief mit der Nachricht vom Tod des Vaters. »Von diesem Augenblick an«, so schreibt der Theologe, »ist der Zigarettenstummel kein einfacher Zigarettenstummel mehr. Denn er wurde zu einem Sakrament, lebt, spricht von Leben und begleitet mein Leben.«

Gewiss ist ein solches Verständnis von Sakrament noch nicht identisch mit dem, das der Glaube der Christen in Schrift und Tradition entwickelt hat. Zum Wesen von Religion gehört es, sich Zeichen, Symbole und Metaphern zu bedienen, um »Bilder« von Gott zu schaffen und Bindungen an höhere Mächte Ausdruck zu verleihen sowie »Gegenwart Gottes« zu stiften. Sakramente dürfen wir verstehen als Zeichen der Nähe Gottes und seines Heils. Sie begleiten uns an Knotenpunkten unserer Existenz und erschließen in ihren Zeichenhandlungen den Sinn unseres Daseins. Wir werden daran erinnert, dass wir an der geschaffenen Welt Gottes teilhaben und dass seine Liebe zu uns Menschen stärker ist als Sünde und Tod.

Geschichtlich leitet sich der Begriff »Sakrament« aus dem römischen Militärrecht ab und bezeichnet dort eine besondere, feierlich und religiös motivierte Eideserklärung. Der Soldat war dem Bereich des »sacrum«, des »Heiligen« verschrieben und im Fall des

Eidesbruchs den Mächten des Todes. Die Vereidigung wurde eine Art Weihe und Bindung an göttliche Mächte, die den Soldaten meist zugleich in die Mysterienkulte der griechischen und römischen Kultur einführt. Sprachlich wurde das griechische »mysterion« und das lateinische »sacramentum« mit der Zeit bedeutungsgleich. Mysterien waren ursprünglich geheimnisvolle rituelle Kulthandlungen, die den »kultisch Reinen« durch Worte, Bilder, Symbole, Riten unter Verpflichtung zum absoluten Stillschweigen zum Schauen des im Kult verehrten Gottes befähigten.

Auch wenn im Neuen Testament der Begriff »Sakrament« nicht vorkommt, ist er der Sache nach vorhanden. Im Mittelpunkt stehen dabei Taufe und Eucharistie, aber auch für alle anderen Sakramente lassen sich biblische Begründungen und Anknüpfungspunkte finden, etwa für die Ehe, die Sündenvergebung, die Krankenheilungen, die Einsetzung von Amt und Gemeindeleitung usw.

Die Ausgestaltung der christlichen Sakramentenlehre geschah in einem langen Prozess. Grundlegende Konturen erfuhr sie zunächst im Hinblick auf Taufe und Eucharistie durch Augustinus. Er rechnet sie sichtbaren Zeichen zu, die von sich aus eine andere, unsichtbare Wirklichkeit erkennen lassen. In der Verbindung des sinnlich wahrnehmbaren Elements (Brot, Wein, Wasser usw.) mit dem deutenden Wort kommt das Sakrament zustande. Christus, das Ursakrament überhaupt, bleibt dabei der Handelnde, sodass auch die Unheiligkeit der Amtsträger das Geschehen nicht beeinträchtigt. In den folgenden Jahrhunderten wird diese Vorstellung weiterentwickelt: Sakramente wirken »ex opere operato«, kraft des vollzogenen Ritus und sind unabhängig von der Würdigkeit des Spenders objektiv wirksam, so der Empfänger nicht willentlich entgegenwirkt.

Gegenstand zahlreicher Diskussionen war die Frage nach der Zahl der Sakramente. In der orthodoxen und katholischen Theologie hat sich seit dem Mittelalter die Siebenerzahl durchgesetzt, in den anderen christlichen Gemeinschaften ist die Zahl uneinheitlich. Die katholische Kirche unterscheidet zwischen den Sakramenten der Initiation (Taufe, Firmung, Eucharistie), den Sakramenten der Heilung (Buße und Versöhnung, Krankensalbung) und den Sakramenten im Dienst der Gemeinschaft und der Sendung (Weihe, Ehe).

Kirchen und deren Sakramente

Römisch-katholische Kirche	Altkatholische Kirche	Orthodoxe Kirchen	Anglikanische Kirche	Baptisten	Evangelisch-lutherische Kirche	Reformierte
Taufe	Taufe	Taufe	Taufe	Taufe	Taufe	Taufe
Eucharistie	Eucharistie	Eucharistie	Eucharistie		Abendmahl	Abendmahl
Firmung	Firmung	Myron-Salbung (nach der Taufe)	Sakramentaler Ritus			
Beichte	Beichte	Beichte	Sakramentaler Ritus			
Krankensalbung	Krankensalbung		Sakramentaler Ritus			
Weihe	Weihe	Sakramentaler Ritus	Sakramentaler Ritus			
Ehe	Ehe	Ehe	Sakramentaler Ritus			

2. Ursakrament Taufe

Die Taufe ist das grundlegende der drei Initiationssakramente, gleichsam die Tür zur Kirche und zur Teilhabe an ihrem Leben. Der zentrale Ritus ist das Eintauchen oder Übergießen mit Wasser: Der Täufling wird in Sterben und Auferstehung Christi eingetaucht und wird in einer neuen Wirklichkeit wiedergeboren. Der Titusbrief spricht von einem »Bad der Wiedergeburt und der Erneuerung im Heiligen Geist« (Tit 3, 5). Im religionsgeschichtlichen Vergleich sind ähnliche Riten häufig anzutreffen: Sakrale Reinigungsbäder, heilige Flüsse, Besprengen mit Wasser o. Ä. Auch im Alten Bund gibt es zentrale Ereignisse, die als Vorbild der Taufe gedeutet werden. Im Ritus zur Weihe des Taufwassers heißt es:

> *»Auf vielfache Weise hast du das Wasser dafür bereitet, auf die Taufe hinzuweisen. Schon im Anfang der Schöpfung schwebte dein Geist über den Wassern, um ihnen heiligende Kraft zu geben. In den Wassern der Sintflut hast du unsere Taufe vorgebildet, um neues Leben zu wecken. Die Söhne Abrahams hast du trockenen Fußes durch das Rote Meer geführt. Darin schenkst du uns ein Bild des österlichen Sakramentes, das uns aus der Knechtschaft befreit und hinführt in das Land der Verheißung.«*

Die Taufe in ihrer heutigen Form geht auf die mit Umkehrpredigt verbundene Bußtaufe Johannes des Täufers zurück, von dem sich Jesus zu Beginn seines öffentlichen Wirkens selber im Jordan taufen lässt. Christen glauben, dass Jesus die Vorzeichen des Alten Bundes zur Vollendung geführt hat. Blut und Wasser, die am Kreuz aus seiner Seite fließen, erinnern uns an Taufe und Eucharistie. Bei der Erscheinung nach seiner Auferstehung am Ufer des Sees Genesareth wird der universale Sendungsauftrag mit dem Auftrag zur Taufe verbunden: »Geht zu allen Völkern und macht alle Menschen zu meinen Jüngern und tauft sie auf den Namen des Vaters und des Sohnes und des Heiligen Geistes.« (Mt 28,19) Seit der Urkirche haben christliche Gemeinden Menschen durch Taufe in ihre Mitte aufgenommen. Wer sich den Christen anschließen wollte, musste als Katechumene (Taufbewerber) eine z. T. mehrjährige Probezeit durchlaufen, bevor ihm – in der Regel in der Osternacht – die Taufe gespendet wurde.

Nach kirchlicher Lehre dürfen alle die Taufe empfangen, die an Christus glauben. Die Taufe bewirkt Befreiung von der *Erbsünde*. Sie

Taufe eines Kindes

reißt uns heraus aus den Strukturen des Bösen und des Unrechts, in die wir eingebunden sind, sobald wir auf die Welt kommen. Deshalb ist auch die seit dem 4. Jahrhundert belegte Praxis der Kindertaufe sinnvoll. Spender der feierlichen Taufe in der katholischen Kirche ist jeder geweihte Kleriker, wobei im Notfall jeder Christ gültig taufen kann, so fern er nur die rechte Absicht hat und die Taufformel spricht. Jeder Täufling soll einen eigenen Taufpaten haben, der ihm auf dem Weg des Christseins beisteht. Die reguläre Form der Taufspendung hat eine Reihe weiterer wichtiger Riten und Symbole in folgender Reihenfolge:

✦ Die Frage nach der **Namensgebung** zu Beginn, die uns erinnert, dass Gott jeden Einzelnen mit seinem Namen kennt
✦ Die ***Aufnahme in die Gemeinde*** und das Bezeichnen mit dem Kreuzzeichen durch Taufspender, Eltern und Paten
✦ Die ***Anrufung der Heiligen,*** besonders der Namenspatronen des Kindes und der Eltern
✦ Das ***Exorzismusgebet,*** mit der Bitte, den Täufling der Macht des Satans zu entreißen
✦ Die (oft unterlassene) ***Salbung mit Katechumenenöl*** als Zeichen der Stärkung
✦ Die ***Weihe des Taufwassers***

✦ Die *Absage an das Böse* und den Satan als Urheber alles Bösen und das *Bekenntnis zum Glauben* der Kirche

✦ Die eigentliche *Taufspendung* durch dreimaliges Übergießen mit Wasser und Sprechen der *Taufformel: »N., ich taufe dich im Namen des Vaters und des Sohnes und des Heiligen Geistes.«*

✦ Die *Salbung mit Chrisamöl;* sie erinnert daran, dass jeder, der getauft ist, den »Wohlgeruch Christi«, das ist das Evangelium, verbreiten soll.

✦ Die Überreichung des *weißen Kleides:*
»N., dieses weiße Kleid soll dir ein Zeichen dafür sein, dass du in der Taufe neu geschaffen worden bist und – wie die Schrift sagt – Christus angezogen hast. Bewahre diese Würde für das ewige Leben.«

✦ Die *Kerze,* entzündet am Licht der Osterkerze, als Symbol des Lichts, das in das Leben des Neugetauften gekommen ist und ein Leben lang auch in der tiefsten Finsternis nicht ausgehen wird

✦ Der *»Effata-Ritus«:* eine Berührung der Ohren und des Mundes des Täuflings durch den Taufspender in Erinnerung an den Ruf »Effata«, mit dem Jesus einem Taubstummen die Ohren und den Mund geöffnet hat: So soll der Neugetaufte Gottes Wort vernehmen und den Glauben bekennen »zum Heil der Menschen und zum Lobe Gottes«

✦ Das *Vaterunser-Gebet* stellvertretend für das neugetaufte Kind und der Schlusssegen über die Eltern, Paten und Angehörigen

Der Ablauf der Taufliturgie ist in den christlichen Gemeinschaften zwar unterschiedlich, alle großen Kirchen und kirchlichen Gemeinschaften erkennen hingegen die Taufe selber wechselseitig an. So ist sie das sakramentale Band der Einheit in der getrennten Christenheit schlechthin.

3. Mit Geist gestärkt: die Firmung

Die Firmung (von lat. *confirmare* = stärken, kräftigen) ist gemäß des katholischen und orthodoxen Verständnisses nach Taufe und Eucharistie das dritte Sakrament der Eingliederung in die Kirchengemeinschaft. Die Apostelgeschichte berichtet: »Als die Apostel in Jerusalem hörten, dass Samarien das Wort Gottes angenommen hatte, schickten sie Petrus und Johannes dorthin. Diese zogen hinab und beteten für sie, sie möchten den Heiligen Geist empfangen. Denn er war noch auf keinen von ihnen herabgekommen; sie waren nur auf den Namen Jesu, des Herrn, getauft. Dann legten sie ihnen die Hände auf, und sie empfingen den Heiligen Geist.« (Apg 8, 14–16)

In den ersten Jahrhunderten entwickelte sich die Firmung durch Handauflegung, Salbung mit Chrisamöl und Segensgebet zu einer eigenen sakramentalen Feier. Die Firmung soll die Taufe vollenden, indem der Gefirmte nun »Vollbürger im Reiche Christi« wird: Sie »prägt der Seele ein unauslöschliches Siegel ein und führt zum Wachstum der Taufgnade ... sie vereint fester mit Christus und mit seiner Kirche; sie stärkt in der Seele die Gaben des Heiligen Geistes; sie schenkt eine besondere Kraft, um für den christlichen Glauben Zeugnis abzulegen.« (KompKat 268)

Ordentlicher Spender der Firmung ist der Bischof oder ein ihn vertretender Weihbischof. Häufig werden auch enge Mitarbeiter des Bischofs oder Äbte mit der Spendung der Firmung beauftragt. Die Formel der Firmspendung lautet: »N. N., *sei besiegelt durch die Gabe Gottes, den Heiligen Geist. Der Friede sei mit dir.*«

Im Bild des Siegels wird das unzerstörbare Beglaubigungs- und Schutzzeichen zum Ausdruck gebracht. Der in der vorkonziliaren Liturgie übliche »Backenstreich«, der eine Art Ritterschlag symbolisieren sollte, ist durch den Friedenswunsch ersetzt worden. Die Firmung, die nur einmal empfangen werden kann, setzt öffentliches Glaubensbekenntnis, freie Entscheidung und Mündigkeit voraus. Wer gefirmt wird, muss zuvor getauft sein und in der Regel das Bußsakrament empfangen haben. Bei der Eingliederung Erwachsener in die Kirche oder bei Übertritten aus anderen christlichen Gemeinschaften

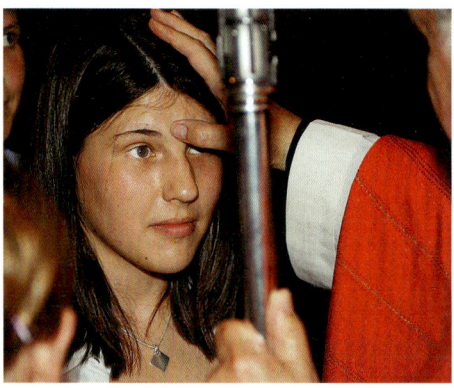

schließt sich in der Liturgie sofort der erstmalige Empfang der Eucharistie an. Das Firmalter ist uneinheitlich. Die vom Kirchenrecht geforderte Einsicht und Entscheidungsfähigkeit hat zu einer Firmpraxis zwischen sieben und 18 Jahren geführt, im deutschsprachigen Raum ist ein Alter zwischen 12 und 14

Firmung

Jahren üblich. Auch der Firmling ist durch einen Paten zu begleiten, der während der Firmspendung seine rechte Hand auf den Firmling legt.

In den Ostkirchen ist jeder Priester berechtigt, die Firmung zu spenden. Sie trägt dort den Namen »Myron« oder »Myronsalbung« und wird unmittelbar im Anschluss an die Firmung vorgenommen. Die Kirchen der Reformation lehnen die Firmung als eigenes Sakrament ab. Die Konfirmation ist eine feierliche Segenshandlung, die den Eintritt in das kirchliche Erwachsenenalter markiert. Im Rahmen eines Festgottesdienstes empfangen die Konfirmanden nach dem öffentlichen Bekenntnis ihres Glaubens den Segen durch Handauflegung. Sie haben sich dafür einen biblischen Konfirmationsspruch ausgesucht, der sie in ihrem weiteren Leben begleiten soll. So die zuständige Landeskirche kein Kinderabendmahl eingeführt hat, schließt sich an die Konfirmation der erstmalige Empfang des Abendmahls an. Das Konfirmationsalter liegt im deutschsprachigen Raum zur Zeit beim Alter der gesetzlichen Religionsmündigkeit, also bei 14 Jahren. Wie der Firmung geht auch der Konfirmation eine mehrmonatige Vorbereitung in Schule und Gemeinde voraus, wobei der Unterricht der Pfarrseelsorger in Katechismus und Bibel durch von Eltern geleitete Gruppen unterstützt wird.

4. Mitte des Glaubens: die Eucharistie

Wie die Taufe am Anfang aller Sakramente steht, so ist die Eucharistie (griech.: »Danksagung«) deren »Mitte und Ziel«. Die Eucharistie, auch Abendmahl, Herrenmahl oder Altarsakrament genannt, ist die zentrale Handlung des Gottesdienstes, die an Jesu Tod und Auferstehung erinnert und diese gegenwärtig setzt. Auf geheimnisvolle Weise wandeln sich Brot und Wein zu Leib und Blut Christi. Die Einsetzung der Eucharistie geht auf das letzte Abendmahl Jesu am Vorabend seines Todes (Gründonnerstag) mit seinen Jüngern zurück.

Parallelen hat die Abendmahlsfeier Jesu zu der Opferfeier der Führer der Israeliten nach dem Empfang der zehn Gebote am Sinai und dem Bundesschluss mit Gott sowie zu der Sederfeier an Pessach, die als zentrales Fest des Judentums an den Auszug aus Ägypten und die befreienden Taten Gottes erinnert. Die Einsetzungsworte sind uns mit verschiedenen Akzentsetzungen sowohl von den Evangelisten als auch vom Apostel Paulus überliefert:

*»Denn ich habe vom Herrn empfangen, was ich euch dann über-
liefert habe: Jesus, der Herr, nahm in der Nacht, in der er ausgeliefert wurde, Brot, sprach das Dankgebet, brach das Brot und
sagte: ›Das ist mein Leib für euch. Tut dies zu meinem Gedächtnis!‹
Ebenso nahm er nach dem Mahl den Kelch und sprach: ›Dieser
Kelch ist der Neue Bund in meinem Blut. Tut dies, sooft ihr daraus
trinkt, zu meinem Gedächtnis!‹ Denn sooft ihr von diesem Brot esst
und aus dem Kelch trinkt, verkündet ihr den Tod des Herrn, bis er
kommt.«* (1 Kor 11, 23–26)

Die christlichen Kirchen und Gemeinschaften haben in ihrer Geschichte unterschiedliche und hoch differenzierte Vorstellungen
von der Gegenwart Christi in den eucharistischen Gestalten von
Brot und Wein entwickelt.

Was geschieht beim Abendmahl?

✦ Die katholischen Christen glauben an eine »Realpräsenz Christi«: Mit dem Sprechen der Einsetzungsworte durch den geweihten Priester oder Bischof verwandeln (»Transsubstantiation«)
sich die Substanzen von Brot und Wein auf dem Altar in den
wirklichen Leib und das Blut Christi (»Konsekration«). Dieser
Akt ist Gedächtnis und »unblutige Erneuerung des Opfertodes
Christi« zur Vergebung der Sünden der Gläubigen. Da die Gegenwart Gottes in den eucharistischen Gestalten auch nach der
Eucharistiefeier fortdauert, kommt ihrer Verehrung im Taber-
nakel oder bei Prozessionen ein hoher Stellenwert zu.

✦ In der Frage der Realpräsenz ist die Orthodoxie mit der katholischen Kirche weitgehend identisch, allerdings kennt sie
keine eucharistische Verehrung außerhalb der Gottesdienst-
feier.

✦ Die lutherischen und reformierten Kirchen sind in der Frage
der Realpräsenz uneins. Während die lutherischen Kirchen eine
Realpräsenz nur für die Dauer der Gegenwart der Abendmahls-
handlung anerkennen und den Opfercharakter der Messe als un-
biblisch ablehnen, betonen die reformierten Kirchen lediglich
einen Zeichencharakter, aber nicht die Identität von Brot und
Wein. Sie »bedeuten« »Leib und Blut Christi«, »sind« es aber
nicht.

◆ Weitere reformierte Gemeinschaften sowie zahlreiche frei-
kirchiche Bewegungen vertreten häufig auch ein rein symbo-
lisches Verständnis, das sich auf eine reine Gedächtnis- und
Erinnerungsfeier beschränkt.

Das unterschiedliche Verständnis der Eucharistie und des Abendmahls trennt bis heute die christlichen Kirchen. Die von Theologen
und Seelsorgern häufig geforderte »eucharistische Gastfreundschaft«
ist nach römisch-katholischem Verständnis erst dann möglich, wenn
volle Kirchengemeinschaft und Einigung über das Wesensverständ-
nis der Sakramente, der kirchlichen Ämter und der apostolischen
Sukzession besteht. Die Seelsorgepraxis der katholischen Kirche
lässt z. T. mit Zustimmung des Bischofs in begründeten Ausnahme-
fällen (z. B. bei konfessionsverschiedenen Ehen) einen Empfang der
Kommunion dann zu, wenn der Betreffende das katholische Eucharistieverständnis vollständig teilt. Umgekehrt sollen jedoch Katholiken nicht an der evangelischen Abendmahlsfeier teilnehmen, da diese nicht dem katholischen Eucharistieverständnis entspricht.

Die Eucharistie wird in der katholischen Kirche Kindern nach einer längeren Vorbereitungszeit in Religionsunterricht und Gemeinde in der Regel zwischen dem sechsten und zwölften Lebensjahr zum
ersten Mal im Rahmen eines feierlichen Gottesdienstes gespendet.
(»Erstkommunion«). Der erstmalige Empfang der Eucharistie setzt
den Empfang des Bußsakraments voraus. Die orthodoxen Christen
spenden die erste Kommunion mit der Taufe, die evangelisch-luthe-
rischen Christen bei der Konfirmation.

Christen sind angehalten, nach Möglichkeit täglich, jedoch mindestens jeden Sonntag an der Feier der Eucharistie teilzunehmen
und die Kommunion zu empfangen, so sie sich keiner schweren
Sünde bewusst sind. In letzterem Fall wird vorher der Empfang
des Bußsakraments verpflichtend vorgeschrieben. Die Eucharistie
»stärkt uns für die Pilgerschaft des Lebens und lässt uns das ewige
Leben ersehnen. Sie vereint uns schon jetzt mit Christus, der aufgefahren ist zur Rechten des Vaters, mit der Kirche des Himmels, mit
der seligen Jungfrau und mit allen Heiligen.« (KompKat 294)

In der katholischen Kirche besteht die Eucharistiefeier aus zwei
großen zusammenhängenden Teilen, dem Wortgottesdienst und der
eucharistischen Liturgie, die durch Eröffnung und Entlassung ein-
gerahmt sind:

Der Ablauf der Messe

Eröffnung
- Einzug
- Gesang zur Eröffnung
- Begrüßung
- Allgemeines Schuldbekenntnis
- Kyrie (Herr, erbarme Dich unser)
- Gloria (Ehre sei Gott in der Höhe)
- Tagesgebet

Wortgottesdienst
- Lesung (AT)
- Zwischengesang (Antwortpsalm)
- Lesung (NT)
- Zwischengesang (Halleluja)
- Evangelium
- Predigt (Homilie)
- Credo (Apostolisches Glaubensbekenntnis)
- Fürbitten

Eucharistiefeier

Gabenbereitung
- Gesang zur Gabenbereitung
- Herbeibringen der Gaben (Opferung)
- Bereitung des Altars
- Handwaschung
- Gabengebet

Hochgebet
- Eröffnung
- Präfation
- Sanctus (Heilig-Ruf)
- Herabrufung des Geistes (Epiklese)
- Einsetzungsbericht und Wandlungsworte (Anamnese)
- Gedenkbitten für Kirche und Welt, Lebende und Verstorbene (Memento)
- Lobpreis und Amen der Gemeinde (Doxologie)

Kommunion
- Vaterunser
- Friedensgebet
- Agnus Dei (Lamm Gottes), Brotbrechung
- Kommunionsspendung, Gesang zur Kommunion
- Besinnung und Dankhymnus
- Schlussgebet

Entlassung
- Vermeldungen
- Segen
- Entlassung
- Auszug des Priesters

5. Umkehr und Neuanfang: Buße und Versöhnung

Die Behebung von gestörten Beziehungen zwischen Menschen oder Gottheiten findet sich in allen Kulturen und Religionen. So verpflichten sich Menschen, ihr Vergehen zu bekennen und die göttlichen Wesen zu beschwichtigen, damit sie nicht ihren Zorn in Form von Strafen und Katastrophen über die Menschen ausschütten. Nicht selten waren solche Bekenntnisse auch mit Tier- oder Menschenopfern verbunden, als Sühne oder zur Beschwichtigung. Die Texte des Alten Testaments erzählen an vielen Stellen von kultischer Buße zu bestimmten Zeiten und mit bestimmten Praktiken, etwa Fasten, Sack und Asche tragen, Klagen usw. Auch im Falle konkreter Bedrohung durch Seuchen und Kriegsgefahr werden Bußriten eingesetzt. Deutliche Kritik an der Veräußerlichung vieler Bußpraktiken üben die Propheten, die zu radikaler Umkehr des Herzens in Wort und Tat aufrufen.

Im Neuen Testament ruft Johannes der Täufer in Erwartung eines drohenden Gerichts zur Umkehr auf, zu der eine Bußtaufe und ein öffentliches Sündenbekenntnis gehören. Der von ihm in den Evangelien überlieferte Begriff für Buße heißt »metanoia«. Er meint – ähnlich wie die Propheten – ein ständiges Umdenken, Neubesinnung, Neuanfang und eine dauerhafte Bereitschaft zur Infragestellung des eigenen Ichs. »Buße« in diesem Sinn ist also nicht nur eine Übung, die ich absolviere, um nach meinen Möglichkeiten wieder etwas gutzumachen, sie ist auch eine Grundhaltung, die man sich zulegt.

In der frühen Kirche kommt es u. a. durch den sprachlichen Gleichklang der Worte »paenitentia« (Buße) und »poenitentia« (Strafe) zu einer Akzentverschiebung in Richtung individueller Sühne und Bestrafung. Auch setzt sich die Vorstellung durch, dass die Satisfaktion des Sünders in Bekenntnis, Buße und Werken der Umkehr der Gerechtigkeit Gottes geschuldet ist. Das kirchliche Recht hat später die in dieser Zeit entwickelten Bußordnungen und Bußzeiten (Fastenzeit, Freitage) und Abstinenztage (Karfreitag, Aschermittwoch) festgeschrieben. In der Zeit zwischen dem 2. und 4. Jahrhundert entwickelten sich auch eigene Bußriten und Bußverfahren, die man die »kanonische Buße« nannte: So waren die Büßer ein eigener Stand in der christlichen Gemeinde. Je nach Schwere des Vergehens wurden sie nach Ablauf einer bestimmten Zeit (mehrere Wochen bis auf Lebenszeit) und nach Verrichtung entsprechender Bußauflagen (Fasten, Gebet, Almosen, Akte der Wiedergutmachung) in einem feierlichen Akt und mit verschiedenen Zeichen und Symbolen (Handauflegung, Salbung) wieder in die Gemeinschaft aufgenommen und damit eine Rekonziliation (= Versöhnung) ausgesprochen. So waren sie auch wieder als vollwertige Mitglieder zum Gottesdienst zugelassen, bei dem sie vorher nicht oder nur an gesonderten Plätzen teilnehmen durften.

Ab dem 4. Jahrhundert beginnt sich auch der Gedanke der Unvergebbarkeit von Sünden durchzusetzen sowie die Differenzierung in alltägliche und schwere Sünden. Während erstere durch Gebet und Bußleistungen vergeben werden können, hinterlassen die schweren Sünden einen nur durch feierliche Rekonziliation zu behebenden schweren Mangel, der im Fall des Todes zum Verlust der ewigen Seligkeit führen würde. Vom 6. Jahrhundert an häufen sich die Berich-

te, dass Büßer auch nach erfolgter Rekonziliation die ihnen aufer-
legten Dauerverpflichtungen (z. B. Bußgewand, Haartracht, Verzicht
auf ehelichen Verkehr) nicht mehr einhalten. In dieser Zeit beginnt
die Praxis der Einzelbeichte, die sich im 7. Jahrhundert infolge der
iro-schottischen Mission auf dem ganzen Kontinent durchgesetzt
hat und die ab dem 9. Jahrhundert den Charakter eines Sakraments
annimmt: Das Sündenbekenntnis wurde privat bei einem Priester
abgelegt, der eine angemessene Buße auferlegt, nach deren Verrichtung die Versöhnung stattfindet. Diese »therapeutische« Form der
Buße wurde rasch gutgeheißen und angenommen, wobei es keine
Belege gibt, dass dieses Sakrament Kindern oder Jugendlichen gespendet wurde. Das ändert sich mit dem IV. Laterankonzil 1215, das
zu einem Zeitpunkt einberufen wurde, wo der Sakramentenempfang
einen Tiefstand hatte. Das Konzil will alle, die im sogenannten »Alter
der Unterscheidung« (um das siebte Lebensjahr) sind, verpflichten,
wenigstens einmal jährlich das Sakrament der Buße zu empfangen.
Diese Praxis gilt in der katholischen Kirche bis heute. Darüber hinaus ist jeder katholische Christ angehalten, nach einer Todsünde die
Beichte abzulegen.

Zum Bußsakrament gehören folgende Elemente

✦ Erkenntnis der Schuld
✦ Reue (contritio cordis = »Zerknirschung des Herzens«)
✦ Bekenntnis der Schuld (confessio oris = Lippenbeichte)
✦ Genugtuung (satisfactio)
✦ Zuspruch der Vergebung (absolutio)

Die Beichte beginnt wie folgt:

Beichtender	Priester
Im Namen des Vaters und des Sohnes und des Heiligen Geistes. Amen.	Gott, der unser Herz erleuchtet, schenke dir wahre Erkenntnis deiner Sünden und Seiner Barmherzigkeit. Amen.

Daran schließt sich das Bekenntnis der eigenen Sünden an. Gegebenenfalls hilft der Beichtvater durch Nachfragen bei der Erforschung des Gewissens. Zur Vorbereitung der Beichte können sogenannte »Beichtspiegel« herangezogen werden: Anhand der zehn

Gebote werden dabei – meist in zielgruppenorientierter Form und Sprache – Fragen zur Erforschung des religiösen und ethischen Lebens vorgelegt. Grundlegend bei der Beichte ist die sakramentale Absolution, die nur durch einen Priester erteilt werden kann. Telefonisch oder über Internet ist keine Beichte möglich. Einige Sünden, welche Exkommunikation nach sich ziehen, bedürfen einer Rückfrage beim Apostolischen Stuhl.

Am Ende der Beichte wird ein Gebet und eine Buße auferlegt und die Lossprechungsformel gebetet:

Priester

Gott, der barmherzige Vater, hat durch den Tod und die Auferstehung seines Sohnes die Welt mit sich versöhnt und den Heiligen Geist gesandt zur Vergebung der Sünden. Durch den Dienst der Kirche schenke er dir Verzeihung und Frieden. So spreche ich dich los von deinen Sünden im Namen des ✝ Vaters und des ✝ Sohnes und des ✝ Heiligen Geistes.

Das Beichtgeheimnis ist höchstes Gut und verpflichtet den Beichtvater zu strengster Verschwiegenheit, auch gegenüber dem weltlichen Gesetz. Es gewährt dem Priester das Recht der Aussageverweigerung und schützt etwa auch Beichtstühle vor Lauschangriffen. Die Geschichte der Kirche kennt viele Fälle, wo Priester wegen der Einhaltung des Beichtgeheimnisses mit dem Martertod bezahlten. Wer in der Beichte von einem Kapitalverbrechen Kenntnis erlangt, wird den Beichtenden zwar auffordern, sich den zivilen Behörden zu stellen und dies gegebenenfalls auch zur Bedingung für die Lossprechung machen, die Entscheidung selber bleibt jedoch bei der beichtenden Person. Wer das Beichtgeheimnis irgendwie auch nur durch eine Andeutung verletzt, ist mit der von selbst eintretenden Exkommunikation (Kirchenausschluss) belegt, der höchsten aller Kirchenstrafen.

Auch die Orthodoxie zählt die Beichte zu ihren Sakramenten und sieht – strenger als die katholische Kirche – eine regelmäßige Beichtpraxis als Voraussetzung für den Empfang der Eucharistie. Die evangelischen Kirchen kennen Formen der Einzelbeichte als seelsorgliches Angebot, wenn auch ohne sakramentale Lossprechung. Martin Luther wandte sich zwar gegen menschliche Leistung bei der Vergebung von Sünden und den missbräuchlichen Formen dabei, wie den Ablasshandel, war aber ein Befürworter der Beichte.

6. Gebet und Stärkung: die Krankensalbung

Die Krankensalbung ist ein Sakrament, das mit Missverständnissen behaftet ist. Die landläufige und falsche Bezeichnung »letzte Ölung« hat dazu geführt, dass es als reines Sterbesakrament gedeutet wurde. Gläubige Katholiken haben bei Todesgefahr mit dem Arzt häufig auch den Priester gerufen.

Die Krankensalbung hat ihren alttestamentlichen Ursprung u. a. in den Sühne- und Reinigungsvorschriften des Buches Levitikus und der Salbung mit Öl an dem Kranken. (Lev 14, 10–31) Krankheit wird von den Propheten im Zusammenhang mit Schuld und Sünde gesehen, für die der Mensch bei Gott um Heilung fleht. Als neutestamentlicher Beleg für die Einsetzung des Sakraments der Krankensalbung wird der Jakobusbrief angegeben: »Ist einer von euch krank? Dann rufe er die Ältesten der Gemeinde zu sich; sie sollen Gebete über ihn sprechen und ihn im Namen des Herrn mit Öl salben. Das gläubige Gebet wird den Kranken retten, und der Herr wird ihn aufrichten.« (Jak 5, 14 f.) Die Krankensalbung steht heute im Zusammenhang mit dem besonderen Auftrag der Kirche, den Kranken und Schwachen beizustehen. Das Sakrament kann bei ernster Erkrankung wiederholt und beliebig oft empfangen werden.

Spender des Sakraments ist der Bischof oder Priester, wobei innerkirchlich diskutiert wird, auch Diakone damit zu beauftragen, da diesen ja in besonderer Weise der Dienst am Kranken aufgetragen ist. Für die Salbung wird ein eigenes Krankenöl (geweihtes Olivenöl) (oleum infirmorum) verwendet, das vom Bischof am Morgen des Gründonnerstags (oder am Mittwochabend der Karwoche) zusammen mit den anderen Heiligen Ölen in der Chrisammesse geweiht wird. Im Notfall kann jeder Priester dieses Öl weihen. Die Feier des Sakraments besteht in der Salbung der Stirn und Hände des Kranken und den ausdeutenden Worten: »Durch diese heilige Salbung helfe dir der Herr in seinem reichen Erbarmen, er stehe dir bei mit der Kraft des Heiligen Geistes: Der Herr, der dich von Sünden befreit, rette dich, in seiner Gnade richte er dich auf.«

Sakrament ist die Krankensalbung in der römisch-katholischen sowie orthodoxen Kirche; im evangelisch- freikirchlichen Raum wird sie gelegentlich als zeichenhafte Handlung für das heilende Handeln Jesu angeboten.

7. Die Berufung zum Dienst: die Weihe

Die religiöse Praxis der Christen kennt das Zusprechen von Segen über Personen bei Knotenpunkten des Lebens (Brautsegen, Taufsegen, Segen für die Verstorbenen usw.) oder Ereignisse (»Gesegnetes Fest«, »Gesegnete Mahlzeit« u. Ä.). Im katholischen Brauchtum werden auch Häuser, Gegenstände, Tiere und Pflanzen gesegnet. Man bittet mit dem Segen darum, dass die Gegenwart Gottes sich einem Menschen und einer Sache zuwendet. Jeder Christ kann durch das Kreuzzeichen Lebewesen oder Sachen segnen, um sie damit dem Schutz Gottes in besonderer Weise zu empfehlen. Im Volksbrauchtum schleicht sich leicht die Vorstellung ein, damit seien besondere magische Kräfte verbunden: Wer etwa ein Auto segnet oder segnen lässt oder eine Christophorusplakette anbringt, hat dadurch keinen Schutzbrief bei risikoreicherem Fahren. Ziel des Segens wäre im Fall der Autosegnung vielmehr, dieses segensreich, das heißt verantwortungsbewusst gegenüber den Mitmenschen und sich selbst zu benutzen. Wer einen Segen ausspricht, bringt das Wissen zum Ausdruck, dass der Mensch mehr zum Leben braucht, als er selbst schaffen kann oder ihm von der Natur vorgegeben ist. Von den vielen biblischen Belegen für Segenswünsche ist der Segen des Aaron der bekannteste.

Der Aaronssegen

»Der Herr segne dich und behüte dich.
Der Herr lasse sein Angesicht
über dich leuchten und sei dir gnädig.
Der Herr wende sein Angesicht dir zu
und schenke dir Heil.«　　　　　　　(Num 6, 24)

Vom Segen unterschieden ist die Weihe, die für Menschen oder Gegenstände bestimmt ist, die besonders für den Dienst an Gott vorgesehen sind. An Kirchen, Altären, Glocken oder Orgeln wird etwa eine Weihe vorgenommen, wobei die sprachlichen Übergänge zwischen Weihen und Segnungen (von Wasser, Speisen, »Weihrauch«, Öle) oft fließend sind. Die für die Segnung oder Weihe zu sprechenden Gebete sind in eigenen liturgischen Büchern festgelegt (»Benediktionale« = Buch der Segnungen). Die Weihe von Menschen an Gottheiten oder Kultstätten ist ein altes Motiv der Religionsgeschichte. In bestimmten Ritualen erfolgt eine Einweisung in Mysterien und Traditionen einer Kultur oder Religionsgemeinschaft, mit der göttlicher Schutz, Machtübertragung und häufig auch eine Aussonderung aus der weltlichen Sphäre verbunden sind.

Die katholische und die orthodoxe Kirche zählen die Weihe in drei Stufen (Diakon, Priester, Bischof) zu den Sakramenten, während die Weihe von Jungfrauen, Äbten oder Äbtissinnen zu den Sakramentalien gehört.

Das Weihesakrament wird nach biblischer Tradition durch einen Bischof in der Eucharistiefeier durch Gebet und Handauflegung übertragen. In der auch Ordination (lat. *ordo* = Stand) genannten Handlung wird durch ein Bittgebet um die Ausgießung des Geistes und die Gnadengaben gebetet, die für das jeweilige Amt notwendig sind. Die Handauflegung ist eine Praxis, die eine Kontinuität zu den Aposteln herstellt. Der erste Brief an Timotheus erinnert und ermahnt: »Vernachlässige die Gnade nicht, die in dir ist und die dir verliehen wurde, als dir die Ältesten aufgrund prophetischer Worte die Hände auflegten.« Die ununterbrochene Rückführung der Handauflegung auf die Urkirche nennt man »apostolische Sukzesssion«. Die Weihe prägt ein »unauslöschliches Siegel« ein (»character indelibilis«), welches niemals und durch keine Umstände verloren gehen kann, ebenso wie die der jeweiligen Weihestufe entsprechende Weihegewalt, die auch dann nicht erlischt, wenn sie nicht ausgeübt werden darf oder kann. Die Weihe ausdeutende Riten sind die Salbung des Hauptes der Bischöfe bzw. der Hände der Priester mit Chrisam, die Übergabe der Amtsgewänder, die Überreichung von Kelch und Patene für die Priester sowie des Evangelienbuches für die Diakone und der abschließende Friedensgruß mit dem Weihespender.

Die katholische Kirche unterschied bis zum II. Vatikanischen Konzil zwischen »niederen« Weihen, die ursprünglich aus Hilfsdiensten entstanden waren und die Ämter des Ostiariers, Lektors, Exorzisten und Akolythen umfassten. Die »höheren« Weihen waren jene des Subdiakons, Diakons, Priesters und Bischofs.

Die katholische Kirche kennt seitdem nur noch drei Weihestufen in einem Sakrament, die nur nacheinander empfangen werden können.

Die drei Stufen der Weihe

◆ Die Weihe zum **Diakon** (griech. *diakonia* = Dienst), der nach dem Zeugnis der Apostelgeschichte (Apg 6–7) zum Helfer der Apostel bestimmt und dem die Sorge für die Kranken und Benachteiligten anvertraut war. Der Diakon darf taufen und Trauungen abhalten, in der Liturgie festlich das Evangelium verkündigen und predigen sowie kirchlichen Begräbnissen vorstehen. Das Amt kann neben- oder hauptberuflich ausgeübt werden.

◆ Der **Priester** (griech. *presbyter* = Älterer, Gemeindevorsteher) ist meist in der Seelsorge in einer Pfarrei tätig und nimmt in Vertretung des Bischofs Leitungsfunktionen war. Mit Ausnahme des Weihesakraments darf er alle Sakramente spenden, wobei die Firmspendung eine Sondererlaubnis voraussetzt. Seine vornehmste Aufgabe ist die Feier der Eucharistie, die Kraftquelle und Urgrund seines Tuns sein soll.

◆ In der Weihe des **Bischofs** (griech. *episkopos* = Aufseher, Vorsteher einer Ortskirche) wird den Geweihten die Fülle des Weihesakraments übertragen. Die Bischöfe, sind als Nachfolger der Apostel Vorgesetzte der Priester und Diakone sowie Hirten der ihnen anvertrauten Gläubigen. Gemeinsam mit dem Papst und in der Gemeinschaft mit den anderen Bischöfen werden ihnen in der Weihe die Ämter des Lehrens, Heiligens und Leitens übertragen. Bischöfe werden auf den Titel des Bistums geweiht, das ihnen übertragen wurde. Bischöfe, die keine eigene Diözese leiten, sondern als Weihbischöfe den Diözesanbischof unterstützen, sind Titularbischöfe untergegangener Diözesen, ebenso Bischöfe die im besonderen Auftrag oder an der römischen Kurie tätig sind.

Die protestantischen und anglikanischen Kirchen kennen keine Weihe, setzen aber ihre Amtsträger ebenfalls unter Handauflegung in einer gottesdienstlichen Feier ein, die man als Ordination bezeichnet. Sie begründet allerdings keinen eigentlichen geistlichen Stand (Klerus). Dort stehen auch Frauen geistliche Ämter offen, während Katholizismus und Orthodoxie damit argumentieren, dass das stellvertretende Handeln an Christus, der als »Himmlischer Bräutigam« der Kirche verstanden wird, gültig nur ein Mann vollziehen kann.

Mit Ausnahme des Diakonenamtes, das auch verheirateten Männern ab dem 35. Lebensjahr offensteht, ist in der katholischen Kirche der Empfang der Priester- und Bischofsweihe an den Zölibat gebunden. In der orthodoxen Kirche ist der Zölibat nur für das Bischofsamt vorgeschrieben, andere christliche Gemeinschaften kennen die Bindung der Ehelosigkeit an ein geistliches Amt nicht. Mit der«Ehelosigkeit um des Himmelreiches willen« (Mt 19,12) soll der Geweihte ein besonderes Zeichen der Hingabe an Gott setzen, das ihn zugleich für den Dienst an den Menschen freier macht. Neben dem Zölibat verpflichten sich Kleriker der katholischen Kirche zum Breviergebet. Der Psalter der Kirche, Schriftlesungen und Betrachtungen der Kirchenväter sind über den Tag verteilt meditierend zu betrachten.

8. »Was Gott verbunden hat …«: die Ehe

Ehe meint allgemein die gesellschaftliche oder die kulturelle Form des Zusammenlebens von zwei (Monogamie) oder mehreren (Polygamie) Personen verschiedenen Geschlechts. Diese durch Kultur, Religion oder Rechtsvorschriften gestaltete Einrichtung ist in der Regel auf Dauer und Fortpflanzung angelegt. Die Ehevorstellung im AT ist zunächst von altorientalischen Rechtsvorschriften bestimmt, nach welchen der Mann durch Kaufpreis das Recht erwirbt, die gekaufte Frau in Besitz zu nehmen (Gen 34, 12). Die Ehe ist eine Einrichtung, die durch Zeugung und Geburt den Tod einer Gene-

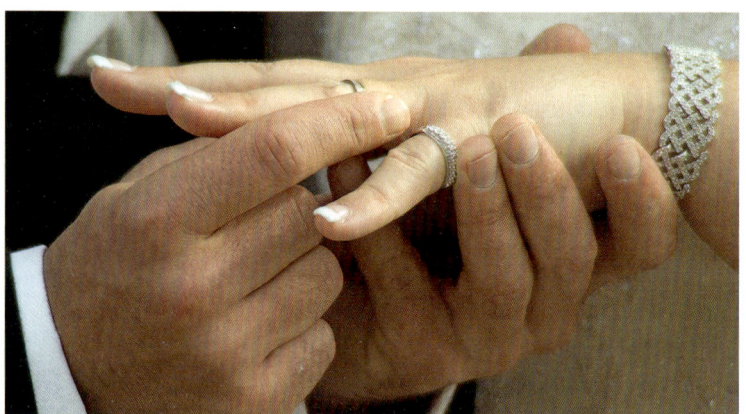

Der Ring – Zeichen ehelicher Verbundenheit

ration überwindet und den Besitzerhalt der Sippe garantiert. Der Bundesschluss mit Abraham und die Verheißung, den Stamm Israel »so zahlreich wie die Sterne am Himmel zu machen«, zeigen die starke Betonung der Fruchtbarkeit und das Motiv, dadurch auch Macht über die Feinde Israels zu erlangen. Vor solchem Hintergrund ist ein eheloses Leben nicht möglich und gelten Kinder- und Ehelosigkeit als Strafe. Über diese mehr rechtlichen Formen hinaus kennt die Weisheitsliteratur des AT etwa im Hohelied freilich auch bezaubernde, sinnliche Texte zu Liebe und Erotik, die jedoch nicht ausdrücklich auf Ehe und Familie bezogen sind.

Die neutestamentlichen Texte kennen die Ehe als Institution unter Verweis auf die göttliche Einsetzung und die Schöpfungsordnung. Der Apostel Paulus will – in Auseinandersetzung mit vielen heidnischen Vorstellungen – in seinen Briefen Hilfen für die Gemeinden liefern, die uns bei oberflächlicher Lektüre impulsiv und schwer in unsere Zeit zu übersetzen erscheinen. Für Paulus erscheint die Ehelosigkeit »um des Himmelsreiches willen« als das der Ehe übergeordnete Gut. Wer heiratet, soll dies tun, um Unzucht zu vermeiden. »Es ist gut für den Mann, keine Frau zu berühren. Wegen der Gefahr der Unzucht soll aber jeder seine Frau haben, und jede soll ihren Mann haben. ... Den Unverheirateten und den Witwen sage ich: Es ist gut, wenn sie bleiben wie ich. Wenn sie aber nicht enthaltsam leben können, sollen sie heiraten. Es ist besser zu heiraten, als sich in Begierde zu verzehren.« (1 Kor 7, 1 f., 8 f.) Auch wenn es anders erscheint: Paulus lehnt die Ehe und die geschlechtlichen Beziehungen in ihr nicht ab wie viele seiner Zeitgenossen. Sie ist in keinem Fall etwas Negatives, und sexuelle Askese bleibt für ihn nicht der ausschließliche Heilsweg.

Der ethische Anspruch Jesu selber zeigt gegenüber den Texten des AT einen entscheidenden Unterschied: Jesus entzieht die Frau der alleinigen Verfügungsgewalt des Mannes und setzt durch die Verwerfung der Ehescheidung einen markanten Unterschied zu den traditionellen Vorstellungen seiner jüdischen Umwelt. Heute erscheint dieses Verbot vielen als antiquiertes Relikt, das dem Wunsch nach Freiheit und Selbstbestimmung zuwiderläuft. Von seinem Ursprung her aber ist dieses Verbot die Aufwertung der Ehe von einem Rechtsgeschäft zu einer lebenslangen Liebesgemeinschaft:

»Da kamen Pharisäer zu ihm und fragten: Darf ein Mann seine Frau aus der Ehe entlassen? Damit wollten sie ihm eine Falle stellen. Er antwortete ihnen: Was hat euch Mose vorgeschrieben? Sie sagten:

Mose hat erlaubt, eine Scheidungsurkunde auszustellen und (die Frau) aus der Ehe zu entlassen. Jesus entgegnete ihnen: Nur weil ihr so hartherzig seid, hat er euch dieses Gebot gegeben. Am Anfang der Schöpfung aber hat Gott sie als Mann und Frau geschaffen. Darum wird der Mann Vater und Mutter verlassen und die zwei werden ein Fleisch sein. Sie sind also nicht mehr zwei, sondern eins. Was aber Gott verbunden hat, das darf der Mensch nicht trennen.«

(Mk 10, 1–9)

Im Zweiten Vatikanischen Konzil heißt es:»Die innige Gemeinschaft des Lebens und der Liebe in der Ehe, vom Schöpfer begründet und mit eigenen Gesetzen geschützt, wird durch den Ehebund, d. h. durch ein unwiderrufliches personales Einverständnis, gestiftet. So entsteht durch den personal freien Akt, in dem sich die Eheleute gegenseitig schenken und annehmen, eine nach göttlicher Ordnung feste Institution, und zwar auch gegenüber der Gesellschaft. ... Wie nämlich Gott einst durch den Bund der Liebe und Treue seinem Volk entgegenkam, so begegnet nun der Erlöser der Menschen und der Bräutigam der Kirche durch das Sakrament der Ehe den christlichen Gatten.« (Gaudium et Spes: 47–48).

Die Ehe ist nach katholischem Verständnis ein Sakrament, das sich die Ehepartner gegenseitig spenden. Dem mit der entsprechenden Traubefugnis ausgestatteten Geistlichen kommt in der kirchlichen Feier nur eine assistierende Funktion zu. Eine kirchliche Eheschließung ist nur gültig, wenn es bei beiden Ehepartnern keine Ehehindernisse (z. B. bestehende Ehe, Impotenz, Blutsverwandtschaft, Weihe, Ordensgelübde u. a.) gibt, wenn keine Ungültigkeitsgründe vorliegen (z. B. Vorbehalte gegen die Unauflöslichkeit, gegen die Treue, gegen die Elternschaft, fehlende Vernunft, Täuschung u. a.) und wenn die kirchlichen Formvorschriften eingehalten werden. Die Eheschließung ist grundsätzlich auch dann gültig, wenn sie zwischen konfessions- oder religionsverschiedenen oder nicht getauften Personen geschlossen wird. Eine gültig geschlossene sakramentale Ehe wird erst durch den zumindest einmaligen sexuellen Vollzug gültig.

Nach Martin Luther ist die Ehe ein »weltlich Ding« und kann nicht zu den Sakramenten gezählt werden. Somit ist auch im Falle des Scheiterns der Ehe eine wiederholte kirchliche Trauung möglich. Auch die orthodoxen Kirchen kennen die Möglichkeit von (weniger festlichen) Trauungen nach bestimmten Auflagen, im äußersten bis zu drei Mal.

Das Recht der katholischen Kirche kennt zwar die Möglichkeit ei-

Die Feier der Eheschließung

Priester (Diakon): *N., ich frage Sie: Sind Sie hierhergekommen, um nach reiflicher Überlegung aus freiem Entschluss mit Ihrer Braut N./Ihrem Bräutigam N. den Bund der Ehe zu schließen?*

Bräutigam/Braut: *Ja.*

Priester (Diakon): *Wollen Sie Ihre Frau/Ihren Mann lieben und achten und ihr/ihm die Treue halten alle Tage Ihres Lebens, bis der Tod Sie scheidet?*

Bräutigam/Braut: *Ja.*

Priester (Diakon): *Sind Sie bereit, die Kinder, die Gott Ihnen schenken will, anzunehmen und sie im Geiste Christi und seiner Kirche zu erziehen?*

Bräutigam/Braut: *Ja.*

Nach der Segnung der Eheringe als »Pfand der Treue und Zeichen der Liebe« schließt sich die Vermählung durch Ringtausch und die Erklärung des Ehewillens an, die auf dreierlei Weise erfolgen kann: Durch das Jawort, den kleinen oder den großen Vermählungsspruch. Der Bräutigam nimmt den Ring der Braut und spricht:

N., ich nehme dich an als meine Frau und verspreche dir die Treue in guten und in bösen Tagen, in Gesundheit und in Krankheit. Ich will dich lieben, achten und ehren, solange ich lebe.

Er steckt ihr den Ring an und fährt fort:

Trag diesen Ring als Zeichen der Liebe und Treue. Im Namen des Vaters und des Sohnes und des Heiligen Geistes.

Den gleichen Ritus nimmt nun auch die Frau vor.

ner Trennung von »Tisch und Bett«, so ein Zusammenleben der Eheleute nicht länger tragbar erscheint, hält jedoch prinzipiell an der Unauflöslichkeit der einmal sakramental geschlossenen Ehe fest. Im Falle der bürgerlichen Wiederverheiratung eines kirchlich Getrauten ist der Betreffende grundsätzlich von den Sakramenten ausgeschlossen. Dies ist eine schwierige und bedrängende Frage heutiger

Seelsorge, die nach theologisch verantworteten und seelsorglich klugen Lösungen ruft und immer noch für Diskussionen sorgt. Wenn jedoch zum Zeitpunkt der Eheschließung grundsätzlich Verstöße gegen elementare Voraussetzungen des kirchlichen Eheverständnisses vorlagen, gibt es auch die Möglichkeit unter Anrufung von kirchlichen Gerichten (Offizialaten), in einem Verfahren zur Nichtigkeitserklärung der Ehe diese offiziell annullieren zu lassen. Dieser Weg steht entgegen landläufiger Vorstellungen jedem katholischen Christen offen. Vor der Einleitung eines solchen Schrittes sind jedoch die oft wenig bekannten kirchlichen Beratungsstellen hilfreich, die bei Eheschwierigkeiten mit Gesprächen und therapeutischen Hilfestellungen bei Störungen in der Paarbeziehung helfen.

Die kirchliche Sorge um die angemessene Vorbereitung auf das Sakrament der Ehe beschränkt sich aber nur zu einem Teil auf solche rechtlichen und formalen Fragen. Unter den gewandelten Bedingungen der Gesellschaft verteidigt sie die Ehe als »Kirche im Kleinen« gegen eine auch politische Gleichsetzung mit anderen Lebensformen, seien sie nichtehelicher oder gleichgeschlechtlicher Art. Für die katholische Kirche bleibt das sakramentale Verständnis der Ehe maßgebend. Sie ist eine besondere und gegenüber dem Ehelosen nicht mindere Lebensform in der Nachfolge Christi und ein »Stand des Glaubens«. Sie bedarf einer angemessenen seelsorglichen Vorbereitung ebenso wie einer würdigen Gestaltung in der liturgischen Feier.

Diese Feier findet entweder im Rahmen eines Wortgottesdienstes oder in einer Eucharistiefeier statt. Nach der Eröffnung, den Schrifttexten und der Predigt werden die Brautleute zunächst nach der Bereitschaft zu einer christlichen Ehe befragt.

9. Sakramentalien: Gottes Nähe erfahren

Sakramentalien sind gottesdienstliche, zeichenhafte Handlungen, begleitet von Fürbitte und Gebet, die nach katholischer Terminologie auch Benediktionen genannt werden. Ihre Wirkung beruht auf dem Gebet und dem Vertrauen der Gläubigen.

Der Begriff Sakramentalien umfasst sowohl die Weihe von Personen (Äbte bzw. Äbtissinnen, Jungfrauen) als auch von Gegenständen (etwa Altäre, Glocken, Kelche) als auch Prozessionen, Kreuzverehrung, Kreuzzeichen, die Spendung des Aschenkreuzes, Weihwasser, die Fußwaschung und die kirchliche Begräbnisfeier. Aber auch die

Segnung der Mahlzeiten oder das Kreuzzeichen für die Kinder sind Sakramentalien, die in diesem Fall von jedem getauften Laien gespendet werden. Die Leitung der Feier des kirchlichen Begräbnisses ist hingegen in der Regel Geistlichen vorbehalten. Die Gestaltung der Begräbnisfeier variiert, je nachdem, ob es sich um eine Erdbestattung oder eine Einäscherung bzw. eine Urnenbeisetzung handelt, ob die Feier in der Kirche, der Trauerhalle oder am Grab stattfindet und ob es sich um ein Begräbnis Erwachsener oder um ein Begräbnis von (ungetauften) Kindern handelt. Die Auswahl der Gebete und Lesungen soll auch die jeweilige Situation des Todesumstandes berücksichtigen (Krankheit, Unfall, Familienstand, Alter usw.). Die Begräbnisfeier besteht in der Regel aus einem eröffnenden Teil mit Kyrierufen und Gebet, einem Wortgottesdienst mit Schriftlesungen, Predigt und Totengedenken, an welche sich ein Psalm sowie Anrufungen für den Verstorbenen und ein Gebet anschließen. Darauf folgt ein eindrucksvoller, bereits im 7. Jahrhundert bezeugter Hymnus, welcher gesungen wurde, um den Übergang vom Leben zum Tod und die Ankunft im himmlischen Jerusalem auszudrücken.

Zum Paradies mögen Engel dich geleiten,
die heiligen Märtyrer dich begrüßen
und dich führen in die heilige Stadt Jerusalem.
Die Chöre der Engel mögen dich empfangen,
und durch Christus, der für dich gestorben,
soll ewiges Leben dich erfreuen.

Beim Hinablassen des Sarges oder der Verabschiedung zur Einäscherung kommt mit dem Wasser, dem Weihrauch, der Erde und dem Kreuzzeichen in verdichteter Weise die Hoffnung der Kirche zum Ausdruck, dass nicht der Tod, sondern die Auferstehung und das neue Leben das letzte Wort haben werden.

Der Ritus gestaltet sich nach folgendem Ablauf: Zu den Sakramentalien gehört auch der *Exorzismus.* Als die Katholische Kirche 1999 den neuen Ritus des »Großen Exorzismus« vorstellte, reagierte die kirchenkritische Presse erwartungsgemäß mit Hohn, motiviert durch diverse Exorzismusfilme unterschiedlichster Qualität; die Faszination am Okkulten wird höher, je weltlicher die Gesellschaft wird. Die Frage bleibt: Kann man den Teufel austreiben, oder handelt es sich bei Besessenheit um ein Krankheitsphänomen und beim Exorzismus um ein archaisches Relikt, das auch in anderen Kultu-

Jesus treibt Dämonen aus

ren und Religionen vorzufinden ist? Das Neue Testament schildert uns an verschiedenen Stellen eindrücklich, wie Jesus Exorzismen vornimmt: Der Evangelist Markus lässt das öffentliche Wirken Jesu mit einem Exorzismus beginnen: »... er heilte viele, die an allen möglichen Krankheiten litten, und trieb viele Dämonen aus. Und er verbot den Dämonen zu reden; denn sie wussten, wer er war.« (Mk 1, 34) Die Vollmacht zu dieser Austreibung in seinem Namen wird den Aposteln ausdrücklich erteilt (Mk 3, 15).

Die Katholische Kirche versteht unter Exorzismus das an Gott gerichtete Bittgebet, einen Menschen aus der Macht des Bösen zu befreien. Als sogenannter »Kleiner Exorzismus« wird er bei jeder Tauffeier vorgenommen.

Wir bitten dich für dieses Kind. Du weißt, dass es in dieser Welt der Verführung ausgesetzt sein wird und gegen die Nachstellungen des Teufels kämpfen muss. Entreiße es durch die Kraft des Leidens und der Auferstehung deines Sohnes der Macht der Finsternis. Stärke es mit deiner Gnade und behüte es allezeit auf dem Weg seines Lebens durch Christus, unseren Herrn. Amen.

Darüber hinaus kennt die Kirche den sogenannten »Großen Exorzismus«, eine liturgische Feier der »Befreiung vom Bösen«. Sie besteht aus einem Wortgottesdienst und einer Segnung mit Handauflegung. Die Ausübung des »Großen Exorzismus« ist vom kirchlichen Recht streng reglementiert. Jeder Fall wird einzeln geprüft. Ausführen darf ihn nur ein vom Bischof speziell beauftragter und geschulter Priester, wenn zugleich medizinische und psychiatrische Begleitung gewährleistet ist. Eine solche Liturgie hat mit Magie und Aberglauben nichts zu tun. Sie ist eine Bitte um das Heil des Menschen im Vertrauen auf die Liebe Gottes.

10. Ausdrucksformen des Glaubens

10.1 Volksfrömmigkeit: Erfüllt Gott Wünsche?

»Volksfrömmigkeit« ist ein Begriff, der nicht selten deshalb negativ besetzt ist oder polemisch gebraucht wird, weil man darunter eine Ansammlung von religiösen Frömmigkeitsweisen und Praktiken sieht, die sich nicht dem Diktat der Aufklärung und der Vernunft beugen. Der unscharfe Begriff bezeichnet jene »Andachtsübungen des christlichen Volkes« (II. Vatikanum), welche die Liturgie ergänzen, ihr verwandt sind, aber auch ihr entgegengesetzt sein können.

Zu den abzulehnenden (manchmal sogar zu bekämpfenden) Formen der Volksfrömmigkeit gehören alle magisch besetzten Praktiken etwa im Gebrauch von Amuletten, Schutzmedaillen, Wetterläuten etc. Kerzenorakel, Missbrauch in der Anrufung der Engel oder judenfeindliche »Frömmigkeitsformen« wie die Verehrung angeblicher Ritualmordopfer haben keinen Platz in der Kirche.

Zur Volksfrömmigkeit, welche aus dem Glauben der Kirche entstanden sind und diesen bereichern, gehören Wallfahrten, Herz-Jesu- und Heiligenverehrung, Prozessionen, Eucharistische Anbetung, Angelusgebet, Rosenkranz, Novenen (neuntägige Gebete), Verehrung von (anerkannten) Marienerscheinungen u. v. a. Auch private Gelübde, Votivtafeln, Stiftungen o. Ä. und die Bitte um Schutz für und mittels profaner Dinge sind Ausdruck eines Glaubenslebens, das um die Notwendigkeit von entlastenden Formen, Zeichen, Symbolen und die Kultur der Gefühle weiß: die Segnungen von Häusern, Wohnungen, Speisen, Geräten, Fahnen, Autos, Tieren, Kräutern, Palmzweigen Adventskränzen u. v. a. gehören dazu und werden zu den Sakramentalien gezählt, deren liturgischer Ablauf in einem eigenen Segensbuch (»Benediktionale«) geregelt ist. Dazu zählen auch Gegenstände, mit denen der Gläubige um Schutz und Segen bittet, etwa Medaillen, Andachtsbilder, Kerzen. Der Übergang zu Devotionalien ist fließend.

Eine Devotionalie ist ein Gegenstand, der zur religiösen Betrachtung benutzt wird, z. B. Kreuze, Rosenkränze, Heiligenfiguren, Plaketten mit religiösen Motiven. Häufig wird der Begriff abwertend verwendet als Synonym für religiösen Kitsch und Kommerz. Im christlichen Sinn sind Devotionalien ein Zeichen der Verehrung und Bindung sowie Ausdruck der Sehnsucht nach leibhaftem religiösen Erleben jenseits der als nüchtern erlebten offiziellen Liturgie. Die Förderung der Volksfrömmigkeit, die es in allen Religionen rund

Volksfrömmigkeit: Kapelle auf der Insel Krk

um den Globus in unterschiedlichsten Ausprägungsformen gibt, ist wünschenswert, weil sie Traditionen pflegt, weil sie Geborgenheit, Sicherheit und Identität schenkt und weil sie den Bezug zur Transzendenz in vielerlei Bräuchen über die Zeit hinweg sichtbar werden lässt.

Problematisch wird sie hingegen, wenn man meint, mit bestimmten Riten, Beschwörungen, Gebeten, Symbolen könnte man Gott und sein Handeln beeinflussen. Schnell sind dann die Grenzen zu Magie und Aberglaube überschritten. Wer eine Christophorus-Plakette im Auto angebracht hat, ist nicht automatisch vor einem Unfall geschützt. Wer eine Kerze entzündet, um Gott zu bitten, dass etwas passiert oder auch nicht, darf nicht enttäuscht sein, wenn das Gegenteil des Erwünschten eintritt. Wie Gott unsere Wünsche erfüllt, ist sein Geheimnis. Volksfrommer Glaube aber hilft, das Leben gerade mit seinen Brüchen und seinen offengebliebenen Sehnsüchten zu ertragen.

10.2 Unterwegs sein: Wallfahrten und Pilgerwesen

»Ich bin dann mal weg« lautete der Titel des meistverkauften Buches des Jahres 2007. Hape Kerkeling erzählt darin teils flapsig, teils besinnlich von seiner Pilgerreise auf dem Jakobsweg nach Santiago de Compostela. Groß ist die Sehnsucht der Menschen, aufzubrechen, Altes hinter sich zu lassen und neue Wege und Räume zu betreten, um Energie zu tanken und Inspiration und Ruhe zu finden. Man lernt die einfachen Dinge des Lebens neu zu schätzen, vergisst soziale Distanzen und erfährt Begegnung mit Menschen, die mit einem zum Ziel unterwegs sind. Die traditionellen Motive wie das Abtragen von Schuld und Sünde, die Bitte in einem besonderen Anliegen oder als Dank für die Heilung einer Krankheit oder für erfahrenen Schutz in schwierigen Situationen sind gegenüber den Selbstfindungsmotiven des esoterischen Zeitgeists in den Hintergrund geraten.

Pilgerschaft hat eine lange Geschichte in allen Religionen und Kulturen. Sie geht auf den Glauben zurück, dass an bestimmten Orten übernatürliche Mächte ihre Kräfte besonders entfalten. Im Judentum sind das die vier heiligen Städte Jerusalem, Hebron, Tiberias und Safed, im Islam Mekka, Medina und Jerusalem, im Hinduismus die »Stadt der Ewigkeit«, Benares (Varanasi) am Ganges, und im Buddhismus Lumbini, Bodh Gaya, Sarnath und Kushinagar, Orte, die mit dem Leben Buddhas verbunden sind.

Als die drei wichtigsten Wallfahrtsorte der Christen gelten zunächst Jerusalem und das Heilige Land, als Schauplatz der Ereignisse von Leben, Tod und Auferstehung Jesu. An zweiter Stelle folgt die Stadt Rom als Ursprungsort der westlichen Kirche mit den Gräbern der Apostel Petrus und Paulus und drittens Santiago de Compostela mit dem Grab des Apostels Jakobus. Weitere zentrale christliche Wallfahrtsstätten sind Orte der Marienerscheinung wie Guadalupe in Mexiko, mit rund zwanzig Millionen Pilgern im Jahr der am meisten besuchte Wallfahrtsort der Erde, gefolgt von Lourdes in Frankreich, Fatima in Portugal oder dem kirchlich noch nicht anerkannten Medjugorje in Bosnien-Herzegowina. In Deutschland sind viel besuchte Wallfahrtsorte Altötting, Kevelaer, Fulda, Köln, Trier, Andechs, Aachen, in Österreich Mariazell, Gurk, Maria Plain, in der Schweiz Einsiedel, Flüeli, Mariastein.

Christliche Wallfahrten in das Heilige Land sind seit dem 4. Jahrhundert bezeugt. Ausgelöst wurde dies nicht zuletzt durch die Nachricht von der Auffindung des Heiligen Kreuzes durch Kaiserinmutter Helena in Jerusalem. Seinen Höhepunkt erfuhr das Wallfahrtswesen jedoch ab dem frühen Mittelalter, auch mit dem Anstieg der Reliquienverehrung. Häufig mit einem Gelübde und einem Ablass verbunden, galt eine Pilgerreise als herausragendes Zeugnis des Glaubens, auf der innere wie äußere Anfechtungen und Kämpfe zu bestehen waren. Das Beherbergen von Pilgern zählte zu den Werken der Barmherzigkeit, Übergriffe auf sie zogen hingegen schwerste Kirchenstrafen nach sich. Die mit Pilgerstab, langem Mantel, breitkrempigem Hut und Trinkflasche ausgestatteten Pilger durften die Dienste spezieller Hospize und Hospitäler in Anspruch nehmen, die z. T. heute noch existieren.

Pilgerschaft (»peregrinatio«, lat.: »über Land«) ist auch ein Bild für unser Leben als Ganzes. Ein Kirchenlied fasst es zusammen: »Wir sind nur Gast auf Erden / und wandern ohne Ruh, / mit mancherlei Beschwerden der ewigen Heimat zu.«

10.3 Alternativ leben: Orden und Klöster

Mit Ausnahme des Judentums kennen alle großen Religionen Gemeinschaften von Männern oder Frauen, die sich nach Regeln zusammenschließen, sich mit einem Versprechen oder einem Gelübde zu einer bestimmten Lebensform verpflichten und ein gemeinschaftliches religiöses Leben führen, viele davon in einem Kloster. Solche Lebensformen sind ein Sonderfall, für die man eine eigene Berufung verspüren muss.

Die Wurzeln des christlichen Mönchtums liegen in der Wüste Syriens und Ägyptens. Einsiedler, die sich in die Wüste zurückgezogen hatten, um in Abgeschiedenheit von der Welt in äußerster Einfachheit Gott zu suchen, schlossen sich aus pragmatischen Gründen zu Kolonien zusammen. Ein um 320 vom Mönch Pachomios in Oberägypten gegründetes Kloster gilt als ältestes der christlichen Welt. Der Überlieferung nach hat ein Engel selber dem Mönch eine von Gott verfasste Regel überreicht, die bald darauf von Basilius von Caesarea weiterbearbeitet und auch die Grundlage für die um ca. 540 verfasste Regel des heiligen Benedikt wurde, welche die wichtigste Ordensregel des Westens darstellt. Armut, Ehelosigkeit und Gehorsam galten schon im frühen Mönchtum als die Richtschnur und Grundlage des mönchischen Lebens überhaupt. Durch diese »Evangelischen Räte« suchen die Ordensmitglieder, das Leben Jesu nachzuahmen und sowohl für sich als auch für andere zu beten. Mit Benedikt kommt aber ein für das abendländische Mönchstum zentraler Aspekt hinzu: Sein Motto »Ora et labora« (»bete und arbeite«) sucht ein Gleichgewicht von Gebet und tätiger Arbeit und unterscheidet sich dadurch von anderen Ordensgemeinschaften, die rein kontemplativ, d. h. auf Gebet und Betrachtung ausgerichtet leben.

Mit der Verbindung von religiösem Ideal und nutzbringender Arbeit hatte das Mönchtum einen entscheidenden Einfluss bei der kulturellen Entwicklung Europas. Die Klöster oder Stifte wurden zu Zentralen des Wissens und der Kultur, die auf Bildung und Erziehung, aber auch auf Literatur, Musik, Kunst und Naturwissenschaft ausstrahlten. Nicht selten waren die Vorsteher (Äbte, Pröpste) auch mit der weltlichen Herrschaft über die Region betraut. Gegen die Tendenzen der Verweltlichung durch Anhäufung von Reichtümern und Machtkonzentration entwickelten sich ab dem 11. Jh. verschiedene Reformbewegungen: Bernhard v. Clairvaux will z.B. in dem von ihm inspirierten Zisterzienserorden die ursprüngliche benediktinische Lebensform wiederherstellen. In den Kreuzzügen entstehen

Kloster Heiligenkreuz bei Wien: feierliche Profess

neue geistliche und weltliche Ritterorden, wie die Deutschherren, die Malteser, die Johanniter oder der aufgehobene Templerorden. Ab dem 13. Jahrhundert sind es vor allem die Bettelorden (Franziskaner, Dominikaner, Karmeliten), die das einfache und bedürfnislose Leben Jesu in den Mittelpunkt ihres Lebens und ihrer Verkündigung stellen. Nach der Reformation im 16. Jahrhundert kommen dem Jesuitenorden, deren Mitglieder sich durch ein viertes Gelübde der Verfügbarkeit und des besonderen Gehorsams gegenüber dem Papst binden, eine zentrale Aufgabe bei der Gegenreformation und Neuorganisation des Katholizismus zu. Letztere zählen nicht zu den Mönchsgemeinschaften, sondern zu den sogenannten »Regularklerikern.« Sie tragen das Gewand der Weltpriester und binden sich anders als die Mönchsorden nicht an ein bestimmtes Kloster (»stabilitas loci«), sondern sind je nach Bedarf des Ordens in dessen vielfältigen Aufgaben von Erziehung und Bildung, Hochschulen, Mission, Seelsorge u. a. ein- und versetzbar. Ab dem 17. Jahrhundert entstehen zahlreiche Ordensgemeinschaften, die keine feierlichen Gelübde ablegen, sondern sich durch Versprechen an eine als »Kongregation« bezeichnete Gemeinschaft unterschiedlichster Ausrichtung binden. Dazu zählen etwa die Pallottiner, die Salesianer, die Comboni-

Missionare u. v. a. An Gründungen der Gegenwart sind vor allem die »Legionäre Christi« und die »Schwestern Mutter Teresas« bekannt.

Die Unterscheidungen innerhalb der einzelnen Ordensgemeinschaften sind eher kirchenrechtlicher Natur und in der Praxis wenig relevant. Die Kirche fasst jene, die unter Gelübde oder Versprechen gebunden leben, unter dem Oberbegriff der »Religiösen« oder »gottgeweihten Personen« zusammen. Eine eigene Kongregation am Vatikan führt die Oberaufsicht über die in sich selbständigen Gemeinschaften.

Die meisten Orden existieren sowohl in männlicher wie in weiblicher Form. Wer sich ihnen anschließen will, muss zunächst eine erste Probezeit (Kandidatur, Postulat) durchlaufen, um als Novize das Ordensgewand zu erhalten und in die Gemeinschaft aufgenommen zu werden. Während dieser einjährigen Probezeit kann der Kandidat die Gemeinschaft jederzeit ohne Angabe von Gründen wieder verlassen oder entlassen werden. Wenn er sich entschließt zu bleiben und zugelassen wird, legt er nach dem Noviziat die sogenannten »einfachen Gelübde« oder Versprechen für drei Jahre ab. Auch in dieser Zeit ist ein Ausscheiden einfach möglich. Nach Ablauf der drei Jahre bindet sich der Ordensmann durch das Ablegen der »feierlichen Gelübde« oder »Profess« für sein ganzes weiteres Leben an den Orden. Eine Aufhebung ist nur durch Dispens der römischen Kongregation möglich. Der Ordensmann kann als Priester (»Pater«) wirken oder als Laienbruder (»Frater«) seiner Gemeinschaft dienen.

In den Kirchen der Reformation spielt das Ordensleben keine sonderliche Rolle. Eine der Ausnahmen bildet die 1949 gegründete ökumenische Kommunität von Taizé, deren evangelischer Gründer Roger Schutz Mitglieder aller christlichen Konfessionen aufnahm. Ihre Spiritualität, die Liturgie, die Gesänge und das Gemeinschaftsleben ziehen alljährlich mehr als 200 000 junge Menschen zum »Kloster auf Zeit« an.

In den Kirchen der Orthodoxie hat das Mönchtum eine noch größere Bedeutung als im Westen. Die meist selbständigen Klöster oder Klosterverbände, die im Berg Athos auch eine eigene politisch souveräne Mönchsrepublik geschaffen haben, sind zentrale Orte der theologischen Forschung und der Spiritualität. Aber auch für die institutionelle Kirche ist das Mönchstum unverzichtbar: Da die Orthodoxie den Zölibat nur für die Bischöfe, nicht aber für die Weltpriester kennt, werden die Bischöfe fast alle aus den Klöstern rekrutiert.

11. Gebet und Mystik

11.1 Mit Gott reden: das Gebet

Das Beten ist der zentrale Ausdruck des Glaubens fast aller Religionen. Es meint allgemein eine mit Worten oder mit Handlungen verbundene Anrede eines transzendenten Wesens oder eines Fürsprechers. In den monotheistischen Religionen hat das Gebet eine persönliche und eine auf Kommunikation angelegte Komponente und unterschiedet sich dadurch von fernöstlichen Praktiken der Meditation oder Versenkung. Gebete können im Gottesdienst, in der Gruppe oder alleine stattfinden. Sie sind keineswegs auf einen sakralen Raum beschränkt, sondern können als Grundvollzug des Glaubens überall stattfinden und haben auch in die modernen Kommunikationsformen der Zeit Eingang gefunden. Gebete können still formuliert, gesungen oder laut gesprochen werden. Sie können frei formuliert oder aus liturgischen Büchern und Gebetssammlungen rezitiert werden und sind mit unterschiedlichen Körperhaltungen und Gesten verbunden. Häufig werden dabei Symbole verwendet. Ebenso finden Gebete oft zu festgesetzten Zeiten statt.

Die biblischen Zeugnisse überliefern uns vielfältige Formen des Gebetes. Die wichtigsten Formen des Gebetes sind Anbetung, Bitte und Fürbitte, Danksagung und Lob. In die Sprache des Gebets gebracht wird aber auch Verlassenheit und Verzweiflung. Zur christlichen Gebetserfahrung gehört nicht nur der Jubel und der Lobpreis; sondern auch der Schrei aus der Tiefe des Herzens und die Klage. Auch Jesus kennt im Beten die Angst und die Betrübnis. Christliche Gebetspraxis bedarf heute einer vermehrten Einübung in die Sprache der Trauer, der Ohnmacht und der Melancholie, um sich auch mit den vielen Situationen und Erfahrungen der unterdrückten und verfolgten Mitbetenden zu solidarisieren.

In der Sprache des Gebets kann man Gott alles sagen, selbst wenn er einem in Zeiten der Finsternis abwesend erscheint. Das Beten stellt ein tiefes Geheimnis der Verbindung des Menschen mit Gott dar. Jesus lebt von der Verbindung mit dem Vater und geht mit dem Gebet auf den Lippen den Weg der Verachtung und am Ende aber in den Sieg Gottes. Beten ist niemals nur ein Zeichen persönlicher Innerlichkeit. Aus der Kraft des Gebetes beziehen Menschen die Stärke, für die Welt einzutreten, zu protestieren, zu verändern und Hoffnung wider alle Hoffnung zu setzen. Wer aufrichtig betet, erfährt

Selbsterkenntnis vor dem Angesicht Gottes. Er konfrontiert sich mit dem, was verborgen und verdrängt ist und was er wegschieben möchte. Das Gebet schenkt Kraft, aber es macht nicht unangreifbar und unverletzlich. Im Gebet begegnet der Mensch vor Gott auch den Tiefen seines Selbst, seiner Träume, seiner Phantasien, und seiner Abgründe. Und er kehrt auch als alter Mensch nicht selten zurück zu den Gebeten seiner Kindheit und dem Vertrauen, das ihn damals gehalten hat, auch wenn die Kinderfragen und Wünsche im Laufe einer Lebensgeschichte unbeantwortet geblieben sind.

11.2 Grundgebete der Christen

Neben dem freien oder am biblischen Text orientierten Gebet kennt die christliche Glaubenspraxis verschiedene Grundgebete:
Das **Kreuzzeichen** ist in seiner Zeichenhaftigkeit zweidimensional: Zum einen ist es das urchristliche Symbol für die Dreifaltigkeit und damit Zeichen des Glaubens an Gott, den Vater, den Sohn und den Heiligen Geist. Zum anderen ist die Geste der Bekreuzigung aber auch der sichtbare Ausdruck des Glaubens an Leiden, Tod und Auferstehung Jesu Christi und damit Ausdruck der Zugehörigkeit zur christlichen Kirche.

> *Im Namen des Vaters*
> *und des Sohnes*
> *und des Heiligen Geistes.*
> *Amen.*

Der **kleine Lobpreis** hat neben besonderen Formen der Anbetung traditionell seinen Platz im christlichen Gottesdienst. Durch den Lobpreis rühmt der Gläubige die Größe Gottes und erweist ihm Ehre.

> *Ehre sei dem Vater und dem Sohn und dem Heiligen Geist,*
> *wie im Anfang, so auch jetzt und alle Zeit und in Ewigkeit.*
> *Amen.*

Das **Vaterunser** oder »Gebet des Herrn« hat seinen Ursprung in der Gebetstradition des Judentums und ist das einzige Gebet, das uns von Jesus in sieben Bitten selber überliefert ist.

Vater unser im Himmel,
geheiligt werde dein Name.
Dein Reich komme.
Dein Wille geschehe, wie im Himmel so auf Erden.
Unser tägliches Brot gib uns heute.
Und vergib uns unsere Schuld,
wie auch wir vergeben unseren Schuldigern.
Und führe uns nicht in Versuchung,
sondern erlöse uns von dem Bösen.
Denn dein ist das Reich
und die Kraft
und die Herrlichkeit
in Ewigkeit.
Amen.

Das ***Apostolische Glaubensbekenntnis*** fasst in Formeln, die auch »Glaubenssymbola« genannt werden, den von Anfang an verbindlichen Glauben der Kirche zusammen. Seinen Ursprung hat es unter anderem in den Taufbekenntnissen der Urkirche.

Ich glaube an Gott, den Vater, den Allmächtigen,
den Schöpfer des Himmels und der Erde,
und an Jesus Christus, seinen eingeborenen Sohn, unsern Herrn,
empfangen durch den Heiligen Geist,
geboren von der Jungfrau Maria,
gelitten unter Pontius Pilatus,
gekreuzigt, gestorben und begraben,
hinabgestiegen in das Reich des Todes,
am dritten Tage auferstanden von den Toten,
aufgefahren in den Himmel;
er sitzt zur Rechten Gottes, des allmächtigen Vaters;
von dort wird er kommen, zu richten die Lebenden und die Toten.
Ich glaube an den Heiligen Geist,
die heilige katholische Kirche,
Gemeinschaft der Heiligen,
Vergebung der Sünden,
Auferstehung von den Toten
und das ewige Leben.
Amen.

Das *große Glaubensbekenntnis* heißt nach den Orten der beiden frühchristlichen Konzilien Nizäa (325) und Konstantinopel (381), auch »Nizäno-Konstantinopolitanum«. Es verbindet die Kirchen des Ostens und des Westens und wird in Gottesdiensten in der Regel an Hochfesten oder bei besonderen Anlässen gebetet.

Wir glauben an den einen Gott,
den Vater, den Allmächtigen,
der alles geschaffen hat, Himmel und Erde,
die sichtbare und die unsichtbare Welt.

Und an den einen Herrn, Jesus Christus,
Gottes eingeborenen Sohn,
aus dem Vater geboren vor aller Zeit:
Gott von Gott, Licht vom Licht,
wahrer Gott vom wahren Gott,
gezeugt, nicht geschaffen,
eines Wesens mit dem Vater;
durch ihn ist alles geschaffen.

Für uns Menschen und zu unserem Heil
ist er vom Himmel gekommen,
hat Fleisch angenommen
durch den Heiligen Geist
von der Jungfrau Maria
und ist Mensch geworden.

Er wurde für uns gekreuzigt
unter Pontius Pilatus,
hat gelitten und ist begraben worden,
ist am dritten Tage auferstanden
nach der Schrift
und aufgefahren in den Himmel.

Er sitzt zur Rechten des Vaters
und wird wiederkommen in Herrlichkeit,
zu richten die Lebenden und die Toten;
seiner Herrschaft wird kein Ende sein.

Wir glauben an den Heiligen Geist,

der Herr ist und lebendig macht,
der aus dem Vater und dem Sohn hervorgeht,
der mit dem Vater und dem Sohn
angebetet und verherrlicht wird,
der gesprochen hat durch die Propheten;
und die eine, heilige, katholische
und apostolische Kirche.

Wir bekennen die eine Taufe
zur Vergebung der Sünden.
Wir erwarten die Auferstehung der Toten
und das Leben der kommenden Welt.
Amen.

Das *Ave Maria* (»Gegrüßet seist du, Maria«) ist nach dem Vaterunser das meistgesprochene Gebet der Christen. Es besteht aus
dem Gruß des Erzengels Gabriel bei der Verkündigung und dem
Gruß Elisabeths beim Besuch Mariens. Die Bitte um Beistand in
der Todesstunde ist im Mittelalter hinzugefügt worden.

Gegrüßet seist du, Maria,
voll der Gnade,
der Herr ist mit dir.
Du bist gebenedeit unter den Frauen,
und gebenedeit ist die Frucht deines Leibes,
Jesus.

Heilige Maria, Mutter Gottes,
bitte für uns Sünder
jetzt und in der Stunde unseres Todes.
Amen.

Madonna, Insel Krk

Das *Angelus-Gebet* (»Der Engel des Herrn«), das morgens, mittags
und abends gebetet wird, erinnert (oft unter Glockengeläut) an die
Verkündigung des Erzengels Gabriel an Maria und an die Geheimnisse der Menschwerdung.

Der Engel des Herrn brachte Maria die Botschaft,
und sie empfing vom Heiligen Geist.
Gegrüßet seist du, Maria, ...

Maria sprach: Siehe ich bin die Magd des Herrn;
mir geschehe nach deinem Wort.
Gegrüßet seist du, Maria, ...

Und das Wort ist Fleisch geworden
und hat unter uns gewohnt.
Gegrüßet seist du, Maria, ...

Bitte für uns, heilige Gottesmutter,
dass wir würdig werden der Verheißung Christi.

Lasset uns beten. Allmächtiger Gott, gieße deine Gnade in unsere
Herzen ein. Durch die Botschaft des Engels haben wir die Mensch-
werdung Christi, deines Sohnes, erkannt. Lass uns durch sein Lei-
den und Kreuz zur Herrlichkeit der Auferstehung gelangen. Darum
bitten wir durch Christus, unseren Herrn.
Amen.

Das **Benedictus** ist der Lobgesang des Zacharias nach der Geburt
des Vorläufers Jesu, Johannes des Täufers, und ein zentrales Mor-
gengebet der Kirche.

Gepriesen sei der Herr, der Gott Israels!
Denn er hat sein Volk besucht und ihm Erlösung geschaffen;
er hat uns einen starken Retter erweckt im Hause seines Knechtes
David.
So hat er verheißen von alters her durch den Mund seiner heili-
gen Propheten.
Er hat uns errettet vor unseren Feinden
und aus der Hand aller, die uns hassen;
er hat das Erbarmen mit den Vätern an uns vollendet
und an seinen heiligen Bund gedacht,
an den Eid, den er unserem Vater Abraham geschworen hat;
er hat uns geschenkt, dass wir, aus Feindeshand befreit,
ihm furchtlos dienen in Heiligkeit und Gerechtigkeit
vor seinem Angesicht all unsere Tage.
Und du Kind, wirst Prophet des Höchsten heißen;
denn du wirst dem Herrn vorangehen und ihm den Weg bereiten.
Du wirst sein Volk mit der Erfahrung des Heils beschenken
in der Vergebung seiner Sünden.

Durch die barmherzige Liebe unseres Gottes
wird uns besuchen das aufstrahlende Licht aus der Höhe,
um allen zu leuchten, die in Finsternis sitzen
und im Schatten des Todes,
und unsere Schritte zu lenken auf den Weg des Friedens.
Ehre sei dem Vater und dem Sohn und dem Heiligen Geist,
wie im Anfang, so auch jetzt und alle Zeit und in Ewigkeit.
Amen.

Christliche Demut: Bücken muss sich, wer die Geburtskirche in Betlehem betreten möchte

Das **Magnificat** ist der Lobpreis Mariens nach der Ankündigung der Geburt Jesu durch den Erzengel Gabriel und ist ein Höhepunkt in der abendlichen Liturgie:

Meine Seele preist die Größe des Herrn,
und mein Geist jubelt über Gott, meinen Retter.
Denn auf die Niedrigkeit seiner Magd hat er geschaut.
Siehe, von nun an preisen mich selig alle Geschlechter.
Denn der Mächtige hat Großes an mir getan,
und sein Name ist heilig.
Er erbarmt sich von Geschlecht zu Geschlecht
über alle, die ihn fürchten.

Er vollbringt mit seinem Arm machtvolle Taten:
Er zerstreut, die im Herzen voll Hochmut sind.
Er stürzt die Mächtigen vom Thron
und erhöht die Niedrigen.
Die Hungernden beschenkt er mit seinen Gaben
und lässt die Reichen leer ausgehen.
Er nimmt sich seines Knechtes Israel an
und denkt an sein Erbarmen,
das er unseren Vätern verheißen hat,
Abraham und seinen Nachkommen auf ewig.
Ehre sei dem Vater und dem Sohn
und dem Heiligen Geist,
wie im Anfang, so auch jetzt und alle Zeit
und in Ewigkeit. Amen.

Das **Nunc dimittis** (»Nun entlässt du«) ist der Lobgesang des greisen Simeon, der im Tempel von Jerusalem Jesus als den verheißenen Messias erkennt und sich zum Sterben bereit fühlt:

Nun lässt du, Herr, deinen Knecht wie du gesagt hast,
in Frieden scheiden.
Denn meine Augen haben das Heil gesehen,
das du vor allen Völkern bereitet hast,
ein Licht, das die Heiden erleuchtet
und Herrlichkeit für dein Volk Israel.

11.3 Eins mit Gott: die Mystik

»Der Fromme von morgen wird ein Mystiker sein, einer, der etwas erfahren hat, oder er wird nicht mehr sein«, heißt ein vielzitierter Satz des berühmten Theologen Karl Rahner. Mit Mystik ist dabei aber nicht irgendeine Form von Halluzination, Trance, Ekstase oder anderen bewusstseinserweiternden oder enthusiastischen Erlebnissen gemeint. Christliche Mystik meint auch nicht jene Form von Innerlichkeit, wie sie etwa die fernöstlichen Religionen in ihren oft exotisch anmutenden Ausführungen pflegen. Christliche Mystik ist eine Mystik der offenen Augen. Sie ist eine Mystik, die Gotteserfahrung im Alltag und in den alltäglichen Dingen erlebbar macht. Sie kennt eine »nüchterne Trunkenheit«, die uns wach bleiben lässt mit Augen für die anderen. Sie weiß, dass sie auch beim Scheitern von Lebenskonzepten, Lebensplanungen von einem letzten Sinngrund getragen ist. Sie hält die Bitterkeit des Alltags aus einer tieferen Kraft heraus aus.

Christliche Mystik meint die Konzentration, die Schärfung der Sinne auf das Wesentliche, um sich von Gott finden zu lassen. Vorstufen zu mystischen Erfahrungen kann man leicht in körperlichen Übungen machen, wie etwa in der Natur, beim Wahrnehmen von unterschiedlichen Düften, von Moos, Laub und Erde oder im Lauschen auf die Stille. Vor allem aber bedarf mystische Erfahrung der Wiederholung, die in die Tiefe führt, damit Vertrautheit und Verlässlichkeit entstehen können. Dies kann beim Betrachten einzelner Schriftworte sein oder auch in der Liturgie. Die sich immer wiederholenden Abläufe und Formulierungen wollen eine Form des Geborgenseins und Daheimseins bei Gott schaffen. Diese Beständigkeit trägt in den Wechselfällen unseres Lebens. Sie stellt die Erinnerung des Zusammenhangs, die Erinnerung des eigenen Lebens und die große Erinnerung des Volkes Gottes und seiner Erfahrungen in der Geschichte. Solche Innerlichkeit führt uns zur Ruhe, damit unsere Seele in Gott still wird und wir alles andere loslassen können. In diesem Sinne ist auch die christliche Mystik ekstatisch. Der Mensch überschreitet in der Begegnung mit Gott sich selber als ganz persönliche innere Erfahrung: »Im Wurf eines Augenblicks erahne ich zitternd das Unendliche« (Odilo Lechner). Vor allem aus dem Mittelalter haben wir kostbare literarische Zeugnisse mystischer Erfahrungen. Berühmte mittelalterliche Mystiker sind Meister Eckhart, Hildegard von Bingen oder Johannes vom Kreuz. Sie schildern einen Weg, der von der eigenen »Leere« zur »dunklen Nacht« führt, einem Ort, »wo sich im tiefsten Schweigen zugleich

Wo sich im tiefsten Schweigen die lauteste Musik zeigt ...

die lauteste Musik zeigt«: Die große Mystikerin Edith Stein fasst diese Formen der Verschmelzung so zusammen.

IX.

WIE HANDELT MAN CHRISTLICH?

1. Wozu Ethik?

Die technischen, wissenschaftlichen und sozialen Errungenschaften der letzten einhundert Jahre haben dem Menschen heute, am Beginn des 3. Jahrtausends ungeahnte Handlungsmöglichkeiten eröffnet: Wir können Atomkerne spalten, in den Bauplan des Lebens eingreifen und bald vielleicht – glaubt man den bizarren Verjüngungsthesen eines britischen Biotheoretikers – den Alterungsprozess von Lebewesen stoppen, das Sterben abschaffen. Jede Möglichkeit stellt uns aber vor Fragen, die sich so noch zu keiner anderen Zeit der Menschheitsgeschichte in vergleichbarer Brisanz und Komplexität gestellt haben und Antworten fordern in Form verantworteter Entscheidungen. Was ist am Ende des Lebens, wenn ein todgeweihter Patient um Erlösung von seinen Schmerzen bittet? Was mit der Forschung an befruchteten Eizellen, wenn Wissenschaftler mit ihrer Hilfe kranken Menschen Lebenszeit schenken können? Was mit genmanipulierten Pflanzen, wenn damit die Ernährungssituation der Weltbevölkerung verbessert werden kann?

Es sind Einzelfragen von enormer Dichte, weil sie stets Probleme verschiedener wissenschaftlicher Disziplinen und gesellschaftlicher Handlungsfelder tangieren und zugleich aufzeigen, wie stark diese miteinander verwoben sind: So berührt die Frage der Sterbehilfe beispielsweise gleichermaßen Medizin und Biologie, Kirche und Politik. Es verwundert nicht, dass viele Menschen unsicher geworden sind, wie sie derartige Fragen beantworten sollen, mit denen sie sich in einer sich beschleunigenden Moderne konfrontiert sehen.

Gleichzeitig gilt es zu bedenken: Der Mensch ist nicht ein instinktgesteuertes Wesen, sondern ein Individuum, das sich im Rahmen sinngebender reflektierter Entscheidungen nicht bloß verhält, sondern selbstbestimmt handelt. Wir dürfen uns keinen Illusionen hingeben: Ethik, als die Lehre vom sittlichen, guten Handeln, tritt nicht einfach als fertiges Konstrukt naturgemäß in Erscheinung, sondern muss menschheitsgeschichtlich erworben und errungen werden, weil der Mensch, die Krone der Schöpfung, ein Mängelwesen unter anderen ist, immer bestrebt, sich in einem Sinnganzen von Welt zu begreifen. Dort, wo der Mensch diese Perspektive verloren und dieses Streben aufgegeben hat, ist er auf sich selbst zurückgeworfen, vergleichbar mit einem Raubtier, das den ihm angewiesenen Kosmos, die Welt, nicht als Aufgabe zur Gestaltung, sondern als Gegenstand seiner Ausbeutung betrachtet.

2. Grundbegriffe und ethische Prinzipien

Im Zusammenhang mit der Bestimmung ethikrelevanter Fachausdrücke muss vorab auf zwei Probleme hingewiesen werden. In der Alltagssprache werden die Begriffe Ethik, Moral und Sittlichkeit oft undifferenziert und synonym verwendet, dadurch entstehen häufig Missverständnisse. Die folgende Übersicht der wichtigsten ethischen Fachausdrücke will diesem Anspruch Rechnung tragen und eine erste Orientierung bieten.

Sittlichkeit: Der Begriff Sittlichkeit stellt eine noch unsystematische Bewertungskategorie für konkrete Handlungen oder Situationen in Anlehnung an die in einer Gruppe oder Kulturgemeinschaft üblichen Sitten (= tradierte Gewohnheiten, Normen, Werte etc.) dar. Dabei geht es noch nicht um abstrakte Prinzipien, sondern um das, was in der »Wirklichkeit« des Menschen – im Rahmen von Mode, Musik, Sprache, Sexualität, Benehmen usw. – erlaubt oder möglich ist.

Moral (von lat. *mos* = Wille, Gewohnheit, Brauch, Gesetz, Vorschrift / von lat. *mores* = Sitte): Bei Moral handelt es sich um einen »Mischbegriff« der wahlweise für Sitte und Ethik gebraucht wird. Moral bedeutet Sittlichkeit im Sinne der Gesamtheit von Verhaltens- und Einstellungsnormen, die von einer bestimmten Gesellschaft als verbindlich angesehen werden (»öffentliche Moral«, »Verstoß gegen die Moral«). Moral kann aber auch auf die sittliche Haltung einer Person oder Gruppe abzielen im Sinne von »Er kann es mit seiner Moral nicht vereinbaren« bzw. »In doppelter Moral handeln«. Allgemein zielt der Begriff auf ein System bzw. ein Muster von Regeln, Normen oder Typologien von Verhaltensweisen, die schriftlich fixiert oder mündlich tradiert wurden, in einem bestimmten Lebensbereich gelten und mit den Qualitäten des Guten bzw. Bösen besetzt werden können.

Ethos (von griech. *ethos* = Gewohnheit, Sitte, Brauch): Ethos meint das vollständig von einer bestimmten Gruppe akzeptierte Gefüge von Moral bzw. von Regelungen des gemeinsamen Handelns. Die in einer bestimmten Gruppe geltende Moral entspricht dem akzeptierten Ethos. Zu unterscheiden ist das *objektive Ethos* – als die von außen an den Menschen herangetragene Vorstellung von gut und böse, die Ansprüche an das individuelle Handeln stellt – vom *subjektiven Ethos* – als jede individuelle Handlungsorientierung, die von biologischen (männl./weibl.), sozialen (Zeit/Kultur) oder individuellen (persönliche Erfahrung) Faktoren abhängig ist.

Ethik (von griech. *ethos*): Ethik ist die Lehre vom richtigen Verhalten. Was unter richtigem Verhalten verstanden wird, hängt davon ab, welche Werte ein ethisches System für das menschliche Leben als zentral ansieht (Persönlichkeit, Gerechtigkeit usw.). Damit ist Ethik die Bezeichnung für die wissenschaftliche Disziplin der praktischen Philosophie, die abstrakte Prinzipien der Bewertung, des Wollens und Handelns im Hinblick auf Inhalte, Ziele und Ideale des Sittlichen entwickelt. Philosophische Ethik klärt durch systematische Reflexion, was unter sinnvollem Leben verstanden werden kann, welchen Werten Vorrang vor anderen zukommt und welche Normen gelten sollen. Maßstab der Ethik ist die Vernunft. Im Zentrum geht es der Ethik um die Reflexion der Vernunft auf das menschliche Handeln hin, das den Ansprüchen der geltenden Moral bzw. des akzeptierten Ethos unterliegt und ständig daran geprüft wird, um schließlich als »gut und richtig« gelobt oder als »schlecht und böse« getadelt bzw. bestraft zu werden.

Güter: Güter sind dem menschlichen Handeln vorgegeben und durch den menschlichen Willen nicht zu verändern oder zu beeinflussen. Als Güter gelten deshalb beispielsweise Leben und Wahrheit.

Werte: Sie sind handlungsbezogen und handlungsabhängig, aber noch keine direkten Handlungsanweisungen (z. B. Treue, Gerechtigkeit). Damit sind Werte oberste Maßstäbe zur Bewertung von menschlichem Verhalten und kulturellen Schöpfungen als gut und richtig oder schlecht und falsch. Es sind Konzeptionen des Wünschenswerten, des Erstrebten, des Geschätzten. Ein Wert ist je nach Einstellung die Eigenschaft bzw. der Charakter eines Dinges, das als Wertträger dadurch zu einem Gut, einer idealen Wesenheit wird.

*Der Mensch: zu allen Zeiten mit Vernunft begabt, zur Kultur fähig,
vom Gewissen gelenkt*

Normen: Normen sind unmittelbar handlungsbezogen und direkte
Handlungsanweisungen, weil sie von den vorgegebenen Gütern
und Werten konkrete sittliche Urteile ableiten. Damit handelt
es sich um »Sollensvorschriften«, die sich auf das Verhalten von
Gesellschaftsmitgliedern beziehen und für die Gruppe allgemein-
gültige Maßstäbe darstellen. Normen dienen der Umsetzung von
Werten.

Naturrecht meint die Überzeugung, dass jedem Menschen von Na-
tur aus bestimmte Rechte zukommen, wie etwa das Recht auf
Leben, Unversehrtheit, Freiheit, Partnerwahl oder Gerechtigkeit.
Diese unveränderlich gültigen Rechte gehen dem durch Normen
gesetzten Recht voraus und sind ihm übergeordnet. Quellen des
Naturrechts sind die Schöpfung durch Gott, die Erkenntnis und
Vernunft, das dem Menschen innewohnende Gewissen sowie die
Natur als solche bzw. aus ihr abzuleitende naturwissenschaftli-
che Notwendigkeiten. Das auf Aristoteles zurückgehende ethische
Konzept spielt in der christlichen Ethik eine große Rolle. Insbesondere in Fragen der Ehe- und Sexualmoral wird seine Gültigkeit
bestritten. Auch ist die Vorstellung von durch göttliches Gesetz geschaffenen Normen einer säkularen Welt vielfach nicht plausibel.

Güterabwägung: Güterabwägung meint die Entscheidung zwischen zwei konkurrierenden gleichwertigen Gütern. So kann z. B. das Rechtsgut auf Freiheit der Kunst mit dem Recht des Persönlichkeitsschutzes Jugendlicher konkurrieren und daher entsprechende Einschränkungen erfahren. Auch kann es in bestimmten Situationen notwendig sein, zu Lasten der Wahrheit eine Ausrede oder Notlüge zu gebrauchen.

Regel der Epikie: Epikie ist eine auf Aristoteles zurückgehende Tugend, die uns zu ethisch richtigem Handeln auch dann befähigt, wenn wir ein Gesetz nicht einhalten können. Nach Thomas von Aquin ist es in Einzelfällen erlaubt, »unter Absehen von Gesetzeswortlaut dem zu folgen, was die innere Gerechtigkeit und der gemeine Nutzen fordern«. Die Nichtbeachtung eines menschlichen Gesetzes ist dann erlaubt, wenn die Gesetzeserfüllung im Einzelfall unsittlich oder unverhältnismäßig schwer würde. Der Rechtsstandpunkt der Epikie ist in der Theologiegeschichte durch bedeutende Theologen immer verteidigt worden.

3. Was will christliche Ethik/Moraltheologie?

3.1 Der Anspruch Gottes

Für den Christen ist es grundlegend, die Glaubensaussagen der heiligen Schrift als wahr vorauszusetzen bzw. als nicht hinterfragbare Basisnorm zu akzeptieren. Diese Glaubenswahrheiten, in denen Gott sich – angefangen bei Abraham bis hin zu Christus – offenbart hat, stellen das Fundament des christlichen Glaubens dar, auf dem auch eine christliche Ethik gründet.

Die Letztbegründung ethischer Prinzipien in der biblischen Überlieferung zu finden greift tiefer, als sich angesprochen zu fühlen von interessanten oder erbaulichen Geschichten aus der Vergangenheit, die etwa auch durch andere, spannendere ersetzt werden könnten. Durch die biblischen Überlieferungen wird den gläubigen Christen eine neue Geschichte zugeordnet. Sie werden aus ihrer gewöhnlichen, natürlichen, familiären, nationalen, biographischen Geschichte herausgenommen und eingefügt in die Geschichte Israels. Die biblischen Vorgaben und die Tradition der Kirche in die Gegenwart hinein weiterzuschreiben, ist Aufgabe der Moraltheologie bzw. der theologischen Ethik. (Beide Termini werden hier gleichbedeutend verwendet.) Dabei muss sie sich auch den tagespolitisch aktuellen Fragen stellen und begründete Handlungsanweisungen geben.

3.2 Sünde – Schuld – Gewissen

Die Umgangssprache hat den Begriff der Sünde heute trivialisiert und ironisiert. Wir sprechen davon, dass etwas »eine Sünde wert« ist oder »sündhaft gut« geschmeckt hat. Schuld und Sünde sind Worte, mit denen viele heute nichts mehr anfangen können, obwohl die dahinterstehende Wirklichkeit ihnen oft schmerzlich bewusst ist. Wo immer Menschen in Gemeinschaft zusammenleben, erfahren sie auf unterschiedlichen Ebenen ihr Versagen gegenüber sich selbst oder gegenüber anderen. Die Aufarbeitung von verdrängter Schuld, die für viele eine erhebliche Belastung darstellt, erfolgt heute mehr durch Therapeuten als durch Seelsorger.

Wenn von *Erbsünde* gesprochen wird, denken manche an einen biologisch vererbten Fehler, der durch den Ungehorsam der Stammeltern Adam und Eva den Menschen anhaftet. Wenn die Kirche von »Erbsünde« redet, so meint sie jedoch damit den Zustand des Unheiles und des Unvollkommenen, in den der Mensch hineingeboren wird und in den er gestellt ist, ob er will oder nicht. Die kollektiven Zusammenhänge der Welt, die Aggressionen und Kriege, das Ungleichgewicht zwischen Arm und Reich, Ausbeutung und Unterdrückung zugunsten Privilegierter – all das sind Verflechtungen und Verstrickungen, denen der Mensch nicht entkommen kann. »Niemand hat die Möglichkeit, an einem perfekten ›Punkt Null‹ anzufangen und sein Gutes in völliger Freiheit zu entwickeln«. (Benedikt XVI.) Christen glauben, dass die Schuld Adams durch den Tod und die Auferstehung Christi gesühnt ist und wir durch die Taufe von der Erbsünde befreit sind. Trotz ihrer sind wir in der Lage, uns zeitlebens in Freiheit zum Guten zu entscheiden bzw. dann, wenn wir versagen, Reue und Vergebung zu erbitten.

Die katholische Kirche unterscheidet zwischen *Todsünden* und *lässlichen Sünden*. Eine Todsünde ist gegeben, wenn »eine schwere Sache, volle Erkenntnis und freiwillige Zustimmung« vorliegen. Dazu gehört z. B. Ehebruch, Mord oder Glaubensabfall. Nur im Sakrament der Buße können Todsünden vergeben werden. Ohne vollkommene Reue führen sie zu einem »ewigen Tod in der Hölle«. Eine lässliche Sünde liegt vor, wenn es sich nicht um eine »schwere Materie« oder

der Sünder ohne volle Erkenntnis und Zustimmung handelt. Lässliche Sünden »brechen den Bund mit Gott nicht, schwächen aber die Liebe« (Komp Kat 395 ff.). Auch sie werden im Sakrament der Beichte vergeben.

Die Wurzeln der Sünde sieht die kirchliche Tradition in den *Lastern,* schlechten Eigenschaften des Charakters, die zwar selber keine Sünden sind, jedoch häufig die Ursache dafür bilden und deshalb auch »Wurzelsünden« genannt werden. Die »sieben Hauptsünden« sind:

- ✦ Stolz
- ✦ Habsucht
- ✦ Neid
- ✦ Zorn
- ✦ Unkeuschheit
- ✦ Unmäßigkeit
- ✦ Trägheit
- ✦ Überdruss

Ihnen gegenüber stehen die *Tugenden* als dem Menschen innewohnende Fähigkeit und Haltung, das Gute mit Freude zu tun. Die grundlegenden Tugenden, die man vom lateinischen Wort »cardo« (Türangel, Dreh- und Angelpunkt) her auch als »Kardinaltugenden« bezeichnet, gelten seit der Antike:

- ✦ Klugheit
- ✦ Gerechtigkeit
- ✦ Tapferkeit
- ✦ Mäßigung.

Sie werden ergänzt durch die sogenannten »Göttlichen Tugenden«, die der Apostel Paulus im Brief an die Korinther nennt: »Für jetzt bleiben

- ✦ Glaube,
- ✦ Hoffnung,
- ✦ Liebe,

diese drei; doch am größten unter ihnen ist die Liebe.« (1 Kor 13, 13)

Das *Gewissen* ist eine Instanz im Menschen, die ihn dazu drängt Handlungen zu unterlassen oder auszuführen. Das Gewissen erscheint vielfach als eine »innere Stimme« und »inneres Gericht«, welches auch auf unser Befinden Auswirkungen hat: Wir sind »reinen Gewissens« oder haben ein »schlechtes Gewissen«. Wie sich ein Gewissen durch die Normvorstellungen der Erziehung und Gesellschaft prägt, ist eine ebenso interessante Frage, wie die Aspekte, welche die Psychoanalyse zur Theorie des Gewissens beisteuert. Nach Sigmund Freuds Menschenbild ist das Gewissen die Summe des Über-Ichs, eine Instanz, in der fremde Autoritäten, vor allem jene der Eltern, in uns weiterleben und uns bestimmen. Andere Deutungen des Gewissens sehen im Gewissen den Kern der sittlichen Persönlichkeit. In der Aufklärungsphilosophie etwa ist das Gewissen das jeder Moral vorausgehende Grundprinzip.

Die Texte des Alten Testaments kennen kein eigenes Wort für »Gewissen«. Die ihm zugeschriebenen Fähigkeiten werden im Herzen bzw. in den Nieren lokalisiert. In ihnen ist der Ausgangspunkt für rechtes Handeln und Empfinden. So bittet König Salomo um ein »hörendes Herz«, um weise zu handeln, und König David »schlägt das Herz«. Das Neue Testament verwendet den griechischen Begriff »syneidäsis« (Mitwisser, Gewissen) häufiger. Paulus sieht in ihm eine natürliche Anlage, die auch die Heiden haben, die das Gesetz nicht kennen: »Das Ziel der Unterweisung ist Liebe aus reinem Herzen, gutem Gewissen und ungeheucheltem Glauben.« (1 Tim 5 f.)

Weil das Gewissen eine Erfahrung ist, die alle Menschen verbindet, und weil es grundlegende Forderungen (Tötungsverbot, Inzesttabu, Eigentum) über alle Zeiten und Kulturen hinweg gibt und gab, hat die Theologie das Gewissen als »Stimme Gottes« interpretiert. Dieser Stimme ist der Mensch zu letztem Gehorsam verpflichtet, auch wenn sich sein Gewissen irrt und auch dann wenn seine Entscheidung gegen staatliche und kirchliche Autorität verstößt. Die katholische Lehre vom Gewissen fand in dem englischen Kardinal John Henry Newman (1801–1890) eine bedeutende Fortschreibung. Newman formulierte: »Zuerst das Gewissen, dann der Papst«. Zu den geistlichen Übungen des Christen gehört die regelmäßige Erforschung des Gewissens, bei der man den Verlauf des Lebens selbstkritisch überdenkt und infrage stellt. Eine solche Erforschung kann einen festen Platz im Sitz des Tages haben (z.B. ein Rückblick am Abend) oder zu bestimmten Anlässen erfolgen.

Das Gewissen ist keine statische Anlage, sondern bedarf der Bil-

dung und Erziehung. Die Entwicklungspsychologie hat wichtige
Hinweise zum Erwerb moralischer Kompetenz gegeben. Zu einer
angemessenen Gewissenserziehung und –bildung bedarf es verschiedener Faktoren: Das Vorbild der Eltern, Lehrer und Erzieher
ist ebenso wichtig wie die Entwicklung von Wertorientierung durch
Selbsterziehung und eine Sensibilisierung für ethische Möglichkeiten und Verantwortung. Dazu gehört auch ein angemessener Umgang mit Autoritäten, um Regeln anzuerkennen, die für die Basis
des Zusammenlebens notwendig sind. Neben solchem Erlernen von
Gehorsam ist aber auch der Erwerb von Einsicht in verantworteter
Freiheit nötig.

3.3 Modelle theologischer Ethik

Wie die philosophische Ethik kennt auch die Moraltheologie unterschiedliche Denkschulen und Traditionen. Für die katholische
theologische Ethik sind

- die Erkenntnis und die Vernunft,
- die Heilige Schrift und
- die Tradition der Kirche bzw. das Lehramt

in der ethischen Normfindung bestimmend, während die evangelische Ethik sich ausschließlich auf Erkenntnis und Schrift beruft.
Idealtypisch vereinfacht lassen sich in der katholischen Ethik zwei
unterschiedliche Denkansätze festmachen:

Das *glaubensethische Modell* geht von der Unwandelbarkeit ethischer Normen aus, die dem Wandel menschlicher Existenz und Erkenntnis gegenüberstehen. Humanwissenschaftliche Erkenntnisse
haben keinen Belang, und der Naturrechtsbegriff ist eher statisch.
Die Texte der Heiligen Schrift werden häufig als »Steinbruch«
benutzt, ohne die Kontexte näher zu betrachten. Es gibt »in sich
schlechte« und »in sich gute« Handlungen, die unabhängig von den
Konsequenzen immer und unter allen Unständen verboten bzw.
gefordert sind. Das glaubensethische oder deontologische Modell
(griech., *deon* = das Erforderliche, die Pflicht) zeigt verlässliche
Wegweisungen und Normen. In Zeiten von Verunsicherung und
Orientierungslosigkeit wird ein klar gegliederter Kodex aufgestellt,

bei dem man weiß, woran man sich wie und warum so und nicht anders zu verhalten hat. Diese anwendungsorientierte Ethik wird häufig abschätzig auch »Kasuistik« (lat. *casus* = der Fall) genannt. Alle nur denkbaren Situationen des menschlichen Lebens werden mit konkreten Antworten versehen. So erörtert das berühmte moraltheologische Handbuch des Kapuziners Heribert Jone (1959) etwa, ob der Gebrauch von Suppenwürfeln am Freitag das Fastengebot verletzt, weil in ihnen ein Fleischanteil enthalten ist.

Gesetzestreuer orthodoxer Jude in Jerusalem

Ziel ist es dabei, Gewissenszweifel und Handlungsunsicherheiten auszuräumen und die genaue und gewissenhafte Erfüllung des Gesetzes zu ermöglichen.

Der offenere Denktypus kommt in ethischen Richtungen zur Anwendung, die sich Verantwortungsethik nennt und *Christliche Ethik als Integrationswissenschaft* begreift. Dabei werden neben Schrift und Tradition auch die Erfahrung des Menschen und Erkenntnisse anderer wissenschaftlicher Disziplinen in die Normfindung mit einbezogen. Die Ethik hat eine die Gesellschaft und ihre Leitvorstellungen kritisierende Funktion. Sie stimuliert zur Suche nach besseren Lösungen, und sie ruft übergreifende Sinnzusammenhänge in Erinnerung. Der Moraltheologe Alfons Auer hat mit seinem häufig missverstandenen Buch »Autonome Moral im christlichen Kontext« (1971) eine anhaltende Diskussion angestoßen. Autonomie meint hier aber nicht ein Bestreben des Menschen nach Selbstbestimmung und Unabhängigkeit im politisch emanzipatorischen Sinn. Sie ist vielmehr theonom (griech., *theos* = Gott; *nomos* = Gesetz) begründet: Der Mensch gibt sich sein Gesetz unter Verantwortung vor Gott. Die Vertreter dieser Denkrichtung favorisieren einen teleologischen (= auf ein Ziel gerichteten) Ansatz: Der sittliche Charakter einer Handlung wird nach ihren Folgen beurteilt. Ein Beispiel: In einer Schwangerschaft ist die gesundheitliche Situation von Mutter und Kind gleichermaßen bedroht. Die Mutter würde die Schwangerschaft bis zur Lebensfähigkeit ihres Kindes nicht überstehen. Ihr Leben kann nur durch einen Abbruch gerettet werden, würde nichts unternommen, müssten beide sterben. Nach der deontologischen Argumentation ist

jede direkte Tötung unschuldigen Lebens eine in sich schlechte Handlung und daher verboten. Die teleologische Argumentation würde hingegen eine Ausnahme zulassen, da es angesichts der Folgen nicht Gottes Wille sein kann, der Natur ihren Lauf zu lassen und den Tod zweier Menschen in Kauf zu nehmen, wenn einer gerettet werden kann.

4. Die Ethik der Bibel

Zentrum und Inbegriff der biblischen Ethik sind die Zehn Gebote, der sogenannte Dekalog, der uns in zwei Fassungen überliefert ist (Ex 20, 2–17; Dtn 5, 6–21). Die erste Tafel mit den Geboten
eins bis drei bezieht sich auf das Verhältnis des Menschen zu Gott
und schützt den Monotheismus, die zweite Tafel stellt die Normen
für das Zusammenleben der Menschen auf: Sorge für die Eltern,
Schutz des Lebens, des Eigentums, der Ehe und der Wahrheitsfin-
dung vor Gericht. Das besondere dieser Gebote, die von Juden und
den verschiedenen christlichen Konfessionen z. T. unterschiedlich
gezählt bzw. gereiht werden, ist die Tatsache, dass der Glaube an
Gott und das Menschenwohl eine untrennbare Einheit bilden, große Teile der Ethik also im Willen Gottes selbst begründet sind. Wir
kennen die Gebote in der Formulierung »Du sollst nicht ...«, im Hebräischen heißt es aber eigentlich »Du wirst nicht«, d. h., der Bundesschluss mit Gott soll dem Menschen auch Zusage und Kraft zu
künftigem richtigen Handeln geben:

Ich bin Jahwe, dein Gott, der dich aus Ägypten geführt hat,
aus dem Sklavenhaus.
Du sollst neben mir keine anderen Götter haben.
Du sollst dir kein Gottesbild machen und keine Darstellung von
irgendetwas am Himmel droben, auf der Erde unten oder im
Wasser unter der Erde.
Du sollst dich nicht vor anderen Göttern niederwerfen und dich
nicht verpflichten, ihnen zu dienen. Denn ich, der Herr, dein Gott,
bin ein eifersüchtiger Gott: Bei denen, die mir Feind sind,
verfolge ich die Schuld der Väter an den Söhnen, an der dritten
und vierten Generation;
bei denen, die mich lieben und auf meine Gebote achten,
erweise ich Tausenden meine Huld.
Du sollst den Namen des Herrn, deines Gottes, nicht missbrauchen;

Am Moseberg

denn der Herr lässt den nicht ungestraft,
der seinen Namen missbraucht.
Gedenke des Sabbats: Halte ihn heilig!
Sechs Tage darfst du schaffen und jede Arbeit tun.
Der siebte Tag ist ein Ruhetag, dem Herrn, deinem Gott, geweiht.
An ihm darfst du keine Arbeit tun: du, dein Sohn und deine
Tochter, dein Sklave und deine Sklavin, dein Vieh und der
Fremde, der in deinen Stadtbereichen Wohnrecht hat.
Denn in sechs Tagen hat der Herr Himmel, Erde und Meer
gemacht und alles, was dazugehört; am siebten Tag ruhte er.
Darum hat der Herr den Sabbattag gesegnet
und ihn für heilig erklärt.
Ehre deinen Vater und deine Mutter, damit du lange lebst
in dem Land, das der Herr, dein Gott, dir gibt.
Du sollst nicht morden.
Du sollst nicht die Ehe brechen.
Du sollst nicht stehlen.
Du sollst nicht falsch gegen deinen Nächsten aussagen.
Du sollst nicht nach dem Haus deines Nächsten verlangen.
Du sollst nicht nach der Frau deines Nächsten verlangen, nach
seinem Sklaven oder seiner Sklavin, seinem Rind oder seinem
Esel oder nach irgendetwas, das deinem Nächsten gehört.

(Ex 20, 2–17)

Das Buch Deuteronomium, das fünfte der Bücher Mose, stellt die Gebote des Dekalogs in weitere Kontexte und regelt bis ins Detail hinein Verpflichtungen des öffentlichen und privaten Lebens. Wer darin liest, ist überrascht: So finden wir Verfügungen über die Schonung des Baumbestandes (20,19 f.) ebenso wie Hinweise zur Schamlosigkeit bei Schlägereien (25,11) oder das Verbot, Kleider des anderen Geschlechts zu tragen (22,5).

Die ethischen Maximen des Alten Testaments sind zweifelsohne vielschichtig und können nicht einfach in unsere Zeit übertragen werden. Fälschlicherweise werden häufig dunkle und gewalttätige Bilder beschworen. Die Rede »Auge um Auge, Zahn um Zahn« (Ex 21, 24) wird bemüht, um ethisches Handeln zu rechtfertigen, das Gleiches mit Gleichem vergilt. Dabei handelt es sich nach überwiegender Auslegung nicht um einen Vergeltungsaufruf, sondern um einen Rechtssatz, der zur Mäßigung und Begrenzung einlädt.

Es sind die Propheten, deren Einspruch die Einheit von Gottes- und Nächstenliebe immer dann einfordern, wenn der Kult erstarrt und die soziale Verpflichtung des Glaubens vernachlässigt wird. Mit harten Provokationen klagt Gott etwa beim Propheten Amos an, dass die »Schwachen verfolgt und die Armen unterdrückt werden«. Er schleudert den Verantwortlichen entgegen: »Tage kommen über euch, da holt man euch mit dem Fleischerhaken weg ... Ich hasse eure Feste ... Wenn ihr mir Brandopfer darbringt, habe ich keinen Gefallen an euren Gaben.« (Am 4, 2; 5,22).

Die Ethik Jesu speist sich einerseits aus dem alttestamentlichen Gesetz, das er nicht aufheben, sondern erfüllen will (Mt 5,17). Dies gilt insbesondere für die Forderung des Dekalogs, für die Liebe zum Nächsten sowie für die Goldene Regel: »Alles, was ihr also von den anderen erwartet, das tut auch ihnen!« (Mt 7,12) Die Einleitung zum Gleichnis vom barmherzigen Samariter fasst prägnant zusammen:

»Da stand ein Gesetzeslehrer auf, und um Jesus auf die Probe zu stellen, fragte er ihn: Meister, was muss ich tun, um das ewige Leben zu gewinnen? Jesus sagte zu ihm: Was steht im Gesetz? Was liest du dort? Er antwortete: Du sollst den Herrn, deinen Gott, lieben mit ganzem Herzen und ganzer Seele, mit all deiner Kraft und all deinen Gedanken, und: Deinen Nächsten sollst du lieben wie dich selbst. Jesus sagte zu ihm: Du hast richtig geantwortet. Handle danach und du wirst leben.« (Lk 10,25)

In einigen zentralen Punkten hebt sich Jesus jedoch von der Ethik des Alten Testaments ab: So stellt er den Tempelkult infrage und lehnt die kultischen Reinheitsvorschriften ab: »Nicht, was von außen in den Menschen hineinkommt, kann ihn unrein machen, sondern was aus den Menschen herauskommt, das macht ihn unrein.« (Mk 7,15) Auch über die Sabbatvorschriften setzt sich Jesus hinweg, wenn das Wohl des Menschen bedroht ist. Am deutlichsten kann man das ethische Programm Jesu jedoch in den Forderungen der Bergpredigt lesen (Mt 5–7).

Der kleine Berghügel am Ufer des Sees Genesareth wird auch »Sinai des Neuen Testaments« genannt, weil die Bergpredigt ebenso zentral und bedeutsam ist, wie es die zehn Gebote am Berg Horeb in der Sinaiwüste waren.

»Als Jesus die vielen Menschen sah, stieg er auf einen Berg.
Er setzte sich, und seine Jünger traten zu ihm.
Dann begann er zu reden und lehrte sie.
Er sagte: Selig, die arm sind vor Gott; /
denn ihnen gehört das Himmelreich.
Selig die Trauernden; / denn sie werden getröstet werden.
Selig, die keine Gewalt anwenden; /
denn sie werden das Land erben.
Selig, die hungern und dürsten nach der Gerechtigkeit; /
denn sie werden satt werden.
Selig die Barmherzigen; / denn sie werden Erbarmen finden.
Selig, die ein reines Herz haben; / denn sie werden Gott schauen.
Selig, die Frieden stiften; /
denn sie werden Söhne Gottes genannt werden.
Selig, die um der Gerechtigkeit willen verfolgt werden; /
denn ihnen gehört das Himmelreich.
Selig seid ihr, wenn ihr um meinetwillen beschimpft und verfolgt
und auf alle mögliche Weise verleumdet werdet.
Freut euch und jubelt: Euer Lohn im Himmel wird groß sein.
Denn so wurden schon vor euch die Propheten verfolgt.«
(Mt 5, 1–12)

Neben diesen bekannten Seligpreisungen finden sich in der Bergpredigt zahlreiche ethische Anweisungen, die uns in ihrer Radikalität bis heute aufwühlen : »Wenn Dich einer auf die rechte Wange schlägt, dann halt ihm auch die andere hin.« (Mt 5,39) »Wer eine

Frau auch nur lüstern ansieht, hat in seinem Herzen schon Ehebruch begangen.« (Mt 5,28) »Wer seinem Bruder auch nur zürnt, soll dem Gericht verfallen sein.« (Mt 5,22) »Zieh zuerst den Balken aus deinem Auge, dann kannst du versuchen, den Splitter aus dem Auge deines Bruders zu ziehen.« (Mt 7,5). All diese Postulate kulminieren in der Forderung nach der Feindesliebe, mit der Jesus die Überwindung aller Gegensätze anstreben will. Im Reich der angebrochenen Herrschaft Gottes ist eine neue Basis des Vertrauens herzustellen, weil es vor Gott keine Begrenzungen menschlichen Zusammenlebens mehr gibt.

> *»Ich aber sage euch: Liebt eure Feinde und betet für die,*
> *die euch verfolgen,*
> *damit ihr Söhne eures Vaters im Himmel werdet;*
> *denn er lässt seine Sonne aufgehen über Bösen und Guten,*
> *und er lässt regnen über Gerechte und Ungerechte.*
> *Wenn ihr nämlich nur die liebt, die euch lieben,*
> *welchen Lohn könnt ihr dafür erwarten?* (Mt 5,44 f.)

Die ethischen Weisungen des Neuen Testaments sind kein starres Gesetz. Sie wollen Weisungen, Modelle, Perspektiven für gelingendes Leben sein. Um sie ins Heute umzusetzen, müssen sie vom Geist der Botschaft her verstanden werden. Barmherzigkeit, Vertrauen, aufrechte Gesinnung, hilfsbereite Solidarität, Vergebung und Gewaltlosigkeit, Treue in der Beziehung, Milderung sozialer Not u. a. sind bleibende Konstanten, die menschliches Zusammenleben unter dem Anspruch Jesu begründen und möglich machen.

5. Der Schutz des Schwächsten:
Fragen um den Lebensanfang

5.1 Wann beginnt das Leben?

Durch die medizinisch-technischen Möglichkeiten der »Förderung« und »Erhaltung« des Lebens ist heute unsere Einstellung zu diesem fundamentalen Gut als Voraussetzung für verantwortliches Handeln überhaupt gefragt. Wenn wir das Menschenrecht auf »Schutz des Lebens« schon der befruchteten Eizelle im Mutterleib zubilligen, weil sie von Anfang an durch Potenzialität, sich als menschliche Person zu entwickeln, und Kontinuität, sich als eben dieses Individuum zu entwickeln, gekennzeichnet ist, so beruht das nicht auf naturwissenschaftlichen Denkkategorien, sondern auf moralischen Vereinbarungen unserer Gesellschaft, die auf klassisch-metaphysische Traditionen rekurrieren. In diesem Kontext antwortet die Moraltheologie auf die Fragen nach dem Beginn des *personalen* Lebens nicht nur »bio-logisch« mit der Verschmelzung von Ei- und Samenzelle, bei der sich das Genom als Grundlage der Individualität bildet, sondern person-metaphysisch mit der Fähigkeit zum Subjektsein an sich.

Unabhängig von den aktuell verwirklichten Eigenschaften wird jeder Mensch moraltheologisch als individuelle Person mit unveräußerlicher Würde betrachtet und jede Form von Abtreibung eines Fötus ebenso wie jede Form aktiver Euthanasie – auch auf Verlangen – als Tötung eines Menschen gesehen.

Die moderne Humanbiologie, die das Befruchtungsgeschehen als Abfolge kontinuierlich aufeinanderfolgender Schritte definiert, bei der einige Stunden bis zur abgeschlossenen Fusion der Zellkerne vergehen (= prä-embryonales Stadium: individueller genetischer Code ist noch nicht vorhanden), legt den Beginn menschlichen Lebens eindeutig an das Ende der Befruchtungskaskade, wenn sich aus Blastozyste schließlich die Zygote mit differenzierten Zellformen entwickelt und in der Gebärmutter eingenistet hat. Die Frage nach dem Beginn *personalen* Lebens bleibt damit aber unbeantwortet, weil »Person« bzw. »Personalität« philosophisch-theologische Begriffe sind, die nur im oben beschriebenen Kontext moralischer Vereinbarungen ihre Sinnhaftigkeit entfalten.

Diese Differenz zwischen ethisch-moralischer und naturwissenschaftlicher Argumentation hat Konsequenzen für die juristische Beurteilung insbesondere der Fragen um den Lebensanfang. Wenn der strafrechtliche Schutz des Lebens erst mit der Einnistung der befruchteten Eizelle in der Gebärmutter der Frau (zwischen dem 12. und 14. Tag) beginnt, so liefert dies den Rechtsgrund für zahlreiche Manipulationen an menschlichen Embryonen, die juristisch nicht unter das Abtreibungsverbot fallen.

Doch welche Manipulationen stehen hier eigentlich zur Diskussion und welche psycho-physischen Folgen ergeben sich daraus für die Mutter bzw. die Eltern des noch ungeborenen Kindes?

5.2 Pränatale Diagnostik (PND)

Vorgeburtliche Untersuchungen (Ultraschall, Fruchtwasseruntersuchung) geben heute sehr früh Aufschlüsse über den Reifungs- und Wachstumsprozess sowie die Gesundheit des heranwachsenden Menschen und können Befürchtungen der Eltern, ihr Kind könnte krank oder behindert sein, ausschalten bzw. im Falle einer festgestellten Krankheit therapeutische Maßnahmen rechtzeitig ermöglichen. Wie aber wird die Entscheidung für oder gegen eine Schwangerschaft beeinflusst, wenn durch PND eine Behinderung oder unheilbare Krankheit beim Kind festgestellt wird und Eltern – aus psychischsozialen Umständen heraus vielleicht berechtigt – nach der Zumutbarkeit eines solchen »Leids« fragen? Hier zeigt sich, wie schnell PND zu einem Instrument der Selektion werden kann, um rechtzeitig der Belastung durch ein behindertes Kind zu entgehen, und sich eine Machbarkeitsmentalität entwickelt, die gegenüber der Medizin die Forderung erhebt, nur einem gesunden Kind das Leben zu schenken.

5.3 In-vitro-Fertilisation

Dank moderner medizinischer Technik ist für viele Paare eine konstatierte Unfruchtbarkeit heute kein Grund mehr, auf eigene Kinder verzichten zu müssen, weil eine menschliche Eizelle künstlich im Reagenzglas befruchtet und anschließend wieder in die Gebärmutter eingepflanzt werden kann. In-vitro-Fertilisation eröffnet aber vielfältige problematische Möglichkeiten: Zu bedenken ist nicht nur, dass durch künstliche Befruchtung ein Kind bis zu fünf »Eltern« haben kann (sozialen Vater, Samenspender, soziale Mutter, Eizellenspenderin, Leihmutter), sondern auch, dass bei der Befruchtung der weiblichen Eizelle mit einer Samenzelle außerhalb des Körpers menschliche Embryonen durch bewusstes Handeln in die Situation einer möglichen Überzähligkeit gebracht werden können, von der nicht nur das betreffende Paar profitiert. Auch Frauen jenseits des Klimateriums oder homosexuelle Paare können sich so ihren Kinderwunsch erfüllen. Darüber hinaus ist bewusste Selektion und Züchtung möglich, indem Keimzellen von Menschen mit besonders wünschenswerten Eigenschaften vereinigt oder Untersuchungen des Embryos auf Erbschäden vor der Einpflanzung (Präimplantationsdiagnostik) durchgeführt werden.

Sofern der Embryonenüberschuss bei künstlicher Befruchtung nicht getötet wird, kann er für Humanexperimente verbraucht werden oder der Gewinnung von Stammzellen dienen. Genau aus diesen Gründen ist die In-vitro-Fertilisation seit dem strengen Embryonenschutzgesetz vom 1. Januar 1991 in Deutschland verboten und stellt viele Handlungen, die nach heutigem Wissensstand möglich sind, unter Strafe. Anders sieht es bei vergleichbaren ethischen Grenzfragen in anderen Ländern aus: So ist in Österreich eine künstliche Befruchtung etwa gesetzlich erlaubt, in Großbritannien das Klonen zum Zweck der Erzeugung embryonaler Stammzellen legal und eine Leihmutterschaft in den USA möglich.

5.4 Präimplantationsdiagnostik (PID)

PID ist eine Methode zur genetischen Untersuchung von künstlich erzeugten Embryonen vor der Übertragung in den weiblichen Körper, die nur dann eingesetzt wird, wenn die Gefahr einer schweren genetisch bedingten Erkrankung damit ausgeschlossen wird. Als Legitimation dieser Methode wird das Argument geltend gemacht, dass eine Abtreibung als schlimmeres Übel vermieden werden kann, wenn der Embryo bereits »in vitro« verworfen wird. Diese Form vorgeburtlicher Qualitätskontrolle ist in Deutschland verboten, und auch der § 218 StGB stellt die Schutzwürdigkeit des Embryos nicht zur Diskussion. Von einer rechtlichen Gleichwertigkeit von PID und PND, die eventuell eine Abtreibung nach sich zieht, kann nicht gesprochen werden, da PID den Konflikt, der sich in Folge der einzigartigen Beziehung und Verbundenheit des Embryos und der Mutter ergeben könnte, ausschaltet und stattdessen das Recht auf Leben (des Embryos) an sich zur Disposition stellt, was nicht sein darf.

5.5 Schwangerschaftsabbruch, Abtreibung

Bereits in der griechischen Antike war Abtreibung ein bekanntes Mittel gegen ungewollte Schwangerschaften. Nach dem Prinzip der Sukzessivbeseelung galt ein männlicher Embryo erst nach 40, ein weiblicher nach 60 Tagen im Mutterleib als beseelt und konnte bis zu diesem Zeitpunkt moralisch und rechtlich bedenkenlos abgetrieben werden. Die Idee der Sukzessivbeseelung hat lange Zeit auch in Kirche und Theologie ihren Platz gehabt und findet sich noch heute im orthodoxen Judentum. Erst im 17./18. Jahrhundert wurde diese Idee aufgehoben und Abtreibung mit schweren Sanktionen bis zur Todesstrafe bedacht. Der § 218 StGB stellte 1871 einen Schwangerschaftsabbruch schließlich als Tötungsdelikt unter Strafe und ist gleichermaßen für Arzt und Patient gültig. Bevor 1976 verschiedene Indikationen festgelegt wurden, um einen straffreien Schwangerschaftsabbruch zu ermöglichen, galt zwischen 1972 und 1975 das Modell der Fristenlösung, welches bis zur zwölften Schwangerschaftswoche straffreie Abtreibungen ermöglichte.

- ◆ Medizinische Indikation: Leben der Mutter ist gefährdet
- ◆ Eugenische Indikation: Leben des Kindes ist in Gefahr bzw. eine geistige oder körperliche Behinderung ist möglich
- ◆ Ethische / Kriminologische Indikation: Vergewaltigung ist Ursache einer Schwangerschaft
- ◆ Soziale Indikation: Aus sozialen Gründen erscheint eine Abtreibung geboten.

Die soziale Indikation bleibt gesellschaftlich am meisten umstritten. Die Kirche lehnt alle Indikationen – mit Ausnahme der medizinischen in streng umgrenzten Fällen – strikt ab. Der Codex Iuris Canonici, das kirchliche Gesetzbuch, sieht bei Abtreibung Exkommunikation vor, den Ausschluss aus der Kirchengemeinschaft. Dem straffreien Schwangerschaftsabbruch in Deutschland muss ein Beratungsgespräch vorausgehen, das durch einen Schein nachgewiesen wird. Die deutschen Bischöfe sind auf Anweisung von Papst Johannes Paul II. 1999 aus dem System der Schwangerschaftskonfliktberatung ausgestiegen und führen ihre Arbeit unabhängig weiter. Ratsuchenden Frauen werden dort zahlreiche psychische und materielle Hilfen vermittelt bis hin zur anonymen Geburt und einem Adoptionsplatz. Die Tatsache, dass seit Gründung der Bundesrepublik ca. neun Millionen Kinder abgetrieben wurden, ist für viele mit Recht ein unerträglicher Skandal.

Unsere grundsätzliche Einstellung zum Leben ist gefragt: Bejahen wir dieses Leben in seiner Unverfügbarkeit, als anvertrautes Gut, das wir auch in seinen unvorhergesehenen Beeinträchtigungen annehmen bereit sind, oder neigen wir zu einer Machbarkeitsideologie, die sich nach einem Recht auf Kinder mit beschädigungsfreier

Erstausstattung sehnt? Menschliches Leben muss unserer Machbarkeit entzogen bleiben. Christen glauben, dass die absolut zu schützende Menschenwürde von keinen Bedingungen abhängig gemacht werden darf und menschliches Leben, von Gott ins Dasein gerufen, vom Moment der Zeugung bis zu seinem Tod Menschsein ist. Da der Embryo von allen Menschen den schwächsten Status hat, bedarf er somit des höchstmöglichen Schutzes der Rechtsordnung.

6. Sterben in Würde: das Lebensende

6.1 Medizinischer Fortschritt?

Obwohl der Tod so natürlich zum Leben gehört wie das Geborenwerden, blicken nur wenige gelassen diesem Ende entgegen. Stattdessen reagiert gerade der aufgeklärte Mensch unsicher auf die Unausweichlichkeit des eigenen wie fremden Sterbenmüssens und wird von beunruhigenden Fragen und irrationalen Ängste umgetrieben. Ist der Tod nur eine Leere, die nach dem Leben kommt oder eine Kategorie des Lebens selbst, die maßgeblich zur Entwicklung und Vollendung des individuellen Personseins dazugehört? Muss die Frage nach dem Lebensende wirklich nur auf die Erfahrung des Ablebens begrenzt oder vielmehr im Horizont grundlegender Orientierungen und Lebensfragen gestellt werden?

Der medizinische Fortschritt und die Möglichkeiten der modernen Intensivmedizin bieten bei der Beantwortung der Fragen um das Lebensende keine Hilfe, sondern zeigen uns stattdessen eine bedrückende Ambivalenz auf: Der medizinische Fortschritt hat in den letzten hundert Jahren die durchschnittliche Lebenserwartung beträchtlich erhöht und die Lebensqualität durchaus verbessert. Zugleich wurden aber auch die Grenzen des human Vertretbaren überschritten, wenn Leben zwanghaft und um jeden Preis erhalten wurde. Kann die Medizin den Menschen nicht mehr sterben lassen, weil zunehmend das Ideal der Leid- und Schmerzfreiheit unsere Gesellschaft prägt? Vielleicht wird gerade deshalb der Ruf nach einem selbstbestimmten Tod und der Legalisierung der Sterbehilfe heute immer lauter, wenn Krankheit, Leiden und Altern unerträglich geworden sind.

6.2 Hospizbewegung

Hospize sind von unterschiedlichen Trägern eingerichtet. In ihnen finden Menschen all das, was sie zu einem menschlichen und würdevollen Sterben benötigen. Nicht nur die medizinische Versorgung und die wirkungsvolle Bekämpfung von Schmerzen (Palliativtherapie) sind hier gesichert, sondern auch die psychischen, sozialen und spirituellen Bedürfnisse finden Berücksichtigung. So kann das Sterben als Teil des Lebens angenommen werden und der Wunsch, den Sterbeprozess durch eine bewusste Manipulation des Todeseintritts zu beschleunigen, verschwindet.

6.3 Sterbehilfe und Euthanasie

Euthanasie (griech., *eu* = gut, *thanatos* = Tod) heißt die Lehre vom »guten Tod«, eine aus der Antike stammende Vorstellung. Sterbehilfe ist mit dem Selbstverständnis des Arztes unvereinbar.

Der Hippokratische Eid

»Nie werde ich irgendjemandem,
auch auf Verlangen nicht,
ein tödliches Mittel verabreichen
oder auch nur einen Rat dazu erteilen.«

(5. Jh. v. Chr.)

Der Eid, den Ärzte bis heute bei ihrem zweiten Staatsexamen schwören, weist auf die unabdingbare Aufgabe des Mediziners hin, dem Patienten die Sicherheit zu geben, dass alles getan wird, seine Gesundheit wiederherzustellen, sein Leiden zu lindern und ihm Beistand zu gewähren, wenn der Tod unvermeidbar ist. Patienten haben das Recht auf eine humane Sterbebegleitung und ein Sterben in Würde, zu dem menschliche Zuwendung, eine wirksame Schmerztherapie, regelmäßige Körperpflege sowie ausreichende Flüssigkeitszufuhr und Ernährung gehören. Das verfassungsrechtlich gewährte Recht auf Selbstbestimmung darf nicht als Rechtsgrundlage zur Selbsttötung missbraucht werden.

Während Euthanasie als Sterbebeistand ethisch als hochwertig angesehen wird, stehen um die ethische Bewertung der Sterbehilfe immer wieder die Begriffspaare »aktive und passive« sowie »direkte und indirekte« Sterbehilfe in der Diskussion. Aktive und direkte Euthanasie gelten ethisch und rechtlich als unerlaubt, passive und indirekte Euthanasie als erlaubt:

Formen von Sterbehilfe

Aktive Sterbehilfe ist das bewusste Verabreichen lebensverkürzender Mittel, die den Tod aktiv herbeiführen oder den Sterbevorgang beschleunigen. Es handelt sich um eine willentlich verursachte Tötung.

Passive Sterbehilfe ist die Nichtaufnahme von künstlichen, lebensverlängernden Maßnahmen bzw. der Abbruch einer bereits eingeleiteten Behandlung, wenn der ursprünglich intendierte Heilerfolg nicht mehr erreicht werden kann.

Indirekte Sterbehilfe ist das In-Kauf-Nehmen des Todes als unvermeidlicher Nebenfolge einer beabsichtigten lebensförderlichen Maßnahme, etwa wenn dem Patienten zur wirksamen Schmerzlinderung Schmerzmittel in solchem Maß gegeben werden, dass sie zu einer geringfügigen Verkürzung des Lebens führen.

Eine gesetzliche Regelung zur Sterbehilfe gibt es in Deutschland nicht. In Fällen aktiver Sterbehilfe können entweder Tötungsdelikte wie Mord und Totschlag oder aber die »Tötung auf Verlangen« (§ 216 StGB) zur Ahndung herangezogen werden. Die Niederlande hingegen haben 1994 als erstes europäisches Land eine verbindliche Gesetzesregelung zu Fragen der Sterbehilfe verabschiedet: Grundsätzlich wird an der Strafbarkeit der Sterbehilfe festgehalten, jedoch wird von einer Strafverfolgung abgesehen, wenn bestimmte Bedingungen erfüllt sind (z. B. wenn der Patient mehrfach freiwillig um Lebensbeendigung gebeten hat). Auch die Schweiz hat eine ähnliche Rechtslage, weshalb sich dort unter Namen »Dignitas«und »Exit« kommerzielle Organisationen niedergelassen haben, die Sterbehilfe vermitteln.

Für den humanen Umgang mit Krankheit und Sterben ist eine Haltung der Fähigkeit zum Leiden, zum Kranksein, zum Sterben nötig, die sensibel ausgebildet und eingeübt werden muss. Ähnlich wie

Konfliktfähigkeit den Konflikt produktiv bearbeitet, muss es darum gehen, den Wirklichkeiten von Leiden und Sterben nicht auszuweichen, sondern sie zuzulassen und produktiv zu gestalten. Im Mittelalter und im Barock war diese Fähigkeit noch als »ars moriendi«, als Kunst des Sterbens, bekannt.

Aus christlichem Geist heraus Sterbende zu begleiten bedeutet einerseits, ihnen durch die Erfahrung des »Geliebtwerdens« die Begegnung mit den sichtbaren Erscheinungen der Liebe Gottes zu ermöglichen und andererseits die Berührung mit dem Auferstandenen aufzuzeigen, die durch den Tod hindurch trägt. Auch der Sterbebegleiter kann durch seine Aufgabe und Auseinandersetzung mit dem Tod des Mitmenschen in seinem eigenen Leben, Hoffen und Glauben reifen, wenn er im Sinne Jesu das Übel und das Leid in dieser Welt zu bekämpfen und zu mindern versucht. Im Geringsten Jesus selbst zu begegnen und in Jesus Gott (»Was ihr für einen meiner geringsten Brüder getan habt, das habt ihr mir getan«, Mt 25, 40) lässt ihn die Verschmelzung von Gottes- und Nächstenliebe erspüren und kann ihm damit zu einer einzigartigen Gotteserfahrung werden. So nimmt der christliche Glaube Leid und Krankheit auf besondere Weise ernst und warnt vor einem Dammbruch im Umgang mit Menschenleben. Wo einmal zugelassen wird, das Leben eines Menschen für nicht mehr lebenswert zu erklären, lassen sich die Grenzen beliebig verschieben.

Rein praktisch bedarf es heute eines stärkeren Ausbaus der Palliativmedizin und einer intensiveren religiösen und psychologischen Schulung von Sterbebegleitern. Jeder Christ sollte ferner in einer »Patientenverfügung« Vorsorge für ein körperlich erträgliches Leiden und menschenwürdiges Sterben treffen. Die Kirche bietet dazu Hilfestellungen an.

7. Der Mensch – sein eigener Schöpfer?

7.1 Bioethik

Die Bioethik ist Anfang der 1970er Jahre entstanden, als die traditionelle medizinische Ethik die neuen biotechnischen Forschungen und Entwicklungen nicht mehr ausreichend erfasste. Neu ins Blickfeld gerieten nun ganz neue Eingriffsmöglichkeiten in die Zusammenhänge des Lebens, bei denen Helfen, Heilen, Manipulation und Selektion dicht nebeneinanderlagen und bis heute liegen. Denn während Umweltschutz, Bevölkerungswachstum, Abrüstung und Friedensorganisation Fragen sind, auf die wir uns allmählich eingerichtet haben, wird Gentechnik demgegenüber noch immer als Steigerung empfunden – einerseits hinsichtlich der Schwierigkeiten, sich die passenden Informationen zu verschaffen, um mitreden zu können, andererseits mit Blick auf die ethischen Folgewirkungen dieser Technik. Zurück bleibt der Mensch, der die Grundspannung von alltäglicher Betroffenheit und zugleich Wehrlosigkeit aushalten muss: Erfahren wir wirklich alles, was hinter verschlossenen Labortüren geschieht?

7.2 Genetik und Gentechnik

Grundlage der Genetik ist die Erkenntnis, dass der »Bauplan« jedes Lebewesens im Zellkern jeder einzelnen Körperzelle enthalten ist. Dieser Bauplan, der genetische Code, enthält sämtliche Informationen, durch die die äußere Gestalt des Lebewesens sowie alle seine entscheidenden Lebensfunktionen gesteuert werden. Das Erbmaterial aller Organismen auf der Erde – egal ob Bakterien, Pflanzen, Tiere oder Menschen – besteht aus dem gleichen chemischen Stoff »Desoxyribonukleinsäure« (DNS/DNA), einem besonders langen Molekül, das auseinandergezogen die Form einer Wendeltreppe zeigt. Die Sprossen dieser Wendeltreppe bestehen immer aus einem Paar von chemischen Stoffen: Adenin (A), Thymin (T), Guanin (G), Cytosin C). Wie Buchstaben in einem Wort bestimmen diese Basen durch ihre unterschiedliche Reihenfolge den Bauplan alles Lebendigen, das Alphabet des Lebens.

Gentechnik versucht auf der Grundlage der Erkenntnisse der Genforschung, mit vielfältigen Methoden fremde oder gar künstlich erzeugte Gene in die Zellen von Organismen einzuschleusen, um so über die natürlichen Artgrenzen hinweg Erbsubstanzen zu übertragen. Während in der Natur der Austausch von Erbinformationen durch Sexualität über Artgrenzen hinweg verhindert wird, kann diese natürliche Barriere durch den Eingriff des Menschen nun durchbrochen und die Gene aller auch noch so verschiedenen Lebewesen können gezielt verändert werden.

	Möglichkeiten und Chancen	Bedenken und Risiken
Herstellung von Medikamenten	Herstellung von Insulin aus genmanipulierten Kolibakterien sowie zahlreicher anderer lebenswichtiger Stoffe, wie z. B. Blutgerinnungsfaktor VIII, Impfstoffe gegen Hepatitis, Wachstumshormone und Interferone gegen Krebs	Bisher haben sich bei diesem Verfahren keine negativen Folgen gezeigt.
Veränderung der Erbinformation bei Pflanzen	• Durch Einschleusung eines neuen Gens können Pflanzen gegen Unkraut- und Schädlinge resistent gemacht werden bzw. können Pflanzen eigene giftige Stoffe gegen Schädlinge selber produzieren. • Pflanzen könnten genetisch so verändert werden, dass sie Stickstoff aus der Luft binden und so auch auf unfruchtbaren Böden gedeihen. Auf umweltschädliche Düngung könnte verzichtet werden. • Nährwerterhöhung von Pflanzen durch genetische Eingriffe. • All diese Möglichkeiten könnten einen Beitrag zur Lösung der Nahrungsmittelprobleme auf der Erde leisten. • Pflanzen als Produzenten von Arzneimitteln und Kosmetika.	• Erhöhung des Herbizidgebrauchs bei resistenten Pflanzen • Noch nicht absehbare Folgen für die Belastung des Bodens mit genmanipulierten Pflanzen • Förderung von Monokulturen und Gefährdung der Artenvielfalt • Kreuzung von Pflanzen könnte Produktion giftiger Stoffe nach sich ziehen • Einsatz in der Dritten Welt führt eventuell zu neuen Abhängigkeiten
Veränd. der Erbinformation b. Tieren	Tiere könnten genetisch zu Zwecken der Nahrungsmittelproduktion optimiert werden. Durch künstliche Besamung, Klonen, Versuche mit Chimären-Bildung (z. B. Schiege als Kreuzung aus Schaf und Ziege) oder die Einschleusung fremder Gene könnte Fleischproduktion erhöht oder Resistenz gegen Krankheiten ermöglicht werden.	• Schädigung der Gesundheit der Tiere • Verursachung von unabsehbaren Schmerzen und Verhaltensstörungen • Produktion von lebensunfähigen Tieren durch Übertreten natürlicher Artengrenzen • Überproduktion in Industrieländern und neue Abhängigkeiten der Dritten Welt

	Möglichkeiten und Chancen	Bedenken und Risiken
Anwendungsmöglichkeiten der Gentechnik beim Menschen	**Präimplantationsdiagnostik (PDI):** Genetische Untersuchung von Embryonen, die im Reagenzglas gezeugt wurden. Im Falle einer erblichen Belastung wird der Embryo nicht in die Gebärmutter der Frau eingesetzt, sondern vernichtet. Die PDI ist zu unterscheiden von der Pränatalen Diagnostik (PND).Hierbei lassen sich Erkrankungen des Embryos durch Fruchtwasserspiegelung oder Ultraschall erkennen, um frühzeitig mit einer Therapie zu beginnen.	PDI ist von vornherein auf Selektion von menschlichem Leben ausgerichtet (und deshalb nach dem Embryonenschutzgesetz von 1990 in Deutschland verboten). Auch die legale PND kann die Entscheidung für eine Abtreibung nach sich ziehen.
	Genomanalyse: Erkennung von akuten und künftigen Krankheiten bzw. Dispositionen für bestimmte Krankheiten durch pränatale Diagnose. Durch die Analyse von Defekten an DNS-Molekülen können z.B. eine erhöhte Cholesterinproduktion, Krebs, psychische Krankheiten ebenso vorhergesagt werden wie Reaktionen des Organismus auf bestimmte Pharmaka.	Aus der Kenntnis genetischer Dispositionen können Diskriminierungen erwachsen.
	Gentherapie: Heilung von bisher unheilbaren Krankheiten durch gezielte genetische Eingriffe in die Erbsubstanz. Zu unterschieden sind *Körperzelltherapie/Somatische Therapie* (Krankes Gewebe wird entnommen und genetisch korrigiert. Die transformierten, gesunden Zellen werden vermehrt und anschließend dem Organismus implantiert (z.B. Rückenmarktransplantation bei Sichelzellanämie)) *Keimbahntherapie* (Manipulation wird bereits an der befruchteten	• Mögliche hormonelle und psychische Veränderungen sind nicht absehbar. • Gestaltung des Menschen nach eigenen Vorstellungen der Eltern ohne Kenntnis über die Folgen solcher Eingriffe für kommende Generationen. • Zustimmungsrecht, Recht auf Individualität und Naturwüchsigkeit wird übergangen. • Für Experimente zur Entwicklung neuer Verfahren werden vermehrt Embryonen benötigt. • Gefahr der Züchtung von Menschen unter Ausmerzung be-

	Möglichkeiten und Chancen	Bedenken und Risiken
Anwendungsmöglichkeiten der Gentechnik beim Menschen (Fortsetzung)	Eizelle vorgenommen, damit bestimmte Krankheiten auch für alle folgenden Generationen ausgeschlossen werden.)	stimmter als »Krankheiten« definierter genetischer Besonderheiten.
	Klonen: Herstellung genetisch identischer Zellen oder Organismen. Zu unterschieden sind *Therapeutisches Klonen* (Verfahren zur Herstellung menschlicher Embryonen, aus denen für therapeutische Zwecke Stammzellen entnommen werden können) und *Reproduktives Klonen* (Herstellung der genetischen Kopie eines Menschen zum Zweck der Fortpflanzung.)	• Züchtung menschlicher Embryonen als »Rohstofflager« für kranke oder alte Menschen degradiert den Embryo als Ersatzteillager. • Züchtung von Menschen mit bestimmten Absichten: z. B. Kopien von genetisch besonders wertvollen Menschen oder zum Zweck der Organlieferung.
	Stammzellenforschung: Mit Hilfe der Stammzellenforschung können künftig bisher unheilbare Krankheiten erfolgreich behandelt werden. Dabei greift man auf drei Quellen zur Entnahme der Stammzelle zurück: adulte Stammzellen von Erwachsenen, Stammzellen aus dem Nabelschnurblut bei der Geburt, embryonale Stammzellen.	• Bei der Forschung an embryonalen Stammzellen wird der Tod des Embryos in Kauf genommen, ein Mensch muss sterben, damit einem anderen geholfen wird. • Menschliches Leben wird als bloßes Mittel zum Zweck missbraucht.

7.3 Einsatzgebiete

Wir unterscheiden eine weiße, eine grüne und eine rote Gentechnik. Bei der weißen Gentechnik werden Mikroorganismen genetisch konstruiert, die zum Beispiel beim Abbau umweltschädigender Substanzen (Öl im Meer) helfen. Im Zentrum der grünen Gentechnik stehen Forschungen im pflanzlichen Bereich; der roten Gentechnik geht es um genetische Untersuchungen im tierischen und menschlichen Bereich. Ihre Einsatzgebiete sind vielfältig und weisen ihre eigenen bioethischen Fragestellungen auf. Die folgende Tabelle soll einen knappen Überblick über die Möglichkeiten und Chancen, aber auch die ethischen Bedenken und Risiken der aktuellen biotechnologischen Forschung geben.

Während in den Augen vieler Wissenschaftler die Gentechnik zum Vorreiter des Fortschritts und zur Brücke in eine menschenwürdigere Zukunft geworden ist, mit der die Infragestellung überlieferter Werte und die Entwicklung zeitgemäßer Normen einhergeht, halten Kritiker sie andererseits für das Einfallstor von Unmenschlichkeit und Grausamkeit und sprechen ein radikales »Nein« zu jeglichem Einsatz von Gentechnik aus. »Wir sind besser als Gott«, werden amerikanische Wissenschaftler zitiert.

Hat der Mensch als Geschöpf mit der Gentechnik tatsächlich die Grenzen des Erlaubten überschritten? Müssen wir nicht um Gottes Willen diese Forschung verurteilen und verbieten, weil hier die schöpfungsmäßige Verantwortung des Menschen für alles Lebendige in bisher nicht gekanntem Ausmaß gefährdet ist?

Wir wissen: Der Mensch ist Abbild Gottes. Als solcher darf er niemals Mittel zum Zweck sein, Objekt oder Ersatzteillager. Aber es ist ihm auch der Auftrag erteilt, sich die Erde verfügbar und nutzbar zu machen, den »Garten Eden« zu bebauen und für künftige Generationen zu erhalten. In diesem Kontext widerspricht ein Eingriff in die Lebensprozesse, wie ihn die Gentechnik ermöglicht – so er nicht lebenszerstörend, sondern lebensfördernd ist – aus theologisch-ethischer Sicht zunächst keineswegs dem biblischen Verständnis vom Menschen. Vielmehr macht uns insbesondere die Schöpfungserzählung auf eine besondere Form von Risikobereitschaft aufmerksam, die im Horizont von »Mut zur Verantwortung« ihre »Zukunft fundierende« und »Zukunft gestaltende« Botschaft entfaltet und jede reduktionistische Sicht auf den Menschen als unzureichend erklärt.

Auch im Zusammenhang mit den bioethischen Fragen der Gegenwart ist diese »Risikobereitschaft« nötig, weil mögliche Missbräuche der Gentechnik ihren verantwortlichen Gebrauch nicht automatisch ausschließen. Für bestimmte Erkrankungen beispielsweise können durch genetische Verfahren Medikamente oder Arzneimittel mit geringem Aufwand, mit größerer Sicherheit und Reinheit hergestellt werden, die bereits vielfach in Gebrauch sind (Insulin bei Diabetes). Die biotechnologische Erzeugung von Interferonen gegen Krebs oder körpereigener Schmerzmittel war ebenfalls ein wichtiger Schritt in der medizinischen Forschung. Stets sind also Güterabwägung und eine sittliche Bewertung nach Berücksichtigung der Fakten und Folgen eine wichtige Prämisse.

Der entscheidende Unterschied für die ethische Bewertung des Einsatzes der Gentechnik liegt daher nicht so sehr in der Methode, sondern in der Zielsetzung: So mag eine genetische Therapie als Beseitigung von Erbschäden im Sinne einer negativen Eugenik berechtigt und durchaus sittlich verantwortbar sein, während eine positive Eugenik im Sinne einer Züchtung von bestimmten Menschentypen und Eigenschaften weiterhin abzulehnen ist.

Es gehört also zum Begriff der Verantwortung, dass wir die Folgen unseres Tuns abschätzen und unser Handeln ändern, wenn wir meinen, die Folgen nicht verantworten zu können.

Der Respekt vor dem Leben des anderen ist eine Grenze, die nie überschritten werden darf, weder aus wirtschaftlichen Gründen noch aus Gründen des Wettbewerbs konkurrierender Forschungsinstitute.

Da wo ökonomische Verzweckung und Biologismus das tradierte Verständnis von Menschenwürde aufzulösen drohen und ein Verständnis von Leben proklamieren, das reduktionistisch geprägt ist und den Menschen nur als Produkt seiner Gene in Erscheinung treten lassen – mal zum intakten Ersatzteillager auserkoren, mal zur kranken Maschine degradiert, deren Schaden behoben werden muss – stellt die christliche Botschaft das entscheidende Korrektiv dar.

8. Mitgeschöpf Tier

Welche Rechte haben Tiere? Wie hat sich der Mensch als »Krone der Schöpfung« ihnen gegenüber zu verhalten? Haben Tiere ein ewiges Leben? Mit diesen und anderen Fragen beschäftigt sich die christliche Tierethik, die ihren Ansatzpunkt in der Schöpfungsgeschichte nimmt: Mensch und Tier werden von Gott an einem Tag erschaffen, auf dass der Mensch herrsche »über die Fische des Meeres, über die Vögel des Himmels und über alle Tiere, die sich auf dem Land regen« (Gen 1,26). Ein bestechendes Bild für die Zusammengehörigkeit der Schöpfung zeigt sich im Bild der Arche Noah, welches nicht umsonst auch Symbol ökologischer Bewegungen geworden ist: Durch die Sünde dem Untergang geweiht, lässt Gott sein Schöpfungswerk überleben und sichert jeder Tiergattung das Weiterleben zu.

Das Neue Testament zeigt uns Jesus, der vor Beginn seines öffentlichen Wirkens mit den »wilden Tieren« in der Wüste lebt (Mk 1,13), der sich in der Rolle des guten Hirten um seine Schafe sorgt und der schließlich selbst als »Lamm« dargestellt und geopfert wird. Zahl-

Paradiesische Vision für Mensch und Tier: »Dann wohnt der Wolf beim Lamm, der Panther liegt beim Böcklein. Kalb und Löwe weiden zusammen, ein kleiner Knabe kann sie hüten. Kuh und Bärin freunden sich an, ihre Jungen liegen beieinander. Der Löwe frisst Stroh wie das Rind. Der Säugling spielt vor dem Schlupfloch der Natter, das Kind steckt seine Hand in die Höhle der Schlange.« (Jes 11)

reiche Tierlegenden begleiten das Leben großer Figuren der Christenheit: Franz von Assisi predigt den Vögeln und spricht mit den Tieren, und der gezähmte Bär des heiligen Korbinian hat es sogar in das gegenwärtige päpstliche Wappen gebracht. Die Kirche verwendet seit dem Mittelalter bis heute eigene Segensgebete für Tiere, seien sie als Nutz- oder als Haustiere gehalten.

Durch das Buch »Die Befreiung der Tiere« des australischen Ethikers Peter Singer (1975) wurde eine bis heute offene Debatte angestoßen, ob Tieren ein Personbegriff zukommt oder ob sie als Eigentum bzw. Sache zu betrachten sind, ob sie die Individualrechte eines Subjekts haben und inwieweit ihnen und in welchem Umfang Leid zugefügt werden kann. Die Tierschutzgesetze in Europa haben die Idee der »Mitgeschöpflichkeit« nur zum Teil realisiert. Das Tierschutzgesetz von 1986 formuliert zwar die »Verantwortung des Menschen für das Tier als Mitgeschöpf«, lässt aber eine Reihe von praktischen Fragen offen.

Allein in Deutschland werden von der Industrie ca. sieben bis zehn Millionen Katzen, Hunde, Affen, Kaninchen, Ratten, Hamster und Mäuse für Tierversuche verbraucht. Bei der Suche nach medizinischen Innovationen zur Vorbeugung, Erkennung und Heilung von Krankheiten wird eine Güterabwägung keine Argumente gegen Versuche am Tier vorbringen, sofern keine alternative Möglichkeit vorhanden ist. Tierversuche für kosmetische Zwecke sind jedoch strikt abzulehnen. Ebenso problematisch erscheint die durch exzessiven Fleischkonsum verursachte Nutztierhaltung und Mast auf kleinstem Raum. Insbesondere die Legebatterien der Geflügelfabriken erscheinen ethisch fragwürdig, wie auch die Zucht von Pelztieren und ihre Nutzung als Luxusartikel Fragen aufwirft.

Ethisch umstritten ist auch das Töten von Tieren durch Schächten. Dabei werden die großen Blutgefäße sowie Luft- und Speiseröhre mit einem speziellen Messer in einem Schnitt durchtrennt. Der israelitischen Kultusgemeinde und muslimischen Verbänden wird diese Praxis in Deutschland als Ausnahmeerlaubnis im Rahmen der Religions- und Glaubensausübung gestattet, obwohl das Tierschutzgesetz für die Tötung warmblütiger Tiere Betäubung vorschreibt. Liberale jüdische und muslimische Rechtsschulen haben gegen eine Narkose vor der Schächtung keine Einwände.

Auch von einer besonderen Herausforderung darf sich der Christ nicht dispensieren: Die »Roten Listen« der Umweltverbände erinnern daran, dass fast die Hälfte aller Wirbeltiere bereits ausgestorben oder vom Aussterben bedroht ist. Die deutschen Bischöfe mahnten in ihrer Schrift »Zukunft der Schöpfung – Zukunft der Menschheit« bereits 1980: Die »Vielfalt der Arten in Pflanzen und Tierwelt« gehört »zu jenem Grundbestand der Schöpfung, den der Mensch als Beherrscher und Gestalter dieser Welt zu hüten hat ... Das Lebendige soll leben können, nicht nur um der Nützlichkeit für den Menschen willen, sondern einfach, um zu leben und da zu sein.«

9. »Am größten aber ist die Liebe«: christliche Ehe- und Sexualmoral

Alle drei monotheistischen Religionen kennen eine Ehe- und Sexualmoral, die den Leitvorgaben des Zeitgeistes zu widersprechen scheint. Juden und Christen finden in den ihnen gemeinsamen Texten des Alten Testaments zunächst keine systematischen Aussagen dazu. Die Geschlechtlichkeit des Menschen gilt nach der Schöpfungsordnung als gut, Mann und Frau bilden eine sich ergänzende Einheit. Die Ehe kommt als Rechtsgeschäft zustande, der Mann erwirbt die Frau als Besitz (Gen 34,12). Dabei spielt der Gedanke der Liebe nur eine untergeordnete Rolle: Die Ehe dient der Zeugung von Nachkommen, um Macht und Besitzstand zu garantieren. Abraham werden Nachkommen »zahlreich wie die Sterne am Himmel« (Gen 15, 5) versprochen, Kinder- und Ehelosigkeit sind eine schwere Strafe. Häufig werden geschlechtliche Fragen auch im Kontext des magisch verstandenen Zusammenhangs von »rein und unrein« behandelt. Als unrein gilt, was mit heiligen oder

Mann und Frau – füreinander geschaffen

gefährlichen Kräften beladen ist, die Frau nach der Menstruation oder Geburt, der Mann nach dem Samenerguss, aber auch Verstorbene oder bestimmte Tiere. Unreinheit bewirkte einen Ausschluss vom Tempel und seinem Kult.

Gegenüber solch eher restriktiv anmutenden Vorstellungen kennen die Texte des Alten Testaments aber auch ganz andere Zugangsweisen zu Liebe und Sexualität: Das »Hohelied der Liebe« erzählt von der berauschenden Kraft der Sinnlichkeit in der Begegnung zweier junger Menschen. »Er küsse mich mit Küssen seines Mundes, denn deine Liebe ist köstlicher als Wein«, beginnen die poetischen Texte, die in der jüdischen Liturgie des Passahfestes in einer eigenen Festrolle vorangetragen werden. Vom Strom der Leidenschaft fortgerissen, schenken sich die Liebenden die heiligen Zeichen eines Bundes und bekennen den Einspruch der Liebe gegen den Tod: »Leg mich wie ein Siegel an dein Herz, wie ein Siegel an deinen Arm! Stark wie der Tod ist die Liebe, die Leidenschaft ist hart wie die Unterwelt.« (Hld 8,6)

Von Jesus sind keine direkten Äußerungen zu sexualethischen Einzelfragen überliefert. Was er zur Gestaltung des menschlichen Zusammenlebens sagt, gilt auch für die erotische und sexuelle Dimension. Der wichtigste Maßstab ist die Liebe zum Nächsten, die jede sexuelle Verobjektivierung und Verzweckung eines anderen

Menschen ausschließt. Im Kontext des sittlichen Anspruchs Jesu finden sich jedoch entscheidende Weiterentwicklungen gegenüber dem alttestamentlichen Ethos: Dazu gehört vor allem die Verwerfung der Ehescheidung sowie die Entziehung der Frau aus der Verfügungsgewalt des Mannes. Auch hat Jesus mit der Vorstellung der »Reinheit des Herzens« entscheidend andere Vorstellungen in Blick auf Reinheitsvorschriften und Tabugesetze. Schwieriger stellen sich die einschlägigen Äußerungen des Apostels Paulus dar. Paulus steht in Auseinandersetzung mit griechischen, heidnischen und jüdischen Denkwelten. Die von ihm angeprangerte »Unzucht« (griech.= *porneia*) meint häufig den Sexualverkehr mit Tempeldirnen, ein Verhalten also, das den Partner zum bloßen Objekt degradiert und zugleich mit religiöser Dekadenz Hand in Hand ging. Paulus lebt ganz in der Naherwartung Christi und seines endgültigen Reiches, sodass sich für ihn eine Heirat gar nicht mehr lohnt. Trotzdem formuliert er: »Den Unverheirateten und den Witwen sage ich: Es ist gut, wenn sie so bleiben wie ich. Wenn sie aber nicht enthaltsam leben können, sollen sie heiraten. Es ist besser zu heiraten, als sich in Begierde zu verzehren.« (1 Kor 7, 8 f.) Anders als manche seiner Zeitgenossen lehnt Paulus geschlechtliche Beziehungen nicht grundsätzlich ab. Zwar ist die Ehe für ihn in erster Linie ein Mittel zur Regulierung der sexuellen Begierde, aber sie ist in keinem Fall etwas Negatives, und geschlechtliche Askese ist für ihn kein ausschließlicher Heilsweg.

Die folgenreichste Zäsur in der Geschichte der christlich-abendländischen Sexualmoral stellt die Lehre des heiligen Augustinus dar. Auch er steht in Auseinandersetzung mit einem heidnischen Umfeld, das zu dezidierten Positionen herausfordert. Zugleich berichtet er in seiner Biographie von ausschweifendem Leben und konfliktbeladenen sexuellen Erfahrungen in der Jugend. Für den Kirchenvater ist nicht der eheliche Verkehr als solcher sündhaft, sondern das Erstreben von Lust. Diese wird durch die drei Güter (lat.= *bona*) der Ehe wieder kompensiert, nämlich Nachkommenschaft, Treue und das Sakrament. Dennoch – und hier zeigt sich die Tendenz zum Dualismus, dem der große Gelehrte manchmal anheimzufallen droht: Der christliche Ehemann verabscheue die sterbliche Verbindung und wende sich dem zu, was unsterblich bleibt. Für das jenseitige Reich suche er auch seine Frau zu formen: Er »liebt in ihr, dass sie Mensch ist, und hasst, dass sie Weib ist«. Die Trias der Ehegüter wurde im Mittelalter durch Thomas von Aquin weiter entfaltet. Die

Ehegatten verkehren sündenfrei nur zur »Zeugung der Nachkommenschaft« und als »Heilmittel der Begierde« in Bewahrung der ehelichen Treue. Die in vielen kirchlichen Dokumenten der Gegenwart aufgestellte Forderung, dass eheliche Begegnung »offen sein soll auf Zeugung« hat hier ihre Wurzeln. Sie bildet auch einen Strang der Begründung für das Verbot empfängnisregelnder Mittel in der Katholischen Kirche, das von orthodoxen und evangelischen Kirchen nicht geteilt wird.

Ab dem 17. Jahrhundert verschärften sich sexualethische Positionen im Katholizismus noch einmal: Die Sündenlehre verlagerte sich auf das Sechste Gebot, und gleichzeitig weiteten römische Vorgaben die Lehre der Kirche so aus, dass jede frei gewollte Bejahung sexueller Lust immer schwer sündhaft ist, und sei sie auch nur in Gedanken. Eine isoliert den Sexualakt betrachtende Moral führte zur Unterscheidung von »natürlichen« und »widernatürlichen« Sünden und hatte primär die Frage der Legalität im Blick.

Innerhalb der christlichen Kirchen weltweit sind die Positionen zu sexualethischen Fragen sehr unterschiedlich. Während fundamentalistische Christen Amerikas Homosexuelle als vom Teufel besessen zwangsheilen wollen, öffnet die anglikanische Kirche einem bekennenden Homosexuellen das Bischofsamt. Die römisch-katholische Sexualethik befindet sich zwischen solchen Extremen. Sie fordert lebenslange eheliche Treue und sexuelle Begegnung im Rahmen einer gültig geschlossenen Ehe. Homosexualität gilt nicht als Sünde, aber Homosexuelle sind auch in der Partnerschaft zum Verzicht auf gelebte Sexualität angehalten. Entgegen landläufigen Vorstellungen gibt es auch in kirchenamtlichen Dokumenten Bewegung: So führt der Weltkatechismus 1993 bei der ethischen Beurteilung der Masturbation an, dass es »affektive Unreife, die Macht eingefleischter Gewohnheiten« und andere »psychische oder gesellschaftliche Faktoren geben kann, »welche die moralische Schuld vermindern oder sogar aufheben.« (KKK 2352) Sexualität, so das Anliegen der Kirche, soll in einem Sinnhorizont gedeutet werden, der auf Partnerschaft und Begegnung mit einem anderen angelegt ist. Dabei geht es nicht um private Triebbefriedigung, sondern um eine sinnvolle Ordnung im menschlichen Zueinander, um die Befähigung zu personaler Liebe, die Bereitschaft zur Übernahme von Verantwortung. Denen, die an den hohen Ansprüchen scheitern, bietet die Kirche in der Buße Umkehr und Neuanfang an.

Christliche Ehe- und Sexualmoral ist ein sensibles Feld. Einerseits ist es für viele mit Vorurteilen oder auch eigenen traumatischen Erfahrungen belastet, andererseits propagieren die Medien bereitwillig hier das Bild einer vermeintlich lustfeindlichen und reaktionären Kirche. Deutlich wurde das etwa in der Stellungnahme zur Aidsproblematik anlässlich des Besuchs von Papst Benedikt in Afrika. Als der Papst die im Grunde jedermann eingängige Feststellung tätigte, dass man »Aids nicht mit der Verteilung von Präservativen überwinden« könne, sah er sich einer gnadenlosen Hetzpropaganda in der Weltöffentlichkeit ausgesetzt. Dabei hatte der Papst nur vor einer Ideologie des Vertrauens in die Kondome gewarnt. Die Kirche setzt im Kampf gegen Aids auf Erziehung zur Verantwortung, wie dies im sogenannten »ABC- Konzept« zum Ausdruck kommt. Dabei stehen:

Das ABC-Konzept

A für Abstinenz
B für »Be thruthful« = Sei treu
C für »conscience« = Gewissen und »choice« = Wahl und
   »condoms«.

---

10. »Selig, die keine Gewalt anwenden«: gerechte Kriege?

Die anhaltenden Nachrichten aus Afghanistan machen klar: Deutschland ist in einen humanitären, aber auch bewaffneten Einsatz verwickelt, der schon lange Züge einer kriegerischen Auseinandersetzung trägt. Die christlichen Kirchen stehen in der Militärseelsorge den Soldaten und ihren Angehörigen bei und verweisen auf die globale Verantwortung unseres Landes. Dennoch: Die Beteiligung des Christen an militärischen Handlungen ist eine Entscheidung, die jeder vor seinem Gewissen verantworten muss. Jede Entscheidung zieht Folgen nach sich, die sich für andere nachteilig auswirken können: die Ausübung von Gewalt ebenso wie deren Unterlassung.

    Die Bergpredigt lässt keinen Zweifel daran, dass Jesus die Friedensstifter seligpreist und jenen das Land verheißt, »die keine Gewalt anwenden«. Mit dem Friedenswunsch begrüßt der Auferstandene seine Jünger. Das biblisch-hebräische Wort »schalom« für »Friede« zeigt uns in seinem breiten Bedeutungshorizont, dass mit unserer Ursehnsucht nach Frieden nicht allein die Abwesenheit von Krieg gemeint sein kann. »Glück«, »Zufriedenheit«, »Gerechtigkeit«, »mögest du heil sein« ... – all diese Begriffe spiegeln sich im Wort »schalom« und lassen in ihrer Fülle erahnen, dass es sich dabei nicht nur um den Verzicht militärischer Aktionen handelt, sondern im Mittelpunkt eine treibende Kraft steht, die alle Dimensionen des menschlichen Lebens einschließt.

Während sich die frühe Kirche noch streng an die Friedensbotschaft Jesu hielt, begann nach der konstantinischen Wende die Umdeutung des Kreuzes zum Sieges- und später auch Kriegszeichen. Der Kirchenlehrer Thomas von Aquin (1225–1274) stellt in der Weiterentwicklung der Lehre Augustins vom »gerechten Krieg« Kriterien auf, die einen kriegerischen Akt rechtfertigen, und schreibt vor, wie das Recht im Krieg selber anzuwenden ist.

Ein Krieg kann als gerecht gelten ...

... wenn er von einer legitimen Autorität erklärt wird
... wenn ein gerechter Grund vorliegt
... wenn eine rechte Absicht gegeben ist
... wenn alle friedlichen Möglichkeiten ausgeschöpft sind
... wenn die Verhältnismäßigkeit in der Reaktion vorhanden ist
... wenn eine Aussicht auf Erfolg besteht.

Als »Recht im Krieg« gelten die Angemessenheit der militärischen Mittel, die Unterscheidung von Soldaten und Zivilisten und die Schonung Letzterer während der Kampfhandlungen.

»Wenn du Frieden willst, rüste zum Krieg«, schreibt Augustinus und wird damit auch heute noch zustimmend zitiert. Diese Vorstellung und das Konzept des gerechten Krieges wurden in der Folgezeit jedoch auch immer wieder infrage gestellt und kritisiert. Die drohende Eskalation der Kuba-Krise und die Traumata der beiden Weltkriege trugen dazu bei, dass Papst Johannes XXIII. 1963 in seiner Enzyklika »Pacem in terris« an die ganze Menschheit den Appell richtete, dass Konflikte »nicht durch Waffengewalt, sondern durch Verträge und Verhandlungen beizulegen« sind. Aus der »schrecklichen Zerstörungsgewalt der modernen Waffen« schließt der Papst: »Darum ist es in unserer Zeit, die sich des Besitzes der Atomkraft rühmt, vernunftwidrig, den Krieg noch als das geeignete Mittel zur Wiederherstellung verletzter Rechte zu betrachten.« Mit Johannes XXIII. beginnt ein neues Kapitel in der Stellung der Kirche zum Krieg, welches vom Konzil und von Papst Paul VI. fortgeschrieben wurde. Wie kein anderer hat Papst Johannes Paul II. sich als Visionär einer neuen Friedensordnung der Welt gezeigt. Unerbittlich und kompromisslos stritt er für einen Weltfrieden auf der Basis internationaler Strukturen mit rechtlichen Ordnungen, Gleichberechtigung, Achtung von Menschenwürde und einer Kultur des Friedens, die immer neu aus kleinen verbindlichen Zeichen des Friedens und Taten der Versöhnung wächst. Mit seiner eindeutigen Verurteilung des Krieges der USA im Irak wurde der alte Papst nicht nur zur Ikone der Friedensbewegung, sondern auch weltweit für Menschen vieler Nationen und Religionen zur einzig verbliebenen moralischen Instanz.

Die christlichen Kirchen sprechen heute nicht mehr vom »gerechten Krieg«, sondern reflektieren, wie ein »gerechter Friede« herzustellen ist. Die grundsätzliche Ächtung des Krieges sowie der Massenvernichtungsmittel und des Handels mit Rüstungsgütern ist weitgehender Konsens. Eine mögliche friedensstiftende Rolle von Militäreinsätzen wird nicht ausgeschlossen, aber nachrangig zu anderen Konfliktlösungsmöglichkeiten behandelt. Krieg, so das Bewusstsein der Kirchen, ist »immer eine Niederlage für die Menschheit« (Johannes Paul II.).

11. Im Teufelskreis von Angst und Sucht

11.1 Gefangen in den Ängsten

Es gibt die Angst vor dem Fremden und Unbekannten, vor Leistungserwartungen und der Möglichkeit, daran zu scheitern, die Angst vor der eigenen beruflichen Zukunft, der Zukunft überhaupt, vor Fortschritt und Technik, Anonymität und Alleinsein. Ist die *Reaktion Angst* dem Anlass angemessen, kann sie uns durchaus helfen, reale oder vorgestellte Bedrohungen aktiv zu bewältigen. Sie kann uns aber auch lähmen und Weiterentwicklung hemmen. Da, wo sie unangemessen groß ist und eine Bewältigung unmöglich erscheint, spricht man von krankhaften Formen wie zum Beispiel Phobien oder panikartigen Zuständen, an denen gerade heute immer mehr Menschen dauerhaft leiden. Die Folgen all dieser Ängste sind meist ein Rückzug in den privaten Bereich, der Verlust sozialer Beziehungen, Vereinsamung, nicht selten auch Medikamenten- oder Alkoholabhängigkeit, Depression und Suizid. Für den ängstlichen Menschen scheint es keine Zukunft zu geben, die ein Engagement lohnt und sich gestalten lässt. Angst hat stets eine zutiefst persönliche Komponente und eine Entwicklungsgeschichte, die mit unserer Geburt beginnt – es gibt im Prinzip nichts, wovor wir nicht Angst entwi-

Die Jünger rufen Jesus in ihrer Angst an (Holzschnitt von Wilhelm Speicher)

ckeln könnten. Die Angst des Menschen um sich selbst nimmt dabei eine exponierte Stellung ein, weil hier die Wurzel für Egoismus und Unmenschlichkeit liegt.

Der christliche Glaube zeigt uns mit Jesus ein Modell grenzenlosen Vertrauens auf, das uns Mut machen kann, unsere Ängste zu überwinden. Wir dürfen uns sorgen, wir dürfen uns Gedanken machen über den Zustand der Welt und den Skandal von Reichtum und Armut, aber wir dürfen uns auch vertrauensvoll zurücklehnen, wenn wir das getan haben, was in unserer Macht steht. Sich dem Herrn über Leben und Tod anvertrauen zu dürfen, ist das kleine Wunder grenzenlosen Vertrauens, das einem Leben in ständiger Aufgeregtheit und in nicht enden wollender Sorge wehrt und das den Menschen auf Dauer von zermürbenden Lebensängsten wird befreien können. Der Christ ist sich, wenn er gar nicht mehr weiter weiß, gewiss, dass er doch noch eines tun kann: Sich mit allen seinen Sorgen an diesen Gott zu wenden und zu bitten, er möge ein wenig von der Angst nehmen, oder er möge die leeren Krüge unsres Lebens wieder füllen. Das Gebet ist damit ein christliches Machtmittel gegen die Angst. Derjenige, der Gott anvertraut, was er nicht lösen kann, was ihn ängstigt, vergewissert sich im Dialog mit ihm, dass dieser Gott über ihn und seine Welt wacht.

Auch mit Blick auf die biblischen Erzählungen und Personen werden Christen eine Fülle geglückter Lebensentwürfe und überwundener Ängste vorgestellt: Der Lebensmut des alten Abraham etwa, der allein aus dem Glauben an die Zusage Gottes gegen alle menschliche

Vernunft aufgebrochen ist, um das Land der Verheißung zu finden und es mit zahlreichen Nachkommen – zahlreich wie die Sterne am Himmel – zu bewohnen. Christen haben die Überzeugung, dass Gott sie aus aller Bedrohung und Gefahr einen erfolgreichen Weg führt. Und mehr noch, dass er diesen Weg auch mit ihnen geht, durch das Meer der Angst und aller Finsternis und Bedrängnis. Das kann am Ende zu einer ungeheuren Erfahrung von Sinn werden: Die Begegnung mit einem Gott, die zwar nicht den Lösungscode für jegliche Angstbewältigung parat hält, der uns aber in allen Ängsten begleitet.

11.2 Der Weg in die Sucht

Definiert man Sucht knapp als »die Unfähigkeit, von bestimmten Stoffen oder Handlungen abzulassen, selbst wenn dem Betroffenen bewusst ist, dass sie ihm schaden«, so zeigt sich bereits hier eine Unterscheidung in süchtig machende »Stoffe« und »Handlungen«. Ein süchtiges Verhalten beschränkt sich also nicht nur auf den unberechenbaren Konsum von Alkohol, Nikotin und Drogen, sondern auch gesellschaftlich akzeptierte Tätigkeiten wie Internetkonsum, Sexualität, Essen, Spielen, Einkaufen, Arbeiten usw. können zu Suchtmitteln werden. Was aber bringt Menschen dazu, sich im Übermaß bestimmten Dingen oder Tätigkeiten hinzugeben?

Drei Stationen markieren den Weg in die Sucht: Die Hinwendung zu einem Suchtmittel basiert meist auf der Vorstellung, offenkundige Sorgen und Konflikte wie Einsamkeit, mangelnde Anerkennung, fehlende Zukunftsperspektiven etc. für eine bestimmte Zeit vergessen und verdrängen zu können. Weil für viele Menschen in Anbetracht der Komplexität unserer Wirklichkeit größere Zusammenhänge und ein umfassender Sinn nicht mehr auszumachen sind, steigert sich die eigene Bedeutungslosigkeit und Leere und befördert die Hinwendung zu Mitteln, die das eigene Versagen vergessen lassen. Nicht nur Medikamente und Alkohol, sondern auch Extrem-Sportarten oder Okkultismus dienen dazu, sich von Konflikten, denen man sich eigentlich stellen müsste, abzulenken und sie zu verdrängen. Eigenes Versagen oder Unvermögen zuzugeben scheint in unserer Leistungsgesellschaft unmittelbar an den Verlust menschlicher und sozialer Anerkennung gekoppelt zu sein. Der Betroffene schämt sich für sein Versagen, über das er sich mit niemandem austauschen kann. Die Zuwendung zum Suchtmittel hat auf der zweiten Ebene ihren Grund nicht einfach in der Überforderung, sondern im Mangel an menschlicher Kommunikation, Anerkennung und Zuwendung. Das Suchtmittel lässt genau diesen Mangel vergessen und damit das Gefühl des eigenen Versagens.

Auf der letzten Stufe wendet sich der Süchtige nun dem Suchtmittel zu, nicht weil er aufgrund des eigenen Versagens den Verlust der Anerkennung der Mitmenschen fürchtet, sondern weil er sich aufgrund der Sucht selbst ausgeschlossen fühlt. Neben den ursprünglichen Konflikt, der in die Sucht geführt hat, tritt nun zusätzlich die Sucht an sich. Der Betroffene will sich nicht helfen lassen, weil er dann nicht nur den ganzen Wirklichkeitsverlust zugeben, sondern auch die Sucht als eigene Schwäche eingestehen müsste und damit die Illusion, die er sich über sich selbst noch macht, zerstört würde.

Die psychische oder physische Abhängigkeit von einem Mittel der Ersatzbefriedigung charakterisiert den »Süchtigen« in erster Linie als Hoffenden mit einem bestimmten Zukunftsanspruch: Jetzt ist kein Leben, aber nachher, morgen, nach dem nächsten Bier, der nächsten Zigarette, dem nächsten Einkaufsrausch, dann wird das, was jetzt noch an Lebensfülle und Glück fehlt, aufgeholt. Warum dieser Zukunftsanspruch so aber nicht sinnvoll eingelöst werden kann, liegt in dem von Grund auf resignativen Blick begründet, an den gegebenen Zuständen doch nichts ändern zu können, unnütz und überflüssig zu sein und zugleich nur innerweltlichen Heilsversprechen zu trauen, die allzu oft – fern einer tragenden Sinnperspektive – in die Sackgasse führen.

Ein christlicher Glaube aber, der sich als Antwort auf die heilsgeschichtliche Selbstoffenbarung Gottes versteht, kann vor dem Teufelskreis der Sucht bewahren, weil aus dem Vertrauen auf Gott die Zuversicht erwächst, dass dieser seine Verheißung am Ende der Zeiten erfüllen wird. Im christlichen Glauben ist damit eine Hoffnung begründet, die sich nicht auf innerweltliche Heilsversprechen verlässt, sondern auf umfassendes Heil zielt, in das alle Menschen und die gesamte Schöpfung am Ende der Zeiten einbezogen sind. Christliche Hoffnung meint konkret sowohl die Überwindung des Todes durch das ewige Leben, als auch die Hoffnung auf einen neuen Himmel und eine neue Erde, trotz des Bewusstseins, dass es in dieser Welt keine volle Gerechtigkeit geben kann. Der Glaube, dass unser Leben sich erst in der Gemeinschaft mit Gott vollendet, kann uns Christen vor Verzweiflung und Resignation bewahren.

Konkret gelingt Suchtbewältigung durch kleine Schritte und das langsame Wiedererlernen von Disziplin, oft begleitet von medizinischer und therapeutischer Hilfe. Darüber hinaus bedarf es eines unterstützenden Umfeldes: Jede geglückte Beziehung zwischen Eltern und Kindern, Freunden, Lehrern und Schülern zeigt Optimismus, dass einem anderen etwas zugetraut wird. Diese behütete Solidarität kann jedem Teufelskreis von Sucht und Angst vorbeugen. In solch schöpferischer Liebe wird etwas von der Vision einer neuen Menschheit spürbar. Ziel christlicher Liebe ist unter anderem die Ermutigung des Menschen, sein Glück darin zu suchen, andere zu beglücken, ohne dabei sich selbst aufzugeben. So kann jegliches Gefühl von Leere und Bedeutungslosigkeit als Ursprung einer möglichen Sucht vermieden werden.

12. Vom Umgang mit materiellen Gütern

Skrupellosigkeit, Korruption, Bestechung: Täglich werden wir mit Nachrichten konfrontiert, die uns in wirtschaftsethischer Perspektive das schreckliche Missverhältnis zwischen Gewinnmaximierung und gesellschaftlicher Verantwortung innerhalb unseres hochkomplexen Wirtschaftssystems aufzeigen. Die Klage über den allgemeinen Werteverfall und das Bedürfnis nach einer neuen »Zahlungsmoral« ist allgegenwärtig, wenn politischen Berichten zufolge Manager als skrupellose Betrüger und Bilanzfälscher demaskiert werden, die in zügelloser Profitgier moralische und rechtliche Grenzen überschreiten und selbst vor einer Täuschung der eigenen Unternehmensführung und Angestellten nicht zurückschrecken. An die Stelle eines firmenpolitischen Bemühens um nachhaltige Erfolge, von denen auch kommende Generationen profitieren würden, ist eine Mentalität getreten, die Mitarbeiter nur als bloßen Produktionsfaktor im Wettbewerb globaler Marktmechanismen betrachtet. Im Falle einer Firmeninsolvenz wird diese identitätslose »Manövriermasse« bedenkenlos um ihren Arbeitsplatz und ihre Altersversorgung gebracht und das eigene Konto mit einer letzten kräftigen Bonuszahlung bedacht. Als Folge dieses unverantwortlichen Geschäftsgebarens wurden in viele Großunternehmen seither Ethikbeauftragte, »Chief Ethics Officers«, Reputations- oder Wertemanager berufen, um das Geschäft vor irreparablen Imageschäden zu bewahren.

Auch die aktuelle Finanzmarktkrise, die nach der Einschätzung von Experten die schwerste Krise des globalen Finanzsystems nach dem Zweiten Weltkrieg ist, hat ihre Ursachen weniger in undefinierbaren Automatismen der Globalisierung als vielmehr in der unstillbaren Gier von Investmentbanken und Hedgefonds, die ihr Streben nach Traumrenditen in den letzten Jahren weitgehend auf fremde Kosten finanziert haben.

Die politische und moralische Stabilität ist durch solche Umstände langfristig bedroht. In diesem Sinne hat Papst Benedikt XVI. in seiner im Jahr 2009 veröffentlichen Sozialenzyklika zu einer neuen Weltordnung aufgerufen und jede Form von blindem Gewinnstreben angeprangert. Nach den Vorstellungen des Papstes bedarf es einer neuen »Ordnung wirtschaftlicher Institutionen«, um der »Verantwortung gegenüber den Armen« und »künftigen Generationen und der ganzen Menschheit« gerecht zu werden. »Die ganze Wirtschaft und das ganze Finanzwesen müssen nach ethischen Maßstäben als Werkzeuge gebraucht werden, sodass sie angemessene Bedingungen für die Entwicklung des Menschen und der Völker schaffen.« Der Münchener Erzbischof Reinhard Marx sprach vom Kapitalismus als einem »Ethikfresser«.

Im Rahmen der Finanzmarktkrise stellt sich auch die Frage nach dem Ende der Erwerbsbürgergesellschaft überhaupt, die einst, auf ein umfassendes Sozial- und Arbeitsrecht gegründet, die Arbeiter von ausgebeuteten Opfern des marktwirtschaftlichen Systems zu Teilhabern an dessen Erfolgen gemacht hat. So sehr Gewerkschaften heute Arbeitnehmerinteressen gegenüber Kapitalinteressen zu verteidigen versuchen, um Sozialabbau und Deregulierung entgegenzuwirken, so wenig befriedigend sind die erstrittenen Vereinbarungen: Zur Verhinderung drohender Standortverlagerungen wird Arbeitsbündnissen zugestimmt, bei denen Arbeitnehmer für den gleichen – manchmal auch geringeren Lohn – länger und flexibler arbeiten müssen. Es ist der alte und doch immer neue Konflikt zwischen Arbeit und Kapital, der sich hier abzeichnet: Das global koordinierte Kapital, das stetig nach seiner »grenzen-losen« Vermehrung strebt, von der in erster Linie die Kapitalisten profitieren, steht der individualisierten Arbeit gegenüber, die lokal gebunden ist. In unserem Wirtschaftssystem mit seinen vielfältigen Möglichkeiten des weltweiten Austauschs von Informationen, Gütern und Dienstleistungen wird der Mensch zu einem zwangsweise flexibel angepassten Teil einer sich beschleunigenden wirtschaftlichen Entwicklung.

Dass damit die Maßstäbe eines freien und selbstbestimmten Lebens unberechenbareren Abhängigkeiten und neuen Verknechtungen geopfert werden, liegt auf der Hand.

Das biblische Gebot »Du sollst nicht stehlen« weiß, dass Neid und Zwietracht das menschliche Verhalten steuern und eine gesetzliche Eigentumsordnung nötig machen, die jedem Menschen nach Recht und Leistung Anteil am Gemeingut verschafft. In Anbetracht der aktuellen Wirtschaftskrise muss in erster Linie ein ungebremster Kapitalismus abgewendet werden, der soziale Beziehungen nur effizient und um der eigenen Bereicherung willen nutzt. Ein Leben in Freiheit und Gemeinschaft zu gestalten, bedeutet mehr als die bloß technizistische Koordination und Organisation ökonomischer Interessen. Unbestritten braucht Freiheit sicher auch eine materielle Grundlage, doch eine konsequente Materialisierung jenseits eingewurzelter moralischer Überzeugungen kann leicht dazu führen, sie mit Beliebigkeit zu verwechseln. Ziel sollte eine soziale Marktwirtschaft sein, die kein Selbstzweck ist, sondern soziale Beziehungen gerecht gestaltet und »den Menschen dient«. Schon das alttestamentliche Sabbatjahr oder der Schuldenerlass im Jubeljahr (Dtn 15, 1–12) zeigen die Grenzen des Eigentums auf und weisen darauf hin, dass nicht Gewinnstreben, sondern ein verantwortlicher Umgang mit Besitz und Vermögen, der die Verantwortung für das Gemeinwohl einschließt – frei nach dem Motto: »Eigentum verpflichtet« –, das eigene Handeln lenken muss.

Eine freie Gesellschaft und Wirtschaft ist nicht bereits durch den Wettbewerb als höchstes regulatives Prinzip hinreichend verwirklicht, sondern erst, wenn der Mensch nicht nur als ein ökonomischer Faktor, sondern als Person mit unveräußerlicher Menschenwürde gesehen wird.

Das Christentum hat eine Botschaft, welche die befreiende Erfahrung einer Wirklichkeit ermöglicht, die größer ist als der Mensch. Aus Sorge vor einer Verengung des Menschen auf das Nützliche und den Profit wird sich der Christ fortwährend gegen das Diktat eines primitiven Kapitalismus wehren. Stattdessen wird er sich zum Schutz der Freiheit und Menschenwürde immer wieder an die Ermahnung des Apostels Paulus erinnern: »Besitze, als besäßest du nicht.« (1 Kor 7, 30)

WICHTIGE GESTALTEN AUS DER GESCHICHTE DER KIRCHE

Konstantin (um 272–337) Vor einer großen Schlacht an der Milvischen Brücke erscheint dem römischen Kaiser ein Kreuz mit der Inschrift: »In diesem Zeichen wirst du siegen.« Als Konstantin die Schlacht am nächsten Tag gewinnt, garantiert der Kaiser Religionsfreiheit, und das Christentum erhält im Staat eine privilegierte Stellung. Die Bekehrung und Taufe Konstantins am Totenbett sind historisch nicht gesichert.

Augustinus (354–430) Der einst zügellos lebende Rhetoriklehrer wird nach seiner Bekehrung Bischof von Hippo im heutigen Algerien und der wichtigste Theologe der frühen Kirche nach Paulus. Ob Erbsünde, Hölle, »gerechter Krieg«, ob Dreifaltigkeit oder Sexualethik: Kaum ein Bereich der Glaubenslehre ist nicht von ihm beeinflusst. Das unruhige Herz ist ein Symbol seines sehnsuchtsvollen und getriebenen Lebens.

Benedikt von Nursia (um 480–547) Mit der Ordensregel des vom Volk als Heiliger und Wundertäter verehrten Benedikt und der sich unter ihr zusammenschließenden Mönche erlebt die frühe Kirche eine Blütezeit. Im Kloster spiegelt sich die Familie und die Kirche im Kleinen. Ihre Mitglieder versprechen Keuschheit, Gehorsam, und Besitzlosigkeit. Als Träger abendländischer Kultur und Bildung überhaupt gehört der Orden des Patron Europas bis heute zu den wichtigsten Institutionen der Kirche.

Bonifatius (um 672 – um 754) Der in England aufgewachsene Gelehrte, Priester und Missionar gilt als Begründer des deutschsprachigen Christentums. Durch die Fällung einer dem heidnischen Gott Thor geweihten Eiche bei Fritzlar in Nordhessen symbolisiert der spätere Mainzer Bischof die Überlegenheit des Christentums. Die Legende berichtet, dass er bei einer Firmung von heidnischen Friesen erschlagen wurde.

Kyrill und Method (im 9. Jahrhundert) Die aus Saloniki stammenden Brüder betrieben die Mission unter den slawischen Völkern. Auch in der Übersetzung der Bibel vom Griechischen in das Slawische haben Kyrill und Method große Verdienste. Mit anderen gelten sie als »Schutzpatrone Europas«.

Hildegard von Bingen (1098–1179) Die Benediktinerin gilt als große Mystikerin des Mittelalters, aber auch Universalgelehrte: Zu Fragen der Kosmologie, Ethik, Musik, Religion finden sich bedeutsame Abhandlungen der prophetischen Ordensfrau, die nicht ins Klischee der Zeit passt. Am Bekanntesten wurde Hildegard durch ihre Abhandlungen zur Heilkunde und Homöopathie, die unter dem Stichwort »Hildegard-Medizin« heute häufig esoterisch missbraucht wird.

Elisabeth von Thüringen (1207–1231) Die Königstochter wird schon als Neugeborene Ludwig von Thüringen versprochen, den sie mit 13 Jahren heiratet und drei Kinder gebiert. Elisabeth ist 20, als ihr Mann im Kreuzzug fällt. Sie widmet sich fortan in äußerster Entsagung als Dienstmagd in geistlicher Gemeinschaft der Pflege der Armen und Kranken. Berühmt ist das Rosen-

wunder Elisabeths: Als sie gegen den Wunsch ihres Mannes Brot zu den Armen bringt und von ihrem Mann zum Aufdecken des Korbes gezwungen wird, haben sich die Brote in Rosen verwandelt.

Meister Eckhart (um 1260–1328) Der Dominikaner gehört zu den großen Mystikern der Kirche. Die Bilder und Visionen seiner Texte führen tief in das dunkle und verborgene Geheimnis Gottes ein. Von Gott kann nur in der Negation gesprochen werden, in dem was er nicht ist, meint der Theologe. Von der Kirche in einigen Thesen verurteilt, distanziert er sich am Ende von Fehldeutungen.

Gregor der Große (540–604) Dem bedeutenden Mönch, Papst und Kirchenlehrer verdanken wir u. a. ein umfangreiches Schrifttum und einen großen Briefwechsel, welche einen detaillierten Einblick in Glaube und Leben der Spätantike im Übergang zum Mittelalter ermöglichen. Auch die Lebensbeschreibung des hl. Benedikt entstammt Gregors Feder. Bis heute findet sich sein Einfluss in der Liturgie der Kirche. Der ihm zugeschriebene »gregorianische Choral« ist jedoch erst später erstanden.

Karl der Große (um 747–814) Der sagenumwobene Karolinger ist zunächst König des Fränkischen Reiches, ab 800 römischer Kaiser. Er gilt als bedeutendster Herrrscher des Abendlandes, dem es durch umfangreiche Kriegszüge gelingt, das Reich auszudehnen und zu stabilisieren. Zahlreiche Kirchen, Klöster und Paläste gehen auf seine Initiative zurück. In dem von ihm erbauten Aachener Dom ist er bestattet. Die Verehrung des Kaisers als Heiligen ist umstritten, nicht nur wegen seines exzessiven Privatlebens.

Gregor VII. (1020–1085) Der durch Akklamation des Volkes gewählte Papst gilt als bedeutender Kirchenreformer. Im Investiturstreit behauptet er gegenüber Kaiser Heinrich VII. den Vorrang der geistlichen vor der weltlichen Macht und das Recht des Papstes, den Kaiser einzusetzen.

Franz von Assisi (um 1181–1226) Der Sohn aus wohlhabendem Haus sagt sich nach einer Vision von Elternhaus und Erbe los und beginnt ein Leben als Einsiedler und Büßer vor den Stadtmauern, wo er die Aussätzigen pflegt. Für die kleine Gemeinschaft der Gefährten erhält er vom Papst die offizielle Erlaubnis, in Armut zu leben und Buße zu predigen, womit die Grundlage für den Bettelorden der Franziskaner gelegt war. An Franz bilden sich später die Wundmale Christi ab. Der Sonnengesang des großen Freundes der Schöpfung und der Tiere ist bis heute unvergänglich.

Thomas von Aquin (1225–1274) Der adlige Dominikaner ist ein »workaholic«: 14 000 eng bedruckte Seiten umfassen seine Schriften. Über viele Jahrhunderte bleibt seine beeindruckende strenge Gedankenbildung schulbildend für die Ausbildung der Theologen. Seine »Gottesbeweise« vermögen bis heute auch Skeptiker zum Nachdenken anzuregen.

Martin Luther (1483–1546) Der ehemalige Augustinermönch und Theologieprofessor wollte Missstände und Fehlentwicklungen der Katholischen Kirche durch Orientierung am Wort Christ beheben. Mit der Betonung der Gnade gegenüber den Werken und Sakramenten, mit seinen Predigten und seiner Bibelübersetzung (1545) ver-

änderte er die Gesellschaft nachhaltig. Politisch von vielen miss-braucht, schwindet unter ihm der Einfluss von Papst und Kaiser, und es kommt entgegen seiner Absicht zu einer Spaltung der Kirche.

Ignatius von Loyola (1491–1556) Der baski-sche Adlige findet auf dem Krankenlager Zeit, sich mit dem Glauben zu beschäfti-gen, und beginnt in Paris ein Studium der Theologie. Während des Studiums lernt er seine ersten Gefährten kennen, die gemein-sam mit ihm die Ordensgelübde ablegen und zusätzlich besondere Verfügbarkeit ge-genüber dem Papst versprechen. Der dar-aus entstandene Jesuitenorden entwickelte sich zum wichtigen Instrument der Gegen-reformation und ist bis heute in Theologie und Kirche wegweisend.

Bartholome de Las Casas (1484–1566) Der Dominikaner und spätere Bischof von Chiapas (Venezuela) galt als sozialrevolu-tionärer Kämpfer für die Rechte der Indios gegen die Willkür der spanischen Besatzer und Sklavenjäger. Viele sehen in Las Casas einen Vorkämpfer für die Menschenrechte und ein Vorbild für die Befreiungstheologie Lateinamerikas.

Teresa von Ávila (1515–1582) Die heilige Mystikerin und Theologin aus Spanien wird auch zu den »Kirchenlehrern« gezählt. Nach schwerer Krankheit begründet sie ge-gen kirchliche und andere Widerstände ein Karmeliterinnenkloster. Teresas Visionen des leidenden Christus und der Hölle sind kostbares Zeugnis frommer Glaubensge-schichte.

302

Friedrich Spee (1591–1635) Der Jesuit, Moraltheologe und geistliche Schriftsteller wurde bekannt als engagierter Kritiker der Folter und Hexenprozesse. Durch die Pflege von Pestkranken infiziert sich der große Theologe selbst und verstirbt im Alter von 44 Jahren.

Adolf Kolping (1813–1865) Nach einer Tätigkeit als Schuhmachergeselle wird der junge Priester auf seiner ersten Kaplanstelle in Wuppertal mit der Verelendung der Arbeiterschaft und ihrer sklavischen Ausbeutung konfrontiert. Mit der Gründung von Gesellenvereinen schafft es Kolping, den jungen Arbeitern Heimat sowie eine allgemeine und religiöse Bildung zu geben. Heute zählt das Kolpingwerk zu den großen Sozialeinrichtungen der Kirche und ist in mehr als 60 Ländern der Erde beheimatet.

Edith Stein (1891–1942) Die jüdische Philosophiedozentin hatte eine glänzende akademische Karriere vor sich, bevor sie sich entschloss, zum Christentum zu konvertieren und Nonne in einem Karmeliterinnenkloster zu werden. In Auschwitz ermordet, lebt sie in ihren tiefen spirituellen Schriften weiter.

Johannes XXIII. (1881–1963) Der einfache Bauernsohn gewann die Herzen der Menschen wegen seiner Bescheidenheit und seines Humors. Die Einberufung des II. Vatikanischen Konzils (1962–1965) und seine Friedensenzyklika »Pacem in terris« zählen zu den Marksteinen der Kirchengeschichte.

Mutter Teresa (1910–1997) Mit den »Missio-
narinnen der Barmherzigkeit« hat Mutter
Teresa eine Ordensgemeinschaft gegründet, die sich überall auf der Welt um Sterbende, Arme und Obdachlose kümmert.
Die Schwestern des Ordens leben ebenfalls
in äußerster Armut.

Johannes Paul II. (1920–2005) Mit dem Papst
aus Polen verbinden die Menschen den
Zusammenbruch des Kommunismus, ein
ständiges Bemühen um den Weltfrieden
und wegweisende Akzente im Dialog mit
anderen Religionen. In innerkirchlichen Be-
langen galt das Pontifikat als bewahrend.

Benedikt XVI. (1927– ad multos annos) Der
Papst aus Deutschland zählt zu den bedeu-
tendsten Theologen der Kirche und ist ein
Denker von Weltrang. Der ehemalige Erzbischof von München und Freising war lange
Jahre Vorsitzender der Glaubenskongre-
gation der Katholischen Kirche.

Bildnachweis

5555 Meisterwerke S. 40 (Marinus Claeszon van Roymerswaele), 81 (Andrej Rublew), 85 (Lucas Cranach d. Ä.), 167 (Meister Bertram von Minden), 194 (Jacques-Louis David); akg-images S. 89, 120 (Rembrandt Harmenszoon van Rijn), 151 (Rembrandt Harmenszoon van Rijn), 174 (Biblia pauperum, Codex Palatinus latinus 871, fol.22 r.), 185 (Friedrich Hottenroth), 188 (Lucas Cranach d. Ä.), 190 (Anton von Werner), 192 (Matthäus Merian d. Ä.), 197 (W. Scholz), 199 (Leipziger Illustrierte Zeitung), 203, 205, 238 (Julius Schnorr von Carolsfeld), 300 u. (Lucas Cranach d. Ä.) / Pietro Baguzzi S. 148 (Leonardo da Vinci) / Bildarchiv Steffens S. 117 / Hilbich S. 179 / Israelimages S. 33 / Erich Lessing S. 57 (Rupertsberger Codex), 83, 101 (Hugo van der Goes), 143 (Rembrandt Harmenszoon van Rijn), 152 (Isenheimer Altar, Mathis Gothart Grünewald), 283 (Lucas Cranach d. Ä.) / Juergen Sorges S. 99; Barbara Dimanski S. 96; Jürgen Gawron S. 3; Kloster Heiligenkreuz S. 243; Kommunikationsbüro der Diözese Linz / Eidenhammer S. 220; Bernhard Meuser S. 12, 15, 22, 35, 43, 48, 49, 50, 69, 86, 88, 105, 107, 122, 132, 138, 153, 200, 240, 249, 251, 253, 257, 263, 265; panthermedia.net / Christian Bieri S. 232 / Martin Kosa S. 218; Papan S. 62; Photodisc S. 285; picture-alliance / dpa S. 91, 208, 210, 212, 303 Mitte, u. / ZB S. 186; Regina Radlbeck-Osmann 113; Archiv Schindler / Schauber S. 297, 298, 299, 300, 301, 302, 303; Christian Schramm S. 127, 129, 130, 149, 164, 171; Pfarrer Speicher S.17, 291

Albrecht Goes

Dunkle Tür, angelehnt

Gedanken an der Grenze des Lebens

Eschbach

Die Deutsche Bibliothek – CIP Einheitsaufnahme

Goes, Albrecht:
Dunkle Tür, angelehnt:
Gedanken an der Grenze des Lebens / Albrecht Goes. –
Eschbach/Markgräflerland: Verlag am Eschbach, 1997
ISBN 3-88671-172-2

© 1997 Verlag am Eschbach GmbH
Im Alten Rathaus / Hauptstr. 37
D-79427 Eschbach / Markgräflerland
Alle Rechte vorbehalten

Konzeption und Textauswahl: Oliver Kohler, Mainz
Schutzumschlag nach einem Entwurf von
Neuffer-Design, Freiburg i. Br.
Umschlagbild: „Abend im Zimmer"
von Karl Schmidt-Rottluff, 1935;
Öl auf Leinwand, 112 × 76 cm,
Museum Wiesbaden, Inv.-Nr. M 1062, © VG Bild/Kunst, Bonn, 1996
Portraitfoto: Oliver Kohler, Mainz
Text Seite 7, aus: Thornton Wilder, Die Brücke von San Luis Rey,
S. Fischer Verlag GmbH, Frankfurt am Main 1951
Reproduktion: Fa. Pensky, Karlsruhe
Satz: Der Uebel, Sulzburg
Druck: B&K Offsetdruck GmbH, Ottersweier
Verarbeitung:
Großbuchbinderei Josef Spinner, Ottersweier

Inhalt

Doch noch während sie sprach, gingen der Äbtissin andere Gedanken durch den Sinn. „Schon jetzt", so dachte sie, „erinnert sich fast niemand mehr Estebans und Pepitas, als nur ich. Camila allein gedenkt ihres Onkel Pio und ihres Sohnes; diese Frau ihrer Mutter. Bald aber werden wir alle sterben, und alles Angedenken jener fünf wird dann von der Erde geschwunden sein, und wir selbst werden für eine kleine Weile geliebt und dann vergessen werden. Doch die Liebe wird genug gewesen sein; alle diese Regungen von Liebe kehren zurück zu der einen, die sie entstehen ließ. Nicht einmal der Erinnerung bedarf die Liebe. Da ist ein Land der Lebenden und ein Land der Toten, und die Brücke zwischen ihnen ist die Liebe – das einzige Bleibende, der einzige Sinn."

Thornton Wilder,
Die Brücke von San Luis Rey

I

Leere Menschenhand

Erfahrungen mit dem Kranksein

Zuweilen bewegt mich die Vorstellung, der Mensch sei in seinem besten Teil ein Gruß; nicht mehr, nicht weniger. Ein Gruß: das ist alles Nochnicht, Mose *vor* seinem Land, aber doch: ein Fingerzeig, ein Hinweis, eine – kaum noch verschlüsselte – Botschaft. Die Zahl der Grußworte ist nicht gering, und einem jeden ist eines, das seine eingestiftet. Mag er's erkennen: „Höre!", und „Friede", und „Wachet", und „Sei getrost", und „Was ist der Mensch?"

Wie – wird es da Fragen geben, ob wir das unsre kennen, ob wir das unsre verwirklichen? „Die Frage der Fragen" sei dies, sagt Martin Buber in einer der chassidischen Geschichten. „Vor dem Ende sprach Rabbi Sussja: In der kommenden Welt wird man mich nicht fragen: ‚Warum bist du nicht Moses gewesen?' Man wird mich fragen: ‚Warum bist du nicht Sussja gewesen?'"

Drei Fieber

In der Ukraine

Sie sind an sich ein stabiler Zeitgenosse, Pastor, und in Ihrer Malariastube wird keine Trübsal geblasen, soweit gut. Was mir aber nicht gefällt, ist Ihre Fieberkurve. Dieses hartnäckige 38,2, das Sie so schlapp macht. Ich kann Sie nicht gut aufstehen lassen, und man weiß ja nicht einmal, ob es bei Ihnen eine wirkliche Malaria war. Ihr Fieber ist, das muß man sagen, verkorkst und verstockt. Dr. Becker hat Ihnen in vier Tagen sieben Zähne gezogen, ein rechter Doktor Eisenbart; wir anderen Leibschneider gehen nicht so mit Euch um."

Das war die Rede, die damals – es sind nun fünfzig Jahre her – mein Chefarzt gehalten hatte, und fünfzig Jahre sind ja viel Zeit. Ich weiß viele Einzelheiten nicht mehr; das Wundfieber im Gehege der Zähne klang mit der Zeit ab, man gab mich der Menschheit zurück; und wunderlicherweise schlief die ganze Fieberei ein; was zurückblieb, war eine Allergie gegenüber chininhaltigem Tonic-Water. Nun, der Verzicht auf derlei Sprudel fiel mir leicht.

Wandlungen

Beim zweiten Fieber war alles anders; ich war gut dreißig Jahre älter und war ein braver Zivilist. Der Schüttelfrost meldete sich am frühen Abend, die Temperatur erlaubte keinen Zweifel, ob man ins Bett gehöre: sie war bei 39 und bald bei 40 Grad.

Merkwürdig waren zwei Begleitumstände: daß ich mich eigentlich nicht unwohl fühlte und daß ich am Ende des zweiten Tages fast fieberfrei war. Nach ein paar Tagen kam die glühende Welle wieder zurück, und so blieb es im Auf-undab durch fünf, sechs Wochen. Die Fieberkurve sah aus wie eine Landkarte von den Dolomiten: wildgezackte Abendgipfel und freundliche Zwischentäler wechselten in rätselhafter Folge. Das Wort „Streptokokken" wurde ge-funden, aber es war ein Wort und nicht viel mehr. Der hilf-reiche Hausarzt gab die Antibiotika, die es in der Ukraine so noch nicht gegeben hatte. Ich war in einem Schwebezu-stand, krank und überwach zugleich. Am fieberfreien Tag stand ich auf, ging an meine Schreibereien und war nicht sonderlich unglücklich. Einmal stand eine Vorlesung in Regensburg auf meinem Termin-Kalender: warum sollte ich nicht nach Regensburg fahren? Freilich war ich nicht der Herr meiner Stunden, der Fieberüberfall kündigte sich nicht an; und so mußte ich dann damals als ein Zitterer an mein Pult. Ich las wie im Traum. Als es ans Signieren ging, konnte ich den Schreibstift nicht mehr recht halten: „wie bei Kaiser Wilhelm auf dem Totenbett" sieht diese Unter-schrift aus ... Ich hatte Glück im Unglück: unter den Besu-chern, die ihre Bücher vorlegten, war ein Arzt. „Sie haben furios gelesen", sagte er, „allen Respekt, aber jetzt ist es wirklich genug. Packen Sie Ihre Papiere zusammen, ich führe Sie in Ihr Hotel." Unterwegs gab es ein kleines Gespräch: „Hatten Sie in den letzten Wochen einmal Zahnschmerzen?" „Zahnschmerzen, nein." „Nun, das sagt noch nicht viel. Es gibt da eine Krankheit, die wir Gra-nilo heißen. ‚Endokarditis' ist auch ein schönes Fremd-wort. Gehen Sie morgen zum Zahnarzt und lassen Sie die Landschaft überprüfen."

Mir fiel, aus der alten Ukraine, mein Doktor Becker ein, der Eisenbart von 1942, und siehe da, der freundliche

Regensburger Doktor hatte richtig diagnostiziert. Ein Zahnbösewicht wurde gefunden, wurde entfernt, und nach einer stillen Woche gab es keine Dolomitenzacken mehr. Was es noch gab, war Müdigkeit, übermächtige Müdigkeit. Shakespeares Lobgesang auf den Schlaf wurde mein täglicher, was sage ich, mein stündlicher Begleiter und „der zweite Gang im Gastmahl der Natur", sagte ich, ich sagte es unsäglich dankbar, und sagte „das nährendste Gericht beim Fest des Lebens". Das Fieber, die Abendglut, kehrte nicht zurück. Es gab, freundliches Wunder, Jahre der Fieberpause.

Die dritte Attacke

Die dritte Attacke setzte ohne Vorwarnung ein, aber diesmal waren die Begleitumstände freundlicher als vor Jahr und Tag. Der treue Hausarzt war bald zur Stelle, und die Medikamente taten ihr gutes Werk. Freilich: die beiden Achter in meinen Lebensziffern waren nicht zu übersehen. Es war das erstemal in meinem Leben, daß ich mich verdüsternd krank fühlte. Herz und Lunge und das ganze Leibgehäuse waren in Mitleidenschaft gezogen. Man rief in dem berühmten Hospital an, und als ich hinkam, steckte man mich ohne Verzögerung auf die Intensivstation. Dort ging man mit allen Mitteln auf das Fieber und alle anderen Verstörungen los. Es gab den Siegeszug der Laborarbeiter, den es in der alten Ukraine noch nicht so geben konnte. Es gab das „cito", „citissime" vom Jahrtausendende, und als mich der Professor bei der dritten Visite betrachtete, war ihm mein Fieberblatt nur noch ein Kopfnicken wert: „Es ist gut", sagte er, „Sie sind ja ein écrivain, schreiben Sie ein Wort über das Fieber."

Nun also: ein Wort über das Fieber. Daß es eine Störung ist, die unfroh stimmen wird, hatte ich früh erfahren und die glühenden Stunden, die zwanzig Jahre zurücklagen, waren unvergessen. Das Fieber als Feuer, als Gefahr, als Rätsel: das war in den Wochen der Dolomitenkurven mein Teil geworden. Aber auch ganz andere Erfahrungen blieben im Bewußtsein lebendig. Fieber als ein wildes Lebensspiel, als Weckruf, als Steigerung, als überwaches Wagnis – das muß gelten.

„Zuweilen fieberhaft", werde ich in Ihr Attest schreiben", sagte der Arzt bei der Abschiedsvisite. „Damit ist einiges gesagt, was nicht aufs Krankenblatt gehört: daß Sie es nicht mit der Gemütlichkeit, nicht mit dem Biedermannssinn halten, nicht mit der Herzenssparsamkeit. Und: daß es die Wohltat der Gifte gibt. Und: daß es – auch für Sie – für eine kleine Weile nun doch noch, mit der Heilung zu tun hat: Daß das Kind des Lebens und der Liebe auch in den Fiebernächten nicht losgelassen wird. Das sollen Sie wissen. Fragen Sie: Genug? Antworten Sie: genug."

Geschrieben im Oktober 1996

In schlafloser Nacht

Es ist schlimm, die Viertelstunden in der Nacht eine um die andere schlagen zu hören, ich weiß. Die ersten: da sind noch die Geräusche des Abends lebendig und die der Vornacht. Da ist das Bellen des Hundes, der aufbegehrt, wenn ein Fremder vorübergeht. Die Kühe im Stall, die sich regen. Das Lied, das vom Wirtshaus herdringt. Und der feuchte Spätherbstwind in den Tannen. Vielleicht aber sind es auch andere Geräusche, ganz andere. Die Straßenbahnen, die Spätwagen der Straßenbahn, und du kennst sie von so vielen schlaflosen Abendstunden her, alle. Dies ist die vorletzte, denkst du. Und nun die letzte. Dann ist Mitternacht. Sie schlafen jetzt, die Menschen im Dorf, und selbst in der unruhigen Stadt, allmählich lassen sie dich allein mit dem schwarzen Fensterkreuz in deinem Zimmer. Die Nacht regiert. Früchte fallen, die letzten schon, denn die Ernte ist vorbei. Ein gutes Geräusch ist das – aber ist es nicht auch ein banges Geräusch? „So weit im Leben ist so nah am Tod": woher kommt dir diese Zeile in den Sinn? Hebbel, richtig: aus Hebbels Herbstgedicht. „So weit im Leben –": ja, das mag einen wohl bange machen; aber es ist süß und reif zugleich, es ist gut.

Jetzt ist Stille. Auch der Wind hat sich gelegt. Die Stille ist wie ein großes Haus, und du bist mitten darin. Eingang und Ausgang – die weißt du nicht. Fast möchtest du dem Hahnenschrei danke sagen, der da unversehens zu dir kommt, ein einziger nur, noch lang, lang vor Tag. Die Turmuhr meldet sich: eins, zwei, drei – : dreiviertel – aber welches Dreiviertel? Wär es doch dreiviertel vier Uhr schon! O, es ist noch lange nicht Morgen.

———

Nur das Dunkel vor dem Fenster, es bleicht, ein wenig nur. Und wieder strömt Stille, unermeßliche – ins Unermeßliche.

Dann aber regt es sich im Haus, es ist Zeit, auf den ersten Zug zu gehen. Und nun: Geräusch an Geräusch gereiht. Und jetzt ist Tag. Du hast – wie es heißt – kein Auge zugetan; o doch, zugetan hast du sie oft, aber immer waren dann die Bilder des Lebens um dich, nicht im Schlaf und Traum, sondern das wache, das qualvolle Hier und Heut. Gleich werden deine Menschen wieder kommen, die freundlich Hilfreichen, sie werden sich erkundigen: wie war die Nacht? Einen höhnischen Bescheid kannst du nicht geben, einen zornigen auch nicht, und so weichst du aus und flüchtest ins Allgemeine, und wenn du Glück mit dir selbst hast, so machst du gute Miene zum bösen Spiel; aber es ist ein böses Spiel: mehr, es ist ein böser Ernst – und nur mit Grauen denkst du an das neue Dunkel, an die neue, die kommende, die schlaflose Nacht.

Ich bin nicht dein Arzt und nicht dein Apotheker. Den Schlaftrunk dir zu mischen, die weiße Tablette dir auf die Zunge zu legen, dergleichen erwartest du nicht von mir. Auch ist es nicht meines Amtes, dir gute Ratschläge darüber zu geben, wie denn nun etwa doch einzuschlafen sei. Nur das sollst du erwarten dürfen: daß ich mit dir umgehe, wie es sich geziemt, in der Wahrheit und in der Liebe; daß ich deine Last nicht kleiner achte, als sie ist, und doch auch größer nicht. Daß ich nicht rede, wie der Blinde von der Farbe redet, und daß ich doch auch nicht nur sage: Ertrags!

Laß es mich so stellen: da du denn nicht schläfst, und da es offenkundig ist, daß auf lange Viertelstunden, Stunden, wer weiß, an Schlaf nicht zu denken sein wird, nun: so wolle es denn so. Wolle wachen! Wolle einsehen, daß dir nichts

Unwertes ausgehändigt wird, da dir solche Nachtzeit anvertraut wird. Der vielgeschundene Leib der Erde, so magst du's denken, er schläft. Du aber bist wach, und die Atemzüge der Nächsten und der Fernsten dringen an dein Ohr. Laß es geschehen! Laß auch die Stimmen ein, die jetzt nach dir fragen, und wehre den Bildern nicht, die aufstehen aus der Finsternis rings um dich her.

Die Verse freilich, die ein Kundiger aus deinem Spital, die der Dichter Mörike geschrieben hat: „Es wühlet mein verstörter Sinn / Noch zwischen Zweifeln her und hin / Und schaffet Nachtgespenster", sie sprechen mit einer bitteren Genauigkeit deine Erfahrung aus. Ganz preisgegeben aber, ganz zum ruhelosen Schweifen verurteilt bist du nicht. Zwei Tore hat das Haus der Zeit: Vergangenheit und Zukunft. Vor dem Kommenden liegt die Decke – vor dem nächsten Monat, vor dem neuen Jahr, vor dem ärztlichen Eingriff, vor dem göttlichen Eingriff … Und es ist wohlgetan so. Du aber begreif, daß es dir nicht geboten ist, jetzt in dieser Nacht im Krieg zu liegen mit allen Möglichkeiten deiner Zukunft, da du doch über keine von allen gebietest. So laß, wenn du dir selbst ein Freund sein willst, dies Tor verschlossen sein. Nun aber sieht dich Vergangenheit an. Ich kann dir nicht versprechen, daß es da nur heitere Gefilde, nur freundliche Wege gibt. Schluchten und Abgründe werden erscheinen, und ich riete dir schlecht, wenn ich sagte: Schließ die Augen davor! Nein, schließ sie nicht! Halte sie offen – aber wag's weiter, weiter zurück zu wandern; und *ein* Bereich wird kommen, in dem du gerne verweilst. Der Garten der Kindheit kommt, und es kommen die Augen der Mutter. Den Grasweg zum großen Birnbaum möchtest du finden – und was sang dir der Wind, hoch oben, im höchsten Ast? Knarren die Türen noch so vertraulich im alten Haus, und duftet's noch immer nach des Nachbars Honigwaben? Und wie ist es mit dem „bescheidenen Wünschlein" aus den Versen Karl Spittelers: „Möchte wissen, wie die Glocke, / Die mich in den Schlaf gewöhnte, / Damals, ganz zuerst am Anfang, / Möchte wissen, wie sie tönte." Es wird dir in Erfüllung gehen, im Traum, denke ich, das bescheidene Wünschlein. Aber das Arge wird sich nicht vertreiben lassen: das ungute Wort, der böse Abschied, der leere Tag, die verletzte Freundschaft, die verratene Liebe. Ich sage nicht – wie dürfte ich's sagen? –: das zähle nicht. Ich weiß: das zählt. Aber nun könnten Worte da sein, Worte des Gebets, und sie wären wie ein Mantel, und sie deckten die Zeiten zu. Und wenn du nicht beten kannst, so wag' doch dies: wag's, die Namen der Menschen deines Weges, die alten und die neuen Namen, die guten und die bedrängenden, auszusprechen, ruhig und mit reinem Ernst, wie unter den offenen Himmel gebreitet –, so fällt der Tau des Lebens auf sie.

Mitteninne aber, zwischen dem Gestern und dem verborgenen Morgen hebt sich, Blüte auf schwankem Stengel, das Heute ins Licht. Und dieses Heute ist dein. Es ist dir gestattet – nein: du bist ermächtigt, heute ein wenig zur Güte zu leben, heute dem Gruß des Lebens zu danken. Strahlen kann dein müdes Angesicht wohl nicht nach schlafloser Nacht; so ist es denn auch nicht verlangt, zu strahlen. Aber auch im Gedämpften sind wir einander gesellt zum Botendienst, und die Botschaft ist groß. Sie ist groß auch dort, wo sie nur flüchtige Zeichen in die Luft schreibt: einen Gruß, ein Winken, ein Lächeln, die Schwingung eines Wortes nur. Wir können einander auf der Welt nicht viel Gutes tun. Aber einiges wenige ist möglich.

Vielleicht, daß zu dem wenigen auch der Klang einer Freundesstimme gehört, die dich auf deinem Lager erreicht. So gute Stimme wie „damals, ganz zuerst am Anfang" kann es nicht mehr sein. Damals war es die Stimme der wunderbaren alten Frau, durch blaues Dunkel kam dir von ihr der innigste Singsang: „Schlaf, Herzenssöhnchen, mein Liebling bist du." Und: nie zu vergessen, die Zeile dann: – „Schlaf nur, ich wehre die Fliegen dir ab." Das singt dir nun niemand mehr. Aber immer noch kann die Wächterstimme über dir sein, die Bruderstimme. Immer noch möchte sie dem Argen wehren und das Wilde stillen, das Wogende glätten, das Lösende aber willkommen heißen. Sie ist nicht alt und nicht wunderbar, aber sie ist wissend, und treu ist sie auch.

In ein Krankenzimmer

Fürchtest du, sie würden kommen
Alle, um dein Lager stehen,
Die nicht schlafen können alle
In der weißen Winternacht?
Die Gekränkten und die Kranken,
Langverirrte, Vielversehrte,
Liebende und Liebverlaßne,
Kinder Lebens oder Tods?
Fürchtest du? Ach, daß du fürchtest!
Fürchte nicht – o glaub, es dürfen
Die Verstörten jetzt nicht stören
Dich und deinen lieben Schlaf.
Schau, ich werde an der Tür schon
Diesen Gästen dein begegnen,
Bitten werd ich, daß sie fortgehn,
Und sie kehren alle um.
Fürchtest du – du muß nicht fürchten,
Einer sei zurückgeblieben
Unerbittlich. Es ist keiner,
Keiner hier als ich und du.
Einer noch. Der Schlaf. Der Müden
Bruder. Freund. Er naht – er streift dir
Jetzt die Stirne und die Augen
Jetzt und – schlafe, schlafe ein.

Wie in einer Muschel

Ich höre die Stille. Diese, die um mich ist, die Stille dieser Krankennacht, diese Stille ohne Uhrenschlag, ohne Jetzt und Später, ohne Heute und Morgen. Wo aber Heute und Morgen schweigen, da redet das Gestern und da redet das Langvorbei. Redet, und fragt: nach der stillsten Stille. War denn immer so wilde, so ungeduldige Zeit, so nichts als Fahr- und Jägerzeit? Nein. Einmal war stille Zeit. Mitten in der großen Stadt gab es die „Rauhen Berge", eine Sahara aus weißem, weichem märkischem Sand. Mittwoch nachmittags, wenn schulfrei war, kam die Spielzeit in den Rauhen Bergen. Wir gingen, die Großmutter und der Enkel, Hand in Hand, Schaufel und Spaten trage ich, und die Ahne trägt den farbigen Eimer, ich sehe ihn noch. Eine Burg wird gebaut, ein Tunnel, eine Brücke – , aber die Brücke stürzt ein. Die Großmutter ist nah. Sie hat ihre Strickarbeit bei sich. Jetzt sieht sie herüber und sieht mir zu. Es ist Juni, und kein Windhauch dringt in die Mulde zu uns herein. Es ist still.

Und seither war es nie mehr still? Doch. Damals, an dem Abend im Winterwald. Wir waren den Schluchtweg heraufgekommen, der Freund und ich, die riesigen Schwarzwaldtannen hielten Wacht; wer spricht unter hohen, schneeschweren Tannen? Einmal knickt ein dürrer Ast unter meinem Fuß. Einmal scheucht ein Reh über den Weg, und von der kleinen Bewegung wird die Schneelast eines Zweiges aufgestört. Mitten aber im Niederstürzen der weißen Last fühlen wir, was das ist: Stille. Der Freund ist lang schon tot; aber jetzt in dieser Stunde lebt er in mir, in meinem Herzschlag lebt sein Herzschlag mit.

Noch ein drittes Mal war Stille, und dies war die stillste Stunde. In der Morgenfrühe war es, und die Ravenna-besucher schliefen noch. Ich hatte mir gestern abend schon den Weg gesucht, den Weg nach San Vitale, und hatte gleich auch das kleine niedere Bauwerk wahrgenommen, von dem auf der Karte zu lesen stand: Grabmal der Kaiserin Galla Placidia. Dorthin war ich unterwegs; ich wußte nicht, was auf mich wartete, aber ich erwartete: die Morgenfrühe aus der Welt des Heiligen Geistes. Und die empfing ich: in all den Mosaiken, im dunkelblauen Sterngewölb, in den Pflanzenornamenten an den Wänden, und in den Symbol-gestalten ringsumher. Ich schließe die Augen, ich öffne sie von neuem. Ich sehe nichts einzelnes mehr, ich weiß nicht vieles mehr. Aber ich fühle: die stillste Stille.

Ravenna ist weit, und der Winterwald ist weit, und die „Rauhen Berge" sind längst schon überbaut. Aber auch hier, im Krankenzimmer der Nacht, ist Stille, und ich liege in ihr wie in einer Muschel, gut und geborgen. Der Tag, der nun heraufkommt, wird dahingehen, in Geduld und Ungeduld, und andere Tage gleich ihm. Auch der Arzt wird wieder kommen, und eines Tages wird er sagen: „Sie dür-fen lesen", und an einem anderen Tag dann: „Sie dürfen aufstehen, für zwei Stunden zunächst einmal, sagen wir: über Mittag." Ich werde dann nicht aufbegehren, werde nicht sagen: „Schon?" Ich werde hurtig nach den Kleidern greifen. Aber ich werde auch diese Tage, die dann vergan-gen sein werden, nicht schelten. Die Tage, in denen ich, Fisch im gläsernen Haus, erfuhr, wie Stille tut. Die Narre-tei, die eilige, ist ein wenig wesenloser geworden, und das ist schön; ganz nah und wirklich aber ist die Kinderburg im Sand und die Schwarzwaldnacht und der Sternglanz auch aus der Kuppel, fern in Ravenna.

———

Leere Menschenhand

Und Jakob stand auf in der Nacht und nahm seine beiden Frauen und die beiden Mägde und seine elf Söhne und zog an die Furt des Jabbok, nahm sie und führte sie über das Wasser, so daß hinüberkam, was er hatte, und blieb allein zurück. Da rang ein Mann mit ihm, bis die Morgenröte anbrach. Und als er sah, daß er ihn nicht übermochte, schlug er ihn auf das Gelenk seiner Hüfte, und das Gelenk der Hüfte Jakobs wurde über dem Ringen mit ihm verrenkt. Und er sprach: Laß mich gehen, denn die Morgenröte bricht an. Aber Jakob antwortete: Ich lasse dich nicht, du segnest mich denn. Er sprach: Wie heißest du? Er antwortete: Jakob. Er sprach: Du sollst nicht mehr Jakob heißen, sondern Israel; denn du hast mit Gott und mit Menschen gekämpft und hast gewonnen. Und Jakob fragte ihn und sprach: Sage doch, wie heißest du? Er aber sprach: Warum fragst du, wie ich heiße? Und er segnete ihn daselbst. Und Jakob nannte die Stätte Pnuël; denn, sprach er, ich habe Gott von Angesicht gesehen, und doch wurde mein Leben gerettet. Und als er an Pnuël vorüberkam, ging ihm die Sonne auf; und er hinkte an seiner Hüfte.

1. Mose (Genesis) 32, 23-32

Und blieb allein." So lesen wir von dem Manne in der Nacht des Übergangs. Das Langerworbene, die Fülle, der sichtbare Segen, Frauen also und Kinder, Knechte und Mägde, Herde und Gerät, das alles wird hinübergeschickt auf das andere Ufer. Er aber bleibt allein. Der *Einsame* vor Gott. Nackt in der dröhnenden Nacht. Er stellt sich dieser Stunde. Er weiß: abzusagen ist der einschläfernden

Melodie, die es schon so sicher zu wissen glaubt, daß der Segen mit uns sei. Oder haben wir wirklich allezeit gut und streng gewußt, daß der Segen Gottes ein Geheimnis ist, nicht abzulesen, wie man Wasserstände abliest am Rhein? Wußten wir, daß einer als ein Glückskind alle Türen dieser Welt aufschließen und alle Schätze einheimsen kann, und doch ist der Segen nicht über ihm, und daß ein anderer in der Flüchtlingsbaracke liegt, krebskrank und menschen-verlassen, aber nun doch nicht, wie der Unmut denkt, an einem „gottverlassenen" Platze: das eben nicht, sondern „schwer von Segen", anders noch als die Juliflur, ganz im Einklang, ganz im Frieden Gottes? Achtet darauf, wie dieser Einsame vor Gott nichts gelten will und nicht zu pochen wagt auf den handgreiflichen Segen. Er will nichts als warten, nichts als empfangen. Er weiß: Das Geheimnis dieser Nacht ist das Geheimnis über der *leeren* Men-schenhand.

„Da rang ein Mann mit ihm." Die Einsamkeit wird durchbrochen, jäh wird sie beendet. Der Einsame vor Gott wird zum *Ringer* mit Gott. Eines ist wachen und warten. Aber ein anderes ist: Gott angehen in der Vollmacht, in der Glut des Gebetes, in der Leidenschaft und der Ausdauer, die hinführt zu dem Gipfel des Wortes: „Ich lasse dich nicht, du segnest mich denn." Was geschieht hier? Es geschieht – aber wir können davon, wenn wir reden, nur in der ganzen groben Unzulänglichkeit unsrer Worte reden –, daß einer das große, treue Gedächtnis Gottes angehen will, wie als müßte er Gott erinnern, wie als vergäße Gott – aber er vergißt nicht –, als müßte er sagen: „Der du auch über meine Seele einen heiligen Verspruch getan hast, daß sie nicht verderbe, an solches Wort erinnere dich meine leidende, irrende, fehlsame, versuchungsvolle Seele" (so in

Bezzels Worten). So mag einer wohl mit Kreide auf den Tisch schreiben, die Mächte der Anfechtung zu bannen: baptizatus sum, ich bin getauft.

„Und als er sah, daß er ihn nicht übermochte, schlug er ihn auf das Gelenk seiner Hüfte, und das Gelenk der Hüfte Jakobs wurde über dem Ringen mit ihm verrenkt." Der Ringer Gottes wird zum *Verwundeten* Gottes. Auch hier gilt es noch einmal innezuhalten, wie man an einem Malzeichen des Weges innehält. Sollte uns etwas, was diesem Erlebnis gleicht, sollte uns die Erfahrung vom „Pfahl im Fleisch" so ganz unbekannt sein? Nein, das spricht des Christenmenschen Leben doch aus wie eine Erfahrung: so wunderliche Jahre, so schwere Führungen, so rätselhafte Verluste, so unvorhergesehene Armut. Und doch: ich gäbe meine kranke Hüfte nicht her – oder das, was bei mir an Stelle der kranken Hüfte steht – , denn sie hat mich deutlicher als alle Glücks- und Glanztage meines Lebens gelehrt zu begreifen, daß Gott an der Arbeit ist über meinem Leben und in meinem Leben. Daß er's mit mir vorhat. Wie denn vorhat? Freundlich, leidvoll? Daß er's mit mir göttlich vorhat.

Der Wanderer, der auf unbekanntem Weg ein Malzeichen findet, das ihm mit einem Gewißheit gibt, daß er auf rechtem Wege ist, der hat das Malzeichen lieb. Nicht anders meinte es der mittelalterliche Meister, der „Leiden das schnellste Pferd" nannte, das uns „reitet zur Vollkommenheit". So darf er, als der Verwundete Gottes, sich gerade dieser Bahn als der heiligen Bahn getrösten.

„Und er segnete ihn daselbst." So geschieht es denn, daß die Morgenröte anbricht, daß der Tag naht, daß der Verwundete zum *Gesegneten* wird. Es ist hier nichts mehr zu sagen. Es ist dies nur anzunehmen.

Im Schatten des Schwertes

Vom Cherub, der vor der Türe steht, das „bloße, hauende Schwert" in Händen, von ihm haben wir alle als Kinder schreckhaft geträumt. Und als der Kindertraum verweht war, sahen wir – den Cherub nicht, aber noch immer die Schatten des Schwertes, und sie wuchsen über die Welt hin. Es wird die Aufgabe mehr als einer Krankheitszeit, die eines Lebens sein: den zu erkennen, der über dem Cherub ist, und den Gotteswind zu hören, vor dessen Atem die eiserne Tür selbst sich in den Angeln bewegt.

Was wird morgen sein?

Was wird morgen sein? Eine Ungewißheit weniger, die Ungewißheit über den morgigen Tag, der dann „heute" heißt, und eine Ungewißheit mehr, die über den kommenden Tag, den neuen.

Aber das ist ja eine furchtbare Antwort, wenn sie dem erteilt wird, der unter der Ungewißheit leidet! Nein. Es ist die Antwort der Wahrheit, und, wenn wir ihr nur inständig genug zuhören, so vernehmen wir eine tröstliche Botschaft.

Wir haben das ja wohl im Ohr, was einer sagt, was unzählige sagen: alle Klarheit, so sagen wir, alle Gewißheit, auch die bitterste will ich tragen, jeden Schmerz will ich aushalten, nur die Ungewißheit, die lähmt, die zermürbt mich. Das ist viele Male ausgesprochen worden in bangen Nächten, auch von uns selbst.

Ich muß von dem Pianisten aus Saal Siebzehn erzählen. Von ihm habe ich gelernt.

Habe ich von ihm gelernt, eine Antwort auf die Frage „Was wird morgen sein?" zu geben? Nein, das freilich nicht. Aber ich habe gelernt – nein, hören Sie zu:

Er war mit einem Lufttransport geradewegs von der Front zu uns in unser Kriegslazarett gekommen, wir lagen damals in Kiew, die Türme der heiligen Lawra, des großen, uralten Klosters, prangten im Frühlicht. Gleich in unsrem ersten Gespräch hatte er mich nach den Mönchen gefragt, die hier, einige wenige nur noch, ein Schattendasein führten. Von den unterirdischen Gängen wollte er wissen, von den Glassärgen; vor allem aber fragte er nach allen Musikinstrumenten, die man hier hören – und am liebsten gleich spielen sollte, und ich war betrübt, daß ich ihm da nur ungenügende Antwort geben konnte. Musik war seine Welt, sie war das einzig Wirkliche für ihn; dieser Krieg und aller militärischer Wirrwarr in ihm schien diesen Patienten überhaupt nicht zu berühren, und auch seine Schußwunde am linken Arm, eine Ellbogenverletzung, beschäftigte den Arzt, die Sanitäter und die Schwestern – nicht ihn.

Man weiß, wie es in den Lazaretten zugeht: am ersten und am zweiten Tag wird jeder Neuankömmling von den Altsassen geprüft, leise, unmerklich, mit Gutmütigkeit, mit halbem Scherz, mit kleinem Spott. Unser Pianist merkte auch davon nur wenig. Er gab heiter und willig Auskunft über alles Wer und Woher, und da er, in allen seinen Gedanken die Musik umkreisend, einiges von seinem Professor, dem Pianisten Serkin, erzählt hatte, selbst aber einen schwierigen, kaum buchstabierbaren Namen trug, so fand er sich unversehens selbst mit dem Rufnamen „Serkin" ausgezeichnet: er hatte die Kameradschaftsprüfung bestanden, wer einen Übernamen bekommt, ist angenommen.

Ich hatte ihm eine Freude bereiten können. Ein Mozartbild war mir in die Hand gekommen, das schenkte ich ihm. Er befestigte es sogleich an seinem Bett, und ließ es viele Stunden lang nicht aus den Augen. Mozart über seinem Tag, Mozart über den Fiebernächten.

Fieber: das war im Saal Siebzehn nichts Außergewöhnliches, denn es war der Saal der Amputierten. Aber Fieber ohne Besserung, das konnte kein gutes Zeichen sein, und die Veteranen des Zimmers, die jeden Blick des sehr schweigsamen Stabsarztes zu deuten vermochten, sahen wohl, daß Serkin zu den besonderen Sorgensöhnen der Abteilung gerechnet wurde. Aber auch von ihnen war keiner gefaßt auf das, was sich dann am fünften Abend nach seiner Ankunft ereignete: das Fieber bei Serkin war im Laufe des Nachmittags so gestiegen, daß man den Chef außer der Zeit holen mußte; die rote Linie, die sich, wie eine Giftschlange, armaufwärts zog, gab freilich dem Kundigen auch ohne Doktorgrad Kunde genug. „Schöne Bescherung", sagte der Stabsarzt. Dann, mit einer Stimme, die sie alle liebten, einer wunderbar väterlichen Stimme: „Pianist sind Sie?" Dann – schweigend – eine kurze Untersuchung. „Gleich rüber."

Saal Siebzehn war nur einer von den Sälen der Schwerverwundetenstation. Ich hatte an diesem Abend im Pavillon drüben Besuch zu machen, aber im Hof begegnete mir der Sanitäter Eisengaard, ein angehender Benediktinerpater. Er blieb stehen und sagte: „Serkin wird amputiert."

Für die erste Nacht hatte man den Frischoperierten in ein kleines, ruhiges Zimmer gelegt. Gleich am andern Tag aber war er, auf seinen eigenen Wunsch hin, wieder zu den Saalgenossen von Saal Siebzehn gebracht worden. Dort traf ich ihn. Das Fieber war gesunken, der Blick fast klar. Trostworte? Man spricht keine Trostworte. Das einzige, das so genannt werden mag, sprach er selbst. Er sagte: „Ich komponiere schon."

„Bei uns hat er sich Notenpapier bestellt", riefen zwei vom Tisch herüber. Man sah sie mit Bleistift und Lineal hantieren. „Mann", sagte der eine und kam mit großer Geschwindigkeit auf einem Bein an Serkins Bett gehüpft, einen Stoß Blätter in der Hand, „Mann, da kannste 'ne ganze Sinfonje komponieren!"

„Sinfonie heißt das, Willem."

„Es heißt ‚Symphonie'."

„Wie heißt es, Serkin?"

„‚Sinfonie' oder ‚Symphonie', ihr könnt beides sagen. Nur einfallen muß es einem."

„Dir fällt das schon ein, Serkin."

„Ich komponiere schon", hatte er gesagt. Was sollten wir da groß Reden halten?

Er wurde in ein Heimatlazarett verlegt und kam mir aus den Augen. Nicht aus dem Gedächtnis. Ich habe von ihm gelernt.

Gelernt, was das ist: Vertrauen in die Möglichkeiten. In die Einsicht, daß die Klaviatur des Lebens nicht nur eine Oktave umspannt, sondern mehr als eine. Daß, wenn eine Türe zugeht, man darauf achten mag, ob nicht eine andere zur gleichen Stunde sich öffnet. Und: daß eine Wahrheit – einem weißseidenen Fallschirm gleich – sich erst dann entfaltet, wenn der, für den sie bestimmt ist, den Sprung gewagt hat. Und endlich – was wir wohl heimlich wissen, und doch offenkundig vergessen, wieder und wieder –: daß „verhüllte Zukunft" besagen will: du sollst jetzt nicht tragen müssen, was dir zu anderer Stunde auferlegt wird, wozu du aber auch erst zu anderer Stunde die Schultern haben wirst.

Und ich habe von ihm gelernt, was das heißt: Wagnis der Arbeit. Daß es für den, dem ein ungewisses Morgen den Blick verdunkeln möchte, eine Hilfe gibt, die darin besteht, daß man nicht untätig ist: „Ich komponiere schon." Das waren ja vielleicht zuerst nur kleine Tastversuche in ein Neuland hinein, zwei- und dreistimmige Sätze zu einer vertrauten Melodie, kleine Fugen dann – aber alles, was er schrieb, stand in einer geheimen Verbindung zu den großen Notenschränken der schöpferischen Welt.

Wo mag Serkin sein? Ist Tag um ihn oder Dunkel? Unter uns, die damals im Saal Siebzehn aus und ein gingen, ist er unvergessen.

Abschied und Neuanfang

Elia aber ging hin in die Wüste eine Tagesreise weit und kam und setzte sich unter einen Wacholder und wünschte sich zu sterben und sprach: Es ist genug, so nimm nun, Herr, meine Seele; ich bin nicht besser als meine Väter. Und er legte sich hin und schlief unter dem Wacholder. Und siehe, ein Engel rührte ihn an und sprach zu ihm: Steh auf und iß! Und er sah sich um, und siehe, zu seinen Häupten lag ein geröstetes Brot und ein Krug mit Wasser. Und als er gegessen und getrunken hatte, legte er sich wieder schlafen. Und der Engel des Herrn kam zum zweitenmal wieder und rührte ihn an und sprach: Steh auf und iß! Denn du hast einen weiten Weg vor dir. Und er stand auf und aß und trank und ging durch die Kraft der Speise vierzig Tage und vierzig Nächte bis zum Berg Gottes, dem Horeb.

1. Könige 19, 4-8

Und dann erfährt Elia die Gnade des neuen Auftrags. Was in jener Begegnung am Ziel des Weges Elia zuteil wird, ist zuerst das Geschenk einer göttlichen Korrektur. Nicht im Wind, nicht im Beben, nicht im Feuer ist der Herr. Das will sagen: es ist ein Abschied zu nehmen. Und will sagen: es geht weiter. Abschied ist zu nehmen von einem Gottesbild, in das sich Gottfremdes, sollen wir sagen „viel wilder Elia", eingemengt hatte. Aber in diesem Abschied wohnt schon eine neuer Anfang. Wolle nicht sogleich wissen, wie es weitergeht. Wolle den zweiten Schritt nicht vor dem ersten tun, und wenn du aus der ersten Reihe in die zweite versetzt wirst, wenn der neue Auftrag der unansehnlichere Auftrag zu sein scheint, so hadere nicht mit dem, der beide kennt, deine Kraft und die Grenze deiner Kraft.

Sprechen wir von Elia und seiner Erfahrung? Sieht uns nicht, wenn wir von der Gnade, die uns einholt, sprechen, das Angesicht dessen an, der um die vierte Nachtwache zu seinen im Sturm bedrängten Jüngern kommt? Und wieder das Angesicht dessen, der Petrus findet zwischen Knecht und Magd in des Hohenpriesters Palast, der ihn ansieht, einholt – und wärs gleich, daß er ihn holt auf den Weg der bitteren Tränen? Und wo wir sagen „Gnade, die uns herausholt", da hören wir die Stimme, die zu Matthäus spricht: „Folge mir nach!", und zu den Furchtsamen hinter Tür und Riegel: „Gleichwie mich der Vater gesandt hat, so sende ich euch." Und lesen wir hier von geröstetem Brot und von der Kanne Wasser, so entsteht vor unsrem Blick das andere Mahl schon: „Nehmet, esset, das ist mein Leib." Und immer, wenn wir von Abschied und Neuanfang lesen im alten Buch der Könige, lesen wir den neuen Text schon mit: „Als du jünger warest, gürtetest du dich selbst und wandeltest, wohin du wolltest; wenn du aber alt wirst, wirst du deine Hände ausstrecken – und ein anderer wird dich gürten."

Und da dies unter uns ist, das Zeichen der weiterwirkenden Gnade, so sollen wir es einander zusagen und zuteilen, wie wirs vermögen. Das „todmüde" bleibt bei uns und wird wiederkehren, morgen vielleicht schon. Und „Mitten wir im Leben sind mit dem Tod umfangen" – das ist keine mönchische Schwarzseherei sondern die Wahrheit, die auch dieses „todmüde" einschließt. Aber auch das „weiter" ist kein Traumspiel. Und nicht von unsrer Seele will weichen das andere Lied: Mitten wir im Tode sind mit dem Leben umfangen.

———

Also in Afrika

Gleich nach Tisch regiert die Ruhe im Krankenhaus. Es ist nicht jene „unbedingte Ruhe", von der auf den gestrengen Plakaten im Korridor die Rede ist, eine so vollkommene Ruhe gibt es wohl überhaupt nicht im Haus der Schmerzen; aber es herrscht Ruhe, das heißt: eine dumpffreundliche Schläfrigkeit, in der wir uns vom morgendlichen Nichtstun erholen und an den Knöpfen unsres Schlafanzugs abzählen, ob wir nachher, wenn die Tore sich auftun, Besuch bekommen werden oder nicht. Aber da klopft es, und herein huscht die Tochter. Zeichen und Wunder! man hat sie außer der Zeit durch die Pforte gelassen, wie ein Frühlingswind fährt sie herein, also daß wir, die drei seriösen Herrn vom Zimmer 16, unsrer dumpfen Mattigkeit ledig, ganz Aug und Ohr sind, Herz und Sinn. „Wie befindest du dich, Väterchen? Mittelprächtig? O la la ... Was ich sagen wollte: habe doch bitte die Güte, mir meine Schulmappe bis halb fünf Uhr zu verwahren, wir haben einen Lerngang zu überstehen, einen Naturkundelerngang... Bis heut abend also. Bessere dich ein wenig, geliebtes Väterchen..." Und damit stellt sie mir die Mappe neben das Bett, sagt das artigste Lebewohl, nickt im Vorbeigehen meinen beiden Mitpatienten zu... An der Tür hält sie noch einmal, dunkelbraun und achtzehnjährig. „Bye, Bye", ruft sie, winkt und entschwebt. „So eine Person", sagt, bewundernd halb und halb verstört, mein Bettnachbar. „Damen sind das", vermerkt der Herr in der Ecke. Der Vater aber mischt sich diese Karten und denkt sein Teil.

Die Schulmappe. Ich bin versucht, ein wenig zu stöbern, in den Grenzen der Schicklichkeit, wie sich versteht. Die

---

Hefte also bleiben uneröffnet, Schulzeugnisse sind etwas für gesunde Väter und sind nichts für Fieberkranke. Die Schulbücher aber, die tun mir's an. „Höhere Analysis, Lehrbuch für den Unterricht in Klasse 8 und 9 der höheren Lehranstalten" steht da geschrieben. Höher, noch höher, zu hoch: böhmische Dörfer für mich! Wann war das, daß einmal Sinus und Cosinus mir die halbe Welt bedeutet haben? Sehr lang ist's her. Französisches Lehrbuch, Englisches Lehrbuch... nun, da könnte man sich durch eine Lektion hindurchpirschen. Ich lege die Bücher auf den Nachttisch, für nachher, und stöbere weiter. Erdkunde... und hier: der Atlas. Willkommen, der Atlas! Fort also mit den Fremdsprachen und fort mit der ganzen Mappe. Ich stütze die Knie auf und blättere im Atlas. Europa. Nein, lieber nicht Europa. Nur wohltätige Lektüre ist genehmigt, hatte der Arzt gesagt. Europa ist keine wohltätige Lektüre, nicht einmal auf dem Atlas. Aber da gibt es ja zum Glück dann noch andere Ländereien. Ozeanien gibt es: die Neuen Hebriden, Neukaledonien, die Gesellschaftsinseln ... wie wäre es damit? Wo wohnen Sie, Herr Schriftsteller? Und ich würde antworten: in Schwaben ... aber ich habe ein Blockhaus auf den Gesellschaftsinseln... wie würde sich das anhören? Nein, ich weiß doch nicht, Ozeanien ist schwerlich das richtige. Ich blättere um. Oh, welch respektable Weintraube ist das? Afrika. Wohl, hier laßt uns Hütten bauen!

Und plötzlich, wie denn Leben im Sternenfall niederfährt, kommt mir zum Bewußtsein: so haben die Geschichten begonnen, mit denen der Drei- und Vierjährige einst seine Umgebung belustigt hat, man hat es mir erzählt: die Geschichte mochte handeln wovon immer, feststand, daß sie beginnen mußte: „Also in Afrika".

Und da ist nun also Afrika, freilich nur das Atlas-Afrika. Das Auge reist über den riesigen Erdteil hin, verwundert und verwirrt, und der Zeigefinger beginnt damit, den Grenzen nachzutasten. Ich entdecke die Ländernamen: Marokko, Algerien, Libyen, Tunesien, Ägypten, Sudan ... Wasserläufe werden wahrgenommen: der Kongostrom, der Oranjefluß, der Nil. Berg- und Seenamen sind zu lesen, höchst amüsante Namen: Kilimandscharo, Tanganjika ... Und ich erprobe die Namen auf meiner Zunge. Schon aber fangen die Spiele der Phantasie, die Spiele der Verschwendung an, sich in mir selbst zu spielen. Ibis und Reiher blicken groß und stilläugig in einen Morgen, der wie durchtönt ist vom Sonnengesang des Echnaton. Geisterluft alexandrinischer Weisheit umweht den Schritt des Gelehrten. Und der Tag vergeht; wie eine Macht von Anbeginn aber ragt die Silhouette der Königspyramiden in die Nacht.

Das Bild entschwindet, und schon drängt sich in zügelloser Ungeduld ein Wirrwarr von Farben und Gerüchen her, Schreie und Gesänge vermischen sich, Schrecklaute und Opferriten, und ich beginne von neuem zu begreifen das einst gelernte Wort: „der dunkle Erdteil".

Dort freilich, wo der forschende Finger der rechten Hand verweilt, ist fast vertraute Landschaft, siebzigmal gepflügter Boden, tausendmal beunruhigter Bereich, Gelände, selbst dem Herzen nicht fern: Hannibal, der karthagische Feldherr, das dunkeläugige Idealbild unvergessener Knabenjahre – Hannibal, der Gebieter über gewaltige Elefantenherden, rüstet zum Heerzug nach Italien. Und nun sind es die Knabenjahre nicht mehr und nicht mehr die Jahre der Punischen Kriege: aufglänzt das vierte Jahrhundert nach Christi Geburt und in ihm die größte Gestalt, die dieser Erdteil der Welt geschenkt hat,

Meister, Freund und Nachbar des Manneswegs: der eine Augustinus.

Solcherart sind die Erkundungsfahrten des Zeigefingers. Die Linke aber darf mit der ganzen Fläche ihres Handtellers ruhen auf unerschlossenem Land. Eine einsame Siedlung ersteht vor dem Auge, Hütten, allein im Unübersehbaren: tagsüber umschwelt vom Gluthauch der Sandwüste, nachts aber überstrahlt vom schönsten Gestirn: Kreuz des Südens genannt. Und unerschlossnes Land ist erst recht der riesige Urwald, Schlangenhausung und Tigerpfad – eine fremde Welt. Und hieße fremde Welt auch dann, wenn plötzlich etwas zu vermelden wäre von Flugplätzen und Rundfunkstationen, Parlamenten und Handelsabkommen auch in diesem Bereich. Fremde: das ist das undeutbare Lächeln der Eingeborenen, ihr Zögern und Widerstreben, ihr Schweigen und ihr Gesang. Und einzig dies zu denken: daß es Gewalten der Liebe und des Erbarmens gibt, die auch über diesem dunklen Erdteil Dauer gewinnen, – dies allein ist wie ein Pfad im Unwegsamen. Meine Gedanken finden den unbekannten Missionar, der an der Goldküste seinen Auftrag ausrichtet und der es weiß, warum er hier ist, und finden das kleine Lambarene: wahrhaftig, es ist eingezeichnet auch auf dieser Karte. Hier ist Albert Schweitzers Spital, aufgerichtet als ein Zeichen, ein weithin leuchtendes, und es deutet hinaus in die Brüderlichkeit aller Erde.

„Ich glaube wahrhaftig, Sie holen noch Schularbeiten nach", ruft da mein Bettnachbar zu mir herüber. Und ich gebe zurück: „Schularbeiten nun doch nicht." Aber noch während ich es abwehre, mit meiner Tochter verwechselt zu werden, denke ich: ja, es ist etwas dergleichen, nur anderes als mein Leidensgenosse meint.

Ich habe gehadert heute nacht, ich weiß es, ich lag im Streit mit dem närrischen Fieber, das nun schon so lange mir seine schlimme Treue hält. „Lauter verlorene Zeit" – : ich weiß nicht mehr, wie dieses Wort zu mir kam; nur: daß es plötzlich da war, daß es sich festsetzte in mir wie ein elender Kehrreim: lauter verlorene Zeit.

Aber es gilt nicht, das arge Wort. Wenn es heute nacht von neuem durchs Fenster steigen sollte und seine Visite der Finsternis bei mir beginnen will, so werde ich das Unwort schön empfangen.

Verlorene Zeit sei das? Und ich *fand* doch Zeit. Fand Zeit zu den Spielen im Geist. Länder gewannen Gestalt, und Gestalten traten ins Leben. Ein Löwenhaupt blickt herzu, gleich als wäre man in Wahrheit Sankt Hieronymus im Gehäuse, Früchte liegen auf dem Traumweg, und von der Kaffeeplantage her duftet es, verlockend genug. Eine schöne Geschichte werde ich ihm zu erzählen haben, ihm, dem Geist des Trübsinns, die alte Fabulierlust wird am Werke sein, und anheben wird es von neuem wie eh und einst: „Also in Afrika – ".

Die Kunst des Krankenbesuchs

Das ist nicht in der Elementarschule zu lernen: die Kunst, einen Krankenbesuch zu machen, einen, der zählt. Zu wissen, wieviel mitzubringen ist und wieviel zurückbleiben muß, ehe man eintritt durch diese Tür. Nicht auf den Zehenspitzen zu kommen, und doch auch lärmend nicht, gesammelten Wesens. Nicht mit lauter guten Nachrichten – was verschweigt er mir? denkt sonst der Kranke – und doch auch nicht mit Hiobsposten. Wahr – aber mit dem Vorzeichen der Lindigkeit, liebend und nicht verzehrend, zuversichtlich und nicht forsch; nicht von der Krankheit redend und sie doch nicht übersehend, wissend also. Nicht mit einem Säckchen „Weisheit am Wege" bepackt, und doch wahrhaftig nicht ohne Weisheit. Dem Sein mehr vertrauend als allem Tun. Welchem Sein? Dem eigenen? Ja, auch dem eigenen – getrost in dem Glauben, daß im Ernst durch diesen Besuch etwas Gutes gewirkt werden kann. Bereit: das soll heißen vorbereitet, und fähig zugleich, alle Vorbereitung wieder dranzugeben. Willig, mit anderen zusammen unter die Gewalt eines Psalms zu treten, und willig doch auch, dem Schweigen den Raum zu überlassen, in den das Geheimnis ganz unmittelbar einzudringen weiß: innig und groß.

Nur eine Bitte noch

Was können wir Menschen? Ich sehe vor mir den Glockenstuhl aus der Kirche meiner Kinderjahre, die großen Steine, die dort die Seile beschwerten, und ich denke an den Menschen, dem so schwere Steine auf der Seele liegen, daß ers nicht vermag, das „Es ist gut" auszusprechen. Aber nun zieht er am Seil und die Glocke gibt einen Ton. Kein Bekenntnis ist möglich, kein noch so zögernd gesprochenes Siegerwort. Nur eine Bitte noch; nein – auch keine Bitte mehr, nur noch ein Ruf; Wort und Antwort zugleich: „In Dich habe ich gehoffet, Herr. In Ewigkeit werde ich nicht zerstoßen werden."

II

Letzter Raum

Im Angesicht des Todes

Was liegt an unsren Geigen,
Die Menschenwerke sind,
Wenn tief im Wälderschweigen
Der Wind beginnt?

Wer ist, der noch in Tönen
Botschaft und Echo wagt
Wenn aus dem Wipfeldröhnen
Der Kosmos klagt?

Warum noch immer Worte
Singen, verstehen kaum,
Und hier ist schon die Pforte
Zum letzten Raum?

Im Angesicht des Todes leben

Einschlafgespräche der kleinen Gäste belauschend, erfahre ich, was es für diese Jüngsten mit dem „Angesicht des Todes" auf sich hat. Sie wisse, was das Sterben sei, man habe es ihr erklärt, genau erklärt – so ließ sich die Siebenjährige vernehmen; nur *wo* die Menschen sterben, das wisse sie nicht. Darauf der Bruder, neunjährig und frühwach: „Aber das lese man doch jeden Tag: auf der Autobahn sterben sie."

Auf der Autobahn also. Und nun denke ich Jahre zurück, denke an die eigenen Kinder, die im Dorf aufwuchsen: sie hätten so nicht gefragt und so nicht geantwortet. Sie kannten noch *den* Tod, der Wohnung nimmt mitten in den Wohnungen des Lebens. Sie besuchten den Schreiner, der Sargbretter zurechtschnitt, sie sahen geschlossene Fensterläden an dem Haus, in dem ein Totes lag. Es gab die Gebräuche: das viele Kuchenbacken für den Leichenschmaus zum Beispiel, das lebensentschlossene; das große Trauergeleit, das am Haus vorüberzog; und die Erinnerung bewahrt auch dies: daß man aufgefordert worden war, noch einen Augenblick zur Ahne hinein zu sehen. Man fürchtete sich ein wenig – aber dann ist nichts furchtbar: mit einem weißen Tuch war das Kinn festgebunden, und die Hände kreuzten sich über dem eingefallenen Leib.

Das ist nun selten geworden. Der Tod wurde in die Klinik verlegt, und auch dort wies man ihn, wo irgend möglich, aus den allgemeinen Krankensälen hinaus in kleine Eckzimmer und Sterbekammern. Die Schilderung aus Rilkes „Malte Laurids Brigge", geschrieben im Anfang dieses Jahrhunderts, kommt jedem, der ihr einmal begegnet ist, in diesem Zusammenhang sogleich in den Sinn: „Wer gibt heute noch etwas für einen gut ausgearbeiteten Tod? Niemand. Der Wunsch, einen eigenen Tod zu haben, wird immer seltener. Eine Weile noch, und er wird ebenso selten sein wie ein eigenes Leben. Gott, das ist alles da. Man kommt, man findet ein Leben, fertig, man hat es nur anzuziehen. Man will gehen oder man ist dazu gezwungen: nun, keine Anstrengung: voilà votre mort, monsieur." Das war vor einem Jahrhundert. Und nun also – hat der belehrende Bruder nicht verstörend recht? – auf der Autobahn: der Tod irgendwo, das Sterben von unterwegs. Dazwischen liegen die Kriege unsres Jahrhunderts, und, so befremdlich es sich anhört, es scheint wirklich so zu sein, daß diese langen – und nun schon wieder ferngerückten – Erfahrungen mit einem maßlos gewordenen Tod das „Angesicht des Todes" nicht so in uns eingeprägt haben, daß wir sogleich eindeutig sagen können, was das bedeutet: mit ihm leben, im Angesicht des Todes leben.

Und wenn wir nun an einen der düstersten Begleittexte der Nachkriegsjahre denken, an die Berichte aus dem Auschwitzprozeß von Frankfurt am Main – und darin besonders auch an das: daß diese abertausend Menschen Tag um Tag ihren „eigenen Tod" nur zwischen Schreien, Fluchen, Ängsten, zwischen Kot und Gas erfahren konnten, und daran: wie grauenvoll unerschüttert diese Berichte zur Kenntnis genommen wurden ... zuerst von den Angeklagten im Saal und dann von einem Teil der Zeitungsleser auch – was ist das für eine Gleichgültigkeit? Ist es die Notwehr des Lebens, das nicht leben kann im Angesicht solchen Todes? Ist es die Abstumpfung schlechthin, die Verkümmerung der Seele – was ist es?

An Versuchen, diese unsre „Zukunft zu bewältigen", wenn man so sagen mag, hat es zu keiner Zeit gefehlt. Es sind Versuche, den Tod wegzudenken oder ihn umzuträumen.

Alles Wegdenken geschieht, bewußt oder unbewußt, in der Nachfrage des Epikur, der dekretierte: „Wenn du bist, ist der Tod nicht; wenn der Tod ist, bist du nicht" – und der bei dieser so säuberlich anmutenden Grenzziehung außer acht ließ, daß das „Angesicht des Todes" in so vielfältiger Spiegelung sich zeigt, daß so viele Vorfelder schon von ihm besetzt sind: es gibt die Todesahnung und die Todesangst, die Todeserfahrung mit Nahen und Nächsten; nein, es ist keine „mönchische Schwarz-in-Schwarz-Malerei", sondern die Wahrheit, einfältig die Wahrheit, die anhebt in der alten Antiphon: „Mitten wir im Leben sind mit dem Tod umfangen".

Zum „Wegdenken" zählen auch die Versuche, am Tod vorbei zu blinzeln, das Subtrahieren des Horaz: „non omnis moriar" – „nicht *ganz* werde ich sterben", das, wie ein entschlossener Spieler tut, auf ein wenig Unsterblichkeit „setzt", auf Ruhmeshalle und Monument: „Ist der Leib zu Staub zerfallen / lebt der große Name noch" – : aber „die Toten reiten schnell", und selbst bei den feierlichsten hundertsten Geburtstagen kommt nur Wunderweniges hinaus über das „denn er *war* unser!": vielleicht die Bewegung des Herzens, die in einem jetzt Lebenden sich ereignet, weil ein fernes Gedicht, ein altes Bild, eine Musik ihn anrührt, vielleicht der Antrieb zum Dienst, der von einem großen Beispiel ausgeht. Mehr? Mehr nicht.

Umzuträumen wünschte man ihn früh; ein schöner Jünglingsgott mit der Fackel sollte er sein, Charon, der Fährmann; dann: Lethe, der Strom – und dunkler Wohllaut tönt noch im Lied der Ariadne: „Aber lautlos meine Seele / Folget ihrem neuen Herrn / Wie ein leichtes Blatt im Winde / Folgt hinunter, folgt so gern."

Das Mittelalter hat nicht „umgeträumt", Holbeins Totentanz bleibt bei der Wirklichkeit; erst im Zeitalter des Barock, in dem das volle Leben seine Triumphe feierte, beginnt ein neuer Versuch der Bewältigung, jener Ton der – wir würden heute sagen – Verfremdung, der in Bachs Ewigkeitsglauben hieß: „Komm, du süße Todesstunde", der in Novalis oder in Karoline von Günderode dann etwas Hektisches annahm und bis zu den Nachklängen der Romantik sich so wieder und wieder erneuert, bei Hermann Hesse noch: „– das erschrockne Herz mit harten Schlägen / Wartet, wartet, wartet auf den Tod."

Es ist uns – frei herausgesagt – nicht geheuer bei diesen Versuchen, es kann uns nicht geheuer sein angesichts der Erkenntnis, daß es die Festung, in der man Stellung beziehen könnte, vor diesem Gegenüber nicht gibt: wir haben vor ihm keine Position.

Wir haben vor dem Tod keine Position – das will sagen: er ist nie für uns „außen", sondern immer schon „innen": „So leben wir und nehmen immer Abschied" heißt es am Schluß von Rilkes Achter Duineser Elegie; man hat die Zeile immer auf das Stichwort „Abschied" zu gelesen und der Zusammenhang könnte einem dazu ein Recht geben:

„Wer hat uns also umgedreht, daß wir,
was wir auch tun, in jener Haltung sind
von einem, welcher fortgeht? Wie er auf
dem letzten Hügel, der ihm ganz sein Tal
noch einmal zeigt, sich wendet, anhält, weilt –,
so leben wir und nehmen immer Abschied."

Aber eine große Dichterzeile kennt kein betontes Wort; die Bedeutung von „leben" und von „immer" will hier ebenso und genau bedacht sein: es geht um die Bereitschaft willentlich – wissentlich so zu leben, daß man nicht vergißt, wie beständig das Angesicht des Todes auf „Tal" und „Hügel" gerichtet bleibt; daß vor ihm die Kette unsrer Jahre und Tage sich fügt, Kettenglied zu Kettenglied; daß aber Tag und Stunde durch diesen Allzeit-schon-Anwesenden nicht verderbt, nicht ausgelaugt werden; seine Gegenwart erlaubt, ja befiehlt fast ein gutes, nahes Verhältnis zum Leben, zu seiner „Herrlichkeit" (auch dies, gerade dies ein Wort des gleichen Rilke); drei Zeichen dabei dem Adepten ins Antlitz schreibend: einen eigenen *Schmerz*; den *Ernst* der Verantwortung; die *Heiterkeit* des Weiterziehenden.

Der *Schmerz* stammt aus der Erkenntnis, daß unsrem Haben ein großes Soll gegenübersteht, daß der Blick jeder Lebensstunde nicht nur Erreichtes und Unerreichtes umfaßt, auch nicht nur Erreichbares und Unerreichbares, sondern auch Gestaltetes und Zerstörtes, durch uns Zerstörtes.

Der *Ernst* bedenkt das anvertraute Lebensgut; da wir nicht wissen, wie lange wir mit ihm frei schalten können, gehen wir gefaßten Sinnes an unser Tagwerk, Antwort gebend, wie immer dieser eine Tag uns fragt. Diesem Ernst würde ich nun freilich auch die Antwort zuordnen, die dem heiligen Luis de Gonzaga zugeschrieben wird: als der klösterliche Präfekt einst die ballspielenden Knaben fragte, was sie tun würden, wenn sie plötzlich erführen, daß sie nur noch eine Stunde zu leben hätten, da gaben die Gefragten allerlei angestrengte geistig-geistliche Antwort. Luis de Gonzaga aber antwortete: „Ich würde weiter Ball spielen."

Die *Heiterkeit* des Weiterziehenden: es ist die Heiterkeit, die ihren vollkommenen Ausdruck fand in Mozarts Musik, in der Musik des Mannes, der früh schon vom Tod zu sagen wagte, er habe ihn kennengelernt als den „Schlüssel zu unsrer wahren Glückseligkeit", und dabei hinzugefügt, es werde doch kein Mensch sagen können, er sei „im Umgang mürrisch oder traurig"; die Heiterkeit dessen, der dem Flüchtig-Fliehenden, dem Vogelflug und der Morgenröte, freudig begegnet, obschon der glückselige Augenblick nur eben – ein Augenblick ist.

Wir haben – wohlbedacht – in unsrer Besinnung ausgespart die Frage nach dem Credo, die Glaubensfrage also, die Frage, ob man – wie Matthias Claudius sich ausdrückte – „so'n närrischer Kerl ist, der, wenn er Weizen sät, schon an die Stoppeln denkt und an den Erntetanz" – oder ob man das nicht zu denken, nicht zu glauben vermag: die Aufgabe ist, wie mir scheint, als die Aufgabe vor der verriegelten Tür die gleiche Aufgabe.

Zuletzt: nirgends so wie hier ist man gewarnt davor, zu viel sagen zu wollen, zu hoch zu greifen. Genug geschieht, wenn uns jede Besinnung dazu ermutigt, in einiger Freiheit durch die Morgentür der Verantwortlichkeit und die Abendtür der Versöhnlichkeit zu gehen, weltlich in dieser Welt der Aufgabe zugetan im Angesicht des Todes, und auch bereit, je und je vor ihm, dem gegenwärtigen, wiewohl noch unsichtbaren Präfekten – Ball zu spielen.

Jakobizeit

Ein Feldweg vor dem Dorf. Jakobizeit.
Der alte Kantor geht mit seiner Frau
Still schwarz in schwarz.
Vielleicht sagt er jetzt: schau,
Bis übermorgen ist das Korn bereit.

Dann ist es wieder leis. Sogar der Wind,
Der sonst doch stürmisch über Wolken thront
Und hundertalte Bäume wenig schont –
Um diese Stunde ist er leicht und lind.

Und geht behutsam mit den beiden mit.
Die sind jetzt wieder Bräutigam und Braut
Und wagen wie vor Liebe keinen Laut
Und wissen doch wohin mit ihrem Schritt
Und hören schon der letzten Sense Schnitt.

Goethes Mutter

Seht eine Siebenundsiebzigjährige, in Rüstigkeit und ohne sonderliche Beschwerden in dies hohe Alter gekommen, wie sie – nun auf dem letzten Lager – spät abends ihren Neffen, den Doktor Melber noch einmal zu sich kommen läßt: „Mach Er mir nichts vor, Vetter" – sagt sie zu ihm – „ich weiß doch, daß es aus mit mir ist. Sag Er's rund heraus, wieviel Stunden sind mir noch übrig?" Und wie sie erfährt, daß es wohl nur noch einen Tag dauern werde, läßt sie sich ein Schälchen Schokolade machen in der Gewißheit, daß ihr das nun nicht mehr schade.

Alles Äußere ist seit Tagen geordnet, die Träger sind bestimmt, der Tischler hat Maß für den Sarg genommen, und ein zweiter Tischler, der zu spät kam, empfing aus Frau Ajas Hand ein Geldgeschenk und die Versicherung, es tue ihr leid, daß sie ihn nicht auch noch ins Brot setzen könne. Die Größe der Brezeln für den Leichenschmaus ist festgesetzt, die Weinsorte bezeichnet, und den Mägden ist eingeschärft, mit den Rosinen beim Kuchen nicht zu sparen: das habe sie bei Lebzeiten nicht leiden können – und darüber würde sie sich noch im Grab ärgern. Eine Einladung in eine nachbarliche Familie kommt noch, und die Rätin, die so oft, mit so viel Lebensvergnügen, solchen Einladungen gefolgt war, bescheidet die Botin: „die Frau Rat lasse sich entschuldigen, sie könne nicht kommen … sie müsse alleweil sterben."

Und dann starb sie, klaren Gemüts, am 13. September 1808 um die Mittagsstunde. Starb, wie sie gelebt hatte: heiter – in Gott heiter, und uns ist es überlassen, die Vokabel auszusprechen, zu der wir so oft Mut, Freiheit und Unbefangenheit nicht gewinnen wollen: ein glücklicher Mensch.

Wir, die Kinder dieser Zeit, die wir auf die Grundfrage des Verzichts unsere wunderlichen Kringel setzen, sind geneigt, die Trivialität des Glücks in allen Sprachen zu bekunden. Ratlos fast stehen wir vor dem Bild eines Menschen, der mit seinen anvertrauten Kräften fröhlich umzugehen wußte und nichts war als nur eben dies eine: ein glücklicher Mensch. Und doch: ist uns sein Bild nicht gesetzt, unsere Ratlosigkeit zu vermehren, sondern als die lebendige, die beständige Einladung auf gleiche Bahn.

An einem der letzten Abende, die Frau Aja erlebte, gab es in der Nähe ihres Hauses ein Konzert. Da sagte sie: „Nun will ich im Einschlafen an die Musik denken, die mich bald im Himmel empfangen wird." Sollen wir den Satz verstehen als eine Arte Gleichnisrede nach der Weise des Vater Textor, der, wie man weiß, ein starker Träumer gewesen ist; ganz zuletzt kehrt ja, wie man sagt, die Seele zu ihren Ursprüngen, in das Vaterhaus also, zurück. Wir wissen es nicht. An welche Musik mochte sie, ganz zuletzt wohl denken – im „Vorgefühl von solchem hohen Glück"? An die Zauberflöte vielleicht, die sie gut und gern zwanzigmal gehört hat, und die ihr wohl von aller Musik am nächsten stand: „Bald prangt, den Morgen zu verkünden ...“? Oder – nein: nur eine Musik konnte sie sich wünschen: die Stimme des Sohnes. Ihr entgegen war sie nun unterwegs: Das mußte – nach so viel Glück – das neue Glück sein: Unerfülltes in Erfüllung gehen zu sehen, Langentbehrtes nachholen zu können, die Gedanken des Herzens zu tauschen, und Dauer zu finden in diesem Tausch, zu verharren im langen, zweisamen, im endlich – nun endlich! – unendlichen Gespräch.

Zuletzt ein dunkler Punkt

Gewiß wird vor über hundert Jahren ein Mann wie der Dichter Theodor Fontane in der Osterkirche beim Hofprediger Frommel gewesen sein. Aber was er dann, vom Eigenen zu sprechen, aufschrieb, lautete so:

„Leben? Wohl dem, dem es spendet
Arbeit, Freunde, täglich Brot.
Doch das Beste, was es sendet,
Ist das Wissen, daß es endet,
Ist der Ausgang, ist der Tod."

Also Freude auch hier; die Freude des Tages; aber dann um alles geschmiedet der Ring der Furcht: immer enger wird es werden, zuletzt ist da nichts als ein dunkler Punkt. Unvergeßliche Sätze sind es, Sätze von einem, der sich in Todesergebenheit auf diesen Weg Eins versteht, die Fontane seinem Gutsherrn Stechlin in den Mund legt, als dieser den Tod kommen fühlt: „Das Ich ist nichts, damit muß man sich durchringen. Ein ewig Gesetzliches vollzieht sich, weiter nichts. Und dieser Vollzug, auch wenn er Tod heißt, darf uns nicht schrecken. In das Gesetzliche sich ruhig schicken, das macht den sittlichen Menschen und hebt ihn." Und dann heißt es: „Er hing dem nach und freute sich, alle Furcht überwunden zu haben. Aber dann kamen doch wieder Anfälle von Angst und er seufzte: ‚Das Leben ist kurz, aber die Stunde ist lang.'"

Wach bleiben

Wir beschwören Geschehenes: den Berg der Kinder-
schuhe in Auschwitz und den Geruch der Excremente, das
gleichmütige Klappern der Schreibmaschinen, auf denen
die Mordlisten gefertigt wurden ... nicht, um den Gram
zu verewigen, sondern nur: um wach zu bleiben. „Der
Schoß ist fruchtbar noch, aus dem das kroch": der unbe-
hagliche Schlußruf unsrer Moralisten verbietet uns den
Schlaf des Vergessens.

Sanftes Joch

So spricht der Tod:
Geh, Bote, hin,
Such Kranke auf;
Geh', tröst sie noch!

Auch ich geh aus und bin
In meinem Todeslauf
Viel schneller doch.

Ich will hinfür
Dir, Tür an Tür,
Ein dunkler Nachbar wohnen,

Dein eigen Fleisch und Blut,
Wie weh dir's tut,
Auch nicht verschonen.

Freude
Verborgenes Joch!
Was soll er fürder nun, der Bote, sagen?
Sie haben ihm die Liebsten fortgetragen,
Einsamer Mann, was – sprich – wenn sie dich fragen,
Was bleibt dir noch?

Mein sanftes Joch.
Ich habe Augen, Gottes Welt zu sehen,
Gewißlich glaub ich Christi Auferstehen,
Auch mich, ich weiß, wird Gottes Geist umwehen –
Was mehr begehr ich noch?

Vokabeln der letzten Tage

Da sind wohl diese letzten Tage, Abende, Nächte wie eine Mauer aus grauem Lehm. Aber immer wieder dringt durch die Ritzen eine andere Gewalt, ein Dunkel, eine Helligkeit, und oft genug beides zugleich. Wir buchstabieren die Vokabeln – *Angst, Sorge, Gelassenheit, Freudigkeit* –, wir merken, wie sie ineinander geschrieben sind und wir keine zu Ende lesen können in diesem rätselvollen Buch.

Angst: Die wahre Lebensangst ist, so will uns dünken, beinahe so schweigsam, wie es die letzte Todesangst, die Angst der letzten Stunde fast immer ist. Ja, ist es denn nicht – hier wie dort – die nämliche Angst? Die Angst Adams im Garten des Paradieses, die Angst dessen, der sich vor dem Antlitz des Ewigen verbergen möchte und sich verschließen will vor dem Anruf: Adam, wo bist du?

Ein Stück von dieser Angst erscheint auf dem Antlitz des Sterbenden, und daß es gerade auch die Angesichter der Ernsten, Gesammelten, die Angesichter der nach dem Ewigen Fragenden, der im Glauben Geborgenen sind, die von dieser Angst versehrt werden, soll uns nicht wundernehmen. Man muß der oberflächlichen Betrachtungsweise widerstehen, die es wahrhaben möchte, daß der Fromme in reiner Harmonie seinen Abschied erleben und daß der, den die Schatten der Angst heimsuchen, nicht recht gereift und gefestigt sein müsse. In Wirklichkeit haben wir alle – in Krieg und Frieden – genug Menschen, die keinerlei Glaubensgewißheit und Ewigkeitshoffnung in sich trugen, auf ihrem letzten Lager voll Ruhe und Gelassenheit, Mannhaftigkeit und Würde gefunden, haben umgekehrt auch Menschen des Osterfriedens erlebt, die wie geschüttelt waren von den Gewalten der Angst. Warum so – und warum so? Die Antwort, es handle sich um Temperamentsunterschiede, reicht als Erklärung nicht zu. Viel eher könnte man sagen, daß gerade dem Reichgeprägten auch diese Erfahrung nicht erspart werden soll, daß gerade der Mensch des Glaubens der Mensch des großen Spannungsbogens ist, daß mit der Fülle sich diese Armut paart. „Da habe ich mich ein ganzes Leben lang auf das Sterben gerüstet, und nun es an mich kommt, fällt mir's so schwer."

Sorge: So heißen wir die Einsicht in die Unübersehbarkeit unserer Verantwortung, in die Unwiderruflichkeit geschehenen Geschehnisses. Sorge im Abschied: das ist Bismarcks Sterbegebet, ist das Verlangen, noch danken zu dürfen, wo Dankens Anlaß war, noch ordnen, noch Frieden schaffen zu können, noch einer letzten Aufgabe zu gehören mit der letzten Kraft. So wissen Ärzte von Sterbenden zu berichten, die – dem Leibe nach schon so gut wie tot – ihr eigenes Sterben aufhielten, bis ein Sohn, ein Freund, ein Feind ins Zimmer getreten und zu Dank und Versöhnung Hand in Hand gelegt worden ist ... Und endlich wäre auch die vielfältig bezeugte Seherkraft der Sterbenden zu verstehen als eine Sorge höchster Ordnung; wie denn von den Vermächtnissen derer, die dahingehen, einem Leben deutlicher bestimmende Kraft zuteil werden kann als von den Überlegungen derer, die auf dem Wege sind.

Gelassenheit: Sie kann gelten als das freundliche Gegenüber der Sorge, doch wird sie sich mitunter auch eben dieser Sorge gesellen. Sie kann einhergehen in der Gestalt des Stumpfsinns. Sie kann als Resignation erscheinen, wehmütig und schön in den Versen von David Friedrich Strauß: „Heute heißt's verglimmen, / wie ein Licht verglimmt, / in der Luft verschwimmen, / wie ein Ton verschwimmt", aber dann auch einfach gefaßt und weise, so in Fontanes Brief: „Eine Viertelstunde auf dem Lichterfelder Friedhof rückt einen immer wieder zurecht." Gelassenheit ist – neben ganz anderen Gewalten – auch in Goethes Sterben. Da steht das Schälchen mit Gartenerde, das zu untersuchen ihn beschäftigt, da sind die Blätter, die er numeriert, und da, im Dämmerzustand schon, „der schöne weibliche Kopf mit schwarzen Locken in prächtigem Kolorit auf dunklem Hintergrunde ..."; es ist das Lebenslang-Geübte um ihn, und er ist einverstanden.

Freudigkeit: Jakob Böhme, so heißt es, habe seinen Sohn gerufen und ihn gefragt, ob er auch die süßen Harmonien vernähme. Der Sohn verneinte. „Öffne die Tür, damit du sie besser hören kannst", sagte der Sterbende. Und sagte zuletzt dann: „Nun fahre ich ins Paradies." Nikolaus von Halem aber, eines der Opfer des zwanzigsten Juli 1944, schrieb unmittelbar vor der Hinrichtung diesen Brief: „Liebe Mutter. Jetzt habe ich auch die letzte, kleine Unruhe überwunden, die den Baumwipfel erfaßt, wenn er stürzt. Und damit habe ich das Ziel der Menschheit erreicht. Denn wir können und sollen wissend dulden, was der Pflanze unwissentlich widerfährt. Adieu, ich werde geholt. Tausend Küsse. Dein Sohn." Die Zeugnisse einer solchen Freudigkeit sind selten. Aber in jedem einzelnen von ihnen, ja schon im Abglanz solcher Freudigkeit auf einem Totenantlitz, wird offenbar, wie es eigentlich mit dem Menschen gemeint ist. Hier ist das große Zugleich, dem zwischen Zeit und Ewigkeit alles Leben im Glauben nachtrachtet, das große Zugleich des Zweiten Korintherbriefes: „Als die Sterbenden, und siehe, wir leben."

III

Schwerelosigkeit

Unsere letzte Stunde

Bilder, Bilder ohne Zahl gleiten jeden Tag an den Menschen unsrer Zeit vorüber, und die nun längst ihrer müde sein könnten, werden, ganz im Gegenteil, bildersüchtig, immer von neuem. Vertreiben, oder auch nur entwerten, kann ich sie nicht. Wohl aber kann ich, mitten unter diesen Bildern, das Bild aufrichten und darauf warten, daß der Weg von den Bildern weg zu dem Bild hinführe, das betrachtet ist in der großen Strophe von Paul Gerhardts „O Haupt voll Blut und Wunden": „Erscheine mir zum Schilde, / zum Trost in meinem Tod, / und laß mich sehn dein Bilde –". Mehr, ein Mehr an „geistiger Hilfe", ist vielleicht nicht möglich. Wo aber dies geschieht, da geschieht viel. Rangordnungen richten sich auf, Unterscheidungen treten ins Bewußtsin: die zwischen „wesentlich" und „unwesentlich", die zwischen flüchtigem Glanz und beständigem Licht.

Stündlein oder Stunde?

Wer sich anschickt, etwas über unsere letzte Stunde aus-
zusagen, muß wissen, daß er sich in Gefahr begibt. In
doppelte Gefahr. In die Gefahr nämlich, zuviel zu sagen,
dem Blinden gleich, der von der Farbe redet; ein Träumer,
der von fremden Ländern, Inseln und Meeren fabuliert,
weil er ihre Namen auf dem Kartenblatt gelesen hat. Und
nicht minder in die Gefahr, zuwenig zu sagen. Auch wer
selbst vielfältiges Sterben miterlebt hat und kraft wissen-
der Liebe ein rechter „Nachbar der Sterbebetten" heißen
darf – was weiß er denn in Wahrheit von dem allen, was
geschieht: dann, wenn das letzte Wort gesprochen ist, der
letzte klare Blick getauscht … noch immer aber atmet,
keucht, seufzt das Leben, eine Stunde lang, manche Stunde
hindurch. Es habe nicht viel auf sich damit, versichert uns
der und jener, und was sich da ereigne, das vollziehe sich
bei geringem Licht, bei herabgemindertem Bewußtsein;
selbst Verzerrungen der Gesichtszüge seien kaum mehr als
dumpfe Regungen des enteilenden Lebens. Wir aber
blicken dem Sprecher aufmerksam ins Gesicht und fragen
zurück: „Woher weißt du's? Bist du gestorben?" Sollten
nicht vielleicht doch die alten Väter und Meister, die so
einmütig durch alle Zeiten hin die Bitte um ein „seliges
Stündlein" auf dem Herzen trugen, näher bei der Weisheit
zum Tode, näher auch bei der Wahrheit vom Tode gewesen sein als die Botschafter der großen Langeweile?

Das Stündlein, das letzte Stündlein: die Verkleinerungs-
form ist nicht der Ausdruck einer unwahrhaftigen Zärtlichkeit; die rechte Scheu vielmehr, das reine Gefühl dafür,
daß von hohen Dingen nicht leicht schamhaft genug

gesprochen wird, läßt dieses Wort gelten, und gerade auch der Glaube will es so. Unser irdisches „Hier und Nun", und im besonderen dieses letzte „Hier und Nun" ist für den, der an das „Dort und Dann" mit großer Freudigkeit zu glauben vermag, wirklich nur eben ein Husch, ein Nu, ein Stündlein. Ein Nu freilich von eigener Gewalt; und derselbe Luther, der die Rede vom „Stündlein" liebte, hat in der Fastenpredigt von 1522 mit tiefem Ernst auf die große Einsamkeit des Menschen im Abschied gedeutet: „Wir sind allesamt zum Tod gefordert. Und wird keiner für den andern sterben, sondern ein jeglicher in eigener Person mit dem Tode kämpfen. In die Ohren können wir wohl schreien, aber ein jeglicher muß für sich selbst geschickt sein in der Zeit des Todes. Ich werde dann nicht bei dir sein noch du bei mir." So werden wir recht daran tun, im folgenden zu handeln von unsrer letzten *Stunde*; der Perpendikel im Sterbezimmer kennt keine Hast.

Wahrheit und Liebe

Wenn es die Wahrheit der letzten Stunde ist (noch einmal: *wenn* – wir wissen nicht viel, nirgends ist unser Wissen und Erkennen so sehr Stückwerk wie vor diesen letzten Türen), wenn es die Wahrheit der letzten Stunde ist, daß Dumpfheit, Angst und Sorge, Gelassenheit und je und dann auch einmal königliche Freudigkeit in ihr mit wechselndem Szepter regieren, wie sieht dann der Auftrag aus, der uns allen – den zum Tode Gehenden und denen, die jetzt Beistand leisten, um zu anderer Stunde selbst die Gehenden zu sein – auferlegt ist? Gibt es da Rat und Weisung, gibt es die Weisheit der letzten Stunde?

Was ist's, das die Bleibenden den Gehenden schulden? Sie schulden ihnen Wahrheit und Liebe.

Wahrheit und Liebe: das sind in dieser unsrer Endlichkeit und Begrenzung zwei Mächte, die einander genug wehe tun, ein Leben lang. Werden sie nicht auch in der letzten Stunde noch miteinander im Streit liegen und auseinanderstreben? Wird es nicht eine Art von „Aus-der-Wahrheit-sein" geben, das die Liebe kränkt? Und wird „Aus-der-Liebe-sein" nicht der Wahrheit Abbruch tun können? Aus der Wahrheit sein: – das hieße in der unmittelbaren Verpflichtung, wie sie hier gemeint ist: daß man den Menschen gelten lasse in Ja und Nein, in Dank und Reue, in Reichtum und Armut. Und daß man nichts um ihn her wuchern lasse, was nur Täuschung, schöner Schein, Lüge – und wäre es: fromme Lüge – heißen darf.

Hier drängt sich nun gleich die Frage in den Vordergrund: ob man also dem Todgeweihten die Wahrheit über seinen Zustand sagen müsse oder nicht?

Man erinnere sich einiger Tatbestände. Der Dichter Theodor Storm brach innerlich zusammen, nachdem er den Bescheid über seine letzte, unheilbare Krankheit erhalten hatte. Daraufhin führten einige Freunde ein Scheinkonsilium herbei, das ihm neue Hoffnung gab. Storm ließ sich täuschen, lebte auf, schrieb den „Schimmelreiter" und starb dann gleich nach dessen Vollendung ... Franz Rosenzweig hingegen, der große Heidelberger Meister, verbot seinem Arzt ausdrücklich, ihm das Ergebnis der entscheidenden Konsultation zu sagen. „Ich möchte nicht", sagte er, „daß man mich anlügt." Und von Karl Holl, dem schwäbischen Kirchenhistoriker in Berlin, wird erzählt, er habe, als das Gespräch mit Schülern auf diese Frage kam, in einem allen Teilnehmern unvergeßlichen Ernst geäußert: „Ich möchte nicht um meinen Tod betrogen sein." Dies zuvor. Die Wahrheit ist einfältig; aber die Empfänger der Wahrheit sind es nicht; selbst hochbefähigte Ärzte sind, wie man weiß, jeder Selbsttäuschung zugänglich. Oder ist am Ende die Wahrheit selbst auch nicht so einfältig, wie es den Anschein hat?

Wir haben – auch das ist ein Tatbestand – so viele Todgeweihte noch einmal zum Leben zurückkehren sehen, haben so viel überraschende Wendungen erlebt, daß wir uns, schon von daher gesehen, in der Zurückhaltung üben sollten, eben um der Wahrheit willen. Wir werden weiter bedenken müssen, daß es eine Art gibt, Menschen die Wahrheit an den Kopf zu werfen, die nichts anderes ist als dies: daß man sich selbst seine eigene Aufrichtigkeit bescheinigt. Damit wirkliche Wahrheit entstehe, braucht es ein Ich und Du, einen geschlossenen Stromkreis. Daraus folgt: daß man hier sich Zeit lassen muß, wachsen lassen muß, was ernst und lautlos wächst: das Wissen um den nahenden Abschied. Die Lüge aber ist uns verwehrt, und der ausweichende Bescheid sei darauf geprüft, ob er nicht nahe bei der Lüge wohnt. Es ist die Achtung vor dem Menschenbild, die uns hier in Pflicht nimmt. „Bestelle dein Haus, denn du mußt sterben." Es heißt, den Menschen ernst nehmen, ihn verstehen als einen, der sein Haus zu bestellen weiß, wenn man ihn dieses Anrufs würdigt. Nur gehört zu diesem Wort ein ganzer Lebenszusammenhang, und darum ist auch die Frage: Soll man die Wahrheit sagen? nur so zu beantworten: man soll „aus der Wahrheit sein", man soll, in welchem Raum auch immer, dringlich darauf bedacht sein, den Täuschungen zu entfliehen. Und man soll wissen, daß es schwer ist, dergleichen im Sterbezimmer erst noch zu lernen. In die letzten Gespräche, die Augustinus mit seiner Mutter geführt hat, des nahen Abschieds gewiß, tönt nicht nur das Meer bei Ostia vor Rom herein; was hier tönt, ist der volle, heilige Klang aus der Wahrheit.

Das andere Hauptstück: aus der Liebe zu sein. Das ist zunächst, ganz dem Wortlaut nach, das einfältig reine Da- und Zur-Stelle-sein. „Es standen aber bei dem Kreuze Jesu …", heißt es in der Karfreitagsgeschichte, und dann folgen, wie man weiß, die Namen einiger Frauen. Sie haben dort nicht gepredigt; sie vermochten dort keinen anderen seelsorgerlichen Dienst zu tun als den einen, daß sie – erschrocken oder unerschrocken – aushielten. Und gerade das war viel. War genug, um einen von den großen Adelsbriefen der Menschheit zu empfangen, wie er ausgestellt und gesiegelt ist in diesem Wort des Evangeliums. Es gehört zur Weisheit der letzten Stunde, daß man sich nicht fürchtet, zu wenig zu tun, wenn man nicht mehr tun kann als die Frauen am Kreuz: da sein. Man wird an einem solchen Platz auch etwas von der Bitternis der Armut erfahren, etwas von der Grenze unsres Vermögens, etwas von der Wahrheit aus Luthers Wort: „Ich werde dann nicht mehr bei dir sein noch du bei mir" – aber gerade auch diese Erfahrung wiegt schwer. Scheue dich nicht – so würden wir gerne dem tatkräftigen Menschen, der unermüdlichen Schwester zurufen – in solchen Kammern mitunter einmal nichts hergeben zu können als deine Zeit, deine Strahlung, das Wort östlicher Weisheit: „Beim Nichtstun bleibt nichts ungetan."

Die tätige Liebe fürchtet sich nicht, wenn sie in der letzten Stunde auf das Wort beschränkt wird. „Nur Wort?" denken wir. Aber das braucht kein „nur" zu sein. Das Wort ist reich. Auch das arme Menschenwort. Es kann das Wort des Dankes sein, der Versöhnung, der Freude, und auch das Wort des Abschiedsschmerzes mag seine Stelle finden. Aus den Ketten der Stummheit erlöst, sprechen Eheleute miteinander, sprechen Kinder mit den Eltern und Eltern mit den Kindern, sprechen Liebende und Freunde, sprechen Feind und Nicht-mehr-Feind. Und schon erhebt sich das Wort, wie ein Vogel sich erhebt, und wird zum Wort des Gebets. Und kehrt zurück als das Wort aus der Welt Gottes, als der Trost des Psalters, als die Verheißung Jesajas, als Jesu Friedensgruß. Wer einen von den großen, heiligen Texten, die uns überliefert sind, lesen kann, der lese ihn hier laut und frage sich nicht, ob der Wanderer, der da drüben auf seinem Lager sich zum Gehen rüstet, ihn noch versteht. Es ist in diesen Worten etwas, das über große Entfernungen hin hörbar wird. Und wenn man doch auch an diesem Platz etwas von der Dunkelheit, von der Undurchdringlichkeit mancher Mauer erfahren muß, von der unerreichbaren Einsamkeit auch, in der wir voreinander verharren bis zum letzten Hauch, so soll uns diese Erfahrung nicht reuen. Es gehört zur Weisheit der letzten Stunde, daß man sich von ihr in die Liebe einweisen läßt, die wir für alle die vorletzten Stunden unsres Lebens füreinander brauchen.

Endlich aber findet der tätige Sinn in letzten Stunden oft genug nicht wenig zu tun. Wir denken an die Aufmerksamkeiten und Linderungen, die man bis zuletzt einander erweisen kann, an Geschenke der Liebe, die nicht rechnet, an die Salbe von Bethanien in immer neuer Gestalt. Und nicht geringeren Ranges: an die Geduld, an die Ausdauer, an die Treue der letzten Liebesdienste. „Ich hatte nie ein Glas mit köstlicher Narde, das ich hätte zerbrechen können", sagt die alte Stationsschwester mit den vielen Falten in der Stirn und den dunkelgewordenen Augen, „ich habe nur immer rissigtrockene Lippen befeuchtet, und Schleim und Speichel habe ich weggewischt." Und die Ewige Liebe erwidert: „Es ist gut."

Das ganze Erschrecken, das uns, Gehende und Bleibende, an der Grenze zwischen Leben und Tod umfängt, hat Matthias Claudius in seine Strophe von des „Todes Kammer" eingesenkt:

„Ach, es ist so dunkel in des Todes Kammer,
Tönt so traurig, wenn er sich bewegt
Und nun aufhebt seinen schweren Hammer
Und die Stunde schlägt."

Aber nun fährt er fort, und wohlbedacht folgt dieser zweite Vers dem ersten unmittelbar:

„Die Liebe hemmet nichts. Sie kennt nicht Tür noch Riegel,
Und dringt durch alles sich;
Sie ist ohn Anbeginn, schlug ewig ihre Flügel,
Und schlägt sie ewiglich."

Die Weisheit der Gehenden

Die Weisheit der letzten Stunde als die Weisheit der Gehenden: Was ist's, das sie sich selbst schulden und uns, ihren Nachfolgern, die von ihnen, soweit ein Mensch es vermag, das Sterben lernen sollen? Dies: daß diese letzte Stunde nicht im leeren Raum hänge, daß sie vielmehr in kräftiger Verbindung stehe – rückwärts und vorwärts.

Rückwärts. Zuweilen, am ernsten Tag oder in schlafloser Nacht befällt sie uns ja, die Frage nach den unzähligen Stunden unsres schon dahingegangenen Lebens. Wo sind sie? Wir möchten, daß sie unverloren seien. Wir möchten, daß das Beste, was in ihnen war, bleibe. Aber was war das Beste? Kaum vier Wochen ungetrübten Glückes meinte der alte Goethe aus achtzig Lebensjahren sich keltern zu können. Ja – aber dann doch vier Wochen! Und diese vier Wochen so als Essenz im ganzen wirksam, daß er in einem Dankgesang, ganz zuletzt, schreiben mochte: „Wie es auch sei, das Leben, es ist gut." Und was werden wir zu sagen wissen? Auch uns ist die Sonne aufgegangen, auch uns hat das Sommerfeld gegrüßt und der schwarze Wald, auch uns das Liebesantlitz und der Kinderblick; auch uns ist eine tapfre Tat begegnet und eine Tat der Güte. Auch uns hat der Vers eines Dichters entzückt, der Ton einer Violine, das Spiel des Menschengeistes auch uns. Aber nun müssen wir um der Wahrheit willen fortfahren: wir haben brennende Städte gesehen und Menschen im Sog des Feuersturms wie lebende Fackeln; wir haben Häftlinge ihre Elendsstraße ziehen sehen, und ihre feisten Peiniger trugen Reitpeitschen wie einen Schmuck. Und da darf die Rechenschaft nicht zu Ende sein. Wir müssen sagen: wohl, es mag sein, daß auch uns einmal etwas geglückt ist, daß einmal etwas Rechtes geschehen ist durch uns, aber wahr ist auch: daß Böses geschehen ist durch uns. Auch wir haben zerstört: Glück, Frieden, Freude. Wie möchte nun das geschehen, daß uns in der letzten Stunde das Beste bleibe, so, daß wir das Freundliche behalten und das Arge vergessen? Wenn man's nur könnte! Wenn uns nur nicht gerade die Schuld wie ein Klotz am Bein durchs Leben hin so bittertreulich verfolgte! Nein, wir müssen es uns sagen: dies, daß wir zuletzt danken können, gelingt nicht als das Exempel einer wunder wie gewitzten Rechenkunst, die Bös von Gut abzieht, sondern als das Exempel des Glaubens. Des Glaubens nämlich, daß es Gottes Gnade ist, die scheinen läßt die Sonne über Böse und Gute, über unser Gut und Bös, des Glaubens an die Vergebung der Sünden. All das Erreichte und all das Unerreichte, die Bestrebungen, die Erfahrungen, die Enttäuschungen, die Kümmernisse, die Siege, die Niederlagen: es würde uns nicht gelingen, in dieser wirren Fülle einen Sinn zu sehen, wenn es nicht den Sinn der Verheißung gäbe: „Ich habe dich je und je geliebet."

Ist aber dieses „je und je geliebet" die Wahrheit unsres Lebens, dann werden wir wohl auch des Zusammenhangs der Jahre und der Wege gewahr, und selbst die Umwege schelten wir nicht.

So weiß sich die letzte Stunde in Verbundenheit mit den tausend und vielmal tausend Stunden, die ihr vorausgingen. Im Erntetag leben sie alle: die Frühstunden der Saat, die Mittage der Mühe, die Müdigkeiten der abendlichen Rückkehr und die Sorgen der Nacht. Der wohlverdiente Ertrag, nun tritt er vor die Seele, und besser noch, tiefer noch, das Unverdiente, das mitteninne wohnt. Der Abschiednehmende darf danken. Er darf – der schöne Ausdruck umschreibt die Aufgabe genau – „das Zeitliche segnen".

Wohin gehen wir?

Die andere Bindung, welche die letzte Stunde davor bewahrt, im leeren Raum zu hängen, ist die Bindung nach vorn. „Wohin gehen wir denn?" Mitten im wachen Tag steht sie plötzlich vor uns, die Novalisfrage, die Frage des Wanderers. Und die Antwort ist bald gesagt: dem Grab entgegen.

Das ist der Augenschein, und wie sollten wir nicht davor erschrecken? Dieses Erschrecken ist in der Welt, und alle die vielen Unsterblichkeitswünsche, die auch in der Welt sind, sie sind wie Wege der Flucht aus diesem Erschrecken. So träumt der eine die Unsterblichkeit der Ahnen- und Enkelreihe und der andere die Unsterblichkeit des Vaterlandes; ein dritter die Unsterblichkeit im leichtgezimmerten Haus einer großen Idee, und wieder einer die Unsterblichkeit im Nachruhm.

Es ist die Weisheit der letzten Stunde, diese Träume nicht zu träumen. Denn diese Träume alle greifen zu hoch und doch auch wieder nicht hoch genug. Sie wagen zuviel und wagen zuwenig.

Wie das? Sie wagen zuwenig, indem sie das eine preisgeben: das Geheimnis der Person. Und sie wagen zuviel, indem sie hoffen, dem Tod ein weniges abhandeln zu können. Aber hier geht es nicht um Rechenkünste und Exempel der Handelspraktik, sondern um das Exempel des Glaubens. Es geht nicht darum, zu feilschen: neun Zehntel dem Tod, ein Zehntel nicht dem Tod. Nein: der Tod ist groß, und seine Arbeit ist ganze Arbeit. Durch die nüchterne Strenge, mit der das ausgesprochen wird, scheidet sich die Christenheit von den Träumern der Unsterblichkeit. Und wieder: in der nüchternen Strenge, mit der das ausgesprochen wird, begegnet sich die Christenheit mit denen, die dem Tod das unwiderruflich letzte Wort geben. Aber freilich: nicht auf eines Augenblickes Länge können Hoffnungslosigkeit und Ewigkeitshoffnung zusammengehen. Ja, der Tod ist groß, und seine Arbeit ist ganze Arbeit; auf eine Art von Gewaltenteilung läßt er sich nicht ein. Aber – und nun erst beginnt das Credo der Christenheit: credo carnis resurrectionem, vitam aeternam. Ich glaube die Auferstehung in Person, ein ewiges Leben. Wie hebt das alte Lied an? „Es ist ein Schnitter, heißt der Tod, hat Gwalt vom großen Gott." Ja, „hat Gwalt": ganze Gewalt; aber „vom großen Gott", das ist: geliehene Gewalt. Gewalt, die ihm – auf Zeit – ganz gegeben ist und die ihm ganz genommen wird. Er weiß ganz zu rauben: Leib und Seele – und muß den ganzen Raub wieder hergeben: Seele und Leib. Und das: weil und wann und wie es Gott gefällt.

Dies: nicht mehr, aber auch nicht weniger als dies, meint die Bindung vorwärts, in der die letzte Stunde davor bewahrt ist, im leeren Raum zu sein. Schattenstraßen, Geisterstimmen, Ahnungen, spirits? Sie seien oder sie seien nicht – wozu das Herz daran hängen? Credo.

Dieser Verzicht und dieser Glaube gibt der letzten Stunde ein eigenes Gewicht. Ein eigenes Schwergewicht. Es ist, gerade auch für den Christen, alles wahr, was die Totentänze vor Augen malen: der Schrecken, der Abschied, die Einsamkeit, die Traurigkeit, der Ernst der Rechenschaft und der Waage im Gericht. Zugleich aber bekommt die letzte Stunde, und auch das Leben auf *diese* letzte Stunde hin, eine eigene Schwerelosigkeit.

Worte des Abschieds

Die Worte der letzten Stunde haben eine besondere Würde. Nicht von der Art, daß „Letzte Worte" gesammelt werden sollten; welches unter den Worten des Abschieds nun gerade das allerletzte ist, das entscheidet oft genug ein äußerer Umstand. Für sich genommen und gebündelt, geben „Letzte Worte" doch wohl wenig Aufschluß über den Menschen im Abschied. All unsre Worte, die ersten und die letzten, stehen im Gericht, und durch alle kann die Freundlichkeit Gottes etwas Wesentliches wirken.

Aufmerksam jedoch würde ich betrachten eine Sammlung „Letzte Antlitze". Ich würde in jedes einzelne Totenantlitz blicken und nach der Summe fragen, wohl wissend, daß sie nicht zu errechnen ist. Niemand, der unsre Tage durchlebt hat, vermag das Löwenantlitz der Ricarda Huch im Tode zu vergessen, und zu großem Trost haben viele in das Totenangesicht des Kardinals Galen geblickt. Aber auch hier gilt, was von den Worten zu sagen war: viele Angesichter sind da in jedem einzelnen, und durch das früheste und durch das späteste blickt das Menschenungenüge; aber das erste und das letzte und alle zwischen dem ersten und dem letzten tragen das Zeichen aus Hagars Wort: „Du, Gott, siehest mich."

Dunkle Schritte

Ein eigenes Wort muß gesagt werden über die Wahrheit der letzten Stunde in drei besonderen Fällen; Fällen, wie sie der Geschichte der Menschheit zugehören seit Anbeginn, wie sie nun aber in einem Kursus von ungeheurer Gründlichkeit unsrem Geschlecht vorgestellt worden sind. Gemeint sind: der Selbstmord, die Hinrichtung und die Euthanasie.

Alle Besinnungen auf den Selbstmord führen im Kreis umher, und unausweichlich kehrt wieder und wieder das Wort: „Unser keiner lebt für sich selber." Auch die ganz innerweltlichen Aussagen, die wirklich Gestalt gefunden haben – wie etwa das „Requiem" von Rainer Maria Rilke –, verharren in der bitteren Monotonie:

„Daß du zerstört hast. Daß man dies von dir
Wird sagen müssen bis in alle Zeiten."

Auf dieser Grunderkenntnis unsrer Verantwortlichkeit und unsrer Zusammengehörigkeit ruht einer von den Pfeilern der Welt, und das Nein zum Selbstmord ist unerschütterlich. Aber wenn wir an die letzten Wege des Dichters Jochen Klepper und des Musikers Hugo Distler in jenem dunklen Winter des Jahres 1942 denken oder wenn wir denken an die Männer und Frauen, die sich der schlimmsten Folter mit all ihren Folgen (der Folge zum Beispiel: durch erpreßte Aussagen andere zu belasten) nur dadurch entziehen konnten, daß sie Hand an sich legten – wie können wir da richten? Wie könnten wir da auch nur – urteilen? Wenn Urteil gewagt wird, so muß das Urteil aus der Weise gehen, die Reinhold Schneiders unvergeßliches „In memoriam Jochen Klepper" andeutet: „Die Schuld ist aller, unser das Gericht ..."

Die beiden, deren Namen hier stehen, Jochen Klepper und Hugo Distler – und ihnen gleich nicht wenige, deren Namen verborgen sind –, sie haben in ihrer letzten Stunde das Neue Testament und den Lobgesang der Christenheit bei sich gehabt, und niemand wird einen Widerspruch empfinden zwischen dem Verlangen nach dieser Gegenwart des Immerwährenden und der Notwendigkeit, den dunklen Schritt aus diesem Hier und Nun hinaus zu tun. Wir maßen uns nicht an, eine einzige Chiffre, wie sie das Antlitz auch dieser Sterbenden uns vorhält, wirklich zu entziffern ... Gewiß ist nur: es wird die letzte Stunde derer, die nur diesen Ausweg sehen, kaum je einmal eine geringe Stunde gewesen sein: höhnisch und wie einen Bettel, ohne Rechenschaft, ohne Sorge, wirft nicht leicht einer sein Leben weg.

Worin sich die letzte Stunde, die einer Hinrichtung vorangeht, von fast allen sonstigen Stunden unterscheidet? In dem, daß hier alle Gnadennarkose fehlt. Sogar der Selbstmörder ist doch wohl, wenn wir das richtig beurteilen können, nicht im vollen Sinn des Wortes „bei sich". Der Häftling dagegen: das ist oft genug ein völlig gesunder, durch die Zeit der Haft in seinem Lebenswillen keineswegs gebrochener Mensch, ein Kräftebündel aus Drang und Trieb. Und er wird zu irgendeiner, von fremder Macht bestimmten, ihm selbst mindestens doch zwei Stunden vorher bekannten Minute vom Leben zum Tod gebracht. Es gibt nun freilich auch da Erfahrungen von Euphorie, von gewaltigem Schutz, von Gottes feuriger Wolke: man denke an die Briefe aus dem Gefängnis Tegel, die Helmuth James

Graf von Moltke im Januar 1945 geschrieben hat –, aber das eigentliche Signet der Stunde ist eine Wachheit ohnegleichen, ein grelles Licht. Es ist eine gesteigerte letzte Stunde, die in diesem grellen Licht zu bestehen ist, sie ist, vorweggenommen, der Tod zu vielen Malen. Und doch kann in Wahrheit von ihr gesagt werden, was von der letzten Stunde des armen Baranowski gesagt ist: „Er hatte rasch ein Stück Leben nachgeholt, und diese letzte Stunde war nicht ganz arm gewesen" (Albrecht Goes, „Unruhige Nacht").

Die sogenannte Euthanasie, der staatlich gelenkte Eingriff in den Lebenslauf geistig Gestörter oder unheilbar Kranker, bringt es mit sich, daß der Mensch um seine letzte Stunde betrogen wird. Man wird sich fragen können, ob der hippokratische Eid einem Arzt die Pflicht auferlegt, immer und immer aufs neue durch Kampferspritzen und Sauerstoffzufuhr ein erlöschendes Leben zu verlängern. Daß aber Grafeneck und Pirna und alle die anderen Schandorte Mördergruben genannt werden müssen wie Auschwitz und Buchenwald, das ist gewiß. Wer die Berichte kennt, die vorliegen über den Abtransport der Insassen einer Anstalt, wer es weiß: wie der geplante Mord den Verdüsterten – und wär's nur im Dämmer ihres Daseins – oft genug bewußt geworden ist, der vergißt nicht, welche Schuld sich Machthaber und Funktionäre auf die Seele geladen haben, indem sie den „unnützen Essern" die Qual einer solchen Stunde im Schattenhaft-Ungewissen bereiteten –, letzte Stunde auf dem Weg zu einem Tod, den sie „Gnadentod" nannten.

IV

Du bist nicht allein

Ermutigen, beistehen, trösten

Nachbarlich ist alles Leid der Welt.
Denk ein Kind, das plötzlich traurig wird,
Weil sein Ball ins Weißnichtwo verirrt.

Seine kleine Kinderklage fällt
An die Schwelle vor dem Klagetor
Einer Braut, die ihren Freund verlor.

Mädchenstimme, die ins Dunkel geht,
Streifen andre, sprechen: „Wir sind blind,
Müssen schlafen, eh' die Nacht beginnt."

Andre: „wir sind arm" – und eine fleht:
Kann denn nicht, nur eine Stunde lang
Tönen, tönen aller Lust Gesang?

Über alle hin ein Leidwind weht:
Kind, sei stille, Braut, ich höre dich,
Volk der Armen, Irren, Blinden, sprich:

Alles Leid der Welt ist nachbarlich.

Soll und Haben

Sehet den Menschen, den wir begleiten sollen. Wir lassen ihn neben uns her trotten, wir stützen ihn wohl auch, wenn es nötig ist, und wir wissen, wie wir durch ihn von unsrem Weg, dem geradlinigen Weg, an dem uns gelegen war, abkommen. Wir können's nicht hindern, daß uns die Frage beschleicht: lohnt sich der Umweg? Oft genug sind wir versucht, ganz nüchtern und ganz betrübt zugleich, zu antworten: nein.

Aber es gibt einen Antrieb, nicht abzulassen. Er liegt in der Erkenntnis: Gott ist reich.

Du fragst: was hilft mir das? Ich bin nicht reich, mein Vorrat an Kraft ist nicht unerschöpflich. Laß ich mich auspicken wie eine Sonnenblume, so kommt der Tag, an dem ich leer am Wege stehe, man hat Beispiele dafür. Nein, so geht die Rechnung nicht auf. Gott ist reich – das heißt: er kann die Gewinn- und Verlustrechnungen eines Jahres in einer Nacht, in der Nacht seiner Barmherzigkeit korrigieren, Soll und Haben tauschen, eine Stunde segnen, daß sie wie ein Monat zählt. „... und du wirst sein wie ein bewässerter Garten und wie eine Wasserquelle, der es nie an Wasser fehlt" (Jesaja 58,11). Von sichtbarem Lohn ist selten die Rede, und ein mit sich zufriedenes, pralles Gewissen ist wohl kein Lohn, um den es sich lohnt. Gott ist reich. Das glauben können, heißt: nicht die Gabe empfangen, sondern den Geber selbst. Und dein Leben, das lebenslang zu buchstabieren hat an dem Wort „Was hast du, das du nicht empfangen hast?", erfährt, wie es mit ihm zugleich nun ins Weitoffene hinausgeht: was ist, das du nicht empfangen könntest?

Das Amt des Tröstens

Gelobet sei Gott und der Vater unsres Herrn Jesus Christus, der Vater der Barmherzigkeit und Gott allen Trostes, der uns tröstet in aller unsrer Trübsal, daß wir auch trösten können, die da sind in allerlei Trübsal mit dem Trost, damit wir getröstet werden von Gott.   *2. Korinther 1,3.4*

Vor mir steht im Geist der Tag vor über sechzig Jahren, der Tag meiner Ordination in der Tuttlinger Stadtkirche, und der mir eben dieses Wort damals zusagte, war mein Ordinator und war mein Vater; zur Rechten und Linken standen die Zeugen dieser Stunde: auf der einen Seite war das Friedrich Höltzel, damals Tuttlinger Pfarrer, nachmals Stuttgarter Prälat, auf der anderen Seite mein Bruder Helmut Goes, der zwei Jahre vor mir in das Pfarramt eingetreten war – und da sollte es nun also für diesen Tag und für alle künftigen Tage gelten, für die im Zeitenlos verborgenen vielen Jahre, die seither vergangen sind, für die tausend Wege auf Kanzeltreppen, für die Wege in die Häuser der Gemeinden, in Krankenhäuser, Kriegslazarette, Gefängnisse, an Taufsteine, Altäre und Gräber.

Das Amt des Tröstens: es traf mich – und es sollte mich ja auch treffen, daß das große, weitgefächerte Amt, in das ich da eingesetzt wurde, mir zuerst in dieser Gestalt vor Augen gestellt wurde. Der Vater, der damals dreißig Jahre Amtserfahrung hinter sich hatte, hätte ja auch vom Amt des Lehrers, vom Amt des Wächters sprechen können. Er konnte nicht wissen, wir alle konnten nicht wissen, daß das halbe Jahrhundert, das damals noch vor uns lag und das jetzt hinter uns liegt, in der Tat große Aufgaben auf dem Felde des rechten, wahren Trostes stellen würde.

Es ereignete sich, das war an jenem Märzmorgen uns noch so verborgen, wie alles künftige Lebenslos verborgen ist, verborgen wohl, doch nicht zufällig –, daß ich im zweiten Dienstjahr in das Stadtvikariat der Stuttgarter Martinskirche versetzt wurde und daß damals zu diesem Amt der ständige Dienst am Krematorium des Pragfriedhofs gehört hat; daß ich also zwei-, dreimal in der Woche vor einer Gemeinde von Unbekannten, die – etwa aus Waiblingen, Lorch oder Schorndorf – hierher zur Feuerbestattung eines Angehörigen gekommen waren, ein Abschiedswort zu sprechen hatte; und da las ich dann – das war in jenem Jahr die ständige Mitgift meiner Tage – in den Danksagungen, daß man „dem Herrn Stadtvikar für seine trostreichen Worte" danke. Das war lieb und gut gemeint; aber man wird verstehen, daß ich diese Wendung bald nicht mehr lesen, hören, bald nicht mehr ausstehen konnte; daß ich mit großer Leidenschaft von allen diesen Abschiedsworten wegdrängte zu den Urworten, zu Luthers „Christ will unser Trost sein"; zu Paul Gerhardts „Aller Trost und Freude / ruht in dir, Herr Jesu Christ"; ja, nicht nur dies, sondern daß mir die in unsre Hand gegebene Sache, etwas Tröstliches zu finden, verdächtig wurde, daß ich, mit der Wünschelrute ausgehend, einen heftigen Ausschlag spürte, wenn ich in Luthers Thesen fand: „Hinweg also mit allen den Propheten, die dem Volk Christi sagen: Friede, Friede, und ist kein Friede", – und heftig auch zusammenzuckte bei dem Wort einer Nonne des Mittelalters; „Weh denen, die getröstet sind."

„Weh denen, die getröstet sind": das soll ja heißen: weh denen, die zu früh, zu rasch, oder die falsch getröstet sind, und das schlüge nun sogleich auf uns, auf die „Tröster vom Amt" zurück: daß sie am Ende falsche, im Buch Hiob steht: „leidige" Tröster sein können – oder sind.

Falscher Trost – hieße das: oberflächlicher Trost? Also etwa „heile, heile Segen", wenn es nun eben wirklich nicht um „drei Tag Regen, drei Tag Schnee" geht. Oder: ernster gesprochen: hieße das: es wird schon nicht so schlimm sein?

Hier ist Achtsamkeit geboten. Kein Satz ist von vornherein falsch, kein Satz ist von vornherein richtig. Ein Kindertrost kann auch einmal richtig sein, ich höre noch den pommerschen Tonfall der Kinderfrau meiner Kindheit: „Weine man nicht, im Ofen stehn Klöße, du siehst sie nur nicht ..." Aber – die Bürger jenes Dorfes, die einen furchtbaren Schergen als Bürgermeister hatten und sich und ihn mit dem Satz betrogen, es werde das alles so schlimm nicht mehr sein, da werde Gras drüber wachsen, waren tief im falschen Trost. Es ist nicht halb so schlimm, es ist viel, viel schlimmer – und Rahel weint um ihre Kinder und will sich nicht trösten lassen, sie darf sich, wenn wir das Wort recht verstehen, sie darf sich nicht trösten lassen.

Glauben, verkündigen kann ich, wenn ich im ernstesten Ernst gefragt werde, doch nur dies: daß ich vertraue: daß die Ewige Liebe wahr und wirklich ist, und: daß ich in ihr sein darf.

Wo sein darf? Im Lobgesang des achten Psalms: „Was ist der Mensch, daß du seiner gedenkest / und des Menschen Kind, daß du dich seiner annimmst?"

Erstes Sterben

Der Vikar ist das Kind der Gemeinde – das will sagen: ihm, der seine ersten pfarramtlichen Gänge in die Dörfer hinaus tut, sonntags die Predigt hält, ein wenig stockend und ein wenig mutig, werktags den Kindern biblische Geschichten erzählt und nach den Kranken sieht, ihm kommen sie alle entgegen, einen Schritt, drei Schritte und viele Schritte, wie man einem Kind entgegenkommt: in der Liebe. Und wenn ihn etwas hindurch zu tragen scheint durch diese ersten Wochen, da es Fuß zu fassen gilt, so möchte es wohl diese Liebe sein. Tagebuch zu führen über diese Liebe – er hat keine Muße dazu; die Augen nur, ehe sie sich abends schließen, haben Tagebuch geführt, farbiges Bilderbuch: so also sehen Bauernhände aus; so das Angesicht einer alten Frau; so eine Dorfschöne, die sich beim Küssen überraschen läßt; so ein verjagter Heimatloser, ein geprügelter Bursch, den niemand sehen will; so eine junge Mutter, wenn sie über die Wiege hin spricht. Noch fehlt ein Bild: der Tod. Der Vikar ist ein Stadtkind. Wäre er's nicht, so wüßte er vom Tod, was hierzulande alle von ihm wissen, was aber in der Stadt hinter Vorhängen und Türen, Riegeln und Zellen verborgen bleibt: wie so ein Totes in seinem Kissen liegt, bleich, würdig und sehr still. Nun freilich, da er ein Sohn dieser Dörfer geworden ist, wird es auch zu ihm kommen, dieses Bild; es wird nicht allzulange auf sich warten lassen, der Tod geht reihum. Einmal wird er hier wieder einkehren. Aber bis dieses eine Mal vorbeigehen wird? So ist es denn wahr: der Vikar fürchtet sich davor, und zugleich wartet er darauf. Und durch den ganzen Sommer hindurch bleibt es so: furchtsames Warten. Bis es dann in einer Nacht plötzlich kommt, so kommt, daß zu irgendeiner Stunde – es mochte allerfrühester Morgen sein – einer an sein Fenster klopft: Herr Vikar, einen Gruß, und ob sie nicht noch zur Mutter kommen könnten, sie sterbe. „Ja, gleich, im Augenblick." Er schließt das Fenster, faßt nach den Kleidern – Licht zu machen scheut er sich, er weiß nicht warum –, er weiß nur: jetzt kommt es also, jetzt ist es da. Schon ist er auf der Straße draußen und grüßt den Mann, einen Alterskameraden, und dann gehen sie. Sie haben eine halbe Stunde Wegs. Das Licht in der Stallaterne schwankt hin und her, hin und her auch schwanken die Gedanken: nun würde man bestehen müssen auf eine neue Weise. Auf welche Weise? Man müßte etwas sagen, etwas tun: wunderlichen Schritt in unbekanntes Land. Unterdessen spricht der Mund, fragt, antwortet; und die Zeit vergeht. Hier ist der Hof. Ein Hund schlägt an. Jetzt treten sie unter die Tür. Es ist ein dunkles Zimmer, das sie betreten, der Lichtkreis und die Petroleumlampe ist klein, aber die Sterbende liegt ganz im Licht. Sie ist eine Frau in den sechziger Jahren, grau, gescheitelt und dunkeläugig, eine Verlöschende. „Mutter, der Herr Vikar ist gekommen", sagt das junge Weib, das die Männer beim Eintritt stumm gegrüßt hat, und die Bäuerin erkennt: „So, der Herr Vikar." Dann ist Stille.

Wir hören den Atemzügen zu, friedlichen Atemzügen. Ein Wind geht ums Haus, eine Frucht fällt ins Gras. Und wieder: Stille. So ist es also, denkt der Vikar. Ich sollte etwas tun, denkt er, etwas sagen. Warum sagt er nichts? Wovor fürchtet er sich denn? Fürchtet er sich vor dem Tod?

Von Zeit zu Zeit steht die Tochter auf, wischt der Mutter den Schweiß von der Stirn, bleibt wie prüfend eine Weile stehen; fürchtet sie sich nicht vor dem Tod? Ist sie noch bei sich: sie richtet sich ein wenig auf, und nun sagt sie: „Bitte, beten." Der Vikar weiß plötzlich, wovor er sich gefürchtet hat vorhin; er hat gefürchtet, seine eigene Stimme zu hören, hier im gleichen Raum, wo schon der Tod zuhört. Er hat sich gefürchtet, aber nun ist es nicht furchtbar; nichts dünkt ihm glaubwürdiger, nichts wirklicher als diese von weit her kommende Stimme: „Bitte, beten." Er weiß nicht, daß es seines Amtes ist, bei Sterbenden zu beten; er kommt sich nur vor wie ein Kind, das aufgerufen ist. – Und so betet er denn. Es sind die Worte eines alten Sterbeliedes. Vor Jahrhunderten hat's einer gebetet, und tausend nach ihm haben gemerkt, daß es recht ist, recht in seinen Worten, seinem Tiefgang, seinem Zusammenklang. Gericht ist darin und Erbarmen, Not und Ende der Not. „Amen." Und „Amen" sagen auch Sohn und Tochter – und nun flüstert die Sterbende: „Amen." Es geht auf den Morgen zu. Ein dunkles Blau vor den Fenstern kündet ihn an; Müdigkeit fällt uns über die Augen. Aber da gehen mit einem die Atemzüge der Sterbenden rascher, und nun hat keines Zeit, an sich zu denken. Wir treten ganz nahe herzu. Und so zart kann kein Morgenwehen sein wie nun der letzte Hauch. Eine Weile noch verharren wir, horchend, wartend; worauf denn wartend? Dann geht die Tochter ans Kammerfenster und öffnet die Flügel weit.

„Nein, die Laterne ist nicht nötig, es ist ja bald Tag." Er geht allein zurück. Einmal würde er aufhören, Kind der Gemeinde zu sein, dann wäre es wohl auch die Liebe nicht mehr, die ihn trüge, wie sie Kinder trägt. Denn nun würde er das neue Wort wissen: daß ihn die Botschaft tragen würde, ihn und die Lebenden und Sterbenden um ihn, die gute Botschaft.

Du bist nicht allein

Die Gottesgeheimnisse sind wie eine Nuß in unsrer Hand, und wenn wir wüßten, was wir sagen, so könnten wir es genug sein lassen mit dem Satz, der in Luthers Morgen- und Abendsegen am Anfang steht: „Das walte Gott Vater, Sohn und Heiliger Geist" und wir hätten alles vom Trost gesagt, was gesagt werden kann.

Um aber nun nicht die unaufgeklopfte Nuß zu geben, versuche ich, ein paar Sätze zu sagen, die das Geheimnis vielleicht ein wenig uns deuten und anschaulich machen können.

Es ist tröstlich – so lautet der erste Satz –, daß du gerufen bist, um für dich du zu sein.

Und der zweite Satz lautet: Es ist tröstlich, daß du gerufen bist, um nicht nur für dich du zu sein.

Es ist tröstlich, daß du gerufen bist, um für dich du zu sein: keine Trompetenbläser, keine Leute der Siegfanfare kommen uns in den Sinn, wenn wir uns an den Satz herantasten. Ich will zwei Namen nennen. Gerhardt, den Mann, der alles, was er sagte, auf der Rückwand des Dreißigjährigen Krieges gespiegelt sah – aber er schreibt: „Habe Dank, du milde Hand, die du von dem Throne / deines Himmels mir gesandt diese schöne Krone / deiner Gnade, die noch grünt, / die ich all mein Tage / niemals hab um dich verdient / und doch freudig trage." Und dann: Matthias Claudius: „Ich danke Gott und freue mich / wie's Kind zur Weihnachtsgabe, / daß ich bin, bin, bin! Und daß ich dich / schön menschlich Antlitz habe." Freilich: wer nun nicht wohlauf ist und gesund und wer nicht „schön menschlich Antlitz" hat? Ist das Lied schon zu Ende, ehe es begonnen hat?

Und wie ist es mit dem alten Chassid, dem schon eingangs zitierten Rabbi Sussja? „In der kommenden Welt wird man mich nicht fragen: warum bist du nicht Mose gewesen? Aber man wird mich fragen: warum bist du nicht Sussja gewesen?" Der Satz hat etwas Tief-Erschreckendes. Er spricht davon, daß ein Mensch sein Stichwort nicht hört, sein Bild nicht verwirklicht. Aber es liegt auch etwas Tröstliches auf dem Quellengrund dieses Satzes: das Tröstliche, daß du eben gerufen bist – wie wir sagten –, für dich du zu sein. Du sollst nicht Oboe spielen müssen, wenn du munter Skat spielen kannst. Du sollst nicht schöne Gstanzerl zur Fastnacht machen wollen, wenn dir ein ernster Brief an dein Sorgenkind in der Ferne gelingt. Du sollst wirklich um Gottes, deines Schöpfers willen, nicht gegen dich wüten.

Trost braucht nicht immer eine linde Hand oder ein Streichelwort. Es gibt den strengen Trost: „Was ist der Mensch ...?" Wie denkst du nicht dankbar an die Mühe, die sich die Ewige Liebe mit dir gegeben hat? Weißt du nicht, daß es dir geboten ist, den anzunehmen, den Gott angenommen hat, des Menschen Kind, dich?

Aber nun hören wir noch einmal den zweiten Satz: Es ist tröstlich, daß du gerufen bist, nicht nur für dich du zu sein.

Daß du, gebend und nehmend, nicht nur dir gehörst. Über einem Brunnen steht die Inschrift: „Wie schön und einfach ist mein Leben: Geben, immer nur geben." Das ist Brunnenweise – nicht Menschenweise. Menschenweise ist: am Du und Ich zu erstarken. Wir leben davon, daß wir uns nicht rar machen – und davon, daß wir vom Andern leben dürfen, wie man vom Brot lebt. Da ist keine Scheidung in Räumen und Zeiten; das geht allstündlich ineinander über:

„Glück wohl, des Nehmens Glück / und größer noch / des Gebers Glück, dies: daß der Nehmer nahm". Auch die Ewige Liebe selbst nimmt, wo sie von ihrem Trost spricht – durch Prophetenmund spricht – menschliche Gleichnisgestalt an: „Ich will euch trösten, wie einen seine Mutter tröstet." Denke keiner von sich so, daß nicht auch er berufen und berechtigt sei, vom eigenen Leben zu geben. Es ist irdisch Brot, und vielleicht ist es trocken Brot, und am Ende sind Schimmelfäden darin. Wenn die Stunde es so will, kann es sein wie der Engel Brot.

Christus selbst ist es, der uns bürgt für diese Trostbotschaft, ja, in dem sie recht eigentlich wahr wird. Er ruft den, den er ruft, unauswechselbar, als das Ich, das an diesem Du, das ihn ruft, recht zum Ich wird. Matthäus am Zoll, Petrus im Schiff, Nathanael am Feigenbaum. Er ruft sie in ihr eigenes Los. „Wenn ich will, daß er bleibe, bis ich komme, was geht es dich an?" wird von dem einen zum anderen, von Johannes zu Petrus gesagt, – und zu Petrus dann dies: „Folge mir nach!"

Und er ruft sie als der, der nicht für sich da ist, der ihrer aller Diener ist und der ihnen das Beispiel gegeben hat, daß sie tun, wie er ihnen getan hat. Der Schurz und das Wasser im Becken der Fußwaschung ist uns vor die Augen gestellt als eine Aufgabe, ein Exempel vom rechten Trost: du bist nicht allein.

„Gelobet sei Gott, der Vater unsres Herrn Jesus Christus, der Vater der Barmherzigkeit und Gott allen Trostes" – im Urtext heißt es, er sei der „Vater der Barmherzigkeiten"; in dem Plural „Barmherzigkeiten" wird es vor uns offenbar: daß es so viele „erbarmungswürdige Existenzen" gibt und darum so viele Weisen, Erbarmen zu zeigen: mit den Unterdrückten, die es so nötig haben, und mit den sicheren Leuten, die ein eigenes Erbarmen brauchen.

Der Gott allen Trostes: in der Frage I des Heidelberger Katechismus wird einfältig gefragt: „Was ist dein einiger Trost im Leben und im Sterben?" – und einfältig geantwortet: „daß ich in beiden, im Leben und im Sterben nicht mein, sondern meines Herrn Christus Eigentum bin." An dem Tag, an dem wir das so glauben und bezeugen können, haben wir nichts mehr zu fragen. Aber auch auf dem Weg zu dieser letzten Geborgenheit sind wir nicht trostlos allein. Der uns „Augen, Ohren und alle Glieder, Vernunft und alle Sinne gegeben hat" weist vielfältigen Trost im Unterwegs. Den Regen im dürren Land, „eine gelbe Krokusblüte, / einer Wolke Frühlingszug", Mozarts Musik und nicht nur Mozarts Musik. Einen Scherz, der uns lächeln oder herzlich lachen macht, und dann also wirklich auch einmal das „Heile, heile Segen".

Wenn ich so im Rückblick an dieses Amt denke, in das ich eingesetzt wurde, das Amt des Tröstens, so sag ich zuletzt: die Tröster reden, wie sie's verstehen, unweise und weise. Das Beste, was sie tun können, ist, daß sie sich mit denen, die ihnen anvertraut sind, geborgen wissen im „Anschaun ewger Liebe", in dem „Atem aus der ewgen Stille", die heißt: „Vater der Barmherzigkeit und Gott allen Trostes."

Bereitschaft

Sieh, sie brauchen irgendeinen,
Der dabei ist in der Nacht,
Wenn ihr weher Atem wacht
Und sie einsam sind und weinen.

Sieh, sie müssen einen finden,
Der sie schon im Schweigen kennt,
Der, eh man die Wunde nennt,
Schon am Werk ist, zu verbinden.

Glaubst du, Herr, ich könne lesen
Mit der armen Augen Kraft,
Wo sie krank sind und genesen?

Sieh, ich möchte mich verteilen,
Wie ein Becher seinen Saft –
Heiland, gib ihm Kraft zu heilen.

Sonnenaufgang

Ich will euch trösten", spricht der Herr. Gott tröstet, und so kann keiner ins „Amt des Tröstens" versetzt sein, er habe denn die Leihgabe Gottes und sie allein. „Wie einen seine Mutter tröstet …" (Jesaja 66,13). Daß die Mütter vielerorts die Väter ersetzen müssen, das ist unser besonderes Los. Und die Frage, ob die Mütter durch diese Pflicht nicht überfordert werden, bleibt Frage vor uns. Aber dies erfahren die Mütter als Antwort: daß Er, der Ewige Vater, auch Mutter sein kann, sein will, daß in der Wirklichkeit Gottes Vater und Mutter beisammen sind, daß eines sich zum anderen fügt: „wie Väter sich erbarmen ob ihrer jungen Kindelein" – so in Johann Gramanns Lobgesang – und so bei Paul Gerhardt: „Denn wie von treuen Müttern / in schweren Ungewittern / die Kindlein hier auf Erden / mit Fleiß bewahret werden, / also auch und nicht minder, / läßt Gott uns, seine Kinder, / wenn Not und Trübsal blitzen,/ in seinem Schoße sitzen." Aber nun auch umgekehrt: wir können von dem großen Geheimnis des wahren ewigen Beistands, vom Gottestrost, nicht anders sprechen, als indem wir ihn mit diesen menschlichen Urbildern, mit Vater und Mutter eben, verbünden.

Von diesem Trost getröstet, wagen wir zu trösten: Denke keiner von uns gering von Gottes Verheißung: „Ich will euch trösten, wie einen seine Mutter tröstet": das ist über der Welt wie Sonnenaufgang und wie strömender Regen. Denke aber auch keiner so gering von sich, als könnte nicht auch er – um dieser Verheißung willen – einen Funken des Lichts empfangen, einen Tropfen des heiligen Regens in sein Amt: in das Amt des Tröstens.

Getröstet, getrost

Wie es den Liebend-Geliebten in der Welt geschieht: daß sie alles Geschehnis zusammenführt, weil jeder von ihnen zuerst nicht sich selbst meint, sondern den anderen, weil der andere das eine Wirkliche ist – und es geschieht ihnen trotz der Unvollkommenheit ihrer Liebe –, so erfahren die Beter von der Vollkommenheit dessen, der ihr ewiges Du heißen darf: daß betend ein Land betreten wird, in dem keine Ferne und keine Fremde Dauer gewinnen.

Je älter ich werde, um so mehr zögere ich bei allem, was wie Zuspruch aussehen könnte; oft denke ich: wer rät, stört. Aber mitunter glaube ich dann doch, es könnte geschehen, daß einer, um den der Morgenwind Gottes weht, für einen anderen, ohne daß man dergleichen weiß – eine Ermutigung heißt, also daß der andere, der Erschrockene, ein Neues begreift und anderen Schrittes geht. Anderen Schrittes – das ist: getröstet, getrost.

V

Dem Gottestag entgegen

Tote begraben

Tod und Grab – das ist das ganz Andere, das ganz Fremde, das Unausdenkliche. Freundschaft mit dem Tod? Ich glaube nicht daran. Wir glauben alle nicht daran. Unsere Bräuche gehen auf Verhüllung aus, auf Verschönerung, auf Verklärung, und für einen kurzen Augenblick scheint uns ja der Tod behilflich bei unseren Versuchen. So, wenn er die Spuren des Todeskampfes vom Antlitz des Dahingegangenen tilgt und etwas wie Jugend wiederherstellt, das holde Täuschungsbild des Schlafes. Aber dergleichen geschieht doch wohl nur, um uns, mit Kinderschritten gleichsam, einzuüben in das Geforderte, in den wahrhaftigen Männer- und Frauenschritt, und der ist schwer und heißt: Abschied.

Der tote Bauer

Tut denn, ihr Träger,
wie je ihr getan,
seht, kein Verkläger
hält euch an,
seht, kein Weinender
wehrt dem Gebot,
und kein Verneinender
zürnt diesem Tod.

Neunzigmal fühlen,
wie Frühling tut,
eh man auf kühlen
Kissen ruht,
eh die Beschwerde, die
letzte begann,
nahm dich die Erde, die
mächtige an:

nahm dich, zu dienen
dem Brot und dem Wein,
kühnlich mit ihnen
ein König zu sein,
und es begegnen sich
Schatten und Strahl,
sieh, und sie segnen dich
beide zumal.

Schreiner, die Bretter
wähltest du breit?
Bauernleib, wetter-
und hagelgeweiht,
wuchs, gleich dem einsamen
Eichbaum, im Bund
mit dem gemeinsamen
Muttergrund.

Wuchs: und die Helle
drang ins Gesicht,
starb: Tod ist Schwelle
ins hellere Licht –
was eh in Hüllen war,
hat sich enthüllt,
was zu erfüllen war,
ist erfüllt.

Singet vom Danken,
Knaben im Chor,
Mauern versanken,
hochragt das Tor:
Irdischer Streiter,
todmüd zuletzt,
Bruder, befreiter,
was siehest du jetzt?

Was wir begraben müssen

Was wir begraben haben, wissen wir alle. Die Briefe, die wir entfalten, die Bilder, die wir hervorholen, reden mit eigener Gewalt, und unser Herz darf seine Wege gehen: die „stolze Trauer" – so hieß es ja wohl – ist ihm nicht geboten, und die Bitterkeit der Fragen ist ihm nicht verwehrt. Der beschwörende Anruf, der das Vaterland und die Toten umschließt, jenes „Dir ist, Liebes! nicht einer zuviel gefallen", steht bei Hölderlin, nicht in der Heiligen Schrift. Dort steht zum Volkstrauertag nur eben die Bitte der Kreatur: „Fasse meine Tränen in einen Krug", und die Gewißheit der Antwort: „Ohne Zweifel, du zählest sie."

Was wir begraben müssen – das erdenkt sich des Menschen Herz nicht von selbst. Von den wahren Grabschaufelpflichten weiß die heimliche, die göttliche Weisheit, jene Weisheit, von der gesagt ist, sie sei besser denn Harnisch (Prediger 9,18).

Im Jahre 1946 traf man im Süden von Berlin zwischen den großen, noch ganz unübersehbaren Gräberfeldern einen Mann, der unermüdlich mithalf bei den schweren, bedrückenden Arbeiten der Umbettung dieser bei den Kämpfen um Berlin Gefallenen: man mußte den fast schon Unkenntlichen, wo es anging, die Erkennungsmarke abnehmen, so vielleicht ihren Namen ausfindig machen, ihren Angehörigen Gewißheit bringen und dann ein neues Grab bereiten. Der unermüdliche Helfer war ein jüdischer Mann, dem in deutschen Lagern viel Leids geschehen war. Gefragt, wieso gerade er hier nun helfe, gab er zur Antwort: „Es muß doch der Haß begraben werden; denn was hätte sonst das Ganze für einen Sinn?"

Keine Macht dem Tod

Ich wurde dreiundzwanzigjährig Vikar am Krematorium in Stuttgart und hatte viele Male vorwiegend vor unbekannten Leuten das letzte Wort zu sprechen: eine Erfahrung, die schwer ist und die mindestens für einen jungen Menschen eine starke Überforderung bedeutet hat. Sie konnte einem nur dann hilfreich sein, wenn man sie als einen strengen Befehl nahm, auf jedes Wort acht zu geben. Den einen Satz aus dem „Zauberberg", den der alte Zunftmeister Thomas Mann selbst gesperrt gedruckt haben wollte, habe ich nie vergessen. In der nüchternen Einfachheit heißt es dort in dem Kapitel „Schnee": „Der Mensch soll um der Liebe und Güte willen dem Tod keine Macht über seine Gedanken einräumen."

Letzte Ehre

Die Würde der Person gilt auch im Tode. Nach dem letzten Atemzug soll ein letztes Mal die Würde der eigenen Person ins Bewußtsein treten. Und es ist ein Dienst der Barmherzigkeit, das Wort in seiner Tiefe verstanden, dafür zu sorgen, daß das geschieht. Wir reden keinem Schaugepräge das Wort, der Eitelkeit der Eitelkeiten. Aber in den nackten Toten von Bergen-Belsen, wir müssen an sie erinnern, ist das ganze menschliche Geschlecht geschändet worden, und schon der Gedanke an das armselige Begräbnis Mozarts soll uns kränken.

Wohl: das Wort des Evangeliums, jenes „laßt die Toten ihre Toten begraben" (Matthäus 8,22), kommt uns in den Sinn. Aber – wie immer es auch gedeutet werden mag, das Wort Jesu – die Geringschätzung dessen, was wir die „Majestät des Todes" nennen, ist nicht damit gemeint. Wir nehmen ja keinen Kampf mit dieser Majestät des Todes auf, der Gewalt der Verwesung widerstehen wir nicht. Versuche, die darauf ausgehen, führen in die Irre. Aber für die kleine, die streng bemessene Frist, für die zwei, drei Tage zwischen Sterbebett und Gottesacker, gelte alles, was „letzte Ehre" heißt: Kerzen und weißes Totenhemd, Blumenschmuck und Wache, Glocke, Geleit und Nachruf, Lied und Gruß und Dank. Vieles freilich ist schon am dritten Tag nicht mehr der Rede wert. Aber wie eindringlich ist in der Totenmesse die Würde der Person bewahrt, wenn in der Liturgie des Abschieds der Name des Toten – der Vorname nur noch, der Taufname – genannt wird. Nicht für irgendeinen, sondern für diesen einen wird erbeten, daß ihm „Ruhe gegeben werde und das ewige Licht ihm leuchte".

Aufmerksamkeit des Herzens

Der Anteil am Schmerz der Nächsten gehört ganz mit in den Dienst, der von uns gefordert ist. Vielleicht ist es ein sehr tiefer, ein stumm erstarrter Schmerz, dem wir, großes Geschenk, ein Wort zu leihen haben. Vielleicht auch ist es kein Schmerz; vielleicht ist es das unhörbare, gleichwohl unüberhörbare Aufatmen in den Räumen, in denen man nach der Rückkehr vom Friedhof beisammen sitzt, und ein Wort von uns zeigt erst den Weg des Geringgeachteten, das Unverwechselbare eigenen Lebens. Phantasie der Seele, Aufmerksamkeit des Herzens, Gedächtnis, das über Zeit und Ferne die Treue hält, ein Brief am Jahrestag des Todes – so können die Gaben ausehen, welche die Barmherzigkeit fordert und gibt.

Mit Tränen säen, mit Freuden ernten

Tote begraben heißt: Anteil nehmen an einem vorösterlichen Werk. Wir verstehen das Wort des Dichters Rilke: „Was mich angeht, so starb mir, was mir starb, in mein eigenes Herz hinein." Das ist wahr, und dort, in unserem eigenen Herzen, müssen wir die Arbeit – „Tote begraben" – inständig leisten. Aber es ist doch nicht die ganze Wahrheit. Wir bleiben nicht mit unseren Toten allein. Wir geben sie her, aber wir verlieren sie nicht.

Wer hier zu glauben vermag – und glauben heißt hier: ich glaube die Auferstehung, ich glaube das ewige Leben, es heißt: Ostern ist uns im Rücken, und Ostern ist uns vor Augen –, der wird die Unwiderruflichkeit des Todes in dem ganzen Schwergewicht wohl gewahr: Abschied, Einsamkeit, Rechenschaft und Waage des Gerichts, aber allen den Scheingewichten, die Unglaube und Aberglaube an Tod und Begräbnis hängen, wird er enthoben sein. Auch legt den Zerrspiegel der Ironie weg, wer an das klare Fenster treten darf, das den Blick in ewige Räume freigibt. Und die Tränen haben hier ihr wohlbemessenes Maß, da die Verheißung ergangen ist: „Die mit Tränen säen, werden mit Freuden ernten." Von dem allem aber hat, einmal und für immer, Matthias Claudius das Beste gesagt:

„Ich mag wohl Begraben mit ansehen, wenn so ein rotgeweintes Auge noch einmal in die Gruft hinabblickt oder einer sich so kurz umwendet und so bleich und starr sieht und nicht zum Weinen kommen kann. Es pflegt mir denn wohl selbst nicht richtig in den Augen zu werden, aber eigentlich bin ich doch fröhlich. Und warum sollt ich auch nicht fröhlich sein, liegt er doch nun und hat Ruhe, und ich

bin darin 'n närrischer Kerl, wenn ich Weizen säe, so denk
ich schon an die Stoppeln und an den Erntetanz. Die Leut'
fürchten sich vor so einem Toten, weiß nicht warum. Es
ist ein rührender, heiliger, schöner Anblick, einer Leiche
ins Gesicht zu sehen, aber sie muß ohne Flitterstaat sein.
Die stille, blasse Todesgestalt ist ihr Schmuck und die Spuren der Verwesung ihr Halsgeschmeide und das erste Hah-
nengeschrei zur Auferstehung."

Chrysanthemum

Auf einmal (niemand wagte mehr zu warten)
sind schon die weißen Chrysanthemen da,
und war ein kleines spätes Fest im Garten,
wo überall sie wer erstrahlen sah.

Sie gleichen abends sehr den schmalen Lichtern,
die allerseelentags im Friedhof stehn,
und vieles macht uns denken zu den Dichtern,
die früh vollenden, eh sie von uns gehn.

Abend und Morgen

Wir schlugen, wie es sich für das christliche Begräbnis geziemt, die Heilige Schrift auf – in ihr das Buch des Psalters, in dem in lapidarer Größe und Vollmacht alles vorkommt, was in Welt- und Menschenleben Platz hat: so denn auch das wahrhaftige Zusammen von Morgen und Abend, von Abend und Morgen: „Den Abend lang währet das Weinen; aber des Morgens ist Freude" (Psalm 30,6). Im Psalter wird nicht geschielt; es wird nicht an der Wirklichkeit vorbeigeblinzelt. Der Blick des Psalters hält aus: den Abend, die beginnende Nacht, die Mitternacht – auch die „Mitternacht des Grams" – die Dämmerung dann des neuen Tages, um endlich dies zu erfahren: „Aber des Morgens ist Freude."

Was ist das für eine Freude? Es ist eine Freude des Anfangens. Im Credo der Christenheit bleibt die Hellsicht davor bewahrt, zur schmerzhaften Grellsicht zu entarten – sie weiß sich eingebunden in die Zuversicht, in der ein Mann wie Paul Gerhardt seinen Tag beginnen mochte: „Wenn ich schlafe, wacht Sein Sorgen / und ermuntert mein Gemüt, / daß ich alle liebe Morgen / schaue neue Lieb und Güt." Freude des Anfangens: wir sehen vor uns offenes Land, Aufgaben und Möglichkeiten und denken, wieviel Licht von dem Wort eines alten Meisters unsrer Tage ausgeht: „Zudem ist ja das Vollenden nicht unsre Sache, wohl aber der Anfang und das Anfangen."

Aber da ist nun der Abend – und die Nacht, da niemand wirken kann; die Stunde, die eine Grenze zieht und das Bruchstück – Bruchstück sein läßt. Hat es seine Kraft eingebüßt, das Wort: Aber des Morgens ist Freude? Nein.

Christenheit will nicht leben, ohne im Morgen zu erfahren die Freude des Vertrauens. Sie vertraut, daß in die Morgen dieser Erde schon einfällt ein Abglanz des Ostermorgens. Es ist die Hoffnung – wider allen Augenschein. Es ist die Hoffnung, die uns die Worte der Verheißung sprechen und glauben läßt: „Es wird gesäet verweslich – und wird auferstehen unverweslich. Es wird gesäet in Schwachheit und wird auferstehen in Kraft." Wohin führen uns diese Worte? Gewiß an die Pforte der unergründlichen Geheimnisse. Da wir Abend und Morgen bedenken, kommen uns, nicht das Geheimnis zu entschleiern, wohl aber ihm entgegenzulaufen, die Meditationen des Augustinus in den Sinn, der, biblischem Zeugnis folgend, den Gang der Welt erkennt als den Gang dem siebenten Tag entgegen, dem Gottestag der Ruhe, dem Tag der letzten Souveränität des Ewigen, da Gott „abwischen wird alle Tränen von unsren Augen". Diesem Tag wollen wir jetzt, da es um uns dunkel geworden ist, entgegenvertrauen als – dies das Wort Augustins – „dem Tag, der ohne Abend ist".

Friedhof

I

Kennen tu ich keinen,
Keinem kann ich weinen,
Keines hier gedenken,
Keinem eine Blume schenken.

Aber die da ruhen,
All in ihren Truhen,
Kann ich Gott befehlen,
Heut' am Tage Allerseelen.

II

Es sind die Blumen, die das Jahr erneuen,
Die uns aus hellen Augen fromm erzählen
Des eig'nen Lebens innige Geschichte;

Die aber hier sind und das Grab betreuen,
Die können uns mit unsrem Leid vermählen,
Noch nah am Tod – und schon so nah dem Lichte.

VI

Todesweg und Friedensbogen

Die Hoffnung von Ostern

Die Christenheit wird auf dem Passions- und Osterweg erfahren: es gibt keine andere Weise, Teil zu gewinnen am österlichen Sieg über Furcht und Finsternis des Todes, als die Weise des Dienstes, des strengen Dienstes, dessen Namen „Opfer" heißt. Eine Brunnenweisheit ist in der Welt, die lautet: „Und jeder nimmt und gibt zugleich." Und lautet: „Je mehr du schenkst, je mehr wirst du beschenkt." Aber hier ist mehr als diese Brunnenweisheit. Hier springt das Glas unsres Glanzes und unsrer Sicherheit entzwei. Es ist wohl wahr: das Leben in uns erschrickt, wenn es dies als seine Bestimmung zu begreifen beginnt: du darfst dich nicht bewahren. Aber es ist nicht das Erschrecken zum Tode, sondern das Erschrecken zum Leben.

Neues Vertrauen

Todesernst und Ostergnade. Ich habe kein „oder" zwischen die beiden Worte gesetzt. Kein Wort soll hier gesagt werden, das wie Osterhochmut klingen könnte, so als ob das zwei Klassen Mensch seien, die „feinen Leute", die glauben können, und die armen Leuten, die nicht glauben können.

Am Ostersonntag 1958 ist Reinhold Schneider gestorben. In seinem letzten Buch „Winter in Wien" finden sich ein paar Sätze, die mögen uns bewahren vor allem Übermut: „Fest überzeugt von der göttlichen Stiftung und ihrer bis zum Ende der Geschichte währenden Dauer, ziehe ich mich doch am liebsten in die Krypta zurück. Ich höre den fernen Gesang. Ich weiß, daß Er auferstanden ist, aber meine Lebenskraft ist so sehr gesunken, daß sie nicht über das Grab hinauszugreifen, sich über Tod hinweg nicht zu sehnen und nicht zu fürchten vermag. Ich kann mir einen Gott nicht denken, der so unbarmherzig wäre, einen todmüden Schläfer aufzuwecken."

Wenn das geschieht, daß unser Leben die Ostergnade empfängt, wenn diesem Abschied dieser Anfang folgt, wenn wir auf Ostern ein neues Vertrauen gründen, ein Vertrauen nicht auf Waffen, sondern auf Herzen, ein Vertrauen nicht auf den Tod, sondern auf das, was es über den Tod gewonnen hat und auch für uns gewinnen will – dann ist das frei ein Geschenk. Wir können es nur eben annehmen und einander zutragen. Auch die ersten Osterzeugen haben nichts anderes getan. Sie sind mit ihrem Glück nicht allein geblieben. Sie haben den Weg unter die Füße genommen.

Die andere Antwort

Anrede beim Tod eines Kindes

Ich rief zu dem Herrn in meiner Angst, und er antwortete mir.

Jona 2,3

Morgen schon wird der kleine Hügel aufgeschichtet sein, und ihr, liebe Freunde, habt ein Kindergrab – nicht: zwischen euch; wie vieles man zwischen sich haben kann, ein Kindergrab hat man nicht trennend zwischen sich –: vor euch habt ihr das Grab, wie ein mit euch Betrübter, der Vater Bodelschwingh, die Gräber seiner Kinder vor sich hatte: er zimmerte eine Bank, um dort das Vergängliche zu bedenken und das Unvergängliche. Und dann wird es die Wege hierher geben, die Geschwister werden Blumen einpflanzen auf des Bruders Grab; die Liebe darf jeder Weisung des Herzens folgen, und so darf sie auch „ein Gespräch sein". Unsre Fragen, unsre „Wenn"-Sätze, die unruhigen Gedanken, die von neuem zur Klinik, zu den Ärzten und zu den Medikamenten zurückkehren, und selbst jenes bange Wort des Zweifels „Hast denn du, Herr, nicht aufgepaßt?" – wer will sie uns verbieten?

Die so sehr Verzagten sprechen nicht gerne mit dem Menschen, wenn sie sich im voraus sagen müssen: „Ach, ich weiß schon, was er mir antworten wird." Sie aber sind es dann auch, in denen unser Schriftwort zu leben beginnt. „Ich rief zu dem Herrn in meiner Angst, und er antwortete mir": da ich es wagte, mit leerer, geöffneter Hand vor den Ewigen zu treten, da wurde mir zuteil, was ich mir nicht selbst sagen konnte: das Unvorhergesehene, die andere Antwort.

„In meiner Angst rief ich", sagt der Prophet Jona. Angst: das ist Beengung, Atemnot, Angina pectoris, Verstrickung des Gemüts. Wir laufen unsre Wege, wie Jona sie läuft, Wege der Flucht in der Flucht unserer Tage; wir verknüpfen das eigene Los mit dem Los der anderen, und wenn wir es nicht verknüpfen, so verknüpft sich auch ohne unser Zutun und wird zum Seil und zum Netz, Seil der Liebe und Netz der Last. Dann kann es geschehen, wie es dort bei Jona geschieht: daß die, die mit uns auf dem Schiff sind, uns ausstoßen möchten aus der Gemeinschaft, daß sie nach Trennung der Lose verlangen. Und gerade in diesem Augenblick großer Not und Gefahr beginnt das mächtige Leben von Gottes Antwort. Gottes Antwort heißt Freiheit. Da ist das offene Meer, und da ist der Schlund des großen Fischs; aber beide, Woge und Fisch, sind die Boten der Rettung. Wir denken jetzt an die Stricke des Todes, an den Schlund des Unausdenklich-Anderen, der sich auftut im Anblick des Grabes, und wir haben weit bis zu dem Wort der Verheißung: „Und auch dich lockt er aus dem Rachen der Angst und stellt deine Füße auf weiten Raum, da keine Bedrängnis mehr ist." Luthers Brief an sein „Hänsichen" kommt uns in den Sinn, das Bild vom freien, lustigen Garten; aber Buchstab um Buchstab erst muß sichs uns entziffern; daß Gottes Freiheit nicht das Unendlichfern ist, und nicht das Ungegrenzt der Wüste, sondern das „lebendige Heute", in dem wir, die Wanderer hier, und unser nun schon anders befreites Kind gleicherweise umschlossen sind. Es ist ein Leben, das man nicht „hat", das aber in uns wachsen will, wie das Vertrauen wächst.

Aber dann ist da noch andere Angst. Ein Gestern ist da, alle die Jahre Leben, die uns nun einholen und die als Wirrsal der Gedanken uns Not machen können. Unsre

Vater- und Mutter-Versuche, die geglückten und die miß-
glückten, unsre Versäumnisse kehren zurück; die Last des
Bruchstücks fällt über uns, die Stunden der Kindertränen
und die Stunden des schweren Schweigens stellen sich ein.
Knäuel der Fragen, und wir können keine Antwort mehr
geben. Aber wir hören die andere Antwort, die Antwort
Gottes, und sie lautet: Dienst. Der Prophet Jona, aus Angst
und Enge befreit, wird zurückgeschickt an den Ort seiner
Sorge. Laßt euch zurückschicken, Freunde. Schließt sie
nicht ab, die Stube eures Kindes; wagt's, die kleinen Schuhe
aufzuräumen und das Spielzeug in die Hand zu nehmen.
Führt – nicht morgen, aber bald – die Spielkameraden hinein oder die Kinder, die kein Zuhause haben: zwischen
euch und eure Angst stellt der Herr die Aufgabe, die euch
nicht mit der Angst allein sein läßt, jetzt bis zum Abend,
und morgen, und dann und dann ... Seine Lektion weist
euch nicht in das Gestern, sondern in das Heute; nicht zu
euren Gedanken und auch nicht zu den verlassenen Dingen, sondern zu Kinderaugen, die nach euch fragen, zu
einem Mund, der nach eurer Liebe ruft. Und wer soll lieben können, wenn nicht der, dem eine Handvoll Tod in die
Liebe eingemengt ist? Wo das „nur so kurz" uns gestreift
hat, dunkle Vogelschwinge, da glüht es in uns auf: „Kein
Augenblick ist umsonst."

Aber die Angst, die aus einer fremden Zukunft aufstei-
gen könnte? Wer sagt uns, daß wir gefeit sind gegen
die Angst, deren Name heißt: Nacht des Herzens, oder:
Verbitterung? Mutige Psalmisten haben sich wund-
gestoßen an Gottes Dunkelwand; bin ich sicher, daß ich
dem Nachbarn das Glück gönnen kann, mit seinem Sohn
ein erstes Mal das Meer zu sehen und große Musik zu
hören? Wie, wenn die Erstarrung über mich käme und ich

würde ein Mensch des kargen Rechts, der Ordnung und der Strenge allein? „Und er antwortete mir": die Antwort, die den Propheten Jona in solcher Anfechtung findet, die Antwort Gottes heißt: Erbarmen. Das ist der Grund der Welt und des Lebens, deines, eures Lebens auch: die grundlose, ja die rechtswidrige Barmherzigkeit Gottes.

Keine von diesen Antworten aber können wir im Ernst hören, ohne hinzuzuhören die Verpflichtung, selbst, soweit ein Mensch es vermag, diese Antwort zu werden.

Und nun, so will es die Ordnung vom „Christlichen Begräbnis", sollen wir singen. Die Strophe, die ihr gewählt habt, kennen wir alle seit eh und je: daß uns die Worte fehlen, müssen wir nicht fürchten; aber wird unsre Stimme heute die Worte tragen? „Der Leib in sei'm Schlafkämmerlein / gar sanft ohn' einge Qual und Pein ...": Das mögen wir wohl annehmen. Nach der letzten Krankheitsnacht waren Qual und Pein vom Angesicht eures Kindes verschwunden; ganz heiter, so hast du, liebe Mutter, gesagt, sei der Blick des Kindes an diesem letzten Morgen gewesen. Der seinem Boten hier befiehlt, zuletzt „gar sanft" zu sein, der wird auch an anderem Ort keine unsanfte Ruh bescheren. Aber das, was im Text vorausgeht, das von den „lieb' Engelein am letzten End", das freilich, das geht so ganz über uns und all unser Begreifen hinaus: tot ist so sehr tot. Aber wenn wir nun doch einfach beginnen, so wie Martin Schalling begann, wenn wir „Ach, Herr" singen und das so meinen, wie es dasteht: „Herr", Herr über Abschied und Trennung, Herr der Bruchstücke, Heiler aller Bruchstellen unsres Jetzt und Nun, österlicher Herr – dann können wir doch nur Wort für Wort voransingen und können nicht weniger erbitten als das, was wir hier erbitten, nicht weniger als das Ganze.

Unter dem Friedensbogen

Was wir begraben müssen: es ist eine große Hoffnung bei diesem großen Grab: „Er soll die Starken zum Raube haben, dafür daß er sein Leben in den Tod gegeben hat und den Übeltätern gleichgerechnet ist und er die Sünde der Vielen getragen hat und für die Übeltäter gebeten" (Jesaja 53,12): die alte prophetische Verheißung, die in Christus Erfüllung fand, deutet auf diese Hoffnung mit starkem Licht. Er, Christus, der Herr, hat vor uns begraben, was wir begraben müssen: auf dem Kreuzweg den Haß, am Kreuz die Gerechtigkeit für sich selbst und in der dunkelsten Stunde all und jedes Sicherheitsverlangen; und auch das Mißtrauen, das sich behaupten möchte. Er hat das Vertrauen, das dienen will, überwindend aufgerichtet, Überwinder aufrufend, die, erschrocken über den Todesweg, den die kluge Sicherheit, die sichere Klugheit baut, arm und kühn unter dem Friedensbogen Gottes laufen; ohne Harnisch: gering, aber getrost.

Himmel über dem Totenfeld

Und des Herrn Hand kam über mich, und er führte mich hinaus im Geist des Herrn und stellte mich auf ein weites Feld, das voller Totengebeine lag. Und er führte mich allenthalben dadurch. Und siehe, des Gebeins lag sehr viel auf dem Feld; und siehe, sie waren sehr verdorrt. Und er sprach zu mir: Du Menschenkind, meinst du auch, daß diese Gebeine wieder lebendig werden? Und ich sprach: Herr Herr, das weißt du wohl. Und er sprach zu mir: Weissage von diesen Gebeinen und sprich zu ihnen: Ihr verdorrten Gebeine, höret des Herrn Wort. So spricht der Herr Herr von diesen Gebeinen: Siehe, ich will einen Odem in euch bringen, daß ihr sollt lebendig werden. Ich will euch Adern geben und Fleisch lassen über euch wachsen und euch mit Haut überziehen und will euch Odem geben, daß ihr wieder lebendig werdet; und ihr sollt erfahren, daß ich der Herr bin. Und ich weissagte, wie mir befohlen war; und siehe, da rauschte es, als ich weissagte, und siehe, es regte sich, und die Gebeine kamen wieder zusammen, ein jegliches zu seinem Gebein. Und ich sah, und siehe, es wuchsen Adern und Fleisch darauf, und sie wurden mit Haut überzogen; es war aber noch kein Odem in ihnen. Und er sprach zu mir: Weissage zum Winde, weissage, du Menschenkind, und sprich zum Wind: So spricht der Herr Herr: Wind, komm herzu aus den vier Winden und blase diese Getöteten an, daß sie wieder lebendig werden! Und ich weissagte, wie er mir befohlen hatte. Da kam Odem in sie, und sie wurden wieder lebendig, und richteten sich auf ihre Füße. Und ihrer war ein sehr großes Heer. Und er sprach zu mir: Du Menschenkind, diese Gebeine sind das ganze Haus Israel. Siehe, jetzt sprechen sie: Unsre Gebeine sind verdorrt, und unsre Hoffnung ist verloren und es ist aus mit uns. Darum weissage und sprich zu ihnen: So spricht der Herr Herr: Siehe, ich will eure Gräber auftun und will euch, mein Volk, aus denselben herausholen und euch ins Land Israel bringen; und ihr sollt erfahren, daß ich der Herr bin, wenn ich eure Gräber geöffnet und euch, mein Volk, aus denselben gebracht habe. Und ich will meinen Geist in euch geben, daß ihr wieder leben sollt, und ich will euch in euer Land setzen, und sollt erfahren, daß ich der Herr bin. Ich rede es und tue es auch, spricht der Herr.   *Hesekiel 37, 1-14*

Man kann nicht teilen. Man kann die Vision von den Totengebeinen nicht verscheuchen und auf der Frühlingswiese Ostern halten. Ostern ist bei den Totengebeinen – bei denen von Hesekiel und bei denen in Bergen-Belsen und bei uns und unsrem Tod –: dort – oder nirgends.

Dort, sagt die Osterbotschaft. Denn das ist die Osterbotschaft: der Herr ist bei den Totengebeinen. „Ihr sollt erfahren, daß ich der Herr bin." Die österliche Zuversicht – worauf gründet sie sich? Antwort: darauf, daß Christus bei diesen Totengebeinen seinen Platz hat. Was Hesekiel erfährt, daß das Totenheer zum großen Heer der Lebendigen wird, das erfährt er als ein Ereignis, das sich stufenweise, stationenweise vollzieht. Das ist die Osterbotschaft: keine Station wird übersprungen. Und es endet nicht vor der letzten Station.

Keine Station wird übersprungen. Nicht das „crucifixus" mit seinem ganzen Schrecken. Wir denken an Luther, der sich einen Tag in seiner Studierstube eingeschlossen hatte und auf kein Klopfen seiner Frau Antwort gab. Als man die Tür aufbrach, fand man ihn über dem Text der Passion: „Mein Gott, mein Gott, warum hast du mich verlassen." Und er sagte: „Meinst du, das sei so leicht zu verstehen, wie Gott von Gott verlassen worden ist?"

Nicht das „mortuus" mit seinem ganzen Todesernst. Nicht das „sepultus"… Aber wo die Christenheit dieses „begraben" als Gottes „Station auf dem Weg" geglaubt hat, da hat sie gerade diesem „begraben" schon ein österliches Vorzeichen mitgegeben. Unvergleichlich in den Passionen Johann Sebastian Bachs. Da die menschliche Grausamkeit ihr Werk vollbracht hat, da Joseph von Arimathia auf den Plan tritt und bergende Liebe der Mutter, der Pietà, da wagt er seinen neuen Ton. Der dunkle Lobgesang, der den Abend rühmt: „O schöne Zeit, o Abendstunde…" und dann fortfährt in großer Innigkeit: „Mache dich, mein Herze, rein, ich will Jesum selbst begraben …" Und wenn es zum Schluß noch einmal mit großer Gewalt hervorbricht: „Wir setzen uns mit Tränen nieder", so spricht der Sturm von Bachs Musik an dieser Stelle gegen die Tränen, für Ostern schon … hier, und drängender noch, auch im Wortlaut drängender noch, am Schluß der Johannespassion: „Das Grab, so euch bestimmet ist und ferner keine Not umschließt, macht mir den Himmel auf und schließt die Hölle zu."

„Und schließt die Hölle zu." Auch das „Niedergefahren zur Hölle", mit dem das Glaubensbekenntnis der Christenheit fortfährt, ist Station auf dem Weg, die nicht übersprungen wird, ein Widerruf der schwarzen Unwiderruflichkeit, ein Stück Ostern vor dem Ostertag. Und der Ostertag selbst – auch er ist Station: Morgenfrühe des Neuen, Anfang. Alles ist umschlossen vom lichten Nebel heiligen Geheimnisses; Maria Magdalena verwechselt den Herrn mit dem Gärtner, und der Jünger hält die Botschaft für ein Märlein –, hier beginnt's; hier endet's nicht. Wo es endet? Bei dem großen Heer, das der Prophet geschaut hat, bei dem Heer der aus den Gräbern Gerufenen.

Die österliche Zuversicht – was wirkt sie? Sie widerstreitet dem Übermut. „Unsre Hoffnung ist verloren" und will sich nicht verloren geben. Immer neu, mit kurzem, heftigem Atem geht sie ihre Nahziele an, als könnte sie's herbeiziehen, was sie erhofft: schönes Wetter für den Feiertag, Genesung nach der Krankheit, Glück im Spiel, Großes und Kleines, Wesentliches und Unwesentliches. Wir schelten nicht, was in uns ist, in uns allen. Aber wir verlassen uns nicht auf unsre Hoffnung und nicht auf das, was sie uns vorspiegelt. Wer seine Zuversicht auf das eine, was er gehört hat, setzt: „Ich rede es und tue es auch, spricht der Herr", auf das „Auferstehung – und ewiges Leben", der feiert Ostern in dieser unsrer Wirklichkeit: bei den Totengebeinen. Keines anderen Zeichens bedürftig als des Zeichens: ich diene – ich warte. Ich triumphiere nicht, aber ich werde mittriumphieren.

Und sie widerstreitet der Schwermut. Als Pastor Martin Niemöller einmal die polnischen Gemeinden besuchte, da kam er auch in das Dorf, in dem sich, allen Vermutungen nach, das Grab seines Sohnes befinden mußte. Er forschte und fragte. Aber niemand in diesem Dorf konnte ihm gültige Auskunft geben. Die Einwohner, alle, waren erst nach dem Krieg hierhergekommen, von den früheren Dorfinsassen war kein einziger am Leben geblieben. „Und siehe, des Gebeins lag sehr viel auf dem Feld, und siehe, sie waren sehr verdorrt": es ist immer noch Hesekiels Zeit und die Stunde seiner Vision. Martin Niemöller gab Bericht von seiner Reise; von der Erfahrung dieser Suche nach des Sohnes Grab sagte er nur: „Ich suche jetzt nicht mehr; der Herr Jesus wird ihn dann schon finden."

Die Arme der Liebe

Die Christenheit muß sich fragen lassen, woher sie den Wagemut nimmt zum Glauben an das Ende von des Todes Macht, zur Hoffnung auf den endlichen und ewigen Sieg; woher sie die Vollmacht nimmt, auch dem Geschlecht von heute zu sagen: „Und auch dich lockt Er aus dem Rachen der Angst in weiten Raum, da keine Bedrängnis mehr ist." Die Christenheit, so gefragt, wird einmütig auf den Ort deuten, da dem Starken von Karfreitag der Stärkere des Karfreitag begegnet ist. „Her zu mir", rief in jener Finsternis der Fürst der Tiefe. Aber: „Kommet her zu mir alle" – das ist der Ruf über diesem Ruf. Wohl erheben sich die Arme des Hasses und des Verrats, der Gewalt und des Todes Arm; aber es triumphieren die Arme der Liebe, die ausgebreiteten Arme des Gekreuzigten. An den Herrn dieses Siegesrufs und dieser Liebesarme, den Herrn, dem das Ostern bereitet ist und der den Seinen Ostern verheißt, weiß sich die Christenheit gewiesen, in jeder Stunde dieses Wegs und gewiß in jener letzten Stunde, in der es aus den Chören der Erdensöhne aufsteht: „Wenn ich einmal soll scheiden, so scheide nicht von mir."

VII

In aller Liebe Land

Abschied und Erinnerung

Es gibt kein Totengedenken ohne Todes-
Gedenken; kein Todesgedenken aber ohne
Lebensgedenken. Die stärksten, die innigsten
Zeichen des Lebens – Baum, Blume und Krea-
tur – wir umfassen sie mit dem Blick der Liebe,
der um die Vergänglichkeit weiß. Musik des
Abschieds ist alles, was wir auf Erden zuwege-
bringen können. Genug, wenn es *Musik* des
Abschieds ist.

Abschied

Hat einer so den langen Erdentag
Ans Herz genommen,
Spricht er zum Abschied, so er dunkeln mag:
Willkommen.

Unruhige Stadt,
Des Lebens Vielgestalt,
Er tauscht sie gern
Für Dorf und Fluß und Wald.

Der Lobgesang verstummt.
Es schweigen Leid und Zeit.
Von andrer Zinne schon
Tönt Ewigkeit.

Halb im Abschied

In Gedenken an Carl J. Burckhardt

Denke ich jetzt an Carl J. Burckhardt, so sehe ich vor mir einen hundert Jahre alten Baum – und ich finde sogleich drei Personen damit beschäftigt, den gewaltigen Stamm zu umspannen: einen Historiker, einen Diplomaten, einen Essayisten; jeder hat seine Arme mit aller Kraft ausgespannt, hat seinen Nachbarn im Auge, und jeder ahnt, daß er mit seiner Aufgabe nicht fertig wird: der Schatzkanzler des Abendlandes ist nicht faßbar. Der Historiker sagt „Richelieu", denkt einen großartigen Jugendwurf, ein mächtiges Alterswerk, und die Zeugnisse der drei nachfolgenden Jahrhunderte. Der Diplomat ruft sich die „Kleinasiatische Reise" ins Gedächtnis, dazu die weltumspannenden Verpflichtungen im Dienst des Roten Kreuzes, die Aufgaben in der Danziger Mission und der Pariser Botschaft: dem Hören verpflichtet, dem Schweigen, dem Erwägen, dem Handeln zuletzt. Der Essayist sieht im Pantheon der Gestalten und Mächte, ein König-Philippsches „die Sonne geht in meinem Staat nicht unter": von La Rochelle bis Warschau reichend und weiter bis Tokio und Peking; aber es ist kein globetrotterhaftes Ungefähr, sondern ein Kosmos, heimlich immer mitbestimmt von Grunderfahrungen der Schweizer Heimat, und diese Heimat hieß Glarisegg am Bodensee, Basel, Bern, Zürich und Genf, und Vinzel zuletzt, La Bâtie, ein Gutshaus auf der Höhe im Waadtland.

Ein Vierter kommt herzu und müht sich um das Bild eines eminenten Arbeiters, ausgestattet mit den glücklichsten Gaben: aller humanistischen Sprachen mächtig, sein eigener Dolmetscher in Europas Botschaften, Museen und

Bibliotheken. Dazu der sonderliche Freund Hofmannsthals, Rilkes; Claudels, André Gides Gesprächspartner, mit Regenten im Rat, mit „Tyrannen conversierend", sie heißen Hitler und Bela Kun.

Eine scheinbar unbändige, in Wahrheit genau gebändigte Lebensneugier ist am Werk; ein Jäger ist da, ein Reiter; der Fechter, der sich auf Quart, Quint und Parade versteht; dann ein unvergleichlicher Briefschreiber, ein souveräner Erzähler, bereit, bis in die Mitternacht Gestalten und Situationen zu beschwören, Gefahren und Lösungen, Siege und Niederlagen. Aber zugleich beschenkt mit einer Herzensaufmerksamkeit, die vieles vermag: sie kann ein unbekanntes Kind mitten im Krieg nach Lissabon begleiten, kann im polnischen Hochwald, da das Schlurfen einer alten Frau langerwünschtes Jägerglück zerstörte, die Störung nicht als Störung buchen, sondern als Gewinn; im Vormittag beim Buchhändler in Paris blühen die Einfälle über und über, und in Sankt Marien in Danzig wird der Orgelspieler gehört, der nur für ihn im Dunkeln das Gebet aus Johann Sebastian Bachs Kantate 147 spielt: „Jesus bleibet meine Freude."

Ich will nicht entscheiden, ob ich der siebente oder achte bin im Kreis derer, die an diesem 10. September die Gestalt zeichnen möchten: diesen Herrn, der, wenn er ins Zimmer trat, auf eine solche Weise den Raum ausfüllte, daß nicht leicht noch jemand Platz hatte, und der doch zugleich – wunderbares Zugleich! – sich nur „leicht und angenehm" dem Gegenüber auf die Seele legt, eingedenk eines Rats, den der Prinz Eugen seinen Offizieren gab, so Schwergewicht und Grazie zueinander fügend. Ich rufe mir die letzte leibhaftige Begegnung mit Burckhardt ins Gedächtnis zurück: ein halbes Jahr vor seinem Tod war ich noch einmal für zwei Stunden sein Tischgast in La Bâtie, dem noblen Landsitz auf der Höhe im Waadtland.

An der Bahnstation im Tal stand Frau Burckhardt mit dem Auto bereit, wir fuhren bergauf durch die Weingärten, die zum Burckhardtschen Gut gehörten, dachten an jenen Winzermeister, der bei seiner Arbeit leise mit den Rebstöcken spricht: „Ich muß dir ein bißchen weh tun..." Ich war auf das Wiedersehen mit dem verehrten Freund ein wenig vorbereitet; ein Waiblinger Maler, der mich porträtiert hatte, war fast unmittelbar nach unseren Sitzungen zu Burckhardt gefahren und hatte ein letztes Altersbild malen können. Der einst so lebenskräftige Mann war schmal geworden, von schwerer Krankheit gezeichnet, ganz Geist; aber eben dieser Geist war unversehrt, ein wenig leiser jetzt, Schmerzen verschweigend, aber doch lauter Gegenwart.

Es war alles da; Wiedererkennen ist ein stilles Fest. Gleich hinter der Eingangstür stand der große Flügel, auf dem zuweilen Clara Haskil gespielt hatte; nur für zwei Stunden war sie aus der Lausanner Nähe hergekommen und hatte Mozart ins Haus gebracht. In der herrlichen Bibliothek gab es die Handschriften des alten Jacob Burckhardt, die Erstdrucke aus der Goethezeit, Ranke und Gregorovius. Die Tür in ein Gästezimmer stand halb offen: „Da hat Schröder bei seinem letzten Besuch noch Shakespeare übersetzt; er brauchte eine Lupe beim Lesen und beim Schreiben, aber die Handschrift lief immer noch ihre eleganten Wege."

„Ich freue mich auf Ihre Steine", sagte ich zur Dame des Hauses, und sie führte mich in ein Kabinett zu den Vitrinen, in denen es funkelte und schimmerte: aus vielen

Gebirgen, Schächten und Meeresküsten waren sie hier zusammengetragen: Muscheln und Steine. Darüber hatte ein altes Amsterdamer Kirchenbild seinen Platz.

Wir sind nur zu dritt bei Tisch. Es ist patrizierschön gedeckt, und mit dem Wein aus Burckhardts Weinberg trinkt man sich das À votre santé zu; eine Lüge, aber keine bittere Lüge. Der Hausherr ist mit seiner Krankheit vertraut und verbündet; er wird ihr noch am letzten Lebenstag eine geistige Leistung abfordern, die Übersetzung eines französischen Gedichts.

Unmöglich, über siebzehn Jahre hin noch die Gesprächsgegenstände dieser Mittagsstunde zu wissen; nur dies: daß das Gespräch noch immer in jener Mozartschen Intensität geführt werden konnte, in der keine Note ins Leere fällt; es ging um die Staaten, um Landschaften, um das Entdecker- und Finderglück von drei wachsamen Lesern.

Man nahm den Kaffee auf der Terrasse, der Blick ging zu den Dents du Midi hinüber, ins Montblanc-Massiv und zum Genfer See; ein Genfer Abend hatte uns vor Jahr und Tag in der Arbeit zusammengeführt.

Ich war ganz ohne Gepäck gekommen, nur eben als Mittagsgast. Mit Frau Burckhardt verständigte ich mich in halber Zeichensprache, daß es nun Zeit zum Aufbruch sein würde.

Abschied also. Wie nimmt man Abschied, wenn es – nach menschlichem Ermessen – der Abschied fürs Leben ist? Vielleicht gibt es hinter dieser Stunde noch einmal ein Lebenszeichen; und es gab noch ein Lebenszeichen, einen Weihnachtsbrief, in dem am Schluß die Lukas-Botschaft in genau geschriebenen griechischen Lettern stand; aber dieses Jetzt war für die Augen das Fahrwohl.

Wir gingen zum Flügel, dachten noch einmal an Clara Haskil. Mir fiel ein Wort ein, das – fünfzig Jahre vor diesem Tag – Burckhardt an Hofmannsthal geschrieben hatte: „Ich befinde mich in einer so glücklichen Fahrt wie von Musik getragen." Das sagen wir jetzt nicht; wir beide nicht; aber die Seele vergißt nicht, daß sie es einmal so gefühlt hat. „Ja, lieber Freund –"

Und dann ich, es fiel mir gerade so ein, es fiel mir nichts anderes ein; ich sagte: Shakespeare, Cäsar, Cassius oder Brutus ... ja, Brutus wohl:

„Sehen wir uns wieder, nun, so lächeln wir. / Wo nicht, so war dies Scheiden wohlgetan." Darauf mein Gegenüber, der – natürlich – die Cassius-Variante sofort parat hatte: „Sehn wir uns wieder, lächeln wir gewiß; / wo nicht, ist wahrlich wohlgetan dies Scheiden."

Ich habe es noch im Ohr, wie auf dem „ist", dem Präsens, ein wenig mehr Ton lag. Er streckte mir beide Hände entgegen, schmalgewordene Hände; ich hielt sie für einen Augenblick fest.

Dann nur noch der Griff nach der Türe. Ich trat hinaus und ging, ohne mich noch einmal umzudrehen, auf dem Fahrweg talabwärts.

Sommers Rüste

Roter Stern bedeutet Sommers Rüste,
Rote Astern glühn und glühen spät –
Irgendwer frohlockt und schließt die Scheune:
„Heute ist die letzte Mahd gemäht".

Flammenblumen funkeln in Verzückung,
Fürchten sich vor Dämmer, Dunkel, Nacht –
Und ich phantasiere von den Zeiten,
Wo mich liebe Hand zu Bett gebracht.

Roter Stern ist jäh im See versunken,
Astern, Dörfer, Gärten schlafen ein,
Aber meine Mutter in dem Himmel
Geht mit mir in meinen Schlaf hinein.

Die alten Hände

Heut sah ich plötzlich wieder euch vor mir,
Die Adern schimmern blau –
Hände, und heißen mir ein Gruß von dir,
Du alte Frau.

Schmal, schier als wie Fra Filippos Bild,
Und gliederzart,
Zu halten doch, zu tragen ganz gewillt,
Was auferleget ward.

Die Nacht bricht ein. Ihr aber seid noch wach,
Näht Stich um Stich.
Den Linien auch im Schulheft geht ihr nach
Und meinet mich.

Das ist nun lang. Und lang schon ruht ihr still
In Schoß und Grab.
Nur daß ich euch noch einmal sagen will,
Wie lieb daß ich euch hab.

Zwei Hände, Frau. Du alt und wunderbar.
Du fern und nah Geleit.
Ein Bote warst du. Und die Botschaft war
Von Ewigkeit.

Und wie auch weit in aller Liebe Land
Mein Weg geführt,
Hat doch wie deine keiner Liebe Hand
Mich je berührt.

VIII

Leises Licht

Hilfreiche Gefährten

Horch, der sanfte Regen segnet
sommerliche Landschaft ein,
morgen wird die Sonne milder
und der Herbst gekommen sein.

Astern halten ihre dunklen
Augen an das leise Licht,
Durch den Vorhang der Verklärung
schaut des Lebens Angesicht.

Jenes Leben, das der Erde
Farbe, Glut und Frucht verleiht;
aber seinen Schmerzenskindern
seine liebste Liebe weiht.

Der Psalter

Ist auf deinem Psalter, Vater der Liebe, ein Ton seinem Ohre vernehmlich, so erquicke sein Herz!" Ich weiß nicht zu zählen, unter wie vielen Himmelsstrichen ich die Goethesche „Harzreise im Winter" bedacht habe. Zuweilen konnte Brahms, ich meine das „Altrhapsodie" genannte Fragment, das Brahms vertont hat, beistehen. Zuweilen war es nur eine Zeile aus dem Gedicht, nur dies „Aber den Einsamen hüll in deine Goldwolken", und oft genug ging der Blick dann wirklich, von dem Wort Psalter geweckt, zu dem biblischen Buch hinüber, das Psalter heißt, auch *Psalmen Davids*. Und wirklich: dieses 150 Lieder umfassende Buch, fast ein Büchlein nur, soll mir nicht aus Griffnähe kommen, solange ich lebe. Ich mache den Versuch, ein Christenmensch zu sein, und das Grundbuch des Christenmenschen ist, ich weiß, das Neue Testament, aber ich kann's nicht leugnen: der Psalter steht mir noch näher, und wenn die Augen über die Strophen hingehen, dann denke ich, daß dies auch die Lieder waren, die Jesus geliebt und gelebt hat.

Sie sind eben das, was ich nicht bin: sie sind das Ganze. Es kommt alles in ihnen vor, was nur irgend im menschlichen Leben, ja überhaupt im Leben der Welt Raum hat, die Freude und die Trauer, der Dank und die Schwermut, die Angst und die Reue, das Reden und das Schweigen. Mann und Frau und Jugend und Alter, die Jahreszeiten und der Erdkreis, die Gebirge und das Meer, die Wüste und das fruchtbare Land, der Tanz und der Wein und die Harmonie der Sphären. Viele von diesen Liedern sind sehr große Kunstwerke; aber man kann auch vergessen, daß es sehr große Kunstwerke sind, weil sie einfältig sind, wie die Urlaute des Herzens einfältig sind. Sie sind wie die Schuhe, in denen wir fest stehen und gut in den Tag hineinlaufen, und sie sind wie der Mantel, der uns im Wetter schützt. Wir lesen einen Psalm, und jeder Vers ersteht vor uns wie ein Baum biblischen Maßes, jeder sieben Leben hoch, breit und übermächtig.

„Der Herr ist mein Licht und mein Heil, vor wem sollte ich mich fürchten?" oder: „Du lässest Brunnen quellen in den Gründen, daß die Wasser zwischen den Bergen hinfließen, daß alle Tiere auf dem Felde trinken und das Wild seinen Durst lösche": so lese ich, Hieronymus hat so gelesen, Thomas von Aquin, Bengel in Denkendorf, Schweitzer in Lambarene, und der Graf Moltke im Zuchthaus Plötzensee. Sie hatten ihr Los, ein jeder das seine, wie ich das meine habe. Aber vor dem ewigen Gegenüber gibt es geheime und offenbare Gemeinsamkeit.

Paul Gerhardt

Paulus Gerhardt: so hat er sich ein Leben lang unter-
schrieben, und in einer Stunde besonderer Anfechtung hat
er sich dann auch ausdrücklich auf St. Paulus berufen.

Das war, als man ihn im Berliner Konservatorium
anklagte, da er sich weigerte, einen kurfürstlichen Revers
zu unterschreiben, der unbedingte Toleranz gegenüber
den Reformierten befahl. Er, Gerhardt, wollte gewiß nicht
streiten, aber er wollte noch weniger auf Befehl schweigen, wo ihm die Einsicht in die Wahrheit das Reden
befahl.

„Ich bin auch willig und bereit" – so schrieb er damals –,
„mit meinem Blute die evangelische Wahrheit zu besiegeln
und als ein Paulus mit St. Paul den Hals dem Schwerte dar-
zubieten."

Es ging dann nicht um den Hals und das Haupt, wohl
aber um Amt und Brot: er blieb bei seinem Entschluß; es
war ihm gewiß, daß es Augenblicke gibt, in denen ein
Mensch nur dann die wahre Gewißheit im Gewissen erlangt, wenn er den Verzicht auf die vordergründige Sicherheit zu wagen bereit ist.

Paulus Gerhardt: und sogleich rufen wir, ermuntert
durch die Physiognomie, die durch ein Bild aus Mittenwalde auf uns gekommen ist, jenes eine Tafelbild des
Albrecht Dürer in unser Bewußtsein, und auf ihm die
Paulusfigur. Nietzsche, merkwürdigerweise Nietzsche hat
die beiden Dürer'schen Apostelbilder so besonders geliebt;
er sah in ihnen den Durchbruch in die – mittelalterliche
Vorstellungen überwindende – weltgültige, weltverant-
wortliche, männliche Form des Christenstandes.

Und ungerufen stellt sich auch ein die Assoziation zu dem in eben dieser Zeit entstandenen, Rembrandt zugeschriebenen „Mann mit dem Goldhelm"; man denkt das Bild und hört sogleich die Strophe aus Gerhardts Abendlied: „ – stell euch die güldnen Waffen / ums Bett und seiner Engel Schar".

Paul Gerhardt: der Mann ist das Werk. Das soll heißen, daß wir uns bei ihm mit Biographischem kaum aufhalten müssen, daß es genug ist, zu wissen: daß hier ein Pfarrersleben, verdunkelt von den Schrecken und den Nachwirkungen des „Dreißigjährigen Krieges", wie ein beispielhaftes Menschenleben siebzig Jahre gewährt hat – von 1607 bis 1676.

Wir nennen den Geburtsort: Gräfenhainichen, den Sterbeort: Lübben im Spreewald, die beiden Dienstorte: Mittenwalde und Berlin. Diaconus an St. Nicolai zu Berlin, unter diesem Signet lebt er in der Geschichte.

Er hat die Poeterei in Wittenberg gelernt, wie man Latein lernt; und gutes Latein und die Tabakspfeife blieben bei ihm, lebenslang. Er hat sich verheiratet, war früh verwitwet, sehr einsam zuletzt, kein Mann des sichtbaren Erfolges; Vater von Kindern, von denen nur ein Sohn zu Jahren kam, und auch dessen Spur hat sich ganz verloren.

Nur dies. Und dann dies sogleich: daß die einhundertdreißig Lieder, die auf uns gekommen sind, auf eine fast einzigartige Weise die drei Jahrhunderte, die seit seinem Tag vergangen sind, überdauert haben.

Der Liedermann Paul Gerhardt hat die Schöpfung Gottes mit guten, jasagenden Augen gesehen: die Morgenfrühe und die Abendschatten, den Jahresbeginn und die Sommerhöhe; das Jahr der Kirche dann, das ist: Advent, Christtag, Passionszeit, Ostern und Pfingsten.

Er hat seine Zeit und alle Zeit als Gotteszeit verstanden, den dunklen wie den hellen Tag; die Anfechtung in Leibesnot und in Gewissensnot; die Nacht der Angst und die Nacht des Todes, und eine Stunde, da sich ausweglose Armut vor ihm aufzutun schien, war ihm gerade recht, um seinen Anti-Melancholikus anzustimmen: „Warum sollt ich mich denn grämen?"

Er kannte sich in der zeitgenössischen Literatur aus, im barocken Spiel auch, und zuweilen mochte er auch selbst ein wenig mitspielen, ein wenig nur; im Grundduktus aber war er ein ernster Mann; vielleicht ein wenig streng; nüchtern eher als überschwenglich. Ein Bürgersmann, der sein bäuerliches Erbgut geistig verwaltete. Schüchtern vielleicht, aber gewiß nicht zaghaft; und gar nicht zaghaft, wo es um das Glaubenszeugnis ging. Er war kein „Mann von Welt", aber einer, der mit dem Menschen, der am Zaun seines Pfarrhauses vorüberging, zu sprechen wußte. Mindestens im Geist, im Lied konnte er das. „Gib dich zufrieden": das ist ein Zwiesprache-Lied, das mit dem Zweifel, mit der Müdigkeit, mit der Mutlosigkeit wirklich zu sprechen weiß. In Kraft solcher Sorge wurde er wirklich etwas wie der wahre Seelsorger der Christenheit auf Erden, – und der ist er geblieben bis zum heutigen Tag.

Als er Pfarrer in St. Nicolai war, hatte er das große Glück, daß ein großer Tonsetzer, Johann Crüger, dort Organist und Kantor war, und daß ihm – nach Crügers Zeit – in Johann Georg Ebeling ein zweiter Meister so zur Seite stand, daß seine Lieder wirklich in Windeseile zwischen Königsberg und Konstanz unter die Leute kamen: oft wohl im Flugblatt, und das war ein glückseliger Flug. Und dann kam das neue Jahrhundert, das 18. Jahrhundert, Gerhardt war tot, aber in Weimar, Köthen und Leipzig gab es den

Arbeitstisch, an dem der cantor cantorum Johann Sebastian Bach seine Kantaten schrieb, das Weihnachtsoratorium und die Passionsmusik, und der hatte Kunstverstand und theologischen Sachverstand, differenzierenden Sinn genug, um zu merken, wer dieser Paul Gerhardt war.

Man vergegenwärtige sich des weiteren, daß es zwischen 1670 und unsrer Zeit kein evangelisches Alumnat gegeben hat, in dem eine Hausregel Morgen- und Abendandacht vorsah, wo nicht in sicherem Turnus diese Lieder wieder- und wiederkehren. Ich nenne Orte und Namen: Schulpforta also, Klopstock und Nietzsche; Lessing in Meißen, Hölderlin und Hegel im Tübinger Stift; ich denke an die Thomaner in Leipzig, an das Johanneum in Hamburg, an Mörike in Urach und Hermann Hesse in Maulbronn; den Paul Gerhardt haben alle gesungen; in der Stube der Frau Rat Goethe, in Schleiermachers Dreifaltigkeitskirche zu Berlin in Blumhardts Bad Boll.

Auch wir, Erbteil und Wirkung eines Werkes bedenkend, mögen uns vergegenwärtigen: wann ist es einem Dichterwort geglückt, jenseits von den Elementarbüchern – Schulbuch, Gesangbuch – unmittelbar im Leben präsent zu sein? Dem Volkslied ist das zuweilen geglückt; Goethe, Schiller, Mörike – wohl, wenngleich selten. Vielleicht Wilhelm Busch, vielleicht Johann Peter Hebel im Markgräfler Land. Aber auf dem Flüchtlingstreck vom Jahr 1945, dem aus Danzig oder aus Breslau, bedurfte es keines Buchs, damit in hundert Gedächtnissen eine Zeile lebte wie Gerhardts Zeile: „Hoff', o du arme Seele, hoff' und sei unverzagt."

Und wie nun wir? – Es kann nicht ausbleiben, daß wir, in einem anderen Sprachgebiet erzogen und nun beheimatet, zuweilen Mühe haben, den Gerhardt'schen Wortschatz, seinen Tonfall und sein Gedankengut unmittelbar aufzunehmen.

Seine Strophen lassen sich nicht auf Seidenblatt schreiben („Nicht mehr auf Seidenblatt schreib ich symmetrische Reime" heißt es in einem spätgoetheschen Verzicht), das Pergament eines alten Kirchenbuches taugte eher; am liebsten denke ich mirs in Holz geschnitzt, dies: „Kann doch selbst kein Tod uns töten" oder dies: „Der aber, der uns ewig liebt, macht gut, was wir verwirren."

Wir sollten uns die Mühe machen, einige der Gerhardt'schen Kardinaltexte Strophe für Strophe, Zeile für Zeile, ja Wort für Wort neu zu bedenken. Er macht es uns nicht leicht. Aber die Mühe lohnt sich.

Ich zähle in mir diese 15 Lieder:

Die güldne Sonne voll Freud und Wonne	*EG 449*
Nun ruhen alle Wälder	*EG 477*
Wie soll ich dich empfangen	*EG 11*
Fröhlich soll mein Herze springen	*EG 36*
Ich steh an deiner Krippen hier	*EG 37*
Kommt und laßt uns Christum ehren	*EG 39*
Auf, auf, mein Herz, mit Freuden	*EG 112*
Zeuch ein zu deinen Toren	*EG 133*
Nun danket all und bringet Ehr	*EG 322*
Ich singe dir mit Herz und Mund	*EG 324*
Ich hab in Gottes Herz und Sinn	— · —
Du bist ein Mensch	— · —
Befiehl du deine Wege	*EG 361*
Warum sollt ich mich denn grämen	*EG 370*
Ich bin ein Gast auf Erden	*EG 529*

EG = Evangelisches Gesangbuch (Stammteil).

Bedrängende Aktualität

Und da war ich auch schon in meinem Kriegslazarett in Znaim an der Theya, im Januar 1945, und hörte wieder den Bericht des amputierten Unteroffiziers. Er hatte in einem Lazarett im „Altreich", ich glaube in Berlin selbst, miterlebt, wie der Feldbischof Besuch machte. Dieser hatte eine Art Generalsrevers in Violett, und in seinem Gefolge dann auch, wie sich versteht, Stabs- und Oberstabsärzte. Die Gefahr, daß bei einer solchen Visite das Repräsentative in den Vordergrund rückt, war groß. Aber es kam ganz anders.

Der Feldbischof sah – ebenso wie ich, Wochen später, in dem Znaimer Lazarett das sah –, wie sich's unter der leichten Zudecke abzeichnete: der unverletzte linke Fuß und der kleine Stumpf, der nach der Oberschenkelamputation auf der rechten Seite noch übriggeblieben war. Der Bischof habe sich, so erzählte der Verwundete, ein wenig nach den Heimatumständen erkundigt, nach dem Zivilberuf, und dann, im Aufstehen schon, mit einer ganz leichten, unfeierlich-raschen, fast schüchtern-beiläufigen Bewegung Gerhardts Strophe „Befiehl du deine Wege" zitiert, nur die zweite Hälfte der ersten Strophe, nur dies: „– Der Wolken, Luft und Winden / gibt Wege, Lauf und Bahn, / der wird auch Wege finden, / da dein Fuß gehen kann." Der von Gerhardt so wenig wie vom Psalter akzentuierte Singular („Er wird deinen Fuß nicht gleiten lassen") – hier hatte er nun plötzlich eine bedrängende Aktualität bekommen. Das Ganze war, soll mans vom „Wesen des Gesprächs" her beurteilen, etwas wie ein „genialer Einfall"; es war aber freilich dann doch viel mehr. „Ich muß jeden Tag daran denken", sagte der Soldat.

Begegnung mit Tersteegen

Ich sehe das Kirchenlied vor mir wie eine große Landschaft der Schwäbischen Alb, ein weit gebreitetes Land mit drei aufragenden Gipfeln. Ich nenne sie die vox ecclesiae, die vox humana und die vox spiritualis.

Die vox ecclesiae: das ist Luther – der Katechismus, das Glaubensbekenntnis, spröde und streng, es ist die Gegenwart der uns wieder neu geschenkten Wartburg, „Ein feste Burg", angereichert durch die großen lutherischen Liebesaugenblicke, das Kinderlied „Vom Himmel hoch" oder das „Die beste Zeit im Jahr ist mein"; es sind die großen Einzelerscheinungen seines Jahrhunderts, die wir kennen, Martin Schalling mit seinem „Herzlich lieb hab ich dich", von dem wunderbaren Philipp Nicolai, der mit zwei Liedern sich in das Ewige Textbuch der Kirche eingeschrieben hat, mit Wort und Tat zugleich, „Wie schön leuchtet der Morgenstern" und mit „Wachet auf, ruft uns die Stimme".

Für den zweiten Gipfel, die vox humana, steht der eine Paul Gerhardt, mit dem die Christenheit seit dreihundertfünfzig Jahren ihr Kirchenjahr begeht, ihre Feste feiert, Weihnachten, Ostern, Pfingsten, ihren Erdentag in Freude und Leid, ihre Lebensjahre, ihre Abschiede, ihre Sommerzeit, ihren Tod.

Und nun also der dritte Gipfel; er könnte mehr als einen Namen tragen, die Brüdergemeine des Grafen Zinzendorf ist zu nennen, und mancher in seiner Nähe; aber ich beschränke mich auf die Stimme des Gerhard Tersteegen.

Dieser einfache Bandweber aus Moers, der in der ersten Hälfte des 18. Jahrhunderts gelebt hat, 1699 – 1768, also hundert Jahre nach Gerhardt, ist, was Leben und Werk betrifft, nur mit wenigen zarten Linien vorzustellen: er war ein gescheiter junger Mann aus einfachen Verhältnissen kommend, besuchte das Gymnasium seiner Heimatstadt, mußte sich ohne viel Glück in einer Kaufmannslehre versuchen, wurde Weber, genauer Bandweber, und führte ein asketisches, fleißiges Leben. Seine gründliche Bibelkenntnis, seine Teilnahme an den reformierten Gottesdiensten nahm man wahr, seine frühe Entschiedenheit, in aller Sammlung einfach „fromm" zu sein; in Christus verborgen zu sein.

Es gab am Gründonnerstag 1724 ein besonderes Datum in seinem sonst unauffälligen Leben. Er schrieb an diesem Tag ... mit dem eigenen Blut ... einen Brief der Lebensübergabe, in dem er sich mit allem Leben und Sein Jesus übergab. Die Geschichte kennt aus Pascals Leben das so berühmt gewordene Memorial, in dem einer sein Leben setzt in die Nachfolge – „nicht dem Gott der Philosophen, sondern dem Gott Abrahams, dem Vater Jesu Christi".

Von diesem Gründonnerstag her ist der ganze Tersteegen zu verstehen, wobei zwei Komponenten ganz wesentlich sind: die eine ist das absolute Herausgenommensein aus allen sonstigen Lebensverbindungen, weder Wirtschafts- noch Erwerbssinn, weder Ehe und Familie, Weltinteresse haben Bedeutung; das andere, – wichtig genug dies –: es ist diese völlige Konzentration des „Mache mich einfältig, innig abgeschieden", etwas ganz Unfanatisches, Unschwärmerisches, Unekstatisches ... „Wir entsagen willig allen Eitelkeiten ..."

Es fand sich, daß er, ohne in ein Amt zu kommen, ein Laienprediger wurde und sich in dieser Aufgabe ein Leben lang zu bewähren wußte. In Schwaben würde man ihn einen „Stundenbruder" geheißen haben.

Ich glaube, ihn vor mir zu sehen, obwohl wir kein Bild von ihm kennen, und auch dieser Verzicht auf das Bild – der reformierten Tradition getreu – ist wichtig. „Um einen Tersteegen von innen bittend": leibarm gewiß und nicht geistreich, wohl aber seelenreich.

Er brachte große Gaben mit, verstand sich auf die Sprache der theologischen Bildung, auch auf das Hebräische, er hielt nicht viel von der Weltbildung der Scribenten, mit denen Gerhardt z.B. ganz heiter-gelöst Umgang haben konnte, – aber er war zugleich gründlich gebildet und nützte seine Gaben. Wir müssen ihn in zwei Bereichen ansiedeln: er war ein sehr gesuchter Laienprediger, zu dessen Bibelauslegungen in kleinen Wohnungen, etwa der eigenen, alles Volk drängte, und er war ein weithin wirkender Briefschreiber; vier, fünf Briefe, heißt es, habe er Tag für Tag zur Post gegeben, und die Adressaten konnten in Rußland, oder Amerika sein. Als 1812 russische Soldaten an den Niederrhein kamen, fragten sie: „Wo ist Tersteegens Grab?"

In Jahr und Tag widmete er seine Kraft der Beschreibung einer ganz individualistischen Kirchengeschichte, auserlesene Lebensbeschreibungen „heiliger Seelen", erheiternderweise von vorwiegend katholischen Gläubigen ... ich vermute, daß ihm die konfessionelle Distanz ausdrücklich lieb war.

Früh, er war 1729 gerade dreißig Jahre alt, erschien ein „Geistliches Blumengärtlein", das im Gang des Lebens in immer neuen Auflagen und Bearbeitungen erscheinen konnte, Verse ohne Zahl, hundertfache Variationen auf den Ton jenes durch besondere Umstände berühmt gewordenen Liedes „Ich bete an die Macht der Liebe, die sich in Jesus offenbart".

Die besonderen Umstände waren, daß gerade dieses Lied durch eine besonders gefühlvoll einprägsame Melodie in das militärische Zeremoniell des militärischen Zapfenstreichs Eingang fand und mit dem „Helm ab zum Gebet!" bis in unsere Zeit hinein präsent geblieben ist, ein Tersteegen for ever, von dem der schlichte Mann nichts wußte.

Wer sich auf das „Blumengärtlein" einläßt, macht eine Überraschung, über die sich in den letzten zweihundertfünfzig Jahren mit Recht unzählige Leser gewundert haben: man kann acht oder zehn Verse der Seelenkunde, der mystischen Versenkung der Seele, lesen, ohne besondere Bewegung... Plötzlich liest man dies: „Ins Heiligtum, / ins Dunkle kehr' ich ein, / Herr, rede du, / laß mich ganz stille sein."

Und liest: „Ein Tag, der sagt dem andern, / mein Leben sei ein Wandern / zur großen Ewigkeit."

Und liest: „Du durchdringst alles; / laß dein schönstes Lichte, / Herr, berühren mein Gesichte."

Und liest: „Kommt, Kinder, laßt uns gehen, / der Abend kommt herbei; / es ist gefährlich stehen in dieser Wüstenei."

Und liest, und liest und schweigt und sinnt: „Was ist das?"

Aber das ist ja vollkommen schön, das ist ja ein vom Himmel gefallenes Gedicht ...

Trügen wir die Gesangbücher unserer Landeskirchen aus den letzten zwei Jahrhunderten, die evangelischen und die katholischen, zusammen, fänden wir uns in einer ganz einzigartigen Innigkeit vereint in der vox spiritualis von zehn, zwölf Tersteegenliedern; sie sind, was jedes große Gedicht ist, Wunder, wie vom Himmel gefallen, durch nichts und durch niemanden zu erklären, sie sind *da*, wie eben die Glücksaugenblicke in der Welt da sind.

Tersteegen hat, wenn ich es recht sehe, einen Vorgänger und einen eigenartigen Nachfahren, dazu einen Nachbarn aus einer verwandten Disziplin.

Der Vorgänger, ist jener Johann Scheffler, der unter dem Namen Angelus Silesius in die Welt gekommen ist, dessen Zweizeiler fast ebenso berühmt sind wie Tersteegens Lieder: „Freund, so du etwas bist, so bleib doch ja nicht stehn. / Man muß zu einem Licht fort in das andre gehn."

Das ist ein Jahrhundert vor Tersteegen geschrieben worden. Oder dies: „Mensch, werde wesentlich; denn wenn die Welt vergeht, / so fällt der Zufall weg, das Wesen, das besteht."

Der Nachfahr freilich ist ein merkwürdiger Bauer, der zwischen 1835 und 1918 in Schwaben gelebt hat; man hat ihn vor 100 Jahren entdeckt und dann wieder vergessen, und vor zwanzig Jahren wieder entdeckt und wird ihn wohl nun nicht wieder vergessen. Von dem Bauern Christian Wagner gibt es ein paar Versbände, die auch Blumengärtlein heißen könnten, und die viel dilettantische Versuche enthalten wie im Blumengärtlein Tersteegens; aber plötzlich findet man ein Gedicht über die Anemonen, die Karwoche oder über den „Blühenden Kirschbaum", Verse, die so schön sind, daß Eichendorff oder Goethe nur sagen könnten „Leider nicht von mir!". Christian Wagner war wie Tersteegen ein reiner Autodidakt.

Der Nachbar, von dem ich sprach, ist kein Poet, sondern ein Musikmeister; wenn in der 147. Kantate plötzlich alle barocke Herrlichkeit sich ausgesungen hat, beginnen zweimal einfältige Choralstrophen und die Melodiebegleitung hat eine unvergleichliche Einfalt, es ist wirklich der Ter-steegenton, der nun vom Chor und von den Instrumenten gewagt wird; es ist die vox spiritualis höchster Observanz, und ihr Meister heißt Johann Sebastian Bach. „Jesus blei-bet meine Freude" – man hört den Schlußchoral des herr-lichen Werkes und weiß: Tersteegen sitzt auf der Bank neben uns.

In späteren Jahren wurde er, ohne mehr als ein ernst-haftes Allein-Studium einzubringen etwas wie ein ge-schätzter, gesuchter Armenarzt; er tat nichts ganz Beson-deres, aber er tat das ihm Gebotene, kundig und mit wirk-lichem Gewinn für seine Umwelt ... Liebe ich ihn – und ich liebe ihn! –, so lieb ich in ihm einen, der Jesu Gegen-wart in der Welt – ganz ohne Pathos, ganz ohne Dogma-tik – wahr sein ließ. Der Mystiker schließt betend, medi-tierend die Augen; aber er ist nicht blind. Er glaubt. Er ist da. „Wer glaubt, der fliehet nicht", steht bei Jesaja. Das ist – ohne Bild, ohne Lebensgeschichte – Tersteegens Biographie.

Das Wunder des Gedichts: ich versuche, durch eine Ter-steegen-Strophe deutlich zu machen, daß es inkommensu-rabel ist, unerfindlich, unwirklich.

Es sind acht Zeilen, die zweite Strophe eines Gedichts, das Tersteegen „Andacht bei nächtlichem Wachen" genannt hat und das, seit es in der Welt ist, viele tausend Menschen in den Schlaf begleitet hat:

„Nun schläfet man;
und wer nicht schlafen kann,
der bete mit mir an
den großen Namen,

dem Tag und Nacht
wird von der Himmelswacht
Preis, Lob und Ehr gebracht:
o Jesu, Amen.

Weg, Phantasie!
Mein Herr und Gott ist hie;
du schläfst, mein Wächter, nie,
dir will ich wachen.
Ich liebe dich,
ich geb zum Opfer mich
und lasse ewiglich
dich mit mir machen.

Es leuchte dir
der Himmelslichter Zier;
ich sei dein Sternlein, hier
und dort zu funkeln.
Nun kehr ich ein,
Herr, rede du allein
beim tiefsten Stillesein
zu mir im Dunkeln."

Ich glaube, ihn zu sehen: auf seiner Liege in Moers, von
den hundert Briefen des Tages bedrängt, aber doch in seinem Credo, das heißt in Jesus geborgen.

Nun murmelt er drei Reimzeilen, wie sie auch ein
Scholar erfinden könnte, wirklich nichts Besonderes: aber
bei dem „Weg, Phantasie!" wird doch eine Gefahrwelt ver-
scheucht und eine Geborgenheitswelt wird nahegebracht.
„Mein Herr und Gott ist hie".

Und dann sind sie beisammen, wachend beide: „du
schläfst, mein Wächter, nie / dir will ich wachen".

Und mit dem weiblichen Reim „wachen" wird eine kleine Tür aufgehen, und die steht noch offen bis zur achten Zeile. Es ist wie Atemanhalten und Ausatmen, wie Zögern und Befreien: „und lasse ewiglich / dich mit mir machen".

Tersteegen dachte nicht an die Dichtkunst. Gerhardt hatte einst in den Universitäten die Dichtkunst gelernt, und die Dichter des evangelischen Kirchenlieds haben ihr Metier verstanden.

Mich hat, spät im eigenen Leben, dieser eine Tersteegen durch viele Wochen nicht losgelassen: ich seh ihn nicht, aber ich glaube, ihn zu verstehen.

Er sah sich und seine Kunst nicht an. Er wird, ohne viel Aufhebens zu machen, das Blatt, auf dem diese „Andacht bei nächtlichem Wachen" stand, zu anderen Blättern gelegt haben, und manches an diesen Liedern ist zeitgebundenes Wort und darum vergangen mit der Zeit. Aber diese Strophe, das ganze Lied zählen wir, ohne einen Augenblick zu zögern, zu den großen Gedichten unserer Sprache. Es atmet vollendete Unschuld, so wurde ihm die Unschuld der Vollendung zuteil.

Das Osterlied mitten in Angst

In den Straßen von Amsterdam – so wird uns aus den Jahren nach 1940 berichtet – sei da und dort plötzlich das Wilhelmuslied angestimmt worden; einer stimmte an, und sogleich war er nicht mehr allein. Gesungen wurde, nicht um des „Prinzen von Oranien" zu gedenken, sondern um es für hier und heute wahr sein zu lassen, was gestern geglaubt wurde: „Mein Schild und mein Vertrauen / Bist du, o Gott, mein Herr."

Aber freilich: du kannst noch immer sagen: was ist das mir? Ich bin nicht Paul Gerhardt, nicht Martin Rinckart, nicht Wilhelmus von Nassauen. Und es ist wahr: nur sehr von ferne können wir füreinander Vertrauen austeilen, wie man das Brot austeilt. Aber wenn wir sagen: wir sind in die Geschichte Gottes hineingewoben, dann sagen wir damit ja auch dieses eine: Jesus Christus, Gottes Mensch für den Menschen, nimmt uns auf seine Straße mit. Es ist die Straße, auf der die Angst so ganz ihren Platz hat. „In der Welt habt ihr Angst" – das ist sein Wort. Aber es ist die Straße, auf der diese Stimme nicht endet an dieser Stelle. Nein, sie vollendet den Satz: „Aber seid getrost, ich habe die Welt überwunden."

Welt ist – und wir sind Welt und sind in der Welt. Aber wir sind zugleich auch die Erworbenen und die Gewonnenen schon, die Brüder des Sohnes, der sich nicht schämt, uns Brüder zu heißen, die zum Leben gerufenen Brüder. „Ich lebe – und ihr werdet auch leben." Das ist von Ostern gesagt. Von jenem ersten, in dem der Karfreitag zu Ende ging; von dem letzten, dem wir entgegenglauben. Und des zum Zeugnis wollen wir mitten in der Angst das Osterlied singen.

———

Bach und Mozart

Was mochte die Bürger von Weimar, die mit sich und der Welt als der „besten aller Welten" zufrieden im Gottesdienst saßen – am 16. Sonntag nach Trinitatis im Jahre 1715 – was mochte sie anwandeln, wenn sie von der Orgelempore herab ein Gewoge der Flöten empfingen und mit eins die Worte vernahmen, die nun die Altstimme zu singen anhebt: „Komm, du süße Todesstunde / da mein Geist / Honig speist / aus des Löwen Munde", und dann: „so schlage doch / du letzter Stundenschlag!", und dies begleitet von einer Musik der innigen Freude. Was denkt sich denn der Kantor Johann Sebastian Bach? Ja, was denkt er sich? Er denkt – mitten im Leben – an seinen Tod. Und er denkt – lebensstarke Natur, die er war, und erst recht: glaubensstarke Seele, die in ihm wohnte – daran nicht als einer, den dieser Gedanke schreckt. „Komm, süßer Tod!" Und wieder: „Ich freue mich auf meinen Tod!" Und: „Schlage doch, gewünschte Stunde!" Wie aber dies zu verstehen sei, das wird der inne, der auf die Zusammenhänge achtet. Man gehe dem „Actus tragicus" nach, der Kantate „Gottes Zeit ist die allerbeste Zeit", die gewiß zu den tiefsten Zeugnissen Bachs gehört. Da ist noch immer der Schrecken des Todes, der Psalmton heiligen Ernstes: „Herr, lehre uns bedenken, daß wir sterben müssen", und die Stimme des Propheten: „Bestelle dein Haus!", noch immer das Fugenthema der Notwendigkeit: „ Es ist der alte Bund: Mensch, du mußt sterben"; aber wenn nun doch über den dunklen Quadern der Jubel anhebt, dann deshalb, weil die Stimmen zu rufen wissen: „Ja, komm, Herr Jesu, komm." Darum der große Friede: „In deine Hände befehl ich meinen Geist" – darum die Freude im Abschied, weil der andere Ruf schon da ist: „Heute, heute wirst du mit mir im Paradiese sein" – darum endlich: „Der Tod ist mein Schlaf geworden." Musik dieser Art war es, an die Zelter dachte, da er an Goethe schrieb, es werde sich ein Hörer wie Goethe dabei wissen als wie „im Mittelpunkt der Welt".

Das ist dort, wo die größten Gegensätze aufgehoben sind und die Waage im Gleichgewicht ruht. Da ist der Tod mitten im Leben, und das Leben mitten im Tode.

Die Botschaft Johann Sebastian Bachs zu Tod und Abschied ist auf lange Zeit das letzte Wort, das die ganze Fülle der Erfahrung, der Ahnung und der Zuversicht umfaßt. In seine Nähe zu rücken wäre eine einzige Stimme, Stimme der Musik auch sie, die Stimme des Mannes, der in einem Brief schreiben mochte vom Tod, er sei „die Summe und der wahre Endzweck des Lebens", in dessen Musik diese Erkenntnis ganz und gar eingedrungen ist, ohne ihr auch nur für einen Augenblick ihre Süßigkeit, ihre Zärtlichkeit, ihre Schönheit zu rauben, die Stimme des Mannes Wolfgang Amadeus Mozart.

Österlicher Friedhof

Keiner Stunde Verkündung
Wagt zu sagen: ich bin,
Sind doch im Garten der Gräber
Abend und Morgen dahin.

Kaum die Jahre bedürfen,
Daß man ihr Wandeln benennt,
Keiner der Schläfer da unten
Sommer und Winter erkennt.

Blumen nur bringen beständig
Leiseste Botschaft ans Licht –
Bis die Posaune des Engels
Stille und Sterben zerbricht.

Zu diesem Buch

Es ist siebzig Jahre her, daß mir eine Gedichtzeile, die letzte Zeile aus Rilkes achter Elegie, so ins Herz fiel und sich so in mir festigte, daß ich auf hundert Wegen von ihr umgeben war; vor schwarz geränderten Karten und an so vielen Türen: „So leben wir und nehmen immer Abschied." Ihre fast heilige Einfalt „so leben wir" und ihr strenger cantus-firmus-Ernst „immer" bestimmte die eigenen Gedankenwege. Nun hat mein Freund Oliver Kohler einiges von dem, was auf diesen Gedankenwegen entstanden war, Prosa und Verse, mir zurückgebracht in meine Stube, in meinen Stand, in meine Stunde. Was dabei zustande kam, sollte nicht der unartikulierte Seufzer sein, auch nicht das, was in einer abgründig schönen Strophe Gottfried Benns genannt wird „das Selbstgespräch des Leides und der Nacht".

Es wollte Wort sein, unterwegs, umgreifend und gestaltend, in der Wortpause wach verzichtend und unvergrämt, fragemutig und antwortbereit, Geflecht aus Hoffnung und Zweifel. Zuletzt ein Stationenweg, Wimpel und Bildstock, Höhen erreichend, Umwege nicht scheuend, Stimme, die ruft, und Ohr, das sich finden läßt, Gespräch aller Seelen.

Stuttgart-Rohr
am Allerseelentag 1996 *Albrecht Goes*

Nachweise

Die Auswahl der Texte stützt sich auf folgende Werke
von Albrecht Goes:

Verse, Gedichte, Stuttgart 1932.
Der Hirte, Gedichte, Berlin – Leipzig – München 1934.
Über das Gespräch, Berlin 1938.
Der Nachbar, Gedichte, Berlin 1940.
Die Herberge, Gedichte, Berlin 1947.
Da rang ein Mann mit ihm, München 1947.
Krankenvisite, Hamburg 1953.
Unsre letzte Stunde, Hamburg 1953.
Was wird morgen sein?, in: Ruf und Echo, Aufzeichnungen 1951-
1955, Frankfurt am Main 1956.
Goethes Mutter, Frankfurt am Main 1958.
Hagar am Brunnen, Dreißig Predigten, Frankfurt am Main 1958.
Wagnis der Versöhnung, Leipzig 1959.
Über das Gespräch, Hamburg 1961.
Tote begraben, in: Die Werke der Barmherzigkeit, hrsg. von Wilhelm
Sandfuchs, Freiburg – Basel – Wien 1962.
Gehe, leide, warte, Drei Geschenke aus Israel, Hamburg 1962.
Die andere Antwort / Der Anfänger, in: Waldemar Augustiny, Alle
unsre Tage, Hamburg 1963.
Im Weitergehen, Hamburg 1965.
Kanzelholz, Dreißig Predigten, Hamburg 1971.
Ein Winter mit Paul Gerhardt, Neukirchen-Vluyn 1976.
Lebenserfahrungen, in: Noch und schon, Stuttgart 1983.
Jahre / Tage / Augenblicke, Ein Gespräch mit Hans-Rüdiger Schwab,
Frankfurt am Main 1986.

Halb im Abschied (S. 113-117) drucken wir ab mit freundlicher
Genehmigung der Fischer Taschenbuch Verlag GmbH, aus: *Vierfalt,*
Wagnis und Erfahrung, Frankfurt am Main 1993.
Die beiden Zitate auf den Umschlagklappen stammen aus einem
Gespräch, abgedruckt in: Rheinischer Merkur, 23.12.1994.

Erstmals veröffentlicht werden hier:
Drei Fieber (S.10-13), entstanden 1996.
Paul Gerhardt (S. 124-128), entstanden 1992.
Begegnung mit Tersteegen (S. 130-137), entstanden 1995.